FLENSBURGER HEFTE

1789–1989

Direkte Demokratie

LIEBE LESERINNEN UND LESER!

In diesem Jahr sind wir des 200. Jahrestages der Französischen Revolution eingedenk, was uns veranlaßt hat, das Thema dieses Heftes der direkten Demokratie zu widmen. War es vor 200 Jahren noch ein revolutionärer Akt und ein bedeutender Menschheitsfortschritt zugleich, daß sich ein Teil des Volkes eine Verfassung gab, so sollte dieses Jubiläumsjahr - zumindest für die Bewohnerinnen und Bewohner der Bundesrepublik Deutschland - Anlaß geben, darüber nachzudenken, ob die derzeitige Form der repräsentativen Demokratie die einzig mögliche ist oder ob es 200 Jahre nach der Französischen Revolution, 40 Jahre nach Inkrafttreten des Grundgesetzes angebracht erscheint, über konkrete Formen der direkten Volksgesetzgebung nachzudenken. Dieses wollen wir in diesem Heft, dem nächsten regulären (Heft 25) sowie einem Sonderheft ausführlich tun.

Die vorliegende Ausgabe wurde so umfangreich, daß wir uns in letzter Minute entschlossen, aus einer zwei zu machen. Der Gedanke dazu entstand während eines Interviews mit Wilfried Heidt aus Achberg, der so viel zu sagen hatte, daß wir mit diesem Interview - welches an sich als Kernstück für dieses Heft vorgesehen war - den Großteil des nächsten Heftes bestreiten werden. In diesem Interview geht es thematisch um Einzelheiten der Volksgesetzgebung, um historische Entwicklungen plebiszitärer Elemente während der Französischen Revolution, im letzten Jahrhundert in Deutschland sowie in der Weimarer Republik. Fernerhin wird die Gründungsverfassung der DDR, die Politik in den Besatzungszonen und die Entwicklung des Grundgesetzes im Parlamentarischen Rat angeschaut. Das Grundgesetz wird auf seine eigene Logik geprüft sowie die Entwicklung des Internationalen Kulturzentrums Achberg und der Aktion Volksentscheid bis zur heutigen "Arbeitsgemeinschaft Demokratie und Recht" dargestellt. Einzelnes zum Volksentscheid, Kritik an diesem, der Souverän, der Begriff des Volkes, die Ideensphäre des Rechtslebens, der menschenkundliche Ansatz des Rechtslebens; Anthroposophen, anthroposophische Gemeinschaften und das Rechtsleben; Anthroposophie, Anthroposophische Gesellschaft und Politik; kosmische Aspekte und die Beziehung der Erzengel zum Rechtsleben komplettieren dieses inhaltsreiche Interview.

Verschiedene Texte des Forschungsinstitutes Achberg werden ca. Ende Mai als Sonderheft Nr.5 - "Die Grundfrage der Demokratie" - erscheinen.

Das vorliegende Heft Nr.24 hat drei Themenbereiche: im ersten Teil finden Sie ein Interview mit Prof. Dr. Renate Riemeck über die historischen Ereignisse und die Ideale der Französischen Revolution sowie der Märzrevolution 1848 in Deutschland, einen Artikel von Wilfried Heidt, zu dem das Interview mit ihm in Heft 25 weitere Erläuterungen geben wird, und ein Interview mit dem MdB Gerald Häfner, aus der Fraktion der GRÜNEN, über die geistige Situation unseres Parlamentes.

Der zweite Teil befaßt sich beispielhaft mit dem Land Schleswig-Holstein: eine Petition mit ausführlicher Begründung zur Aufnahme der direkten Volksgesetzgebung in die Landessatzung sowie Interviews mit Innenminister Prof. Dr. Hans Peter Bull (SPD) und dem CDU-Fraktionsvorsitzenden Heiko Hoffmann über ihre Vorstellungen zum Volksentscheid.

Der dritte Teil umfaßt das Projekt "Omnibus für direkte Demokratie in Deutschland" als Kunstwerk: ein Interview mit Johannes Stüttgen über Joseph Beuys und den erweiterten Kunstbegriff, ein vor Jahren aufgezeichnetes Telefongespräch Flensburger Bürger mit Joseph Beuys, ein Interview mit einer Aktivistin des Omnibusses, Brigitte Krenkers, und last, but not least eine lebensnahe Schilderung Kurt Thedes, wie er mit dem Omnibus im letzten Jahr durch die Städte Schleswig-Holsteins gefahren ist.

Wie immer in der Annahme, Ihnen - liebe Leserinnen und Leser - interessanten Lese- und Diskussionsstoff zu vermitteln, grüßt Sie herzlich

Ihre

FLENSBURGER HEFTE -Redaktion

LIEBE ABONNENTINNEN, LIEBE ABONNENTEN!

An dieser Stelle bedanken wir uns herzlich bei allen, die mit der Bezahlung ihrer Abonnement-Rechnung einen zusätzlichen Förderbetrag überwiesen haben. Diese Förderbeträge summieren sich zu einer beträchtlichen Hilfe, die FLENSBURGER HEFTE weiterhin wachsen und gedeihen zu lassen. *DANKE!*

VORANKÜNDIGUNG FÜR DEN HERBST 1989

Wir sind so frei ...

Nach über siebenjähriger Odyssee durch verschiedene Institutionen und Verlagshäuser erscheint im Herbst 1989 im FLENSBURGER HEFTE-Verlag die wissenschaftliche Studie der Brüder Rudolf, Wilhelm und Wolfgang Gädeke:

Wolfgang Gädeke
"Anthroposophie und die Fortbildung der Religion"

Ca. 400 Seiten

Leinen   ca. DM 42,-
Kart.   ca. DM 30,-

Ab Herbst im Buchhandel erhältlich oder direkt beim Verlag (zzgl. Porto und Verpackung). Ihre Vorbestellungen merken wir vor.

FLENSBURGER HEFTE-Verlagsgesellschaft
Wolfgang Weirauch & Partner GbR, Holm 64, D-2390 Flensburg

Tugend und Terror

INTERVIEW MIT PROF. DR. RENATE RIEMECK
von Wolfgang Weirauch

Renate Riemeck: *geboren in Breslau, aufgewachsen in Schlesien und Pommern, Abitur in Stettin bei Kriegsausbruch 1939, Studium der Geschichte, Germanistik und Kunstgeschichte in München und Jena, 1943 Promotion, Dozentin an der Pädagogischen Hochschule Oldenburg (i.O.), Professorin an der Kant-Hochschule Braunschweig und bis 1960 in der Lehrerbildung an verschiedenen Hochschulen tätig. Wegen politischer Differenzen mit dem Kultusministerium in Düsseldorf aus dem Staatsdienst 1960 ausgeschieden. Seither als freie Schriftstellerin lebend.*

Veröffentlichungen: Mitteleuropa - Bilanz eines Jahrhunderts (Erstausgabe Freiburg 1964, später auch als Fischer-Taschenbuch); Jan Hus (3. Auflage, Basel 1988); Comenius (Basel 1978); Moskau und der Vatikan (3. Auflage, Basel 1988); Glaube, Dogma, Macht (Stuttgart 1985); Verstoßen, verfemt, verbrannt (Stuttgart 1986); 1789, Heroischer Aufbruch und Herrschaft des Schreckens (Stuttgart 1988).

In diesem Jahr feiern wir den 200. Jahrestag der Französischen Revolution. Die Französische Revolution erschütterte die ganze Welt- und Menschheitsgeschichte, begann als bürgerliche Revolution und endete im Terror, aber sie gilt noch heute als die Große Revolution, da sie durch individuelle Menschen Ideale in unsere Menschengemeinschaft stellte, die noch lange nicht verwirklicht sind und somit Zukunftsbedeutung besitzen. In der Französischen Revolution, so formulierte es Rudolf Steiner, sprachen zum ersten Male Menschen als Menschen. Und diese Menschen waren mit den Idealen, die sie politisch und weltgeschichtlich durchsetzen wollten, bei weitem überfordert. Sie standen umfassend in der Situation, in der heute mehr oder weniger jeder Politiker steht: Wie setze ich meine Ideale - wenn ich sie nicht ganz verliere - in politische Wirklichkeit um, ohne sie durch Machtinteressen und Parteizwänge korrumpieren zu lassen? Wie bleibe ich meinen Idealen treu, so daß ich noch vor mir selbst bestehen kann?

Aber steht nicht jeder Mensch - in seinem Lebensfeld - in der gleichen Situation? Man bringt sich Ideale, Impulse, Vorsätze aus der geistigen Welt in dieses menschliche Erdenleben mit, in den Kindheitsjahren leben diese Kräfte unbewußt in einem, bis sie nach und nach in das eigene Bewußtsein treten. Man ergreift eine Idee, verbindet sie mit den eigenen Impulsen und erhebt diese Idee zu dem eigenen Ideal, dem man ein Leben lang treu bleiben möchte. Ideale bringen etwas in unsere sinnliche Welt, was dieser nicht angehört:

"Die Idealisten tragen in unsere sinnliche Wirklichkeit etwas hinein, was wertvoll ist: die Ideale, nach denen sich der Mensch richtet, die nicht derbe, materielle Wirklichkeit haben, und die nur der grobe Materialist eben nicht gelten läßt. Nun sind diese Ideale aber zu gleicher Zeit etwas ungeheuer Wertvolles im diesseitigen Leben, die Ideale sind das, was die Richtungsimpulse für unser Leben gibt, sie sind das, was wir begehren, damit wir uns daran halten können. In gewisser Beziehung machen diese Ideale das Leben wertvoll, indem sich der Mensch nach ihnen richtet. Es muß mit den Idealen etwas im materialistischen Sinne Unwirkliches in unsere sinnliche Wirklichkeit hineingetragen werden, damit nicht das entstehe, was wir etwa in dem Sinne charakterisieren müssen: Das bloße Dasein wäre öde, wenn nicht die Ideale da wären, wenn der Mensch sie nicht darinnen finden würde. Unter diejenigen, welche keine Ideale haben, müssen die Idealisten treten, die gleichsam etwas entwickeln in unserer Wirklichkeit, was ein Abbild ist der jenseitigen Wirklichkeit, was nicht ein Seiendes ist, was nicht das Seiende beansprucht und dennoch sein Wertvolles ist, ja, einen absoluten Wert hat." (Rudolf Steiner: Die geistigen Hintergründe des Ersten Weltkrieges, GA 174b, Dornach 1974, S.124 f.).

An einer anderen Stelle sagt Rudolf Steiner über die Ideale: "Ein Mensch ohne Ideal ist ein Mensch ohne Energie. Das Ideal spielt im Leben dieselbe Rolle wie der Dampf in der Maschine." (Rudolf Steiner: Kosmogonie. GA 94, Dornach 1979, S.23).

Nur wenige Menschen haben diesen "Dampf" und nur wenigen gelingt es, dieses innere Feuer der selbsterrungenen und selbsterlebten Ideale ein Leben lang durchzutragen. Meist verflachen die Ideale wieder während der Anforderungen des Lebens, man wird ihnen untreu und versucht zu verdrängen, was man einstmals gewollt hat, für das man einstmals als glühender Verfechter eingetreten ist, oder man behält seine Ideale bei wie Robespierre - unerschütterlich, unerbittlich -, aber gerät durch die Zeitumstände und die politischen Verhältnisse in eine von der Wirklichkeit sich abhebende Situation, zu der sich die Ideale nur noch in einem verzerrten Verhältnis ausnehmen. Aber ist die Folge und Konsequenz eines Ideals, wenn es in verzerrter Weise auftritt, auch noch so schrecklich, der Urkeim, der Antrieb ist eine Ich-Kraft, ein Ideal. Und das sollte man nie vergessen, weder bei Robespierre, Danton oder Marat noch bei allen anderen Menschen.

Ich besuchte Frau Prof. Dr. Renate Riemeck, um mit ihr über die Französische Revolution und die während dieser Zeit aufgetretenen Ideale zu sprechen. Es ist dies bereits das zweite Interview mit ihr. In den FLENSBURGER HEFTEN Nr.2 führten wir ein Gespräch über Mitteleuropa und die Hintergründe der Rüstungspolitik. In unserer damaligen Einleitung schrieben wir: "Prof. Dr. Renate Riemeck, Historikerin von Rang, hat es immer verstanden, in der Betrachtung der Zeitverhältnisse kühle Wissenschaftlichkeit mit einer spirituell vertieften Geschichtsauffassung zu vereinigen. Für ihr soziales Engagement ist sie seit vielen Jahren bekannt. Während der mittlerweile auch schon Historie gewordenen 68er Studentenrevolte war ihr Name überall geläufig. Unvergeßlich die Häßlichkeiten, die einsetzten, als publik wurde, daß sie Ulrike Meinhofs Stiefmutter war. Sie hat sich dadurch nicht beirren lassen. Heute wie damals bekennt sie sich zu einer geistgemäßen Weltanschauung und nennt doch ungeschminkt die politischen Realitäten beim Namen."

Wir haben dieses Interview an den Anfang des vorliegenden Heftes gestellt, weil man an den Vorgängen der Französischen Revolution, den Ideen und Verfassungen, die während dieser Zeit aufgetreten sind, sowie den Menschen, die um diese zukünftigen Ideale gerungen haben, beispielhaft erkennen kann, wie weltgeschichtlich bedeutsame Ideale in ihrer lichtvollen und schattenhaften Ausgestaltung in die Menschheitsentwicklung eingetreten sind. Dies kann für uns ein weiterer Impuls sein, als mündige Bürger der heutigen Zeit für die eigenen Rechte und Ideale einzutreten.

Wolfgang Weirauch: Nach Karl Marx ist eine Revolution eine "ruckartige Nachholung einer verhinderten Entwicklung"; dies ist natürlich nicht die Sichtweise aller, schon gar nicht von konservativen Historikern, die wohl eher nach dem Motto "Männer machen Geschichte" urteilen würden. Können Sie einen Begriff der Revolution geben?

Prof. Dr. Renate Riemeck: Für mich gibt es keinen besseren Begriff für eine Revolution als die Worte Karl Marx', also eine "ruckartige Nachholung einer verhinderten Entwicklung", d.h. es ist eine Evolution verhindert worden. Und das war vor der Französischen Revolution eindeutig der Fall.

Stellen Sie sich die Situation Frankreichs vor der Großen Revolution vor: Der König beruft 1789 eine Versammlung der drei Stände ein; diese drei Stände - geistlicher Adel, weltlicher Adel, Bürgertum - waren seit der Zeit Ludwig XIV. nicht mehr einberufen worden; vorher geschah dies unter anderem dafür, um dem König die Mittel für einen Krieg zu bewilligen. Vor der Revolution waren die Staatseinnahmen so knapp, daß der Staatsbankrott bevorstand. Um das zu verhindern, berief der König - von seinen Beratern schlecht beraten - die Stände nach mehr als 170 Jahren wiederum ein. Damit beginnt im Grunde die Revolution. Tatsache war, daß man eine Entwicklung verhindert hat. Man hat die ganze Zeit über so getan, als gäbe es kein beständig wachsendes Bürgertum und übersah, daß die Philosophie der Aufklärung schon gewirkt und sich Gedanken entwikkelt hatten, wie ein Staat regiert werden könnte. Von diesen Gedanken nahmen die beiden oberen Schichten überhaupt keine Kenntnis, aber nun plötzlich, wo das Geld wegen der Kriege ausgegangen war, nahm man wieder von dem Bürgertum Notiz. Und so setzte eben das ein, was Karl Marx die "ruckartige Nachholung einer verhinderten Entwicklung" nennt.

W.W.: Was hat die Französische Revolution gebracht, wenn man nach 200 Jahren auf sie zurückschaut? War es eine Zeit, in der hohe Ideale innerhalb von fünf Jahren im Terror endeten, die bis heute kaum verwirklicht wurden und die geschichtlich versiegt sind - wenn man nur daran denkt, daß Frankreich die europäische Macht ist, die die letzten Kolonialkriege führte (Algerien, Vietnam), das Frauenwahlrecht erst 1944 eingeführt und die Todesstrafe erst 1981 abgeschafft hat -, oder haben die Französische Revolution und ihre Ideale etwas in der Menschheitsgeschichte veranlagt, was seine positiven Wirkungen gezeigt hat und noch zeigen wird?

R. Riemeck: Geschichtlich versiegt sind die Ideale der Französischen Revolution sicherlich nicht, auch wenn sich diese Ideale niemals durchgesetzt haben. Von Freiheit und Gleichheit hat man sofort geredet, zum Beispiel in der Verfassung von 1791. Und man meinte damit, daß alle Menschen frei und gleich geboren wären; so steht es auch in der Präambel dieser Verfassung. Von "Gleichheit" allerdings konnte überhaupt keine Rede sein, denn es durften nur diejenigen wählen, die von den Finanzbehörden mit einem bestimmten Steuersatz eingestuft waren. Gleiche und freie Wahlen gab es also nicht. Die Gleichheit bezog sich nur auf das Gesetz.

In der amerikanischen Unabhängigkeitserklärung von 1776 werden alle Menschen für frei und gleich geboren erklärt. Trotzdem haben solche "freien und gleichen Menschen" die Indianer umgebracht. Die Franzosen haben alle Bürger, die unter eine bestimmte Steuergrenze fielen, von den Wahlen ausgeschlossen (1791).

Die Brüderlichkeit war in keiner Verfassung enthalten. Sie wurde nur von der Bevölkerung von Paris an die Wände geschrieben. Ich habe mir viele Gedanken darüber gemacht, warum das geschah und denke, daß es dafür nur eine Erklärung gibt: Von Freiheit, Gleichheit und Brüderlichkeit haben immer die Freimaurer gesprochen. In den Logen waren in der Tat alle Menschen gleich, der Bürger war dem Fürsten gleich. Man duzte sich sogar in diesen Logen. Wie die Ideale von Freiheit, Gleichheit und Brüderlichkeit, die in den Logen geübt wurden, allerdings an die Hauswände gekommen sind, darüber kann man nur Vermutungen anstellen. Selbst unter den Revolutionsführern blieb die Brüderlichkeit grundsätzlich ein unerfülltes Ideal. Und das ist bis heute so geblieben.

Die Situation vor der Revolution

W.W.: Im Glauben, England zu schädigen, unterstützte Ludwig XVI. die Freiheits-kämpfer im amerikanischen Unabhängigkeitskrieg (1775-1782); war dies nicht ein gewaltiger Fehler aus der Sicht eines absoluten Herrschers? Kam er nicht auf die Idee, daß das Volk Frankreichs die Menschenrechte auch für sich beanspruchen würde?

R. Riemeck: Der Unabhängigkeitskrieg ist vor allem mit Hilfe einzelner Persönlichkeiten wie La Fayette, der auf seiten der Aufständigen kämpfte, geführt worden. La Fayette ist es ja auch, der die Menschenrechte der amerikanischen Unabhängigkeitserklärung nach Frankreich gebracht und diese später in der Nationalversammlung durchgesetzt hat.

W.W.: Das alte Treue- und Schutzverhältnis zwischen Bauern und ihren sogenannten Herren bestand schon seit langem nicht mehr; wie war die wirtschaftliche und rechtliche Situation der Bauern vor der Französischen Revolution?

R. Riemeck: Dieses Treueverhältnis gab es längst nicht mehr. In der Zeit vor der Französischen Revolution durchlitten die Bauern, die unterste Schicht, das Ärgste, was überhaupt zu ertragen war. Die Bauern hatten nichts zu sagen, sondern nur dafür zu sorgen, daß ihre Grundherren Getreidereichtum und Abgaben dazu benutzten, um bei dem Hof des Königs in Frankreich zu leben. Die Bauern waren rechtlos.

W.W.: Eines der größten Probleme der Masse der Bevölkerung waren die steigenden Brotpreise, die oft bis zu 80 % des Familienhaushaltes ausmachten. Auch die Mieten zwangen die Menschen häufig zum Umzug. Zwar gab es mehrfach Brotaufstände, aber die meiste Zeit der Bauern verging notgedrungen damit, für den täglichen Unterhalt zu sorgen. Können wir festmachen, daß die Bauern - obwohl in extremster Notlage - überhaupt nicht daran dachten bzw. befähigt waren, eine Revolution zu entfachen?

R. Riemeck: Ja, die Bauern waren keinesfalls Träger der Revolution, sie tauchten bei Beginn der Revolution kaum auf und kämpften in späteren Jahren sogar in gewissen Gebieten Frankreichs gegen die Revolution. Träger der Revolution war das Bürgertum in den Städten. Dieses Bürgertum war gebildet; es waren Intellektuelle. Es ist ohnehin so, daß bei den meisten Revolutionen die Intellektuellen eine sehr große Rolle innehaben, auch wenn diese Tatsache in vielen Revolutionstheorien keine Rolle spielt.

Die Revolution von 1789 ist im Grunde von Adligen, zum Beispiel Mirabeau und La Fayette, entfacht worden. Diese Aristokraten sind gegen ihren eigenen Stand vorgegangen. Sie waren zusammen mit dem Bürgertum die Träger der Revolution und ihre Gedanken fanden später Eingang in die Verfassung. Das Bürgertum hatte aber schon vor 1789 alle Gedanken ausgesprochen, die später Gedankengut der Revolution wurden. An dieser Stelle müßte man Montesquieu nennen, der über die Gewaltenteilung geschrieben hat, sowie Rousseau, der davon ausging, daß zwischen dem Herrscher und dem Untertanen ein ungeschriebener Gesellschaftsvertrag maßgebend sei. Im französischen Bürgertum bereitete sich die Umwälzung vor, so daß man sagen kann: die Französische Revolution war eine bürgerliche Revolution!

W.W.: Wer gehörte genau zur Bourgoisie dazu? Wie war die wirtschaftliche und rechtliche Stellung der Bourgoisie vor der Revolution?

R. Riemeck: Die Bourgoisie Frankreichs geriet besonders durch das Manufakturwesen in eine vorindustrielle Situation und war sehr wohlhabend geworden. Sie allein konnte die Steuern aufbringen, im Gegensatz zu dem verelendeten Bauerntum, das nicht mehr genügend Gelder herbeischaffen konnte, damit der Adel an seinen Positionen festhalten konnte. Das Bürgertum war allerdings nicht nur wohlhabend, sondern auch kritisch, es las philosophische Schriften. Vor allem die Advokaten spielten bei der Revolution die entscheidende Rolle.

Es fällt auf, daß sich bei den meisten Revolutionen eine Bildungsschicht zum Sprecher derjenigen Schicht macht, die unter ihr steht. In der Französischen Revolution waren es vor allem die Aristokraten (Mirabeau, La Fayette), die sich zum Sprecher der Bourgoisie machten. In der Russischen Revolution von 1917 waren es die Bürger, die sich zum Sprecher der Proletarier machten. Lenin und Trotzki und viele andere waren schließlich bürgerliche Leute. Sie artikulierten, was die anderen dachten: Mirabeau sprach aus, was die Bürger dachten, Lenin sprach aus, was die Arbeiter dachten.

Ludwig XVI. (1754-1793)

Marie Antoinette (1755-1793)

W.W.: Auch der Adel und die Geistlichkeit, der erste und zweite Stand, gerieten durch Ludwig XVI. in eine neue Abhängigkeitssituation. Wie war es vorher, und was änderte sich durch Ludwig XVI.?

R. Riemeck: Da müssen wir weit in die Geschichte zurückgreifen. Der geistliche Adel und der weltliche Adel waren die wichtigsten Pfeiler in jedem Staatsgebilde vor der Revolution, nicht nur in Frankreich, sondern überall. Dies war genauso in den deutschen Staaten, wo es in den einzelnen Landtagen zum Ausdruck kam.

Der weltliche Adel geriet in der Zeit vor der Französischen Revolution in eine sehr schwierige Situation, weil er zum Hofadel degradiert worden war und nicht mehr mitsprechen konnte. Bis 1614 hatten der weltliche Adel, der geistliche Adel und das Bürgertum ein Mitspracherecht. Anschließend begann mit Ludwig XIV. der Absolutismus: "Ich bin der Staat". Das ging mehr schlecht als recht bis ins 18. Jahrhundert hinein, aber zunehmend wurde die Situation unerträglich. Außerdem waren die Könige mit ihren Kriegen, wie Sie vorhin schon erwähnten, nicht sehr erfolgreich, zum Beispiel in den Vereinigten Staaten. Rudolf Steiner spricht immer von diesen Königen als von "Ludwig XIV. usw.". Mit "usw." sind die nachfolgenden Könige gemeint, und mehr als "usw." waren sie auch nicht.

Der dritte Stand erklärt sich zur Nation

W.W.: Ludwig XIV. hatte die Ständeversammlung nicht mehr einberufen, seitdem regierten die Könige absolut. Nun trat unter Ludwig XVI. die erneute Forderung zur Einberufung der Generalstände auf, und zwar nicht in alter Weise, daß jeder Stand nur eine Stimme habe, sondern daß die Stimmen nach Köpfen gezählt würden. Mit anderen Worten, die Revolution begann ganz harmlos und bürgerlich, ohne den Willen zur Abschaffung der Monarchie. Kann man in dieser Phase überhaupt schon davon sprechen, daß die Bourgoisie eine Revolution plante?

R. Riemeck: Das ist natürlich eine tolle Frage; ich glaube nicht, daß sie je an eine Revolution gedacht hätten, schon gar nicht an die Abschaffung der Monarchie als Konsequenz. Im Grunde genommen hatte man die Vorstellung einer konstitutionellen Monarchie, die durch ein Parlament kontrolliert wird. Als man Ludwig XVI. dazu brachte, die besagte Ständeversammlung einzuberufen, kam die Frage auf, in welcher Weise abgestimmt werden sollte: nach dem Stand mit je einer Stimme oder nach Köpfen. Ludwig XVI. entschied das nicht. Daß er dieses versäumt hat, ist einer der Gründe, warum man ihn schließlich beseitigt hat.

W.W.: Als am 05.05.1789 die Ständeversammlung im Versailler Schloß einberufen wurde, gab es von vornherein Unruhe und Empörung dadurch, daß die Bürger nicht die Hüte abnahmen und die Rede des Königs nicht kniend anhörten. Herrschte damals noch bei König, Adel und Geistlichkeit ein menschenverachtendes Rechtsbewußtsein in bezug auf die Bürger, Bauern und Proletarier?

R. Riemeck: Ob der König wirklich eine menschenverachtende Haltung eingenommen hat, möchte ich nicht unbedingt bejahen, denn er war meines Erachtens ein beschränkter, aber ein gutmütiger Kerl. Er tat nur das, was ihm die Räte einflüsterten. Diese Situation muß man bei der Eröffnung der Ständeversammlung berücksichtigen, wo der König eine Rede hielt, die niemanden befriedigen konnte, weder die Geistlichkeit noch den Adel, schon gar nicht das Bürgertum. Das Bürgertum war eine total benachteiligte Gruppe, zwar waren es 600 Anwesende, denen nur jeweils 300 der beiden anderen Stände gegenüberstanden, aber was waren diese 600 Bürgerlichen? Sie galten nichts!

Der Abbé Sieyès gab in der Schrift "Was ist der dritte Stand?" die Antwort: "Der dritte Stand ist nichts, aber werden soll er alles." Es stand für die Bürger fest, daß sie ein Mitspracherecht wollten. - Bei der Eröffnung der Ständeversammlung 1789 wurde sehr deutlich, um welches Problem es in Wahrheit ging. Die Bürger wurden desavouiert, sie waren nur pro forma eingeladen worden, aber sie sollten Steuern bewilligen.

Eröffnung der Ständeversammlung am 5. Mai 1789 in Versailles

W.W.: Berühmt wurde der sogenannte Ballhaus-Schwur am 20.06.1789. Welcher Schritt zu einem neuen Rechtsbewußtsein wurde hier vom dritten Stand vollzogen?

R. Riemeck: Dazu müßte man auf den Grafen Mirabeau verweisen, der sich zum Sprecher des dritten Standes gemacht hatte. Als der König forderte, daß die Ständeversammlung wieder einmal ohne eine Beschlußfassung auseinanderzutreten habe, war der dritte Stand unschlüssig, ob er nach Hause gehen sollte oder nicht. Der Hof-Zeremonienmeister befiehlt ihnen, dem Befehl des Königs, den Saal zu verlassen, Folge zu leisten. Das ist die Stunde des Grafen Mirabeau. Was dann geschah, hat Kleist in einzigartiger Weise in "Über die allmähliche Verfertigung der Gedanken beim Reden" mit folgenden Worten niedergeschrieben:

»Mir fällt jener "Donnerkeil" des Mirabeau ein, mit welchem er den Zeremonienmeister abfertigte, der nach Aufhebung der letzten monarchischen Sitzung des Königs am 23. Juni, in welcher dieser den Ständen auseinander zu gehen anbefohlen hatte, in den Sitzungssaal, in welchem die Stände noch verweilten, zurückkehrte und sie befragte, ob sie den Befehl des Königs vernommen hätten. "Ja", antwortete Mirabeau, "wir haben des Königs Befehl vernommen" ... "Doch was berechtigt Sie" - fuhr er fort, und nun plötzlich geht ihm ein Quell ungeheurer Vorstellungen auf - "uns hier Befehle anzudeuten? Wir sind die Repräsentanten der Nation". - Das war es, was er brauchte! - "Die Nation gibt Befehle und empfängt keine".«

Ballhaus-Schwur am 20. Juni 1789

Mirabeau erklärte also den dritten Stand zur "Nation", und damit war die Ständeversammlung in Frage gestellt und aufgehoben. Da er gleichzeitig erklärte, daß sie den Saal nur auf die Gewalt der Bajonette hin verlassen würden, zog der dritte Stand in das nahegelegene Ballhaus, wo man den Schwur erhob, nicht auseinanderzugehen, bis sie eine Verfassung bekommen hätten. Das ist der sogenannte Ballhaus-Schwur. Dieser Wille zu einer Verfassung war der Schritt zu einem neuen Rechtsbewußtsein.

Die Ständeversammlung wurde somit zur "Nationalversammlung" erklärt, und das brachte die Bevölkerung von Paris in Bewegung. Ich stelle mir immer Paris im Jahre 1789 wie einen Kessel vor, in dem es gerade zu brodeln und zu kochen beginnt. Die Menschen hörten, was die Abgeordneten des dritten Standes auf der ehemaligen Ständeversammlung, die jetzt zur Nationalversammlung geworden war, für Reden gehalten hatten und machten spontan mit.

W.W.: Ludwig XVI. war durch nichts und niemand - nicht einmal durch seinen Finanzminister Necker - dazu zu bewegen, dem dritten Stand Zugeständnisse zu machen oder gar eine Verfassung zuzulassen. So kommt es am 14.07.1789 zum Sturm auf die Bastille, wo Saint Just gesehen haben will, wie das Volk "das Blut der hassenswertesten Persönlichkeiten trank und ihre Herzen aß". Auf den König scheinen diese Ereignisse nicht den geringsten Eindruck gemacht zu haben. Wie kommt das?

R. Riemeck: Er hat den Sturm auf die Bastille genauso wie die verschiedenen kleinen Aufstände in den Provinzen betrachtet, ohne zu bemerken, was in Paris wirklich geschah. Ludwig XVI. lebte ja in Versailles; und es gibt die berühmte Geschichte, daß er wegen der Ereignisse in Paris aus dem Schlaf geweckt wurde und fragte: "Was ist denn das?". "Majestät, das ist eine Revolution!". "Ach", sagte er und schlief weiter. Wenn man sich seine Tagebücher anschaut, so stehen an den Tagen vor der Revolution lediglich Notizen über seine Jagd. Über alle weiteren Ereignisse notierte er nur: "Rien" - nichts!. Er bekam von den aktuellen Ereignissen nichts mit.

Sturm auf die Bastille am 14. Juli 1789

Die Gleichheit aller wurde nicht ernstgenommen

W.W.: Eine wichtige Brückenfunktion zwischen den amerikanischen und französischen Menschenrechten bildet La Fayette, der 1776 bei der Unabhängigkeitserklärung in Philadelphia anwesend war. Wer entwarf die französische "Erklärung der Menschenrechte" und was sind ihre Kernaussagen?

R. Riemeck: Ihre wichtigsten Kernaussagen wurden bereits in der amerikanischen Unabhängigkeitserklärung formuliert, nämlich daß alle Menschen gleich und frei von ihrem Schöpfer geschaffen worden seien. Diese Rechte hatte La Fayette, der sich in Amerika an den Unabhängigkeitskriegen beteiligt hatte, kennengelernt. Er brachte sie nach Frankreich in die neu entstandene Nationalversammlung ein. Am 30. August 1789 setzte er durch, daß diese Rechte in die französische Verfassung aufgenommen wurden, an der man schon arbeitete. Die Nationalversammlung war ja mittlerweile zur verfassungsgebenden Versammlung geworden. Man übernahm die Aussagen über die Menschenrechte aus der "Virginia Bill of rights" von 1776 mit nur geringfügigen Änderungen.

Nationalversammlung

W.W.: Daß die Gleichheit in der Verfassung unabdingbar mit dem Zensuswahlrecht verbunden war, haben wir vorhin besprochen; wie war es aber um diese "Gleichheit" innerhalb der "Erklärung der Menschenrechte" bestellt?

R. Riemeck: Die Amerikaner haben ihre erklärte Gleichheit auch nicht auf die Indianer bezogen, und bei der französischen Menschenrechtserklärung war es ganz ähnlich. Sie bezieht sich nicht auf alle Menschen; das ist eine der großen Illusionen, die wir uns immer über die Entstehung demokratischer Verhältnisse machen. Gleichheit galt nur für die Besitzbürger.

W.W.: Nun ist es zwar bemerkenswert, daß man von der Gleichheit aller Menschen sprach, damit aber nur die Bürger meinte, nicht aber die Bauern und Proletarier. Konnte man noch nicht so weit denken?

R. Riemeck: Nein. Man lebte im Ständebewußtsein und man war Bürger, Adliger oder Geistlicher. Von den Bauern oder Arbeitern war überhaupt nicht die Rede, denn die Revolution wurde von den Intellektuellen und Bürgerlichen initiiert. Die erste Verfassung (1791), die auch nicht lange in Kraft war, weil bald die Republik ausgerufen wurde, sah das Zensuswahlrecht vor und sprach nicht von den unteren Schichten. Erst zwei Jahre später, mit der zweiten Verfassung, wurde es theoretisch möglich, daß jeder Franzose wählen und auch gewählt werden konnte. Aber auch das galt nur für die Männer, Frauen durften nicht wählen.

W.W.: Ich möchte noch einmal auf eine Besonderheit der ersten Verfassung von 1791 zu sprechen kommen: Der König hatte aufgrund dieser Verfassung ein Vetorecht. Hat denn, bei der bisherigen Uneinsichtigkeit des Königs, eine Verfassung mit einem derartigen Vetorecht überhaupt einen Sinn? Konnte man nicht voraussehen, daß der König mit seinem Veto jedes Gesetz, welches ihm unangenehm wäre, blockiert hätte?

R. Riemeck: Zunächst einmal muß man wissen, daß sich die meisten Revolutionäre lediglich gegen die Desavouierung des dritten Standes gewendet hatten und daß sie die Gleichberechtigung mit den beiden anderen Ständen erreichen wollten. Die Revolutionäre waren keine Monarchiegegner, und so begann die Revolution - wie bereits gesagt - nicht gegen den König, sondern gegen die Zustände im Feudalismus. Zwar waren die Massen bereits in Bewegung, aber diejenigen, die formulieren sollten, wie der Staat zukünftig zu regieren sei, haben nicht die Gleichheit aller ernstgenommen. Insofern hat man wohl in dem Vetorecht des Königs keine große Gefahr gesehen. Nachdem der König abgesetzt war, wurde diese erste Verfassung ja auch hinfällig. Die zweite Verfassung, die das allgemeine und gleiche Wahlrecht für alle vorsah, trat allerdings nie in Kraft, weil zu dieser Zeit bereits die Interventionskriege tobten.

Das Erwachen der Persönlichkeit in der Aufklärung

W.W.: Nun zeigt ein so einschneidendes Ereignis wie die Französische Revolution natürlich auch einen menschheitlichen Bewußtseins- und Entwicklungsschritt. Die Emanzipation der Einzelpersönlichkeit wurde in den Jahrhunderten vor der Französischen Revolution besonders durch die Denker der Aufklärung gefördert. Auch ein Mensch wie Francis Bacon ist hierbei sicherlich von Bedeutung. Welche Rolle messen Sie Francis Bacon bei, wenn er in seinem utopischen Roman "Nova Atlantis" den großen Wurf einer Welt skizziert, in der der Mensch durch Knechtung und Manipulation der Natur dieser alles abzwingt, was zu seinem Vorteil möglich ist?

R. Riemeck: Selbstverständlich hat Bacon große Bedeutung für das Erwachen der Persönlichkeit, aber was ich bei ihm besonders wichtig finde, ist seine Wirkung auf die Philosophie seiner Zeit in England. Er hatte große Bedeutung für diejenigen Philosophen, die sich mit dem sozialen Zusammenleben der Menschen auseinandergesetzt haben. Als Vorbereiter der Revolution würde ich ihn allerdings nicht bezeichnen, weil das, was er der Welt gegeben hatte, erst nach der Revolution an Bedeutung gewann. Ein Vorbereiter der Revolution dagegen war Locke, genauso Thomas Hobbes.

W.W.: Aber Locke und Thomas Hobbes haben doch Gedanken Bacons - zum Beispiel ausschließlich die Empirie gelten zu lassen - auf die Politik bzw. ihre Staatsideale übertragen. Besteht nicht insofern eine Verbindung zwischen Bacon einerseits und Locke und Hobbes auf der anderen Seite?

R. Riemeck: Insofern als sie alle dasjenige, was Bacon in England geistig verursacht hatte, zur Kenntnis nehmen und darauf aufbauen mußten. Ein Urheber der Revolution ist Bacon allerdings nicht, denn seine Staatslehre, wenn es überhaupt eine war, konnte nicht die Situation Frankreichs vor der Französischen Revolution voraussehen. Aber diejenigen unter den englischen Philosophen, die die Frage stellten, ob der König - in diesem

Falle der englische König - nicht eine ganz bestimmte Verpflichtung gegenüber seinen Untertanen hätte, stellten auch das Gottesgnadentum des Königs in Frage, wenn auch nicht so radikal und endgültig wie während der Französischen Revolution. Natürlich gingen die französischen Könige auch sehr viel härter mit ihren Untertanen um, quetschten sehr viel mehr Gelder aus ihnen heraus, um ihr prunkvolles Leben und Kriege führen zu können. Montesquieu hat die Idee der Gewaltenteilung von den Engländern aufgenommen.

W.W.: Im Grunde stehen sich für die Verwirklichung der Volkssouveränität zwei Linien gegenüber: Montesquieu, auf dessen Idee von der Gewaltenteilung sich alle die berufen, die die Volkssouveränität auf die Wahl der Volksvertretung (Parlament) beschränken wollen, und Rousseau, auf den sich die berufen, die die Volkssouveränität durch die Betätigung des Gemeinwillens verwirklicht sehen wollen (direkte Demokratie). Welchen Fortschritt brachte Montesquieu bezüglich der Judikative?

R. Riemeck: Der Fortschritt, den er brachte, war zunächst einmal der, daß er überhaupt die Gewalten in die Exekutive, die Legislative und die richterliche Gewalt (Judikative) teilen wollte. Die Sonderung dieser drei Gewalten, von denen Montesquieu ausging, bedeutete zugleich, daß es nicht mehr möglich war, daß alles in der zentralen Regierung eines absoluten Herrschers und seiner Berater zusammenlaufen konnte. Er forderte die drei Gewalten, an deren grundlegendem Prinzip sich bis heute nicht viel geändert hat. Nur die Gestaltung und die Art dieser drei Gewalten ist eine andere geworden. Montesquieus Fortschritt für die Judikative war insbesondere der, daß er forderte, die Richter nicht mehr in der Abhängigkeit der Herrscher zu lassen.

Als Robespierre zu Rousseau wanderte, traf er diesen zwischen den Pflanzen

W.W.: Rousseau geht bei seinem Gedanken, daß nicht mehr das Gottesgnadentum, sondern der allgemeine Volkswille Träger der Staatsgewalt sei, von einem hohen Ideal aus; war dies zu seiner Zeit überhaupt in irgendeiner Form zu verwirklichen?

R. Riemeck: Rousseau war ein großer Denker, der aber nicht die unmittelbare wirkliche Realisierung seiner Gedanken erwartete. Es gibt für mich ein sehr treffendes Bild von dem alten Rousseau, welches mir immer wieder einfällt: Robespierre wanderte als junger Advokat ca. zwölf Stunden zu dem Ort, wo Rousseau letzte Zuflucht gesucht hatte, weil er aufgrund seines "Gesellschaftsvertrages" wieder einmal verfolgt wurde. Er fand ihn im Garten stehen, neben einem kleinen Gärtnerhaus. Robespierre war völlig perplex, denn Rousseau saß nicht zwischen seinen Büchern, sondern er botanisierte. Rousseau, der so große Vorarbeit für die Revolution geleistet hatte, widmete in seinen letzten Jahren seine ganze Aufmerksamkeit den Pflanzen. Und nun kommt der junge Robespierre zu dem alten Rousseau und möchte ihn auf seine Schriften ansprechen, aber Rousseau macht ausschließlich Bemerkungen über die Pflanzenwelt. Robespierre verläßt ihn wieder und will ihn vier Wochen später wiederum besuchen, um ihn nun wirklich in bezug auf seine Schriften festzunageln. Aber als er wiederkam, mußte er hören, daß Rousseau inzwischen verstorben war. - Es kam also nicht zu einem Gespräch über die "volonté générale", die auch gar nicht zu verwirklichen war, weder zu seiner Zeit noch später.

Das ist die Welt des 18. Jahrhunderts: Man besaß alle großen Schriften Rousseaus, Montesquieus und anderer, aber das Regiment, das ausgeübt wurde, war so unfrei, daß große Denker entweder in die Bastille kamen oder so versteckt wie Rousseau an seinem Lebensende leben mußten. Das ist die "verhinderte Entwicklung"!

"Zum ersten Mal sprechen Menschen als Menschen"

W.W.: Rudolf Steiner schreibt den Rosenkreuzern eine wichtige Mission bei der Gestaltung der welthistorischen Ereignisse bis zur Französischen Revolution zu:

"Innerhalb der Welt des 15., 16. und 17. Jahrhunderts lebte eine Art von schlichten Menschen, die nicht als besondere Gelehrte bekannt waren, auch keine besondere soziale Stellung einnahmen, die aber die okkulte Strömung der Rosenkreuzer weiterleiteten. Es waren nie sehr viele. Wirkliche Eingeweihte gab es nie mehr als sieben zu gleicher Zeit; die anderen waren Geheimschüler verschiedener Grade. Die Rosenkreuzer waren die Sendboten der weißen Loge. Von ihnen gingen in Wahrheit die weltbedeutenden Geschehnisse aus. Alles Wichtige, was in dieser Zeit geschah, führt in den letzten Fäden in die Loge der Rosenkreuzer hinein. Äußerlich haben ganz andere die Geschichte Europas gemacht, aber innerlich gesehen, waren diese die Werkzeuge der okkulten Individualitäten. Selbst Rousseau und Voltaire waren solche Werkzeuge von hinter ihnen stehenden okkulten Individualitäten. Diese okkulten Individualitäten konnten selbst nicht mit ihrem Namen auftreten. Die Anregung, die sie bei der Ausübung ihrer Mission anderen Menschen gaben, konnte äußerlich eine sehr einfache, unauffällige sein. Manchmal war die kurze Begegnung mit einem solchen schlichten Manne die Gelegenheit, bei welcher den Werkzeugen der okkulten Individualitäten der richtige Impuls gegeben wurde. Auch hinter den bedeutenden Staatsmännern stehen bis zur Französischen Revolution okkulte Mächte. Dann ziehen sie sich allmählich zurück, denn die Menschen sollen selbst Herr ihrer Geschicke werden. Zum ersten Mal sprechen Menschen als Menschen in den Reden der Französischen Revolution." (Rudolf Steiner: Grundelemente der Esoterik. GA 93a, Dornach 1976, S.114)

Können Sie die Bedeutung der Rosenkreuzer und ihre Wirkung auf die Menschheitsgeschichte bis zur Französischen Revolution noch ein wenig konkretisieren?

R. Riemeck: Mit Sicherheit ist das Wirken der Rosenkreuzer in Frankreich vor der Französischen Revolution mit äußeren Mitteln nicht auffindbar. Aber es ist doch so - und das Zitat, welches Sie soeben vorgelesen haben, belegt es zusätzlich -, daß immer okkulte Mächte, wie zum Beispiel die Rosenkreuzer, im politischen Geschehen mitgewirkt haben. Sie haben selbstverständlich auch bei den Geschehnissen der Revolution mitgewirkt, aber Rudolf Steiner weist sehr deutlich darauf hin, daß sich die Rosenkreuzer etwa um diese Zeit aus dem historischen Geschehen zurückziehen, so daß zum ersten Mal "Menschen als Menschen" reden. Das aber heißt, daß die Emanzipation der Persönlichkeit, die sich unter anderem durch die Ereignisse der Französischen Revolution herausbilden sollte, einen ganz mächtigen Stoß nach vorne bekommen hat. Wichtig zu wissen ist es allerdings noch - auch Rudolf Steiner weist darauf mehrfach hin -, daß die Rosenkreuzerei mit dem Dreißigjährigen Krieg einen ganz schweren Schlag bekam und sich nicht mehr so entfalten konnte, wie sie sich hätte entfalten sollen.

In Frankreich spielt aber auch die Freimaurerei eine sehr große Rolle. Alle Revolutionäre waren Freimaurer, mit Ausnahme von Mirabeau, er war in keiner Loge. Von den anderen weiß man es aber, sie haben alle die Gedanken von Gleichheit, Freiheit und Brüderlichkeit innerhalb der Freimaurer-Logen kennengelernt. Denn, wie eingangs gesagt, in den Logen waren alle frei, dort waren alle gleich und es waren alles Brüder. Wer dann die Brüderlichkeit aufgegriffen hat und sie an die Häuserwände malte, das weiß man nicht. Innerhalb der Freimaurer-Logen war die Brüderlichkeit eine Forderung, bei den Rosenkreuzern ebenfalls, hatte dort allerdings noch eine ganz andere Zukunftsrichtung. Insofern möchte ich vom Rosenkreuzertum bis zur Französischen Revolution sprechen, glaube aber, daß Spuren seines Wirkens innerhalb der Französischen Revolution nicht mehr zu finden sind.

Die Warnungen des Grafen Saint-Germain verhallten im Wind

W.W.: Eine geheimnisvolle Gestalt ist der Graf Saint-Germain. In einem Vortrag über Christian Rosenkreutz und die Tempellegende spricht Rudolf Steiner über den christlichen Grundsatz, daß die Menschen alle vor Gott gleich sind und fährt bezüglich der Französischen Revolution fort:

"Die Französische Revolution hat dann die Konsequenz der christlichen Lehre im weltlichen Sinne vollzogen. Die spirituelle Lehre des Christentums: alle Menschen sind gleich vor Gott, wurde durch die Französische Revolution in eine rein weltliche Lehre übertragen: alle sind hier gleich. Die neue Zeit hat das noch mehr ins Physische übersetzt." (Rudolf Steiner: Die Tempellegende und die Goldene Legende. GA 93, Dornach 1979, S.64)

An anderer Stelle des gleichen Bandes heißt es folgendermaßen:

"Bekannt ist eine Geschichte, die in Büchern der Gräfin d'Adhémar enthalten ist. Da wird gesagt, daß vor dem Ausbruch der Französischen Revolution die Gräfin d'Adhémar, eine Hofdame der Marie-Antoinette, den Besuch erhielt eines Grafen von Saint-Germain. Er wollte sich melden lassen bei der Königin und um Audienz bei dem König bitten. Der Minister Ludwig XVI. aber war der Feind des Grafen Saint-Germain. Er konnte daher nicht an den König herankommen. Der Königin hat er aber mit großer Schärfe und Genauigkeit geschildert, was für große Gefahren bevorstehen, aber seine Warnungen sind ja leider nicht beachtet worden. Er hat dazumal das große Wort gesprochen, das auf Wahrheit beruht: 'Wer Wind sät, der wird Sturm ernten', und er setzte hinzu, daß er dieses

Wort schon vor Jahrtausenden gesagt und es dann Christus wiederholt hat. Das war ein Wort, das für jeden Außenstehenden unverständlich ist." (S.107)

Es findet sich ja eine ähnliche Formulierung im Alten Testament bei Hosea 8, 7: "Denn sie säen Wind und werden Ungewitter einernten." - Welchen Einfluß hatte diese Persönlichkeit des Grafen Saint-Germain?

R. Riemeck: Mit dem Grafen Saint-Germain ist es ähnlich wie mit Kaspar Hauser. Es gibt viele Überlieferungen von Menschen, die nur am Rande mit ihnen zu tun hatten. So ist zum Beispiel diese französische Dame, wie auch Rudolf Steiner erwähnt, die einzige, die uns von dem Grafen Saint-Germain in bezug auf sein Wirken in den Jahren vor der Französischen Revolution berichtet. Allerdings dürfte es sicher sein, daß der Graf von Saint-Germain vor der Revolution in Paris aufgetaucht ist und daß er gewarnt hat. Daß seine Warnungen nicht gewirkt haben, lehrt uns die Geschichte. Aber wie er die Warnungen ausgesprochen hat bzw. was er genau gesagt hat, wissen wir nicht, denn es gibt keine einzige schriftliche Notiz über diese Ereignisse. Nur Rudolf Steiner regt uns dazu an, darüber nachzudenken, daß es diesen Warner gegeben hat.

Solche Jahrhundertgestalten wie der Graf von Saint-Germain haben oftmals ein sehr tragisches Schicksal, weil sie etwas aussprechen, von dem sie genau wissen, daß es sich ereignen wird, aber die Menschen richten sich nicht danach. Auch Rudolf Steiner ist es ähnlich gegangen. Wenn wir von dem Grafen Saint-Germain sprechen, so schildern wir einen großen Warner, gleichzeitig aber muß man sehen, daß man sich nicht hat warnen lassen. Und dies gilt nicht nur für den König und seine Umgebung, sondern genauso für die Revolutionäre, denn auch sie haben nicht verstanden, was vom Grafen Saint-Germain angeregt worden ist. Ähnlich ist es Rudolf Steiner mit seinen Ideen von der Dreigliederung ergangen.

Eine weitere Tragik des Grafen Saint-Germain liegt darin, daß wir von seinem weiteren Wirken so gut wie nichts wissen, mit Ausnahme des Tagebuches der Gräfin d'Adhémar. Hinzu kommt, daß dieses Tagebuch an manchen Stellen sehr fragwürdig ist, da die Gräfin in ihren Aufzeichnungen Dinge bringt, die sie erst nach der Wiedereinführung des Königtums im Jahre 1815 hat wissen können. Man darf den Grafen Saint-Germain allerdings nicht so verstehen, daß er den König und seine Familie warnen wollte, aus Frankreich zu fliehen, sondern er wollte verhindern, daß die späteren blutigen Ereignisse eintraten. Insofern hat Marx, der von geistigen Zusammenhängen keine Ahnung hatte, ganz recht, wenn er von einer verhinderten Entwicklung spricht. Auch Ludwig XVI. hat eine Entwicklung verhindert. Er hätte sich an die Spitze der Nationalversammlung stellen müssen, dies wäre auch das Ideal Mirabeaus gewesen.

Siegreiche idealgetragene Revolution mit zersplittertem Herzen

W.W.: Als am 21. und 22. September 1792 die Republik ausgerufen wurde, beginnt die zweite Phase der Revolution. Durch den Konflikt der Girondisten und Jakobiner innerhalb der Nationalversammlung gab es schon seit längerem keine Gemeinsamkeit mehr in der Nationalversammlung. Die einzige Gemeinsamkeit aller war fast nur noch die Feindschaft zu den ausländischen Monarchien. Wie kam es zu den sich ständig steigernden blutigen Geschehnissen im Innern des Landes, zur Zeit als Danton bereits Justizminister war, also zum Beispiel die September-Morde 1792? War die neue Republik bereits so gefährdet, daß man überall Verräter witterte?

Georges Danton (1759-1794)

R. Riemeck: Die Antwort ist ganz einfach: Ja! Das hing damit zusammen, daß - genau wie bei anderen Revolutionen - nach einer gewissen Zeit der revolutionären Geschehnisse die Konterrevolution einsetzte und die Konterrevolution zusätzlich ein Kampf gegen Frankreich war. Die ausländischen Monarchien der angrenzenden Länder hatten eine kolossale militärische Übermacht. In der Abwehr der äußeren Feinde entstand die Marseillaise "Allons enfants de la patrie...", ein Lied, das zur Nationalhymne wurde. Der Kampf gegen Frankreich war zugleich ein Kampf gegen die Revolution, das ging ineinander über. Für Robespierre - der ungeheuer tugendhaft war, entsetzlich tugendhaft sogar - war es unerträglich , wenn jemand im Kampf für Frankreich und gegen die Konterrevolution nicht sein höchstes Ideal sah. Gegen die geballte Macht der ausländischen Monarchien vermischte sich das Nationale mit dem Revolutionären, und das führte eben bei Robespierre und seinen Mitstreitern zu den entsetzlichen Massakern im Innern des Landes, weil man überall Feinde Frankreichs und der Revolution witterte.

W.W.: Es scheint ein eigenartiger Widerspruch zu sein, wie während der zweiten Jahreshälfte 1793 Hunderttausende von Franzosen gegen die ausländischen Heere siegreich mit gemeinsamem Willen angehen, aber in Paris - der Zentrale, dem Herzen Frankreichs - die totale Zersplitterung, Mißtrauen, Haß, Schreckensherrschaft und Terror walten. Wie erklären Sie sich diesen Widerspruch?

R. Riemeck: Haß und Terror entstehen im wesentlichen unter den Führern der Revolution, eine Erscheinung, die wir auch in ähnlicher Weise bei anderen Revolutionen wiederfinden. Der Kampf untereinander beginnt, "die Revolution frißt ihre Kinder". Dieser Zersetzungskampf untereinander ereignet sich natürlich auch 1792/93 bis 1795 in Paris. Nach Meinung der Revolutionäre verbindet sich die Konterrevolution von innen mit der Konterrevolution von außen, und so ist es in der Tat etwas höchst Rätselvolles, wie die Gemeinsamkeit der kämpfenden Franzosen die Übermacht der äußeren Feinde siegreich abwehrt, während im Innern gleichzeitig die Guillotine arbeitet.

Hinrichtung Ludwigs XVI. am 21. Januar 1793

Dieses Bild muß man sich einmal vorstellen: Im Inneren werden die Menschen vernichtet, die auch nur um einen Hauch anders denken, während gleichzeitig die revolutionären Armeen Frankreichs mit heroischem Einsatz gegen die äußeren Feinde kämpfen und sterben. - Ähnliches vollzieht sich auch nach 1917 in der Sowjetunion. Durch die Interventionskriege der feindlichen Mächte konnte die bolschewistische Revolution überhaupt erst siegen.

Und so ist es ein Rätsel, wie trotz der Guillotine und dem Terror im Innern des Landes die Revolution nach außen hin dermaßen siegreich auftreten konnte. Das Rätsel löst sich allerdings auf, wenn man sich klar macht, wie der Gedanke der Nation den Menschen als Ideal vorschwebte: alle Menschen waren gleich, sie kämpften für die Nation. Die Revolutionsbegeisterung außerhalb Frankreichs, die vor der Terrorherrschaft vorhanden war, können wir heute kaum noch nachvollziehen. Alles, was denken konnte - vielleicht mit Ausnahme von Goethe, der die Geschehnisse mit größerer Ruhe betrachtete -, war für die Revolution begeistert: Es ist zum Beispiel schwer vorzustellen, daß Klopstock, Wieland, Schiller, Hegel, Schelling und Hölderlin enthusiastische Revolutionsanhänger waren.

W.W.: Für kurze Zeit (1793-1794) herrschte der Wohlfahrtsausschuß im Konvent fast absolut, Robespierre und Danton hatten fast absolute Macht, aber sie basierte auf einer dünnen Decke von abstrakten Tugenden und Terror, reichte aber sogar aus, um äußere Feinde zu besiegen. Hätte diese Basis überhaupt länger währen können oder mußte der Gegenschlag (spätestens mit Napoleon) kommen?

R. Riemeck: Diese dünne Decke hätte kaum länger halten können, als sie hielt. Es ist nur so gewesen, daß während dieser Zeit die großen militärischen Aktionen der freiwilligen französischen Armeen stattfanden - sie drangen bis ins Rheinland und nach Holland vor - und daß die Generäle und Offiziere dieser Heere alles Revolutionäre waren, einschließlich Napoleon. Man kann also das, was sich an Terror im Inneren von Paris abspielte, nicht auf die ganze französische Nation übertragen. Die Schreckensherrschaft war eine innere Angelegenheit von Paris und derjenigen Menschen, die aus der "Schule" von Robespierre kamen. Bei ihm und seinen Anhängern herrschte fast ein religiöser Fanatismus. Wer ihre Ideale nicht mittrug, war Gegner der menschheitlichen Entwicklung und mußte ausgerottet werden. Dies ist ein Strang, der weit in der europäischen Religionsgeschichte zurückzuverfolgen ist, denn es war fast eine fanatische Glaubenskraft. Es fragt sich nur, wie weit solche Glaubenskraft von einem ganzen Volk getragen werden kann. Schon während in Paris die Schreckensherrschaft tobte, war es klar, daß sich Robespierre und seine Anhänger nicht lange würden halten können. Und es stand ja auch schon der bereit, der an seine Stelle getreten ist: Napoleon. Erstaunlich ist freilich, daß dieser noch während seiner ersten siegreichen Feldzüge die Briefe und Erlasse immer mit den Daten des Französischen Revolutionskalenders versah.

Napoleon Bonaparte (1769-1821)

Der Haß auf die Unbestechlichkeit Robespierres

W.W.: Nun wird Robespierre immer als das Symbol des Schreckens dargestellt. Das dürfte aber reichlich überzeichnet sein. Vor seinem Tode, nachdem er selbst seine Feinde von links und rechts ausgeschaltet hatte, steht er selbst einer kollektiven Macht von Feinden gegenüber. Hat er sich durch seine Unbestechlichkeit und Hervorhebung der Tugendhaftigkeit so verhaßt gemacht?

R. Riemeck: Robespierre galt als "der Unbestechliche", und wer war denn in damaliger Zeit unbestechlich? Damit stand er allein auf weiter Flur. Er ist an seiner eigenen Tugendhaftigkeit zugrunde gegangen. Seine Tugendhaftigkeit war Gesetz. Natürlich kann man fragen, was diese Moral mit der Guillotine zu tun hatte. Aber es war eben so, daß der, der diese Moral nicht annahm, des Todes würdig war.

Maximilian de Robespierre (1758-1794)

An dieser Stelle möchte ich auch noch einmal an die Aussage Rudolf Steiners erinnern, daß während der Französischen Revolution und später erstmals Menschen als Menschen sprachen, und daß diese keineswegs immer die Inspirationen von guten Geistern bekamen. In diesem Rahmen muß man auch eine Gestalt wie Robespierre sehen. Er meinte, gut zu handeln. Er wollte den besseren Menschen aus der Masse herauskristallisieren, und wer dies nicht anerkannte, war nicht wert, ein Mensch zu sein, wurde hingerichtet und ausgelöscht. Je größer die Tugendhaftigkeit Robespierres wurde, desto dünner wurde sie: am Ende war sie wie eine Art Göttin. Aber selbstverständlich blieben alle Handlungen der Revolutionäre auf dieses eine Leben beschränkt, ohne realen Bezug zur geistigen Welt.

W.W.: Ist es ein allgemein-menschliches Charakteristikum, daß man immer denjenigen besonders haßt, der konsequent nach den eigenen Idealen lebt, weil man ihn als Spiegel der eigenen Schwächen erlebt?

R. Riemeck: Ich denke, daß man dies so sehen kann; denn diejenigen, die die Guillotine selbst eingeführt haben, wurden gegen Ende der Revolution selbst Opfer dieses Werkzeuges. Eine große Anzahl von Menschen befand sich wie in einem Blutrausch. Noch drastischer haben wir es während des Nationalsozialismus erlebt, wo Menschen wahre Vernichtungsorgien vollzogen haben. Während der Jahre 1793 bis 1795 erleben wir deutlich, wie die Revolution in Terror umschlägt.

Mit der Perücke des von ihm bekämpften Jahrhunderts schuf er die Ideen für ein neues Zeitalter

Robespierre lebte die großen Ideale selber vor, fast bis zur Selbstaufgabe. Wenn man sich nur vorstellt, wie er gelebt hat: ungeheuer bescheiden, aber dermaßen pedantisch, daß ich es mir kaum vorzustellen vermag. Er trug immer noch Kniehosen und eine Perücke, während die Sansculotten bereits mit zerrissenen Kleidern, Kutten oder langen Hosen herumliefen. Robespierre kleidete sich wie ein Mensch aus dem ancien régime, das er bekämpfte. Aber er schuf die Ideen für ein neues Zeitalter. Da gibt es Widersprüche in ihm selbst! Eines hat er aber durchgehalten, der "Unbestechliche": immer nach der Wahrheit zu leben, eine saubere und ordentliche Lebensführung aufzuweisen, ohne Betrug zu leben und die Ehrlichkeit selber zu sein.

W.W.: Rudolf Steiner nennt in einem Vortrag über Goethe die Impulse, die Herder, Lessing, Schiller und Goethe durchströmten, dieselben wie sie Danton, Mirabeau und Robespierre durchglühten, nur daß sie sich bei den einen in das künstlerische Werk, bei den anderen in die Politik ergossen. Ähnliches hat er auch von Lenin und Trotzki gesagt. Rudolf Steiner schildert dies mit den folgenden Worten:

"Ich sagte, betrachtet man das Zeitalter, in das Goethe hineingeboren ist, so merkt man schon einen gewissen Zusammenklang zwischen der Individualität Goethes und diesem Zeitalter, und zwar diesem Zeitalter im weitesten Umkreise. Bedenken Sie, daß trotz aller großen Verschiedenheiten ... doch etwas sehr Ähnliches in den beiden Geistern, in Goethe und Schiller ist, um andere, weniger Bedeutende um sie herum gar nicht zu erwähnen. Bedenken Sie, wie vieles von dem, was wir gerade bei Goethe aufleuchten sehen, wir auch in Herder aufleuchten sehen. Aber man kann viel weiter gehen. Wenn man Goethe ansieht, tritt es vielleicht nicht gleich hervor; darauf wollen wir eben gleich zurückkommen. Aber wenn man Schiller ansieht, wenn man Herder ansieht, Lessing ansieht, so wird man sagen: Zwar ist ihr Leben anders geworden, aber in den Tendenzen, in den Impulsen lebt bei Goethe, bei Schiller, bei Herder, bei Lessing durchaus ein Stück Seelenanlage, durch die sie hätten unter anderen Verhältnissen ebenso gut ein Mirabeau, ein Danton werden können. Sie stimmen wirklich mit ihrem Zeitalter zusammen. Bei Schiller wird es sich ja gar nicht so schwer nachweisen lassen, denn Schillers Gesinnung wird niemand, insofern Schiller der Dichter der 'Räuber', des 'Fiesko', der 'Kabale und Liebe' war, sehr weit abstechend sehen von der Gesinnung eines Mirabeau oder Danton oder selbst Robespierre. Nur daß Schiller dieselben Impulse, die Danton, Robespierre, Mirabeau in ihre politischen Tendenzen haben hineinfließen lassen, ins Literarische, ins Künstlerische fließen ließ. Aber, man möchte sagen, in bezug auf das Seelenblut, das die Weltgeschichte durchpulst, fließt in den 'Räubern' genau dasselbe Seelenblut wie in den Taten Dantons, Mirabeaus und Robespierres, und es floß dieses selbe Seelenblut aber auch in Goethe, wenn man auch zunächst sich vorstellen möchte, daß Goethe recht, recht weit von einem Revolutionär entfernt ist. Das ist er aber gar nicht, das ist er durchaus nicht. Nur kommt bei dieser komplizierten Natur, bei der Natur Goethes, eben auch eine besondere Komplikation von karmischen Impulsen, von Schicksalsimpulsen zustande, welche ihn schon in frühester Jugend in einer ganz besonderen Weise in die Welt hineinstellen." (Rudolf Steiner: Das Karma des Berufes des Menschen in Anknüpfung an Goethes Leben. GA 172, Dornach 1964, S.39 f.)

Können wir daraus lernen, daß man einen Menschen nicht zu einseitig in bezug auf seine Taten bewerten sollte, sondern mindestens genauso nach den Impulsen und Idealen fragen muß, die ihn bewegen?

R. Riemeck: Auf jeden Fall! Sehen Sie, in dem Moment, in dem ein Mensch seine Ideale in politischer Tätigkeit auslebt, geht vieles von diesen Idealen verloren. Die Französische Revolution ist dafür ein grandioses Beispiel. Die Ideale gehen deswegen verloren, weil sich alles auf die politische Macht verengt; soziale Impulse sind sehr viel schwieriger durchzusetzen als Machtinteressen. Auch die künstlerischen Impulse bleiben auf der Strecke. Kennen Sie einen großen Staatsmann, der gleichzeitig ein großer Künstler war? Vielleicht gibt es welche, aber mir fällt niemand ein.

Das christliche Element im Leben Jean-Paul Marats

W.W.: Wenn man sich eine Person wie Jean-Paul Marat anschaut, so hatte er als Anhänger der Jakobiner die besten Impulse und Ideale, lebte theoretisch und praktisch für und mit den Armen und wurde ja auch bis zu seiner Ermordung von den Massen geliebt. Wie erklären Sie sich - exemplarisch an dieser Person - wie ein so idealgeprägter Mensch letztendlich bei den Grausamkeiten mitmacht?

R. Riemeck: Marat ist nur richtig zu betrachten, wenn man seine ersten Impulse bedenkt. Er war Mediziner, ein Arzt für die Armen. Er hatte in seinem ganzen Leben ein christliches Element in sich, was ich besonders betonen möchte. Das zeichnete ihn vor den anderen Revolutionären aus. Natürlich ging es ihm auch im Verlauf der revolutionären Ereignisse um handfeste politische Realitäten, die auf jeden Fall durchgesetzt werden sollten. Es ist schwierig, sich vorzustellen, wie sich Marat verhalten hätte, würde er zur Guillotine gebracht worden sein. Aber er wurde ja bekanntlich heimtückisch ermordet.

Marat hatte größere Weitsicht als die meisten anderen Revolutionäre. Er hatte England besucht und kannte sich in der Welt ein wenig mehr aus. Was man nicht vergessen darf, ist, daß er ein stark auf das Heilen gerichtetes Moment in seinem Leben besaß.

Nach Ansicht Marats sollte die Welt geheilt werden, für Robespierre dagegen sollte sie tugendhaft werden. Das ist ein großer Unterschied! Für mich ist Jean-Paul Marat der

Jean-Paul Marat (1743-1793)

sympathischste Revolutionär. Aber auch er erlag dem "Blutrausch". Von einem gewissen Punkt an waren sie alle nur noch darauf bedacht, die Feinde der Revolution auszulöschen. Das hat dazu geführt, daß man die Revolution, die so viele positive Ansätze besaß - und bis heute noch besitzt - verurteilt hat. Unsere ganze deutsche nationalistische Geschichtsforschung und -schreibung läuft ja darauf hinaus, 1789 zu verurteilen. Doch ohne die Revolution gäbe es nicht die Emanzipation der Persönlichkeit, wie Rudolf Steiner sich ausgedrückt hat.

W.W.: Ist es ein Problem der Französischen Revolution und ihrer Revolutionäre, daß ihre richtigen und fortschrittlichen Ideale noch zu abstrakt in ihren Vorstellungen lebten, ohne eine Verwirklichungsmöglichkeit in einem sozialen Organismus zu haben?

R. Riemeck: Wenn Sie meinen, daß die Revolutionäre für die Ideale, die sie zu verwirklichen hofften, kein Gefäß im sozialen Organismus gefunden haben, so ist das richtig. Dafür war es noch zu früh. Und das konnte nur dazu führen, daß sie die Verwirklichung ihrer großen Ideale als Zwang betrachteten, der unbedingt - auch mit den grausamsten Mitteln - durchgesetzt werden mußte.

Brüderlichkeit oder der Kampf aller gegen alle

W.W.: In dem Band "Geschichtliche Symptomatologie" (GA 185) sagt Rudolf Steiner über die drei Ideale der Französischen Revolution, daß sie abstrakt im Raume ständen, in Wirklichkeit aber auf verschiedene Gebiete angewandt werden müßten: die Brüderlichkeit auf das Leibliche, das Zusammenleben in einem konkreten sozialen Organismus; die Freiheit auf die Seele und die Gleichheit in bezug auf den Geist. Können Sie das ein wenig erläutern?

R. Riemeck: Rudolf Steiner setzt in diesem Vortrag die Gleichheit und die Freiheit anders an, als er es später getan hat; später bezog Rudolf Steiner die Freiheit auf das Geistesleben, die Gleichheit auf das Rechtsleben, die Brüderlichkeit auf das Wirtschaftsleben. In dem Vortrag aus der "Geschichtlichen Symptomatologie", den Sie soeben angeführt haben, sagt Rudolf Steiner etwas, was einem auch in anthroposophischen Zusammenhängen sehr zu denken geben müßte: Er spricht darüber, daß Gleichheit und Freiheit sich durchaus verwirklichen könnten, aber daß die Verwirklichung der Brüderlichkeit eine Zukunftsaufgabe sei und er führt aus, daß dann, wenn die Brüderlichkeit bis zum Ende des 5. nachatlantischen Zeitraumes nicht bis zu einem hohen Grade verwirklicht wird, ein großes Unglück und ein Zurückwerfen in der Geschichte die Folge sei (S.39). Das heißt mit anderen Worten, an dem dritten Ideal der Französischen Revolution, der Brüderlichkeit, entscheidet sich das Schicksal der Menschheit in den nächsten Jahrhunderten und Jahrtausenden.

Ich möchte behaupten, daß Brüderlichkeit immer schwerer als Gleichheit und Freiheit durchzusetzen ist. Die Freiheit darf man nicht nur als eine *"Freiheit von etwas"* verstehen, denn das wurde auch während der Französischen Revolution schon verwirklicht, sondern als eine *"Freiheit für etwas"*, und dies ist eine Aufgabe, die bis heute noch nicht verwirklicht ist. Auch Gleichheit ist noch nicht erfüllt, wenn sie auf dem Papier steht.

Die Brüderlichkeit dagegen soll im sozialen und wirtschaftlichen Leben durchgesetzt werden, was oft nur durch persönlichen Verzicht zu erreichen wäre. Auf die Wohlstandsgesellschaft müßte man verzichten, wenn wir die Brüderlichkeit im Weltmaßstab durchführen wollten. Wenn wir die Brüderlichkeit nicht im Weltmaßstabe durchsetzen und den Millionen von hungernden Menschen nicht von dem abgeben, was wir haben, dann befinden wir uns auf dem Wege zu dem großen Unglück, auf welches Rudolf Steiner bei Nichtdurchsetzung der Brüderlichkeit hinweist, denn man sollte nicht glauben, wir hätten noch sehr viel Zeit bis zum Ende des 5. nachatlantischen Zeitraumes. Die Zeiten verkürzen sich rasant.

Auch der Kampf aller gegen alle hat bereits begonnen. Schauen Sie auf irgendeinen beliebigen Ort der Erde, und Sie werden feststellen, daß wir uns bereits mitten in diesem Kampf befinden. Nehmen Sie den Krieg in Afghanistan: Die Russen sind gerade abgezogen, und nun streiten sich die Mudschaheddin untereinander, und zwar um das Wahre und Gute. Ob sie sich auch um das Schöne streiten, weiß ich nicht. Das Gefühl dieses Kampfes aller gegen alle, welchen Rudolf Steiner vorausgesagt hat, sitzt uns schon heute irgendwie im Nacken. Oftmals bemerken wir es gar nicht mehr, auch in unseren eigenen Reihen nicht, und das Gefühl für das Gemeinsame verschwindet. Das Gemeinsame ist immer ein Verzicht und Verlust an individueller Macht, an individuellem Reichtum und an eigenem Wohlbefinden.

Brüderlichkeit bleibt also ein Zukunftsideal und bedeutet zum Beispiel, daß ich zustimmen muß, wenn heute ein Mensch aus der Dritten Welt zu mir kommt und behauptet, daß der gesamte Wohlstand der westlichen Welt halbiert werden müsse, damit die Hungernden satter werden. Robespierre hätte uns dazu sicher zwingen wollen - mit

Gewalt, wenn er das für richtig erkannt hätte. Das Ausüben der Tugend mit Gewalt, das ist es, was als Schreckliches während der Französischen Revolution gewaltet hat.

W.W.: Das sind ja ähnliche Motive wie diejenigen der meisten Dominikaner zur Zeit der Inquisition.

R. Riemeck: Ja, genau. Es gehört für mich zu den Merkwürdigkeiten der Französischen Revolution, daß die großen Revolutionäre im Dominikaner- und Franziskaner-Kloster getagt haben und sogar ihre Namen dadurch erhielten. Der Name der Jakobiner kommt von dem Jakobus-Kloster, in dem früher Dominikaner gelebt haben. Dort, wo diese einst über die Inquisition befanden, tagten nach 1789 die Jakobiner. Marat und die Cordeliers tagten dagegen im Franziskaner-Kloster, sie waren nicht ganz so radikal wie die Jakobiner.

W.W.: Und Ludwig XVI. wird im Temple als Gefangener festgesetzt, dem Zentrum der Templer in Paris, die vom französischen König Philipp dem Schönen im 14. Jahrhundert ausgerottet wurden.

R. Riemeck: Sie haben mich zu Beginn des Interviews nach Kräften und Mächten gefragt, die in das geschichtliche Wirken eingegriffen haben: In Frankreich muß man meines Erachtens weniger von dem Wirken der Rosenkreuzer als vielmehr von dem der Templer sprechen.

In Frankreich muß man von Philipp dem Schönen und seinem Vernichtungsfeldzug gegen die Templer ausgehen. Ich würde immer die Templer im Zusammenhang mit der französischen Geschichte sehen, genauso wie die Rosenkreuzer im Zusammenhang mit der mitteleuropäischen Geschichte. Beide Gruppierungen hatten große Aufgaben, die durch Ereignisse von außen abgebrochen wurden, und zwar durch ungute okkulte Mächte. Es ist schon erstaunlich, daß der französische König vor seiner Guillotinierung im Temple gefangen saß, in dem Gebäude des Ordens, den einer seiner Vorgänger ausgerottet hatte.

W.W.: Wieder in dem Band "Geschichtliche Symptomatologie" äußert sich Rudolf Steiner folgendermaßen:

"Wie tritt uns daher, symptomatisch betrachtet, die Französische Revolution entgegen? Gerade symptomatisch betrachtet ist die Französische Revolution außerordentlich interessant. Sie stellt dar, gewissermaßen in Schlagworten zusammengedrängt und mischmaschartig auf den ganzen Menschen undifferenziert angewendet, dasjenige, was mit allen Mitteln geistiger Menschheitsentwickelung im Laufe des Zeitalters der Bewußtseinsseele, von 1413, also 2.160 Jahre mehr, bis zum Jahre 3573 allmählich entwickelt werden muß. Das ist die Aufgabe dieses Zeitraumes, das für die Leiber die Brüderlichkeit, für die Seelen die Freiheit, für die Geister die Gleichheit erworben werden während dieses Zeitraumes. Aber ohne die Einsicht, tumultuarisch alles durcheinander werfend, tritt dieses innerste Seelische des 5. nachatlantischen Zeitraumes schlagwortartig in der Französischen Revolution auf. Es steht unverstanden da die Seele des 5. nachatlantischen Zeitraumes in diesen drei Worten und kann daher zunächst keinen äußeren sozialen Leib gewinnen, führt im Grunde genommen zu Verwirrung über Verwirrung. Es kann keinen äußeren sozialen Leib gewinnen, steht aber da wie die fordernde

Seele, außerordentlich bedeutsam. Man möchte sagen: Alles Innere, was dieser 5. nach-atlantische Zeitraum haben soll, steht unverstanden da und hat kein Äußeres." (S.40 f.)

Welche Bedeutung hat die Französische Revolution für uns Menschen heute, was können wir 200 Jahre später aus dieser tumultuarischen Entwicklung lernen und für die Zukunft anwenden, und was hat die Französische Revolution für die übrige Welt gebracht?

R. Riemeck: Es gibt keine spätere Revolution, die nicht von 1789 beeinflußt worden ist. Da sind zum Beispiel die deutschen Revolutionen von 1848 und 1918. Die Ideale der Französischen Revolution lebten weiter, und als solche haben sie bei jeder anderen Revolution - einschließlich der bolschewistischen Oktober-Revolution - mit hineingespielt.

Auch in unserer Verfassung, die sich Grundgesetz nennt, hat das, was während der Französischen Revolution als Ideal betrachtet worden ist, Eingang gefunden: die Gleichheit und Freiheit aller Menschen, das Recht auf freie Meinungsäußerung usw. Diese Ideale reichen bis in unsere heutige Zeit hinein als etwas, was man nicht mehr aus dem Leben und Zusammenleben der Menschen hinaustreiben kann. Hier lebt das revolutionäre Element der Französischen Revolution im positiven Sinne weiter.

Revolution in Deutschland - Vormärz

W.W.: Zur Zeit der Französischen Revolution gerät die soziale Ordnung Deutschlands in eine tiefe Krise. Der einheitlichen Nation Frankreich und der Beseitigung der Standesschranken stehen in Deutschland Hunderte, meist absolutistisch regierte Territorien gegenüber. Zwar blühte das Geistesleben, aber es fehlte an selbstbewußtem Bürgertum. Nach dem gänzlichen Zusammenbruch der deutschen Staaten, herbeigeführt durch Napoleon (1806), gibt es vielerlei Reformbewegungen im sogenannten Vormärz (1815-1848), meist mit dem Ziel, einen Nationalstaat auf parlamentarischer Grundlage zu schaffen. War dieser Nationalgedanke damals bereits eine revolutionäre Kraft?

R. Riemeck: Die Deutschen hatten es immer schwer mit der Nation. Es war stets ein Problem, auch in der Revolution von 1848, festzulegen, in welchen Grenzen das, was man Deutschland nannte, lag. Auch in der Zeit des sogenannten Vormärz ist das immer wieder erörtert worden: Wer und was sind wir Deutschen? Dabei stellte man fest, daß das, was in Frankreich selbstverständlich als Nation empfunden wurde, aufgrund der deutschen Geschichte in dieser Region nicht vorhanden war. Deutschland war, wo man deutsch sprach. Wo ist denn anders Deutschland zu finden, als in der Sprache? Das Deutschlandlied, welches damals entstand, sang von einem Deutschland in fließenden Grenzen, nicht von einem Nationalstaat. Während der Freiheitskriege fragte man, was das Vaterland der Deutschen sei. Die Empfindung, daß man eine Nation ist, war für die Deutschen vor der Revolution von 1848 schwer zu fassen.

W.W.: War es denn möglich, als es mit Ausnahme von Rußland und England in allen europäischen Ländern revolutionsartige Aufstände gegen die Überreste der alten Feudalordnung, die absolutistischen Staatsverfassungen, gab, eine deutsche Nation zu gründen?

Straßenkampf vor der Paulskirche am 18. September 1848

R. Riemeck: Die Paulskirchen-Versammlung von 1848/49 wollte eine konstitutionelle Monarchie, das "Reich", schaffen. Aber man wußte nicht, wer der König oder Kaiser sein sollte. Das war die Last, die man in den deutschen Landen zu tragen hatte, und deswegen war es auch leicht, diese Revolution zu unterdrücken. Die Verfassung, die 1848/49 entstand, ist sogar eine sehr gute. Aber sie ist nicht verwirklicht worden. Auch die Einheit der Nation, um die es dabei ja wesentlich ging, konnte nicht hergestellt werden, weil es kein Fundament für diese Nation gab.

Schließlich und endlich hat dann Bismarck die Angelegenheit mit "Blut und Eisen" gelöst, indem er die "Einheit der Nation" im Deutschen Reich von 1871 erzwang. Es war keine Schöpfung des deutschen Volkes, sondern eine der deutschen Fürsten. Das muß man ganz klar sehen. Dieses Bismarck-Reich konnte keinen Bestand haben. Es ging in zwei Weltkriegen zugrunde. Weil die Revolution von 1848 scheiterte, ging Deutschland letztlich in seinen Niedergang.

W.W.: Vorerst sieht es so aus, als hätte die Revolution im März 1848 gesiegt, Metternich wird gestürzt, der preußische König zieht in Berlin seine Truppen zurück, er kommt der Forderung nach nationaler Einheit nach, ein liberales Ministerium wird eingesetzt und eine preußische Nationalversammlung tritt zusammen. Aber wieder wurden die unteren Schichten nicht berücksichtigt, was zu erheblichen Spannungen zwischen den verschiedenen Gruppen führte. - Ein Vororgan für eine Nationalversammlung, die eine erste gesamtdeutsche Regierung einsetzen sollte, trifft sich am 30.03.1848 in der Paulskirche. Zwar beschließt die Nationalversammlung fortschrittliche Grundrechte: die Rechtsgleichheit aller Menschen und damit die Abschaffung des Adelsstandes, Meinungs- und Glaubensfreiheit, Recht auf Eigentum - aber versäumt wurde angesichts des Elends der Massen eine soziale Verpflichtung des Eigentums sowie eine Durchsetzung des Anspruchs auf soziale Sicherung. Waren die sozialen Interessengegensätze, die daraus entstanden, noch nicht im Bewußtsein der Abgeordneten? Waren dies nicht wieder entscheidende Versäumnisse?

R. Riemeck: 1848/49 hätte mit seiner Verfassung einen großen Fortschritt gebracht. Aus dem heutigen Blickwinkel liegt es nahe zu sagen, daß man wiederum nicht an die unteren Schichten gedacht habe bzw. an ihre soziale Sicherung, also an die Arbeiter und das Proletariat. Doch es gab das Proletariat zu dieser Zeit ja noch nicht, es beginnt sich erst gerade herauszubilden. Leider aber wurde der Versuch einer Verfassung durch die deutschen Obrigkeiten zerschlagen. Wir sollten nie vergessen, was während der Revolution 1848 gedacht worden ist, sich aber leider nicht verwirklichen ließ.

W.W.: Wie erklären Sie es sich, daß die Menschen der Paulskirchen-Versammlung, welche recht bedeutende Persönlichkeiten waren, mit ihren Ideen nicht durchdrangen? Durch den Krieg Dänemark - Preußen in Schleswig-Holstein wurde sehr schnell deutlich, daß die Zentralgewalt überhaupt noch nicht bei der Nationalversammlung lag. Von der Annahme oder der Ablehnung des Waffenstillstandes zwischen Dänemark und Preußen hing das Schicksal dieser Nationalversammlung ab. Weil die Nationalversammlung den Waffenstillstand befürwortete, war dies ein Sieg Preußens über die Nationalversammlung. Ist diese Schwäche ein Ergebnis der tiefgreifenden Differenzen der einzelnen politischen Gruppierungen innerhalb der Nationalversammlung, oder wie erklären Sie sich die Schwäche dieser Paulskirchen-Versammlung?

R. Riemeck: Sie schieben sehr viel - und das mit Recht - auf den Militärstaat Preußen, der alle demokratischen und fortschrittlichen Ideen in Deutschland stets bekämpft hat. Der Krieg Dänemark-Preußen fällt in den Frühling und Sommer 1849. Da war die deutsche Nationalversammlung in der Frankfurter Paulskirche schon an ihrem Ende. Sie hatte am 28. März den preußischen König Friedrich Wilhelm IV. zum deutschen Kaiser gewählt. Der König lehnte die Kaiserkrone schroff ab. Damit war die Hoffnung auf ein geeintes deutsches Reich zerschlagen worden.

Mit dieser Enttäuschung mußte die Paulskirche fertig werden, während in Schleswig-Holstein die Bayern, Sachsen und Preußen sich Gefechte mit den Dänen lieferten. Es ging dabei um die Frage der Einverleibung Schleswigs in Dänemark, ein Vorschlag, den Englands Premierminister Lord Palmerston ausgeklügelt hatte.

Die Paulskirche sah sich mit großer, europäischer Politik konfrontiert. Dem waren die Abgeordneten des ersten deutschen Parlaments nicht gewachsen. Sie protestierten vergeblich gegen den Waffenstillstand, der mit den Dänen geschlossen wurde, haben sich dann aber damit abgefunden. Was sollten sie auch anderes tun?

Das Versagen des Bürgertums

W.W.: So ganz klar ist mir das noch nicht. Wenn wir noch einmal auf die Nationalversammlung von 1848/49 schauen, so sind es die dort versammelten Menschen, die für die Annahme des Waffenstillstandes zwischen Dänemark und Preußen gestimmt haben und damit Preußen die Oberhand zugebilligt haben. Zwar gab es zuerst einen Sieg der Linken, also eine Ablehnung des Waffenstillstandes, die aber durch einen erneuten Beschluß zurückgenommen wurde. Ähnlich war es mit der kleindeutschen Lösung, die ebenfalls von der Nationalversammlung angenommen worden ist. Es kann also nicht nur die preußische Militärmacht gewesen sein, sondern es waren die in der Paulskirche versammelten Menschen selbst, die entsprechende Beschlüsse gefaßt haben. Wenn man zusätzlich bedenkt, daß, während die Nationalversammlung in der Paulskirche zusammentrat, Marx und Engels das "Kommunistische Manifest" geschrieben haben, so ist es mir die Frage, ob diese Nationalversammlung nicht die letzte Chance des deutschen Bürgertums gewesen ist, die politischen Verhältnisse im Sinne einer Neugestaltung von Grund auf zu ändern. Haben sie nicht versagt?

R. Riemeck: Ja, sie haben versagt! Aber sie mußten auch versagen, denn sie hatten nicht dafür gesorgt, daß sie eine Macht darstellten. Die Abgeordneten der Paulskirche schauten bei dem Krieg Preußen gegen Dänemark zu; wer sollte denn gegen Preußen marschieren? Das wären dieselben Menschen gewesen, die im Großherzogtum Baden 1849 als Revolutionäre kämpften und in Rastatt zusammengeschossen worden sind. Die Militärmacht, die sich in Preußen darstellte, muß man bei allem bedenken, was in Deutschland fehlgelaufen ist. Es war eine Militärmacht ohnegleichen. Deshalb ist es auch

Eröffnung der Nationalversammlung in der Paulskirche am 18. Mai 1848

überhaupt nicht verwunderlich, daß die Siegermächte des Zweiten Weltkrieges darauf gesehen haben, Preußen zu zerschlagen. Preußen durfte nicht wiedererstehen.

W.W.: Die Militärmacht Preußen muß für sehr viele Deutsche etwas Verführerisches an sich gehabt haben. Wie kommt es, daß die meisten Deutschen in Bismarck vor dem Krieg gegen Österreich den bestgehaßten Mann sahen, die Liberalen bei den preußischen Landtagswahlen sehr viel mehr Stimmen als die Konservativen bekamen, aber nach dem Sieg Preußens über Österreich (1866) Bismarck in den Himmel lobten? Ist dies die Verführung der Deutschen, Machtpolitik zu betreiben?

R. Riemeck: Damit kommen Sie auf ein sehr schwieriges Gebiet deutscher Geschichte. Bismarck war kein national empfindender Deutscher. Er war durch und durch ein preußischer Staatsmann, kein deutscher. Zu letzterem haben ihn die national empfindenden Deutschen erst gemacht, weil sie meinten, durch die Ausrufung des preußischen Königs zum deutschen Kaiser wären die nationalen Hoffnungen erfüllt. Die Liberalen waren bis 1866 - eigentlich sogar noch bis zu dem Deutsch-Französischen Krieg - gegen die preußische Dominanz, aber danach schlägt das um. Sie werden plötzlich von dem Gedanken erfüllt, daß Preußen *die Nation* sei. Bismarck erfüllte die früheren Hoffnungen der Deutschen auf die Einheit der Nation. Mommsen und Treitschke waren früher als Liberale Gegner Bismarcks und seiner konservativen Politik. Später bejubelten sie ihn.

W.W.: Der Nationalgedanke im Zusammenhang mit der Machtpolitik war also der Todeskeim einer wirklichen Einheit einer deutschen Nation?

R. Riemeck: Ja gewiß, es war die Identifizierung des Nationalen mit dem Militärstaat Preußen. Mit militärischen Mitteln hatte der preußische König die Nation geeint. Aber es gab auch Menschen, die bis zuletzt gegen das Preußentum als hochmilitarisierter Herrschaftsmacht gekämpft haben.

Zu ihnen gehört Constantin Frantz, der geistige Widerpart Bismarcks. Er hat hervorragende politische Bücher und Schriften verfaßt, die heute leider vergessen sind. Den deutschen zentralistischen Einheitsstaat von 1871, wie Bismarck ihn schuf, hielt er für Deutschlands Unglück. Eine Föderation deutschsprachiger Länder, die kulturell geeint wären, die in Recht und Wirtschaft zusammenarbeiten sollten, aber keiner Zentralgewalt unterständen, - das war sein (antipreußischer) Vorschlag. Gedanken einer Dreigliederung des sozialen Organismus liegen seinen, gegen Bismarck gerichteten Vorschlägen zugrunde. Sie könnten heute neu durchdacht werden, nachdem das Bismarckreich endgültig versunken ist. Die Revolution von 1848 mit ihren liberalen Ideen ist erst nach 1871 aus dem Bewußtsein verdrängt worden.

"Man kann nur aufwachen, wenn man weiß, daß man vorher geschlafen hat"

W.W.: Ich möchte mit einem Zitat von Rudolf Steiner aus "Geschichtliche Symptomatologie" abschließen:

"Zwei Dinge fielen zusammen in diesen vierziger Jahren. Das Proletariat war noch nicht vollständig seiner historischen Grundlage entbunden, es existierte noch nicht mit vollem Bewußtsein. Das Proletariat war erst in den sechziger Jahren des 19. Jahrhunderts reif, bewußt einzutreten in die geschichtliche Entwickelung. Was vorher lag, ist nicht im modernen Sinne des Wortes proletarisches Bewußtsein. Die soziale Frage war natürlich früher da. (...)

Träger der politischen Zivilisation der damaligen Zeit war im wesentlichen das Bürgertum, war im wesentlichen die Mittelschicht, von der ich eben gesprochen habe. Nun war das Eigentümliche der Ideen, die dazumal in den vierziger Jahren hätten politisch werden können, ihre ganz intensive Abstraktheit. Sie alle kennen ja, ich hoffe, wenigstens bis zu einem gewissen Grade, was alles an - man nennt es revolutionären Ideen, aber es war wirklich nur liberal -, was dazumal in den vierziger Jahren an liberalen Ideen in die Menschheit eingeströmt ist und sich 1848 entladen hat. Sie kennen das und wissen ja wohl auch, daß Träger dieser Ideen das Bürgertum war, das ich Ihnen eben charakterisiert habe. Aber alle diese Ideen, die dazumal lebten, die so eindringen wollten in die geschichtliche Entwickelung der Menschheit, waren restlos intensiv abstrakte Ideen. Sie waren die allerabstraktesten Ideen, manchmal bloße Worthülsen. Aber das schadete nichts, denn im Zeitalter der Bewußtseinsseele mußte man durch die Abstraktheit durch. Man mußte die leitenden Ideen der Menschheit einmal in dieser Abstraktheit fassen.

Nun, der einzelne Mensch lernt nicht an einem Tag schreiben, nicht an einem Tag lesen, das wissen Sie, nicht wahr, von sich und anderen. Die Menschheit braucht auch eine gewisse Zeit, wenn sie mit irgendetwas eine Entwickelung durchmachen soll, sie braucht immer eine gewisse Zeit. Es war - wir werden auf diese Dinge noch genauer eingehen - der Menschheit Zeit gelassen bis zum Ende der siebziger Jahre. Wenn Sie 1845 nehmen, 33 Jahre dazurechnen, dann bekommen sie 1878; da erreichen Sie ungefähr dasjenige Jahr, bis zu welchem der Menschheit Zeit gelassen war, sich hineinzufinden in die Realität der vierziger Jahre. Das ist in der historischen Entwickelung der neuzeitlichen Menschheit etwas außerordentlich Wichtiges, daß man diese Jahrzehnte ins Auge zu fassen vermag, die da liegen zwischen den vierziger und den siebziger Jahren. Denn über diese Jahrzehnte muß sich der heutige Mensch völlig klar werden. Er muß sich klar werden darüber, daß in diesen Jahrzehnten, in den vierziger Jahren, begonnen hat, in abstrakter Form in die Menschenentwickelung einzufließen das, was man liberale Ideen nennt, und daß der Menschheit Zeit gelassen war bis zum Ende der siebziger Jahre, um diese Ideen zu begreifen, diese Ideen an die Wirklichkeiten anzuhängen.

Träger dieser Ideen war das Bourgeoistum. Aber das hat den Anschluß versäumt. Es liegt etwas ungeheuer Tragisches über der Entwickelung dieses 19. Jahrhunderts. Es ist wirklich für denjenigen, der in den vierziger Jahren manchen hervorragenden Menschen - über die ganze zivilisierte Welt waren solche ausgebreitet - aus dem Bürgerstande reden hörte über das, was der Menschheit gebracht werden sollte auf allen Gebieten, in diesen vierziger, noch Anfang der fünfziger Jahre manchmal etwas wie von einem kommenden Völkerfrühling. Aber aus den Eigenschaften heraus, die ich Ihnen charakterisiert habe für die Mittelschichte, wurde der Anschluß versäumt. Als die siebziger Jahre zu Ende gingen, hatte der Bürgerstand die liberalen Ideen nicht begriffen. Es wurde von dieser Klasse, von den vierziger bis in die siebziger Jahre, dieses Zeitalter verschlafen. Und die Folge davon ist etwas, auf das man schon hinschauen muß. Denn die Dinge müssen sich ja in auf- und absteigenden Wellen bewegen, und eine gedeihliche Entwickelung der Menschheit in die Zukunft kann nur stattfinden, wenn man rückhaltlos auf dasjenige sieht, was sich da in der jüngsten Vergangenheit abgespielt hat. Man kann nur aufwachen im Zeitalter der Bewußtseinsseele, wenn man weiß, daß man vorher geschlafen hat. Wenn man nicht weiß, wann und wie lange und daß man geschlafen hat, so wird man eben nicht aufwachen, sondern wird weiterschlafen.

Als das Bürgertum beim Erscheinen des Erzengels Michael als Zeitgeist Ende der siebziger Jahre nicht begriffen hatte den Impuls der liberalen Ideen auf politischem Gebiete, da zeigte es sich, daß jene Mächte, die ich ja auch charakterisiert habe, die mit diesem Zeitraum in die Menschheit sich hineinmischten, zunächst Finsternis verbreiteten über diese Ideen. Und das können Sie wiederum sehr deutlich studieren, wenn Sie nur wirklich wollen. Wie anders haben sich die Menschen die Gestaltung des politischen Lebens in den vierziger Jahren gedacht, als es am Ende des 19. Jahrhunderts über die ganze zivilisierte Welt gekommen ist! Es gibt keinen größeren Gegensatz als die allerdings abstrakten, aber in ihrer Abstraktheit nicht vollen Ideen der Jahre von 1840 bis 1848 und das, was man im 19. Jahrhundert auf den verschiedensten Gebieten der Erde

'hohe Menschheitsideale' genannt hat, was man hohe Menschheitsideale genannt
noch bis in unsere Tage herein, bis alles in die Katastrophe hineingerutscht ist von diesem
hohen Menschheitsidealen." (Rudolf Steiner: Geschichtliche Symptomatologie. GA
185, Dornach 1962, S.92 ff.)

Im weiteren Verlauf spricht Rudolf Steiner noch darüber, daß dann, wenn diese Ideen
- nur als Hypothese genommen - sich hätten verwirklichen können, der Anfang eines sehr
viel toleranteren Geltenlassens des einen Menschen neben dem anderen möglich geworden wäre. Und damit wären wir wieder bei der Brüderlichkeit, die während der Französischen Revolution nur als abstraktes Ideal aufgekommen ist, aber bis heute noch keine
Verwirklichung gefunden hat. Ist es nicht eine große Tragik, daß in den vierziger Jahren
des letzten Jahrhunderts diese Möglichkeit eines Aufgreifens der angesprochenen Ideen
und der daraus fließenden Ideale möglich gewesen wäre, daß es aber wieder einmal nichts
geworden ist?

Die 33 Jahre im letzten Jahrhundert

R. Riemeck: Wenn man die Jahrzehnte des letzten Jahrhunderts nimmt, von denen
Rudolf Steiner in dieser Textstelle spricht, so kann man bemerken, daß gewisse Früchte
auf das hinauslaufen, was Rudolf Steiner den Goethanismus nennt. Und das möchte ich
nicht nur auf die Philosophie, sondern auf alle Bereiche des menschlichen Lebens
ausgedehnt wissen. In seiner Schrift "Vom Menschenrätsel" aus dem Jahre 1916 beschreibt Rudolf Steiner genau, was in diesen Jahrzehnten hätte geschehen sollen. Die
erste Hälfte des 19. Jahrhunderts war das Ende der Goethezeit und dann setzt in den
vierziger Jahren eine Abwendung von dem ein, was in den ersten Jahrzehnten des 19.
Jahrhunderts noch als guter Keim in den mitteleuropäischen Seelen angelegt gewesen ist.
Aber das bricht dann in der Jahrhundertmitte ab.

Ich habe mal eine Untersuchung darüber gemacht, was sich in den Jahren ab 1845 in
den einzelnen Menschenseelen ereignet hat. Man könnte dies an Marx, Schelling und sehr
vielen anderen nachweisen, wie sich ihr Schicksal in den vierziger Jahren grundlegend
ändert. Auch an Leopold von Ranke könnte man es nachweisen, der zuerst ein großer
Welthistoriker war, aber dann nach der Jahrhundertmitte anfängt, preußischer Hofge-
schichtsschreiber zu werden. Was für ein Abfall in der Mitte des letzten Jahrhunderts!
Diesen Abfall in der Mitte des letzten Jahrhunderts an den verschiedensten Gestalten
nachzuweisen, wäre eine schöne Aufgabe. Ich wünschte, ich hätte Doktorarbeiten zu
vergeben. Wie ist es möglich, daß der große Ranke plötzlich keine weltgeschichtlichen
Aspekte mehr besitzt, sondern beginnt, die Enge der preußisch-deutschen Geschichts-
schreibung anzunehmen. Es gab auch Naturwissenschaftler, die neue Ideen gebracht
haben, aber die meisten sind kläglich zugrunde gegangen; nur Karl Christian Planck und
Preuß haben die damaligen Verhältnisse überstanden und sind ihren Anschauungen treu
geblieben.

In den ersten Jahrzehnten des letzten Jahrhunderts gab es noch konkrete Ideen, in den
33 Jahren zwischen 1845 und 1878 war Zeit gelassen, diese Ideen aufzugreifen, aber alles

bricht in der Mitte dieses Jahrhunderts in sich zusammen. Man kann dies an den einzelnen Schicksalen der Menschen nachweisen. Das hängt nach Rudolf Steiner mit dem Sturz der Geister der Finsternis zusammen. Und in diese Verfinsterung hinein fällt der Aufstieg Preußens zu der Militärmacht in Europa. Der Schatten dieser Militärmacht liegt noch heute über uns. Denn wir streben immer noch an, uns mit Militärmacht gegen äußere Feinde zu behaupten, aber die stillen Größen, wo bleiben die? Diese stillen Größen gehören zu Mitteleuropa, nicht zu einem Militärstaat. Aber zu einem solchen ist Deutschland wiederum geworden. Und so liegt Deutschland zwischen Buchenwald und Weimar, zwischen diesen beiden Extremen liegt alles begründet, was wir heute als Ergebnis haben.

STUDIENJAHR FÜR ANTHROPOSOPHIE

Die Zielsetzung des Jeanne d'Arc Seminars ist vor allem, eine

BERUFS- UND LEBENSORIENTIERUNG

für Menschen zwischen 18 und 35 Jahren anzubieten, die
- ein offenes Interesse für Anthroposophie mitbringen, die
- ein weitgefächertes Feld zukünftiger Berufsbilder kennenlernen möchten und
- individuelle Fähigkeiten in einer bunten sozialen Gemeinschaft entdecken und entwickeln wollen.

In der

SEMINARARBEIT

geht es um geistes- und sozialwissenschaftliche, naturkundliche und künstlerische Fragestellungen; außerdem gibt es Kurse, Gespräche, Darstellungen und natürlich auch

PRAKTISCHE ARBEIT

in den Bereichen der Gärtnerei, der Land- und Hauswirtschaft, in der Schreinerei und im Bauhandwerk, in der Sozialtherapie und in der Verwaltung.

BEGINN

des nächsten Studienjahres ist:
17. September 1989.
Ende: 29. Juli 1990.

Die

KOSTEN

für Wohnen, Verpflegung und Seminare betragen monatlich DM 950,–. Kann der Betrag nicht in voller Höhe aufgebracht werden, wird im Gesamtkreis der Studenten und Mitarbeiter über Möglichkeiten der Kostendeckung beraten.

ANMELDEN

kann man sich mit einer schriftlichen Bewerbung sowie einem anschließenden Besuch auf dem Michaelshof; Programme, Prospekte und andere Informationen bitte anfordern am

JEANNE D'ARC SEMINAR am **Michaelshof**

3139 Sammatz Tel. **05858 - 390.**

gelegen in einem hügeligen Waldgebiet nahe der Elbe im Landkreis Lüchow-Dannenberg/Ostniedersachsen.

IM ZUSAMMENHANG VIELFÄLTIGER KULTURELLER INITIATIVEN IM "FORUM MICHAELSHOF" SAMMATZ

JEANNE D'ARC SEMINAR

Benedikt Erenz

Harte Ziele – weiche Ziele

ODER Die Macht der Gewalt

Veduten & Portraits

Gebunden 144 Seiten DM 22,–
ISBN 3-87329-132-0

Benedikt Erenz hat seine „Veduten und Portraits" in den letzten Jahren in der „Zeit" veröffentlicht, deren Redaktion er angehört. Im Buch gesammelt wird nun erst der rote Faden sichtbar, der die Stücke zusammenhält: „Die Macht der Gewalt" – so auch der Untertitel. Seine Zeilen dringen fast freundlich in den Leser ein, um dann – hoffentlich – in dessen Hirn zu detonieren.

Henssel Verlag Berlin

»Volksentscheid über Art. 20 Abs. 2 GG«

Die überparteiliche Bürgerinitiative "Arbeitsgemeinschaft Demokratie und Recht" aus Achberg hat zum Anlaß des 40. Jahrestages der Verkündigung des Grundgesetzes, dem 23. Mai 1989, eine bundesweite Stimmbrief-Aktion organisiert, um aufgrund des Art. 20 Abs. 2 GG zu klären, ob die Mehrheit der Bevölkerung der Bundesrepublik Deutschland es ausreichend findet, ihre Stimme ausschließlich alle vier Jahre bei den Wahlen abzugeben, oder ob man zukünftig mittels Volksbegehren und Volksentscheid die politische Entwicklung auch direkt bestimmen möchte. Die dafür nötigen Stimmbriefe können beim Bundesabstimmungsbüro in Achberg angefordert und an dieses zurückgeschickt werden. Ziel dieses Projektes ist es, alle 44 Millionen Stimmberechtigten der Bundesrepublik Deutschland mit diesem Stimmbrief zu erreichen und ihr Votum abgeben zu lassen. - Im folgenden zitieren wir einige Absätze aus diesem Stimmbrief; u.a. auch das grundlegende Modell sowie die Bedingungen und die Verfahrensweise der vorgeschlagenen direkten Volksgesetzgebung. (Red.)

Auszüge aus dem Stimmbrief

Das Grundgesetz (GG) für die Bundesrepublik Deutschland bestimmt in Artikel 20 Absatz 2 *das Wahl- und das Abstimmungsrecht* als die zwei elementaren *staatsbürgerlichen Grundrechte:*

"Alle Staatsgewalt geht vom Volke aus. *Sie wird vom Volke in Wahlen und Abstimmungen* und durch besondere Organe der Gesetzgebung, der vollziehenden Gewalt und der Rechtssprechung *ausgeübt.*"

Das *Abstimmungsrecht* ist auch nach 40 Jahren Bundesrepublik noch immer nicht gesetzlich geregelt und daher nicht verfügbar. Mit dem "Volksentscheid über Art. 20 Abs. 2 GG" soll geklärt werden, ob die wahl- und stimmberechtigten Bürgerinnen und Bürger mehrheitlich das Abstimmungsrecht künftig wollen ergreifen können.

Der Regelungsvorschlag, über den abgestimmt wird, benennt die unabdingbaren Kriterien eines gesicherten demokratischen Verfahrens der Volksgesetzgebung auf Bundesebene; entsprechender Bestimmungen bedarf es auch auf Länder- und Gemeindeebene. - *Die Forderung* richtet sich an Bundestag und Bundesrat. - *Das Votum* (Ja/Nein) umfaßt den Regelungsvorschlag und die Forderung. Stimmberechtigt ist, wer an dem Tag, an dem er abstimmt, das 18. Lebensjahr vollendet hat.

Das Unbehagen im Parteienstaat

Seit vielen Jahren wächst in der Bundesrepublik der Unmut über die politischen Verhältnisse. Parteien und Politiker genießen kein hohes Ansehen mehr. Man wirft ihnen vor, mehr an den Privilegien der Macht als am Gemeinwohl interessiert zu sein, sich einerseits immer wieder dem Einfluß starker Verbände zu beugen, andererseits aber selbst breite soziale Bewegungen, die über keine Lobby verfügen, zu ignorieren.

Viele haben schon resigniert, wollen von "Politik" nichts mehr hören, ziehen sich aufs Private zurück. Weit verbreitet ist das Gefühl der Ohnmacht, daß man als einzelner gegen "die da oben" doch nichts machen könne. Was bleibt denen, die die Flinte noch nicht ins Korn geworfen haben? Protestieren? Demonstrieren? Man weiß, was die Regierenden dazu sagen: Wir lassen uns doch "von der Straße" nicht unter Druck setzen; wir sind von der Mehrheit gewählt, und also ist unsere Politik von der Mehrheit getragen.

Stimmt diese Schlußfolgerung wirklich? Zu begründen ist sie nicht! Denn das ist der prinzipielle Mangel jeder Wahl: Niemand kann dabei seinen politischen Willen differenziert bekunden. Jeder kann immer nur pauschal "grünes Licht" für das gesamte Programm der Partei seiner Wahl geben, d.h. für vier lange Jahre einen Blankoscheck unterschreiben.

Das ist der Kern des Problems auch hierzulande: Wo in einem Staat die politische Mitbestimmung der Bürger aufs Wählen der Volksvertretung beschränkt ist, gibt das Volk mit dem Wahlakt sein Selbstbestimmungsrecht in Wahrheit ab und setzt lediglich einen Vormund ein. Zugleich kann kein Wahlergebnis klären, was - sachbezogen - von Fall zu Fall der Mehrheitswille der Bürgerschaft ist. Das heißt: Keine parlamentarische Entscheidung kann allein schon aus sich heraus nachweisen, daß sie demokratisch gerechtfertigt, also legitim ist. Wer aber diesen Nachweis in unserer Zeit für unverzichtbar hält, muß dafür sorgen, daß die Bürger auch das Recht in Anspruch nehmen können, außerparlamentarische Entscheidungen herbeizuführen, um parlamentarische Beschlüsse zu überprüfen, zu korrigieren bzw. eigene politische Ziele anzugehen.

Ist das nicht der einzig hoffnungsvolle und sachgemäße Weg, Ohnmacht und Verdrossenheit gegenüber der Politik zu überwinden? Die Gewählten müssen wissen, daß sie der wirksamen Kontrolle jederzeit möglicher Initiativen und Entscheidungen der Bürgerschaft unterstehen. Dies ist das richtige therapeutische Mittel zur Gesundung der Verhältnisse im politischen Leben.

Kann man in das "Volk" Vertrauen haben?

Manche sagen: Das Volk ist nicht "weiser" und "gerechter" als seine gewählten Vertreter. Hat es denn nicht gerade in diesem Jahrhundert alle Schrecklichkeiten und Verbrechen seiner Führungen mitgemacht oder zumindest nicht aktiv verhindert? Und läßt es nicht auch heute zu, daß zum Beispiel die herrschenden Wirtschaftssysteme unsere natürlichen Lebensgrundlagen langsam aber sicher zerstören, die Dritte Welt ausbeuten, Millionen Menschen zur Arbeitslosigkeit verdammen (usw.)?

Wer so denkt, übersieht das Entscheidende: Noch nie hatte das Volk nach 1945 die Möglichkeit, über irgendeine dieser Fehlentwicklungen seinen demokratischen Willen zu bilden! Auch keine der Untaten des Dritten Reiches hat das Volk demokratisch beschlossen. Die meisten haben nicht widerstanden, haben sich verführen lassen, - aber sehenden Auges, was ja die Qualität des demokratischen Beschlusses ist, hat das Volk keines der Verbrechen legitimiert. Bevor man Bücher verbrannte, die Rassengesetze beschloß, den Krieg begann und die Gaskammern öffnete, liquidierte man die Demokratie.

In der Bundesrepublik reduzierte man sie von Anfang an aufs Wählen; aber auch damit können die Menschen die heutigen Formen fragwürdiger Politik nicht zur wirklichen demokratischen Rechtfertigung und gegebenenfalls zur Korrektur zwingen.

Man sollte sich fragen: Ist es denn wirklich vorstellbar, daß ein Volk - das unsere oder irgendein anderes - in einem demokratischen Verfahren, wie wir es vorschlagen, je ein unmenschliches, zerstörerisches, ein verantwortungsloses Recht beschließen würde - wenn im allgemeinen Meinungsbildungsprozeß auch die Konsequenzen eines Entscheids umfassend erörtert werden?

Ist nicht vielmehr durch die geschichtliche Erfahrung bewiesen, daß alle negativen Vorgänge nicht als Folge der Ausübung der Staatsgewalt durch das Volk, sondern aus dem Prinzip der Übertragung der Staatsgewalt an Regierende entstanden sind? Die Gefahr, die in diesem Prinzip immer liegt, kann nur dadurch gebändigt werden, daß die übertragene Staatsgewalt unter den Vorbehalt des jederzeit aktivierbaren direkt-demokratischen Elementes gestellt ist. Dadurch wird jedes politische Problem für jeden Erwachsenen auch zu einer Gewissensfrage - und damit erst zu einer Frage seiner persönlichen Verantwortung.

Die "bitteren Erfahrungen von Weimar"

Die Weimarer Republik (1919-1933) ist nicht, wie die Legende glauben machen will, an zu viel "Plebiszitärem" gescheitert (in den 14 Jahren gab es überhaupt nur zwei Volksentscheide). Es ist genau umgekehrt: Weil sich damals niemand ernsthaft um die Entwicklung einer politischen Kultur der direkten Demokratie bemühte, fiel die Republik den antidemokratischen Kräften, die sich der Mittel des Parteienstaates bedienten (= Übertragung der Staatsgewalt), zum Opfer. Solange einigermaßen demokratische Bedingungen herrschten (also bis 1932), hatte die NSDAP nie auch nur annähernd die Mehrheit hinter sich. Und das "Ermächtigungsgesetz", mit dem man die Demokratie faktisch abschaffte, beschloß nicht das Volk, sondern - (am 24. März 1933) u.a. mit der Stimme von Theodor Heuss - der Reichstag. Die Lehre daraus ist:

Nur eine lebendige Kultur der direkten Demokratie schützt vor der Versuchung, daß parlamentarische Organe die Gesellschaft gegebenenfalls an antidemokratische Gruppen oder Demagogen ausliefern.

Grundgesetz und Volksentscheid

Eine andere Legende behauptet, im Grundgesetz sei das Abstimmungsrecht des Volkes nicht vorgesehen. Elemente direkter Demokratie gebe es nur im Fall des Art. 29 GG (Neugliederung der Bundesländer). Auch das ist falsch.

Der Art. 20 Abs. 2 GG, auf den wir diese Initiative stützen, erklärt das Abstimmungsrecht uneingeschränkt als eine Fundamentalnorm der unmittelbaren Ausübung der Staatsgewalt durch das Volk. Daß wir dieses staatsbürgerliche Grundrecht bisher nicht ergreifen konnten, liegt ausschließlich daran, daß der parlamentarische Gesetzgeber es ständig ignoriert hat, diese Norm verfassungs- und bundesgesetzlich zu regeln.

Die Abstimmung "Volksentscheid über Art. 20 Abs. 2 GG" wird zeigen, ob die stimmberechtigten Bürger/innen der Bundesrepublik diese Ignoranz mehrheitlich weiterhin dulden wollen.

Zu den Kriterien der Volksgesetzgebung

Die Volksgesetzgebung ist nicht Ersatz für die parlamentarische. Es kommt darauf an, die Dinge so zu regeln, daß beide Formen optimal arbeiten und zusammenwirken können.

Nicht das einzige, aber das wichtigste Prinzip der Demokratie ist, daß die Festsetzung des Rechts vom Volke ausgeht. Das Volk mag noch "besondere Organe" mit der Gesetzgebung beauftragen; souverän ist es aber nur dann, wenn es die Gesetzesinitiative und den -beschluß auch selbst herbeiführen kann.

Unser Regelungsvorschlag stellt die Kriterien zusammen, um das sachgerecht zu erreichen. Wo die Volksgesetzgebung in den Verfassungen der Bundesländer - leider überall schlecht geregelt - bereits vorgesehen ist, müßte man sie diesen Kriterien entsprechend verbessern:

1. Eine *Initiative* soll jede/r Stimmberechtigte ergreifen können. Findet ein Vorschlag dann die Unterstützung von mindestens 50.000 Bürgern, soll das Parlament verpflichtet sein, sich mit dem Anliegen geschäftsordnungsmäßig zu befassen (= 1. Stufe). Damit soll

erreicht werden, daß in die Behandlung und Lösung der gesellschaftlichen Probleme (sofern sie eine rechtlich-politische Dimension aufweisen) nicht nur die Intelligenz der Parteien, sondern die Kreativität des ganzen sozialen Organismus einfließen kann. Und weil eine demokratische Gesellschaft auch eine informierte Gesellschaft sein muß, schlagen wir vor, daß die Anliegen der Initiativen, die das Parlament erreichen, in den Massenmedien zu veröffentlichen sind.

2. Dadurch, daß es im Prinzip zum Volksentscheid über alle politischen Angelegenheiten kommen kann, werden die Volksvertreter endlich unabhängig sein vom Druck der Gruppeninteressen. Nur unter dieser Voraussetzung ist es wirklich so, daß "die Abgeordneten ... Vertreter des ganzen Volkes, an Aufträge und Weisungen nicht gebunden und nur ihrem Gewissen unterworfen" sind (Art. 38 Abs. 1 GG). Das heißt, sie werden diejenigen außerparlamentarischen Initiativen, die dem Gemeinwohl dienen, auch dann aufgreifen, wenn sie nicht unbedingt auf der Linie ihrer Parteirichtung liegen (= Befreiung vom Fraktionszwang). Wird der Vorschlag dennoch abgewiesen, kann die entsprechende Initiative versuchen, über ein *Volksbegehren* den Volksentscheid zu bewirken *(= 2. Stufe)*. Wir meinen, daß mit mindestens 1 Million Zustimmungserklärungen die Hürde hoch genug ist, um auszufiltern, wofür es keinen hinreichenden Bedarf gibt, den Gemeinwillen zu bilden.

3. Eine Mindestbeteiligung an der Abstimmung soll es nicht geben; Demokratie muß getragen sein vom freien Engagement derjenigen, die sich beteiligen wollen (=Aktivbürgerschaft). Wer sich nicht beteiligen will, soll nicht automatisch dem Lager derjenigen zugerechnet werden, die einen Vorschlag bewußt ablehnen. Daher unser Vorschlag *(= 3. Stufe)*: In der *Abstimmung* entscheidet die Mehrheit der abgegebenen Stimmen (bzw. die Zweidrittelmehrheit bei verfassungsändernden Gesetzen).

4. Nach dieser Regelung kann es zum Volksentscheid nie durch parlamentarische Organe, sondern nur durch außerparlamentarische Initiativen kommen (s. 1.). Andernfalls würden allzu leicht obrigkeitsstaatliche Tendenzen auch die direkt-demokratischen Prozesse vereinnahmen (Abstimmungen als Akklamationsakte für die Absichten der Regierenden).

5. Von entscheidender Bedeutung - und in der Geschichte der Volksgesetzgebung erstmalig in deren Regelung einbezogen - ist die *Medienbedingung* (Ziffer 4 und 5 des Vorschlages). Die Massenmedien spielen in unserer Zeit eine entscheidende Rolle im Prozeß der politischen Urteilsbildung. Ohne die Garantie, daß Pro und Contra einer Abstimmungssache gleichberechtigt zu Wort kommen, wäre - wie eben allenthalben bisher - der Manipulation Tür und Tor geöffnet.

6. Schließlich ist berücksichtigt, daß es zu einem Volksentscheid erst kommen kann, wenn ein Thema von der Gesellschaft gründlich durchgearbeitet ist. Bedenkt man die Zeit vom Beginn einer Initiative bis zum Entscheid, wird man erkennen, daß die Volksgesetzgebung kein Medium für momentane Stimmungen der Öffentlichkeit ist.

7. Wenn sich - was zu erwarten ist - in absehbarer Zeit auch Parteien (etablierte oder sog. "Splittergruppen") an das Thema "Volksentscheid" hängen werden, hat diese Initiative damit nichts zu tun. Jede Partei will, daß man ihr die Macht überträgt. Beim

Initiativ- und Abstimmungsrecht geht es aber um die Selbstbestimmung des Volkes. Im übrigen sollte man genau hinsehen: Wo die Kriterien des hier erläuterten Regelungsvorschlages nicht berücksichtigt werden, droht immer die Gefahr, auch die direkte Demokratie dem parteilichen Machtkalkül unterzuordnen. Daher ist Wachheit geboten.

Die 3-stufige Volksgesetzgebung

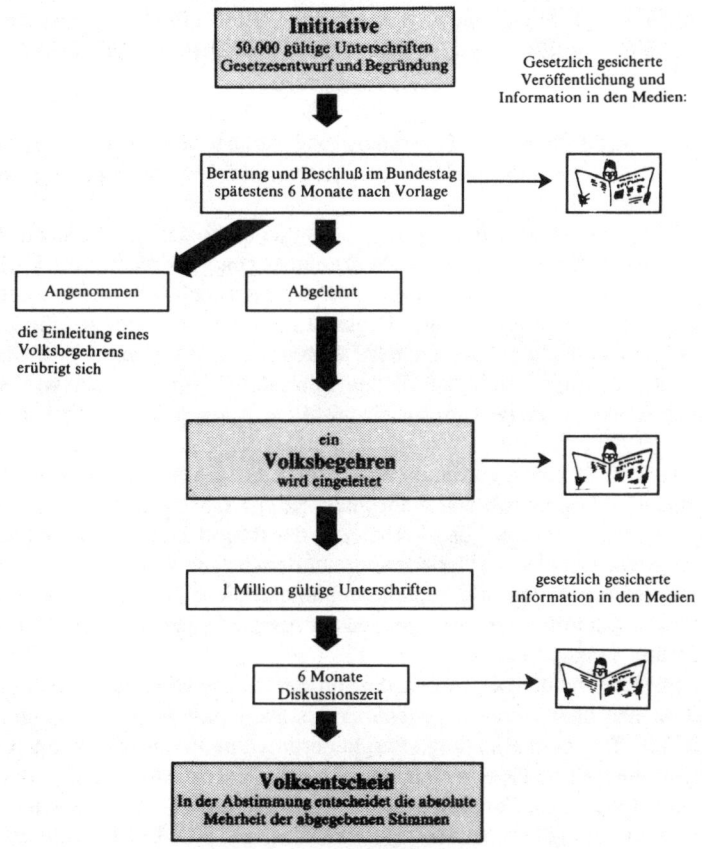

Für Anfragen und Bestellungen von Stimmbriefen (pro Stück DM 0,10) und Informationsmaterial: **Rund-um-die-Uhr-Telefon 08380/ 500**

Adresse: "Arbeitsgemeinschaft Demokratie und Recht", Hohbuchweg 23, D-8991 Achberg. Konten: SPK Lindau (BLZ 735 500 00) Konto-Nr. 16 19 84 und Postgiro Stuttgart (BLZ 600 100 70) Konto-Nr. 246161-704.

1789 - 1919 - 1989:
Ist's an der Zeit,
die Revolution zu vollenden?

NACH 70 JAHREN "SOZIALE DREIGLIEDERUNG": GIBT ES JETZT EINE CHANCE ZUR VERWIRKLICHUNG DIESER IDEE DURCH EINEN ERSTEN SCHRITT VON HISTORISCHER TRAGWEITE?
Wilfried Heidt

Eine bloß theoretische Frage? Oder eine Frage, deren lebenspraktische Beantwortung heute, gegen Ende des Jahrhunderts, von jedem einzelnen als Mitverantwortlichem abhängt?

Als Rudolf Steiner nach seinem großen öffentlichen Einsatz für die soziale Dreigliederung zwischen April und Juli 1919 in Württemberg nach Dornach zurückgekehrt war, sagte er dort in einem Vortrag am 9. August: "Die Menschheit wird nicht weiter mitreden können, ohne daß sie ihren sozialen Organismus im Sinne der Dreigliederung: des Sozialismus für das Wirtschaftsleben, der Demokratie für das Rechts- oder Staatsleben, der Freiheit oder des Individualismus für das Geistesleben einrichtet. Das wird angesehen werden müssen als das einzige Heil, als die wirkliche Rettung der Menschheit" (GA 296, S.16 f.).

Nehmen wir an, daß dieses ultimative Wort nicht einfach eine rhetorische Dramatisierung der damaligen Situation war - ein gutes halbes Jahr nach dem Ende des Ersten Weltkriegs. Setzen wir voraus, daß jedermann, der Rudolf Steiners zahlreiche Vorträge und Schriften zur sozialen Dreigliederung studiert hat, wissen kann: Es ist so - alle Katastrophen, Krisen, Nöte und Fehlentwicklungen dieses Jahrhunderts bis in unsere Tage hinein sind die Folge der Tatsache, daß der soziale Organismus nicht "im Sinne der Dreigliederung" eingerichtet ist.

Dieser Tatsache standen diejenigen, die von dieser Entwicklungsnotwendigkeit überzeugt sind, bisher insofern ratlos gegenüber, als überhaupt keine Chance in Sicht war, etwas *Durchgreifendes* in Richtung Dreigliederung unternehmen zu können. Das Feld war besetzt, schien keinen Raum zu bieten für einen realistischen Versuch der Veränderung des *sozialen Ganzen*. Folglich beschränkte man sich auf Aktivitäten in bestimmten Bereichen, wo a) die geltenden Staatsgesetze dies zuließen, b) das erforderliche Geld mobilisiert werden konnte und c) Menschen willens waren, ihre Fähigkeiten für anthroposophisch orientiertes soziales Wirken einzusetzen.

Dergestalt entstand über Jahrzehnte viel Positives und Zukunftsträchtiges "gegen den Strom der Zeit". Das Schicksal der Gesamtverhältnisse jedoch blieb nach wie vor bestimmt von den Kräften und Mächten der herrschenden dreigliederungswidrigen politischen und wirtschaftlichen Systeme und Ideologien des Materialismus in seinen verschiedenen Spielarten.

Diese Sachlage hat sich - jedenfalls die Bundesrepublik Deutschland betreffend - inzwischen geändert. Denn eine Initiative aus der Dreigliederungsbewegung hat - nach mehr als zwei Jahrzehnten intensiver Vorbereitung - eine Möglichkeit erarbeitet, durch die jeder volljährige Mensch unseres Landes zur zentralen Frage der sozialen Dreigliederung sein persönliches Votum abgeben kann. Ob aus der damit geschaffenen Möglichkeit der erste praktische Schritt im Prozeß der historischen Verwirklichung der Dreigliederung getan werden kann - oder ob alles so bleibt, wie wir es seit Jahrzehnten kennen -, das hängt nun wesentlich davon ab, wie viele Menschen sich in nächster Zeit engagieren werden, um die Erkundung zu realisieren.

Worum geht es und was kann man als einzelner - mit anderen zusammen - dafür tun?

I.

Wenn man davon ausgeht, daß die Umgestaltung oder - wie Rudolf Steiner die Dreigliederungsaufgabe bezeichnete - die *"Neugestaltung* des sozialen Organismus" heute nicht mehr (wie noch zu Kaisers Zeiten) durch eine "Verkündung" von oben, sondern nur noch aus dem bewußten Willen der Gesamtbürgerschaft herbeigeführt werden kann, dann bedeutet das, daß die gesellschaftliche Entwicklung in Gegenwart und Zukunft der *demokratischen Legitimation,* d.h. zumindest einer *Mehrheitsentscheidung,* bedarf.

Denn: "... heute sind eben die Menschen nicht so, daß sie sich von kleinen Gruppen diktieren lassen wollen dasjenige, was sie zu tun haben, daß sie bloß eine kleine Gruppe gegen die andere kleine Gruppe austauschen wollen. Heute will schon jeder mittun. Heute ist die Zeit, wo man lernen muß den *Unterschied zwischen Herrschen und Regieren.* Es scheint ja allerdings, als ob der noch nicht gründlich genug gelernt worden wäre. (Beifall). *Herrschen muß heute das Volk, eine Regierung darf nur regieren.* Das ist das, worauf es ankommt. Und damit ist auch gegeben, daß in einem gesunden Sinne heute die Demokratie notwendig ist." Und weiter:

"Deshalb habe ich auch keine Hoffnung, daß man mit den schönsten Ideen, wenn man durch kleine Gruppen sie verwirklichen will, etwas erreichen kann, wenn man nicht getragen wird von der Erkenntnis und Einsicht der wirklichen Majorität der Bevölkerung. Die wichtigste Arbeit ist heute: sich zu erwerben das Mitgehen der großen Mehrheit der Bevölkerung mit dem, was man als ausführungsmöglich erkennt. *So stehen wir heute eben vor der Notwendigkeit, daß wir ... in demokratischer Weise die Mehrheit der Bevölkerung haben müssen*" (Rudolf Steiner, zit. aus "Nachrichten der Rudolf Steiner-Nachlaßverwaltung", Nr. 27/28, S.23).

Dieser Akt der demokratischen Legitimation richtet sich der Sache nach ausschließlich auf die entsprechenden Veränderungen in den *Rechtsordnungen* der bestehenden Verhältnisse. Diese müssen gewandelt werden. Und zwar so, daß alles, was in den geltenden Gesetzen die Entfaltung des Dreigliederungswesens verhindert, verschwinden muß. An seine Stelle muß ein *dreigliederungskonformes Staatsrecht* treten, das heißt eine solche Gesetzgebung, welche geeignet ist, den rechtlichen Rahmen zu bilden dafür, daß sich das soziale Leben in seinen verschiedenen Bereichen so entwickeln kann, wie es sich aus der Dreigliederungserkenntnis ergibt - vorausgesetzt, die Menschen haben diese Erkenntnis gewonnen und wollen auch danach handeln.

Denkbar ist dieser Akt sowohl in einer Art *Gesamtveränderung* - zum Beispiel dadurch, daß man eine Totalrevision unseres Grundgesetzes beschließen würde - als auch im *schrittweisen Vollzug*.

Was die zuerst genannte Transformationsvorstellung betrifft, haben wir gegenwärtig keine Lebensumstände, in denen die große Mehrheit der Menschen geneigt und bereit wäre, eine Gesamtveränderung zu wollen. Den allermeisten ist eine solche Veränderung auch noch gar nicht konkret genug vorstellbar. Zu vieles erscheint an der Oberfläche noch "in Ordnung", als daß man sich der Notwendigkeit einer grundlegenden Revision schon weithin bewußt wäre.

Anders hingegen steht es mit der Fähigkeit und dem Willen zur schrittweisen Veränderung. Wenn es einen Weg gäbe, anhand von Sachfragen dreigliederungsgemäße Gesetzgebungsvorschläge öffentlich wirksam werden zu lassen, d.h. wenn nicht mehr die ans Gängelband der Lobbies und ihrer Parteien gebundenen Abgeordneten allein entscheidungsbefugt wären, sondern wenn - nach gründlicher Aufklärung und öffentlicher Erörterung der jeweiligen Alternative - die Rechtsgemeinschaft selbst von Fall zu Fall über solche Vorschläge unmittelbar demokratisch beschließen könnte, dann würde sich ganz konkret in den Rechts*ordnungen* immer der jeweilige Entwicklungsstand des gesellschaftlichen Rechts*bewußtseins* ausdrücken.

Die unabdingbare Voraussetzung für einen solchen Prozeß der schrittweisen Durchdringung des sozialen Organismus mit dem Dreigliederungsimpuls ist nun freilich jener originäre Souveränitätsvollzug, durch den sich die Gesamtbürgerschaft als *Gemeinwille* (= soziales Ich) konstituiert.

Das heißt: wenn man begriffen hat, daß es unvorstellbar geworden ist und auch ganz unzeitgemäß wäre zu erwarten, die Therapie der zahlreichen Erkrankungen des sozialen Organismus komme durch irgendeine andere Instanz als durch die Menschengemeinschaft selbst - und nicht durch Gewählte oder andere Mächtige - zustande, dann wird man die Kernfrage so stellen müssen:

Wie können die in der Menschengemeinschaft lebendigen geistig-moralischen Kräfte, Fähigkeiten und Willensimpulse zum verantwortlichen Lenker ("Ich") der Entwicklungen des sozialen Lebens werden? Oder konkreter gesagt: Wie werden die Staatsbürger "Herr im eigenen Haus"? Was muß geschehen, damit sie selbst die entscheidende souveräne Instanz sind und bleiben für die Gestaltungen des Rechtslebens im sozialen Organismus?

II.

Um die sachgemäße Antwort auf diese Frage ringt die Menschheit seit 1789 in immer neuen Versuchen. Wenn in diesem Jahr - 1989 - allenthalben an den Ausbruch der Französischen Revolution erinnert wird, bleibt hinter den Hinweisen auf die bekannten Schlagworte "Freiheit, Gleichheit, Brüderlichkeit" meist verdeckt, daß nicht *diese* (trinitarische) Devise den Gang der historischen Entwicklung seither maßgeblich beeinflußt hat. Vielmehr waren es in immer neuen Anläufen und Rückschlägen jene Auseinandersetzungen und Kämpfe, die sich mit logischer Konsequenz aus der Frage nach der *Volkssouveränität* als dem wirklichen Grundimpuls ergaben, der schon den Verlauf der Französischen Revolution bestimmte und der bis in unsere Zeit das bestimmende Element geblieben ist, um das sich im Grunde die großen historischen Auseinandersetzungen gedreht haben und drehen.

Freiheit, Gleichheit, Brüderlichkeit sind sicher das ganzheitliche Grundmotiv für eine weitere soziale Zukunft, gleichsam die begriffliche Verkündung dessen, was "mit allen Mitteln geistiger Menschheitsentwicklung im Laufe des Zeitalters der Bewußtseinsseele ... allmählich entwickelt werden muß" (GA 185, S.40). Was im Hinblick auf die Verwirklichung dieser Dreiheit heute schon möglich wäre, kann man nur vermuten, weil die herrschenden Verhältnisse die politisch relevante Inspiration und Kommunikation über diese Perspektive nicht zulassen.

In gewisser Weise eindeutig ist dagegen als historisch "reif" und "fällig" einzuschätzen jener Gesichtspunkt des Gleichheitsideals, der in der Idee der Volkssouveränität zum Ausdruck kommt und als "historische Forderung, über die eigentlich gar nicht diskutiert werden kann", wie selbstverständlich sich meldet und will, *daß jeder volljährige Staatsbürger "seinen Einfluß darauf hat, das Recht festzustellen"* (GA 340, S.43).

Das ist als ein grundlegendes Bedürfnis seit Jahrzehnten "in den breiten Massen der Menschheit vorhanden ... Die zivilisierte Menschheit ist aus den Untergründen ihres Wesens heraus immer demokratischer und demokratischer geworden... Dieser demokratische Zug hat sich als eine reale Kraft im geschichtlichen Leben der neueren Menschheit ergeben" (GA 83, S.287).

Rudolf Steiner weist darauf hin, wie daraus im 19. Jahrhundert "der Streit über die Grundlagen des Staates" entstanden ist und wie das "nicht etwa nur in den Theorien, sondern auch im praktischen Leben ... für unzählige Menschen auch der breitesten Masse ein Problem geworden ist" (ebd., S.289). Und Steiner betont die Notwendikgeit, daß mit diesem "Heraufkommen des demokratischen Sinnes" auf eine neue Weise verbunden ist, "die Frage nach dem Wesen des Rechts", die wir "viel gründlicher, viel wirklichkeitsgemäßer auffassen (müssen), als sie vielfach heute aufgefaßt wird" (ebd., S.290). Denn weder kann in heutiger Zeit die Verbindlichkeit des Rechts "aus dem einzelnen Menschen heraus kommen" (ebd., S.290), noch kann man aus einem vorgegebenen "Naturrecht" (= "Vernunftrecht") finden, "welches die besten Rechtsinstitutionen sind, unter denen die Menschen am besten gedeihen können" (ebd., S.288). Gegen das eine wie gegen das andere "bäumt sich der demokratische Sinn auf. Er sagt: Es gibt überhaupt nicht eine allgemeine abstrakte Festsetzung des Rechts, sondern es gibt nur die Möglichkeit, daß sich Menschen, die in irgendeiner sozialen Gemeinschaft stehen, miteinander verständigen, ... daß sie aus gegenseitiger Verständigung wirklichkeitsgemäß das Recht erst hervorbringen. 'Ich will mitreden können, wenn das Recht entsteht!', das ist das, was der demokratische Sinn sagt" (ebd., S.291).

Was daraus für die Ebene des Staatsrecht im sozialen Organismus, also für die politische Gesetzgebung notwendig erfolgen muß, nennt Steiner die "Sozialisierung der

Herrschaft" (GA 330/31, S.45 und 238 f.). Eine Ordnung, die in der praktischen Umsetzung des demokratischen Impulses beim Parlamentarismus stehen bleibt, trägt dieser Notwendigkeit noch nicht wirklich Rechnung. Konsequent gedacht ist der Impuls nur durch die unmittelbare, die *direkte* Form der Demokratie zu verwirklichen. Denn nur durch sie erfüllt sich, daß die Menschen "mit ihren Mitmenschen in großem Kreise - zuletzt mit *allen* Mitmenschen, die den gleichen sozialen Organismus mit ihnen bewohnen, zusammentreffen werden, um ... auf demokratische Weise das Recht, das *öffentliche Recht* festzulegen" (GA 332a, S.83, Tb.).

Dergestalt faßt Steiner den Begriff des "demokratischen Prinzips" ganz konsequent: Was "aus den Tiefen der Menschennatur heraus die Signatur des menschlichen Strebens in sozialer Beziehung in der neueren Zeit geworden ist", bestehe darinnen, "daß die in einem geschlossenen sozialen Organismus zusammenlebenden Menschen Beschlüsse fassen sollen, welche aus jedem einzelnen hervorgehen. Dann können sie natürlich für die Gesellschaft bindende Beschlüsse nur dadurch werden, daß sich *Majoritäten* ergeben. Demokratisch wird, was in solche *Majoritätsbeschlüsse* einläuft, nur dann sein, wenn jeder einzelne Mensch als einzelner Mensch den anderen einzelnen Menschen als *ein gleicher* gegenübersteht." (ebd., S.85).

Um die Verwirklichung dieses Gleichheitsrechtes - und zunächst hauptsächlich darum - ging es in Frankreich zwischen 1789 und 1793, ging es auch im ersten Anlauf einer deutschen Revolution vor zwei Menschenaltern 1848/49, und darum ging es zentral auch vor siebzig Jahren am Ende des Ersten Weltkriegs. In einem zweiten vehementen Anlauf gelang es Deutschland 1919 in der Tat, die Volkssouveränität in ihrer konsequenten Erscheinungsform der *Volksgesetzgebung* - d.h. des *Gesetzesinitiativrechtes* aus dem freien Geistesleben und des unmittelbaren *Abstimmungsrechtes* aus dem demokratischen Rechtsleben - in der Weimarer Verfassung (Art. 73-76) zu verankern. Aber die Menschen verschliefen die große Chance und ließen es zu, daß der Parlamentarismus die Republik nach zwei Jahrsiebten ruiniert hatte und an die Stelle des Prinzips der Volkssouveränität mit dem sog. "Ermächtigungsgesetz" das Führerprinzip installierte. Die Folgen sind bekannt.

Nach dem Ende des Dritten Reiches waren die Deutschen verständlicherweise lange Zeit politisch sehr verunsichert und richteten ihre Aufmerksamkeit hauptsächlich darauf, möglichst bald wieder zu wirtschaftlichem Wohlstand zu kommen; wer dagegen Bedenken anmeldete, wurde lange Zeit nicht ernst genommen. Das Rechtsleben, die Politik zu gestalten, das überließ man den gewählten Parteivertretern in den Parlamenten. Nur wenige hatten das Bedürfnis mitzureden, mitzuentscheiden.

Der Umschwung in dieser Einstellung setzte Mitte der sechziger Jahre ein und erreichte einen ersten Höhepunkt 1968/69. Seither wächst nicht nur das kritische Bewußtsein in weiten Bevölkerungskreisen, sondern es führte in den achtziger Jahren insofern auch in die Tiefe, als immer mehr Menschen sich ihrer individuellen Verantwortung für die Belange des öffentlichen Lebens bewußt werden ("Die Politik ist zu wichtig, als daß man sie den Politikern überlassen dürfte."). Und das bedeutet, daß man es nicht mehr für vertretbar hält, den gewählten Volksvertretern pauschal die Macht zu übertragen und sich selbst aufs Private zurückzuziehen. Man will das Gewicht seiner Verantwortung - und das heißt konkret: seine Stimme - in die Waagschale werfen können, wenn konkret entschieden wird über Rüstungs- und Hochschulfragen, Arzneimittel- und Sozialgesetze, über Atomanlagen und Tiefflüge (um nur einiges beispielhaft anzuführen).

In diesem erwachenden Bedürfnis meldet sich der historische Impuls der Volkssouveränität unmittelbar an der gesellschaftlichen Basis zum ersten Mal so, daß damit keine äußeren dramatischen Umstände einhergehen. Und dennoch handelt es sich um einen revolutionären Vorgang insofern, als dieser Bewußtseinsprozeß seinem Ziel nach darauf gerichtet ist, die Souveränität über das Rechtsleben im sozialen Organismus endlich dem Gemeinwillen, d.h. der Gemeinschaft aller volljährigen Bürgerinnen und Bürger, zu- und die abgeleitete Staatsgewalt (Volksvertretung) diesem Willen unterzuordnen.

Sollte es gelingen, daß diese Evolution zu einem Ereignis wird, an dem, wenn nicht alle, so doch die meisten Bürgerinnen und Bürger aktiv teilnehmen, würde sich hier und jetzt entscheiden, ob der Einstieg in die konkrete Dreigliederungsentwicklung beginnen kann. Denn die conditio sine qua non für diese Entwicklung ist die Verwirklichung des Rechtes zur Volksgesetzgebung:

Erstens müssen aus dem freien Geistesleben der Gesellschaft zu allen Rechtsfragen Gesetzesvorschläge politisch wirksam unterbreitet werden können, und zweitens muß die Gesamtbürgerschaft die Möglichkeit haben, selbst über die Gesetzgebungsvorschläge aus ihrer Mitte zu entscheiden, wenn dies durch ein Volksbegehren erfolgreich beantragt ist.

Ohne diesen Schritt ist es nicht möglich, den sozialen Organismus "im Sinne der Dreigliederung einzurichten".

Denn die Dreigliederung wird durch den demokratischen Beschluß ihrer Rechtsgrundlagen entstehen oder sie wird nicht entstehen. Das ist deshalb so, weil in der Funktionsweise der menschlichen Gesellschaft nicht eine unabänderliche Naturgegebenheit wirkt, sondern *"die Gesetzgebungen die Grundlage für die Struktur der sozialen Verhältnisse bilden"* (GA 182, S.32). Es sind die Gesetze, die den jeweiligen Rahmen für die Lebensbedingungen der sozialen Prozesse in allen gesellschaftlichen Bereichen schaffen. Und es ist eine "historische Forderung", ein Axiom unserer Zeit, über das "eigentlich gar nicht diskutiert werden kann", daß Gesetze nur dann keinen Gebots-, sondern *Freiheitscharakter* haben, wenn sie durch den konkreten Gemeinwillen demokratisch legitimiert sind.

Wenn sich nachweisen ließe, daß die Mehrheit der Bürger/innen der Bundesrepublik diese Ansicht teilt, könnte sich dem niemand mehr in den Weg stellen. Dann müßte die entsprechende Regelung - in Weiterentwicklung dessen, was in der Weimarer Verfassung (Artikel 73) bereits erreicht war und im Artikel 20 Absatz 2 des Grundgesetzes immerhin noch veranlagt ist - verfassungsrechtlich normiert werden. Dann wären alle weiteren gesellschaftlichen Entwicklungsschritte kein Machtproblem (im heutigen Sinn) mehr, sondern ausschließlich eine Bewußtseinsfrage. Dies wäre die Lösung der Machtfrage zugunsten der *Selbstbestimmung* eines zur Mündigkeit entschlossenen Gemeinwesens.

III.

Ist diese Beschreibung gültig, also wirklichkeitsgemäß, dann stellt sich die entscheidende *praktische* Frage: Ist ein Weg denkbar, der allen Bürgerinnen und Bürgern erlauben würde, nicht bloß ihre Meinung, sondern dergestalt ihren *Willen* zu bekunden, daß eine solche Willensäußerung *politisches Gewicht* bekäme und ernst genommen werden müßte?

Eine konkrete Antwort auf diese Frage gibt die aus der Dreigliederungsbewegung hervorgegangene *"Initiative Volksentscheid"*. Sie ist die Frucht eines im *Internationalen Kulturzentrum Achberg* durch viele Jahre verfolgten sozialwissenschaftlichen Forschungsprojektes.

Mit ihrem Forschungsergebnis ist diese Initiative 1984 an die Öffentlichkeit und gleichzeitig an den Bundestag herangetreten. In zwei dadurch veranlaßten Bundestags-debattten und -beschlüssen hat sich aber gezeigt, daß die dort vertretenen Parteien mehrheitlich nicht gewillt sind, der "historischen Forderung" nach Verwirklichung der "Demokratie für das Rechts- oder Staatsleben" Rechnung zu tragen. Es sind die Machtinteressen der Parteien, die verhindern, daß der soziale Organismus mit dem Institut der *dreistufigen Volksgesetzgebung* in seiner Mitte den *"Gipfel des emanzipierten Rechts"* (GA 340, S.43) errichtet. *(Näheres zum menschen- und sozialkundlich begründeten Urbild der dreistufigen Volksgesetzgebung in dem Forschungsbericht "Der Kern der 'Kernpunkte'", FLENSBURGER HEFTE, Nr. 21;* Red.)

Aus der von einem halben Dutzend Dreigliederungsfreunden begonnenen Aktivität ist mittlerweile eine *bundesweite Bürgerinitiative*, eine gesellschaftliche Bewegung entstanden. Vorstufen der jetzt erreichten Arbeitsweise, von der abschließend noch die Rede sein wird, hatten bereits dazu geführt, daß annähernd eine Million Bürgerinnen und Bürger mit ihrer Unterschrift das Ziel der dreistufigen Volksgesetzgebung unterstützte (eine von der Initiative in Auftrag gegebene Infas-Umfrage ergab, daß nur 17 % der Stimmberechtigten dieses Ziel ablehnten).

Im übrigen macht ja schon das Grundgesetz (Artikel 20 Absatz 2) in dieser Frage eine ganz eindeutige Vorgabe, wenn es bestimmt: "Alle Staatsgewalt geht vom Volke aus" (= Initiativrecht). Und das Volk übt diese seine Souveränität aus "in Wahlen und Abstimmungen" (= Entscheidungsrecht). Demnach beschränkt sich die Rolle der Bevölkerung keineswegs nur darauf, Wahlvolk zu sein und immer nur alle staatliche Macht den Parteien zu übertragen. *Nach dem elementaren Demokratieverständnis des Grundgesetzes muß es auch das originäre, nicht über das Parteiwesen "mediatisierte" Recht des Volkes geben, durch entsprechende Initiativen und Abstimmungen über politische Sachfragen die Entwicklung des sozialen Organismus direkt mitgestalten zu können.*

Dieses Recht kann freilich erst dann in Anspruch genommen werden, wenn seine weitere Ausgestaltung einerseits verfassungsrechtlich konkretisiert und die direktdemokratische Verfahrensweise andererseits mittels eines Ausführungsgesetzes im Detail geregelt ist. Beides fehlt bisher. Und dieser Mangel - und zunächst nur dieser - ist auch die Ursache dafür, daß wir in Sachen Dreigliederung in gesamtgesellschaftlicher Hinsicht auch in den letzten vierzig Jahren keinen wesentlichen Schritt vorangekommen sind.

Aus dieser Erkenntnis hat die "Initiative Volksentscheid" die praktische Konsequenz gezogen zu erkunden, ob das bezeichnete Defizit überwunden, d.h. die *demokratische Voraussetzung für die schrittweise Verwirklichung der sozialen Dreigliederung* geschaffen werden kann. Wobei diese Voraussetzung selbst bereits Entwicklungselement der Dreigliederung ist; sie gehört zur Dreigliederung wie das Fundament zu einem Haus. Von der Sache her kann diese Erkundung nur darin bestehen festzustellen, ob die Mehrheit der Bürgerschaft der Bundesrepublik Deutschland diese Grundlage, die mit dem Begriff der "dreistufigen Volksgesetzgebung" sachgemäß beschrieben ist, schaffen will. Es geht also darum, eine Willensbekundung der Rechtsgemeinschaft zu ermöglichen. Das ist - exakt - die Aufgabe.

Um sie anzugehen, hat die "Initiative Volksentscheid" dem Bundestag am 23. Mai 1987 eine *Petition* mit ausführlicher Begründung vorgelegt und damit den Antrag verbunden, zum 40. Jahrestag des Inkrafttretens des Grundgesetzes, also zum 23. Mai 1989, durch eine Volksabstimmung zu klären, was die Mehrheit will: *weiterhin nur Parteienstaat oder künftig auch Volksgesetzgebung?*

Am 5. Mai vergangenen Jahres hat der Bundestag den Antrag debattiert und - wie nicht anders zu erwarten war - abgelehnt. Daraus zog die Initiative den Schluß, den Volksentscheid über ihren Vorschlag in Form einer *Ur-Abstimmung selbstorganisiert* durchzuführen.

Nach der jahrelangen Öffentlichkeitsarbeit und der menschenkundlichen Reflexion der dabei gewonnenen Erfahrungen sagen wir heute mit Überzeugung, daß dieser Weg des *"Volksentscheides in eigener Regie"* ohne staatlich-administratives Dazwischenreden wesentliche Vorzüge aufweist. Es muß nun wirklich alles aus der *inneren Kraft* der Gesellschaft selbst reifen und aktiviert werden, was nötig ist, um die Klärung der Sache herbeizuführen.

Dadurch tritt das *volkspädagogische Element* in den Mittelpunkt des Prozesses. Es kommt nichts mehr aus dem alten Staatsbegriff ("von oben"), sondern alles muß "von innen" entstehen. Und dadurch - und nur dadurch - entwickelt sich das tragende Bewußtsein von der Bedeutung dessen, worum es sich handelt: Es geht um *die Bildung der sozialen Ichkraft* als jener sonnenhaften Potenz, durch die sich die amorphe und von Gruppeninteressen zerfurchte "pluralistische Massengesellschaft" in die *Rechtsgemeinschaft gleichberechtigter Bürgerinnen und Bürger* - kurz: in eine "freie Nation" verwandelt.

IV.

Sie, die selbstbewußte Rechtsgemeinschaft - wer sonst? -, kann dann das Wahrnehmungsorgan werden für die "leisen Inspirationen" des Volksgeistes, welche "in der Zukunft die innere Substanz der Zukunftsstaaten begründen." Rudolf Steiner nennt diesen Zusammenhang eine neue Art der "Theokratie", deren äußere Form der *"auf sich gestellte Rechtsstaat"* ist. "Theokratien", sagt Steiner, "sollen wiederum auf die Erde kommen." (GA 190, S.54).

Freilich nicht in jener Gestalt, wie sie im dritten nachatlantischen Zeitalter im Pharaonentum lebendig war, als die Menschen noch instinktiv erlebten, daß im Pharao, "diesem sichtbaren Führer, inkarniert, verkörpert war der Volksgeist" (GA 199, S.32), sondern so, daß man in den demokratischen Prozessen des irdischen Rechtslebens "das Walten der Erzengel fühlen" kann (GA 190, S.54).

Heute walten im Rechtsleben - mit allen Konsequenzen, die das für das Wirtschaftsleben, für das Geistesleben und für jeden einzelnen Menschen hat - andere Mächte. Heute ist das Rechtsleben - vermittelt durch das Parteiwesen - ahrimanisch und luziferisch beherrscht. Wenn man eine Partei wählt, darauf weist Rudolf Steiner eindringlich hin, gruppiert man sich in der geistigen Welt, wo es keine Abstraktionen gibt, sondern Wesenheiten, um ein solches ahrimanisches oder luziferisches Wesen:

"Die Menschen schlafen gegenüber dem, was die Parteien sind; sie denken nicht viel darüber nach, was eigentlich das ist, was im ganzen öffentlichen Leben, dieses Leben durchwühlend, als Parteimeinung existiert. Hier läuft man einem ... Programm nach" - und bei der Wahl tun dies alle, ausnahmslos -, "oben ist man Anhänger von einem ahrimanischen Wesen irgendeiner Hierarchie oder einem luziferischen Wesen irgendeiner Hierarchie" (GA 199, S.22).

Es ist auch aus diesem Grunde vollständig paradox, seine Hoffnungen in Sachen "Dreigliederung" auf eine Partei zu richten. Jede heutige Partei ist ihrem Typ nach lediglich der "Abglanz" eines ahrimanischen oder eines luziferischen Wesens (Rudolf Steiner, ebd.,). Der Dreigliederungsimpuls dagegen ist ein christlicher Impuls.

Aus seiner ahrimanischen bzw. luziferischen Abhängigkeit können wir das Rechtsleben nur dadurch befreien, daß wir als Rechtsgemeinschaft den Parteien nicht mehr den Staat überlassen. *Der auf sich, d.h. auf das Souveränitätsbewußtsein seiner Bürger gestellte, emanzipierte Rechtsstaat, der auf der einen Seite dem Wirtschaftsleben und auf der anderen Seite dem Geistesleben die Gesetze verschaffen wird, die beide brauchen, um sich in voller Selbstverwaltung ihren Aufgaben frei zuwenden zu können, ist notwendig, "soll sich in das Rechtsleben, wie es auf der Erde lebt, die Führung und Leitung der mit dem Menschen wieder intimer werdenden Erzengel, der Archangeloi, mischen"* (GA 190, S.54).

V.

Die "Initiative Volksentscheid" hat nun eine Vorgehensweise entwickelt, wie dieser notwendige Schritt im Gang der sozialen Evolution der Menschheit zur Emanzipation des Rechtsstaates hier und heute getan werden könnte. Das dafür erfundene Gestaltungsmittel ist der *"Stimmbrief"*, mit dem jetzt eine bundesweite *Ur-Abstimmung* durchgeführt wird. Der Stimmbrief steht allen Erwachsenen, die sich beteiligen wollen, für ihr persönliches Votum zur Verfügung. Zur Abstimmung gelangt der Regelungsvorschlag der Initiative, der die verfassungsrechtlichen Prinzipien zusammenfaßt, nach denen die Volksgesetzgebung im Sinne der Dreigliederungsidee geregelt werden müßte.

Würde die Mehrheit diesem Vorschlag zustimmen, wäre das die *Verwirklichung der "Demokratie für das Rechts- oder Staatsleben" auf der Höhe der Zeit* als Voraussetzung der Verwirklichung "des Sozialismus für das Wirtschaftsleben" und "des Individualismus für das Geistesleben"; Voraussetzung deshalb, weil auch die Rechtsordnungen für dasjenige, was Rudolf Steiner im angeführten Zitat einerseits "Sozialismus", andererseits "Individualismus" nennt, nur das Ergebnis eines demokratischen Entscheidungsprozesses im vorstehend erläuterten Verständnis sein können.

Die Initiative geht davon aus, daß ihr Regelungsvorschlag vom Bundestag und Bundesrat mit der erforderlichen Zweidrittelmehrheit zum Verfassungsgesetz erhoben wird, wenn festgestellt ist, daß die Mehrheit der Stimmberechtigten zugestimmt hat. Dieser politisch-moralischen Willensbekundung käme höchste Verbindlichkeit zu, der gegenüber die Bestätigung durch die zuständigen legislativen Organe lediglich noch formalrechtlichen Charakter hat. Es ist unvorstellbar, daß sich das Parlament auch dann noch widersetzt, wenn durch den Mehrheitswillen das Gewicht dieser Verbindlichkeit nachgewiesen ist.

Der Stimmbrief vermittelt einerseits Grundinformationen über das Demokratieproblem und bietet mit dem *"Stimmzettel"* die Gelegenheit zur Teilnahme an der Abstimmung.

Die Realisierung dieses Projektes, an dem sich in der Bundesrepublik schon mehr als zehntausend Menschen aus allen Schichten der Bevölkerung landauf, landab als Mitarbeiter/innen beteiligen, hängt nun in erster Linie davon ab, daß a) noch viel mehr Menschen mithelfen, die Stimmbriefe (persönlich) an ihre Mitbürgerinnen und Mitbürger zu verteilen, und b) alle im Maße ihrer Möglichkeiten auch bereit sind, einen Beitrag zur Finanzierung der Ur-Abstimmung zu leisten.

Die Initiative wird das Projekt beenden, wenn alle Stimmberechtigten, die sich an der Abstimmung beteiligen wollen, ihren Stimmbrief bekommen haben. Dann ist der "Bedarf" gedeckt und die Erkundung mit der Auszählung der eingegangenen Voten abgeschlossen. Dann hat sich entschieden, ob der nächste und zugleich wichtigste Schritt in der sozialen Evolution stattfinden wird: *die demokratische Emanzipation des Rechtsstaats und seine Einbettung in das selbstverantwortliche und souveräne Handeln der Rechtsgemeinschaft im Hinblick auf alle Fragen der Gesetzgebung.*

VI.

Vielleicht fällt nicht auf den ersten Blick auf, daß und inwiefern mit dieser Ur-Abstimmung etwas noch nie Versuchtes unternommen wird. Wenn wir uns 1989 an die Ereignisse der Jahre 1789, 1848/49, 1918/19 und 1948/49 erinnern, liegt es jetzt in unserer Hand, das Jahr 1989 mit dem entsprechenden historischen Gewicht dieser Reihe nicht nur anzuschließen, sondern jetzt zu einem gewissen reifen Abschluß zu bringen, was mit 1789 begann, d.h.: *die Revolution zu vollenden.*

Unzeitgemäß wäre es, geradezu komisch und ohnehin ohne jede reale Bedingung, "Revolutionäres" nach herkömmlichem Muster zu denken oder gar zu "planen". Was waren denn die Revolutionen oder Revolutionsversuche der neueren Zeit? Mehr oder weniger vorbereitete oder mehr oder weniger spontane Aktionen bestimmter "Eliten" oder "Kadergruppen" zur Übernahme der staatlichen exekutiven Gewalt, verbunden mit Massendemonstrationen in den Metropolen und militärischen oder paramilitärischen Auseinandersetzungen.

Wenn der Ansturm gegen das herrschende Regime gelang, wurde nach kürzerer oder längerer Zeit eine neue Rechtsordnung verkündet, und das Volk hatte in der Regel nur die Wahl, sich dem neuen System anzupassen, zu unterwerfen. Es gab bisher noch nie ein Beispiel dafür, daß eine "Revolution" insofern eine nur "geistige" und "demokratische" gewesen wäre, als alle volljährigen Frauen und Männer nach einem offenen Prozeß der Urteilsbildung mit ihrer Stimme hätten entscheiden können, welche Rechtsordnung für sie verbindlich sein soll.

Das könnte erstmals in der Geschichte eintreten, wenn es jetzt zum einen gelänge, allen Bürgerinnen und Bürgern der Bundesrepublik Deutschland ihren "Stimmbrief" zu übergeben, und wenn sich dann zum anderen die Mehrheit der Stimmberechtigten zur Teilnahme an der Ur-Abstimmung entschlösse. In der Bundesrepublik leben derzeit ca. 45 Millionen volljährige Menschen. Werden 23 Millionen dem Vorschlag der Initiative zustimmen, hat der geschichtliche Impuls der Volkssouveränität und der Demokratie seinen ersten vollen Sieg errungen. Kommt es nicht dazu, bleiben die Verhältnisse im Griff der herrschenden Mächte.

Durch die Arbeitsweise der "Initiative Volksentscheid" liegt es in unserer Hand, in der Hand jedes einzelnen, dieses Entweder-Oder tätig zu beeinflussen. Jeder kann, wenn er das Problem erkennt und zum Motiv seines Handelns erhebt, Entscheidendes beitragen, damit sich offenbart, ob das Souveränitätsbewußtsein in der Bevölkerung der Bundesrepublik Deutschland - ein Menschenalter nach dem Beginn der Dreigliederungsbewegung und der Begründung der ersten deutschen Republik und nach vier Jahrzehnten der zweiten - ausreicht, *um den sozialen Organismus aus seiner Mitte selbstbewußt und frei zu konstituieren.*

Was jeder tun kann, ist: sich "Stimmbriefe" zu besorgen und sie in seiner Umgebung an Mitmenschen zu verteilen. Es gibt nur diesen Weg, in absehbarer Zeit alle damit zu erreichen. Wir glauben daran, daß es hierzulande - um zwei Möglichkeiten zu nennen - 50.000 Menschen gibt, die bereit sind, je 1.000 Stimmbriefe an die Frau bzw. an den Mann zu bringen; oder 500.000, die sich für die Verteilung von 100 Briefen verbürgen. Und die dafür auch das finanziell Erforderliche (10 Pf pro Stimmbrief) beisteuern.

Die "Initiative Volksentscheid" hat im Rahmen des Internationalen Kulturzentrums ein funktionstüchtiges (Bundesabstimmungs-) Büro eingerichtet, das die Arbeit bundesweit koordiniert. Hier kann man jede gewünschte Menge Stimmbriefe bestellen und alle weiteren Informationen über spezielle Erkenntnis- und Organisationsfragen und über die Möglichkeiten der Mitarbeit bekommen.

VII.

Nachdem Rudolf Steiners Bemühungen gescheitert waren, die Idee der Dreigliederung des sozialen Organismus in der Zeit der Auflösung der Monarchie und der revolutionären Auseinandersetzungen um den Charakter der Republik im ersten Halbjahr 1919 einflußreich ins Spiel zu bringen, hat es auf gesamtstaatlicher Ebene keinen weiteren Versuch für Schritte in dieser Entwicklungsrichtung mehr gegeben. Einerseits fühlte man sich machtlos gegenüber den dominierenden politischen Kräften. Anderer-

seits beschränkte man sich allzusehr aufs bloß theoretische Erörtern der Dreigliederungs-
frage. Es soll nicht übersehen werden, daß es dabei auch zu eindrucksvollen publizisti-
schen Leistungen kam; aber letztlich fehlte es an der "moralischen Technik" (GA 4,
S.194), an den "Erfindungen", wo und wie die Dinge aus der Sache heraus praktisch
angepackt werden können und müssen. Diese Situation ist inzwischen überwunden. Ein
neuer Versuch "läuft". Man kann es so sehen, daß die Verantwortung dafür in erster Linie
bei all denen liegt, die in ihrem Leben der Anthroposophie und damit dem Impuls und der
Idee der Dreigliederung des sozialen Organismus begegnet sind.

Denn Anthroposophie und Dreigliederung: man soll sie nicht "wie zwei nebeneinan-
dergehende Sachen betrachten, sondern sie durchaus so betrachten, daß das eine das
andere trägt" und daß man insbesondere dann, "wenn man die anthroposophische
Grundlage hat, *an die Verpflichtung denken muß, etwas zu tun, um die Dinge den
Menschen verständlich zu machen... Es ist ja nicht notwendig, daß wir durchaus immer
aus geheimnisvollen Andeutungen heraus unsere Dinge färben, sondern unsere eigentli-
che Aufgabe ist: wirklich mit dem, was aus den gerade tiefsten Forderungen der
Gegenwart resultiert, vor die Welt unerschrocken und unbekümmert hinzutreten und auch
einzutreten in einer solchen Weise, wie heute eigentlich nur der Anthroposoph für diese
Dinge eintreten kann"* (Rudolf Steiner, Abschiedsworte, gesprochen in Dornach am 19.
April 1919 vor der Abreise zum Einsatz für die Dreigliederung in Württemberg; zit. nach
"Was in der Anthroposophischen Gesellschaft vorgeht", 20.Jg., Nr.9, 28.02.1943).

Es ist an der Zeit: "Gerade weil heute die Demokratie ein berechtigter Ruf ist, müssen
wir erkennen, wie die Demokratie durchgeführt werden kann. Das war nicht notwendig
in der kapitalistischen Gesellschaft. Da haben die Leute sich auch Demokraten genannt,
aber da war es noch nicht notwendig, daß man so gründlich zu Werke ging mit dem Begriff
'Demokratie' wie heute. Heute sind wir auf dem Boden, wo wir uns fragen müssen: *Weil
Demokratie werden muß, wie können wir sie praktisch verwirklichen?*" (R. Steiner am 22.
Mai 1919 im Stuttgarter Gewerkschaftshaus bei einem Diskussionsabend mit den
Arbeiter-Ausschüssen der großen Betriebe Stuttgarts; zit. nach "Nachrichten", ebd.).

Nach 70 Jahren Dreigliederungsbewegung können wir die Demokratie verwirklichen.
Die Frage des "Wie" ist mit einem konkreten Regelungsvorschlag beantwortet, der
sowohl in seinen menschenkundlichen wie in seinen sozialwissenschaftlichen, staats-
rechtlichen und historischen Implikationen ein Ergebnis anthroposophischer Forschung
ist (siehe "Der Kern der 'Kernpunkte'").

Zugleich ist aber auch berücksichtigt, daß heute noch viel mehr als zu Rudolf Steiners
Zeiten gerade mit dem Begriff "Demokratie" eine sehr wirksame Manipulation und
Vernebelung der Gemüter betrieben wird, die bisher leider auch von der anthroposophisch orientierten Publizistik meist nicht so klar und deutlich bekämpft wird, wie Steiner
es tat, als er dieser Verwirrung der Geister schon 1917 schonungslos entgegentrat.

"Man nimmt Begriffe für Wirklichkeiten. Dadurch aber ist es möglich, daß die Illusion
sich an die Stelle der Wirklichkeit setzt, wenn es sich ums Menschenleben handelt: indem
man die Menschen einlullt und einschläfert durch Begriffe. Dann glauben sie, in ihrem
Streben gehe es dahin, daß jeder Mensch seinen Willen zum Ausdruck bringen könne

durch die verschiedenen Einrichtungen der Demokratie, und merken nicht, daß *diese* Strukturen der Demokratie" - die Rede ist vom Parlamentarismus, vom Parteienstaat! - "so sind, daß immer ein paar Menschen an den Drähten ziehen, die andern aber werden gezogen. Doch weil man ihnen immer vorredet, sie sind in der Demokratie drinnen, merken sie nicht, daß sie gezogen werden, daß da einzelne ziehen. Und um so besser können diese einzelnen ziehen, wenn die andern alle glauben, sie ziehen selbst, sie werden nicht gezogen. - So kann man ganz gut durch abstrakte Begriffe die Menschen einlullen und sie glauben das Gegenteil von dem, was Wirklichkeit ist. Dadurch können aber die dunklen Mächte gerade am allerbesten wirken. Und wenn einmal einer aufwacht, so wird er eben nicht berücksichtigt" - ignoriert, sogar bekämpft, verleumdet, denunziert.

Steiner macht die Analyse sehr konkret, indem er - zustimmend - Francis Delaisi zitiert, der 1910 in dem Buche "La Démocratie et les Financiers" den "schönen Satz" geschrieben habe, daß es dem Großkapital gelungen sei, "aus der Demokratie das wunderbarste, wirksamste, biegsamste Werkzeug der Ausbeutung der Gesamtheit zu machen. Man bildet sich gewöhnlich ein, die Finanzleute seien Gegner der Demokratie - ein Grundirrtum. Vielmehr sind sie deren Leiter und deren bewußte Förderer. Denn diese - die Demokratie nämlich - bildet die spanische Wand, hinter welcher sie ihre Ausbeutungsmethode verbergen, und in ihr finden sie das beste Verteidigungsmittel gegen die etwaige Empörung des Volkes." Es komme also nicht darauf an, resümiert Steiner, "von Demokratie zu deklamieren, sondern die Wirklichkeit zu durchschauen ... Darauf wird man nicht kommen, wenn man sich immer einlullen läßt von der europäischen und amerikanischen Presse ... Man muß sich entschließen, die Wirklichkeit ins Auge zu fassen." (GA 177, S.247 f.).

Das ist heute im Prinzip kein Jota anders als vor siebzig Jahren. Nur: jetzt liegt nicht nur die klare Analyse, sondern auch der praktisch-therapeutische Vorschlag auf dem Tisch. Hat man diesen Vorschlag geprüft und als in der Sache begründet erkannt, hängt es "nur" noch von der Bereitschaft zum Engagement, vom Willen jedes einzelnen ab. Und: "Der Wille muß da sein in einer immer größeren Anzahl von Menschen, alle zu überzeugen ... Das ist dasjenige, was ich in den Teil der Herzen hineingesprochen haben möchte, in denen der Willensimpuls liegt. Man kann recht weit kommen, wenn man nur einmal sich darauf besinnt, worauf es ankommt: *daß es darauf ankommt, daß wir wirklich die öffentliche Meinung durch unseren Willen dahin bringen, wo sie sein soll*" (GA 298, S.138).

Anhang:[*)]
Das Doppelgesicht des Politik-Begriffes bei Rudolf Steiner oder: Was ist die "wirkliche Politik"?

1. "Die (Anthroposophische) Gesellschaft lehnt jedes sektiererische Bestreben ab. *Die Politik betrachtet sie nicht als in ihren Aufgaben liegend*" (aus § 4 der Statuten der Anthroposophischen Gesellschaft, formuliert von Rudolf Steiner, beschlossen durch die Gründungsversammlung der AG während der Weihnachtstagung 1923).[**)]

2. Aus einem (unveröffentlichten) Protokoll einer Besprechung vom 25. Januar 1919 in Dornach; Gesprächsteilnehmer waren Rudolf Steiner, Emil Molt, Roman Boos, Hans Kühn (Archiv der Rudolf Steiner-Nachlaßverwaltung):

Molt regt die Gründung eines Bundes an, wo Dr. Steiner auftreten könnte.

Steiner: "Ein Rückhalt müßte schon da sein."

Molt: "Die Anthroposophische Gesellschaft ist dazu nicht geeignet. Sie soll sich ja nicht mit Politik befassen."

Steiner: "Wieso, wer sagt das?"

Kühn, Molt, Boos (unisono): "Der Statutenentwurf."

Steiner: "Dieser ist ja von 1911 und außerdem durch den Krieg längst ausgelöscht. *Die Anthroposophische Gesellschaft kann sich ruhig mit Politik befassen.* Ich rede ja auch immer von Politik."

Kühn, Molt, Boos: "Dr. Unger auch. Aber die Gesellschaft als solche nicht."

Steiner: "Warum nicht?"

Kühn, Molt, Boos: "Es könnte sich sonst ein Zustand entwickeln wie bei der politisierten Entente-Freimaurerei."

Steiner: "Es wäre gut gewesen, wenn die deutsche Maurerei sich auf so große politische Pläne eingelassen hätte."

Kühn: "Könnte sich die Gesellschaft als Partei betätigen?"

Steiner: "Sie ist kein Verein, nur eine Gesellschaft. Der Einzelne hat volle Freiheit. Man braucht für eine Partei nicht diesen Namen (Anthroposophische Geellschaft) zu wählen. Es müßten auch Nicht-Anthroposophen als Angehörige aufgenommen werden."

3. In seinem Vortrag vom 6. Oktober 1918 (GA 184, S.256 f.) weist Rudolf Steiner auf die Notwendigkeit hin, das, "was aus der Geisteswissenschaft folgt, in alle geistigen Kulturzweige einzuführen." Er nennt dann eine Reihe dieser Zweige und hebt besonders die "Politik" hervor: "Ja, ja, wahrhaftig auch dieses sonderbare Gebilde! In all das müßte eingeführt werden von denjenigen, welche die Zeit verstehen, das, was aus der Geistes-wissenschaft folgt."

4. "Das Richtige wäre - im Sinne der Dreigliederung konsequent gedacht - an den Wahlen sich zu beteiligen, soviele wählen zu lassen als gewählt werden können, ins Parlament einzutreten und Obstruktion zu betreiben bei allen Fragen, die sich auf Geistesleben und Wirtschaftsleben beziehen. Das wäre konsequent die Dreigliederung des sozialen Organismus." (Rudolf Steiner bei einem Studienabend des Bundes für Dreigliederung am 20.03.1920 in Stuttgart; unveröffentlichtes Protokoll, Goetheanum-Archiv).

5. In der dritten Seminarbesprechung (am 02.08.1922) beim "Nationalökonomischen Kurs" erläutert Steiner einen anderen Gesichtspunkt des Politikproblems, wenn er sagt, die Politik sei "der ins Geistige übertragene moderne Krieg. Dieser Krieg beruht darauf,

daß man die Gegner täuscht, daß man irgendwelche Situationen herbeiführt, die ihn täuschen ... Wenn man von der Politik redet, so möchte man sagen: Es müßte danach gestrebt werden, daß die Politik in allem überwunden wird, selbst in der Politik. Wir haben nämlich im Grunde genommen erst dann eine *wirkliche Politik*, wenn sich alles das, was auf politischem Felde spielt, in rechtlichen Formen abspielt. Dann haben wir aber eben den Rechtsstaat." (GA 341, S.41 f.).

6. Auch die *"Initiative Volksentscheid"* betrachtet die Politik "als nicht in ihren Aufgaben liegend." Sie vereinigt die Anthroposophen und Nicht-Anthroposophen im gemeinsamen Bemühen, die "Politik" in der Politik dadurch zu überwinden, daß die Grundlage geschaffen wird für die "wirkliche Politik", d.h. für die reale demokratische Legitimation der Entwicklungen des Rechtsstaates durch die Einführung der dreistufigen Volksgesetzgebung. Sie ist das Fundament der "sozialen Plastik", *die Basis des Gesamtkunstwerkes der Dreigliederung des sozialen Organismus.*

---

*) Mit den in diesem Anhang zusammengestellten Zitaten ist nicht die Absicht verfolgt, scheinbar widersprüchliche Äußerungen Rudolf Steiners zum Stichwort "Politik" zu markieren. Es geht vielmehr darum aufzuzeigen, daß es nötig ist, "bewegliche Begriffe" zu haben, wenn man die soziale Wirklichkeit verstehen und gestalten will. "Das wollen die Leute nicht. Sie wollen eingeschachtelte Dinge haben. Sie wollen überhaupt nicht hinausdenken in die Wirklichkeit. Sonst könnten solche Dinge nicht entstehen, daß zum Beispiel die Leute sagen: 'Anthroposophie gefällt mir ganz gut, aber von der Dreigliederung will ich nichts wissen.' Der so spricht, gleicht ungefähr dem, der sagt: 'Ja, für das Geistige interessiere ich mich; aber dieses Geistige darf nicht in das Politische übergreifen...'" (R. Steiner, Dornach am 07.02.1920; zit. nach "Neuordnung des Bodenrechts als soziale Forderung der Gegenwart", Darmstadt 1957, S.77).
Alle in dem Anhang angeführten Zitate sind zusammengenommen widerspruchsfrei, wenn man den dabei angesprochenen Politik-Begriff "beweglich", also aus der Wachheit für die verschiedenen Aspekte, die jeweils beleuchtet sind, denkt. Das machte offenbar vielen auch zu Rudolf Steiners Zeiten nicht geringe Schwierigkeiten. Denn er fährt fort:
"Die schläfrigen Seelen, man möchte sie so gerne aufwecken. Sie fühlen sich so ungeheuer wohl, wenn sie innerlich Mystiker sind, wenn sie die ganze Welt erfassen innerlich, wenn sie den Gott in ihrer eigenen Seele entdecken und dadurch so vollkommene Menschen werden! Aber diese Innerlichkeit hat nur einen Wert, wenn sie heraustritt ins Leben. Ich möchte wissen, ob sie einen Wert hat, wenn jetzt in der Zeit, wo alles drängt, wo die Welt in Flammen steht, der Mensch nicht den Weg findet, *mitzusprechen in den öffentlichen Angelegenheiten.* Das ist ein schönes Interesse für Anthroposophie, das sich nur 'für Anthroposophie' interessieren will und nicht einmal die Möglichkeit findet, mitzureden bei dem, wozu Anthroposophie anregen soll! Dasjenige Anthroposophische, das bei den Leuten zu finden ist, die sich nur in ihrer Art 'für Anthroposophie' interessieren wollen, ist das anthroposophische Geschwätz. Die Wirklichkeit der Anthro-

posophie ist dasjenige, das in das Leben übergeht" (R. Steiner, ebd.). Dieses Übergehen der Anthroposophie "in das Leben" darf vor dem Politischen nicht haltmachen. Aber es muß in sachgemäßer Weise geschehen.

Und sachgemäß ist alles, was in seiner Vorgehensweise der Dreigliederungsidee und ihrer Methodik entspricht. Das könnte sogar die Erscheinungsform einer "Partei" haben, wie auch Rudolf Steiner es in dem zitierten Gespräch vom 25. Januar 1919 für denkbar hält. Nicht "Partei" als solche ist das Problem, das uns in den Zusammenhang des "ahrimanisch" oder "luziferisch" Bestimmten hineinzieht. Die Frage ist, ob es sich bei den von einer "Partei" vertretenen Zielen objektiv um so oder so nuancierte Gruppeninteressen handelt und ob die "Partei" Macht über die Gesellschaft ausüben will. Eine "Partei" im Sinne der Dreigliederung und Anthroposophie wäre im Unterschied dazu als ein Organ des freien Geisteslebens zu denken, welches ausschließlich Menschheitsinteressen vertritt und welches niemals anstreben würde, die Macht über die Gesellschaft auszuüben. Eine solche "Partei" wäre, von entsprechend vielen Menschen gewählt, auch im Parlament ausschließlich "freie Geistgemeinschaft", nie Teil staatlicher Machtverhältnisse. Sie wäre ein "Inspirationsorgan", welches sich als solches nie an parlamentarischen Entscheidungsakten beteiligen würde und seine Mitglieder als Volksvertreter in ihrer Willensbildung frei ließe. Selbst das wäre also ein sachgemäßes "Übergehen der Anthroposophie ins Leben", hier: in die Politik.

**) Gerade mit dem Begriff des "Politischen" ist das vielleicht folgenschwerste Beispiel für das gegeben, was an Behinderung, Verhinderung und Verwirrung aus einem nicht beweglichen, sondern eingeschachtelten Begriff resultieren kann. Dieser eingeschachtelte, unbewegliche Begriff des "Politischen" begegnet einem oft beim Hinweis auf den § 4 der Statuten der Anthroposophischen Gesellschaft (Weihnachtstagung 1923). Dabei wird die am Anfang dieses Anhangs zitierte Formulierung aus den Statuten gar nicht selten so ausgelegt, man habe nicht nur als Anthroposophische Gesellschaft, sondern als Mensch "die Politik" sozusagen auszublenden, sie nicht als "Aufgabe" zu betrachten.

Was meint dieser besagte Satz wirklich? Mit Sicherheit ist er keine Empfehlung und schon gar keine Anweisung für den *einzelnen Anthroposophen*. Doch auch als ausschließlich auf die *Anthroposophische Gesellschaft* bezogen, darf man es sich mit dem § 4 nicht zu leicht machen.

Wie Rudolf Steiner den Politik-Begriff an dieser Stelle verstanden wissen wollte, läßt sich - eindeutig - leider nicht rekonstruieren. Denn etwas ganz Merkwürdiges hat sich damals am Vormittag des 28. Dezember 1923 in Dornach abgespielt. Da fand die Gründungsversammlung der Anthroposophischen Gesellschaft, zu der ca. 800 Menschen aus vielen Ländern zusammengekommen waren, ihre Fortsetzung. Die "Generaldebatte über die Statuten" (GA 260, S.99) hatte tags zuvor begonnen. Man war bis zum § 3 vorgedrungen. Rudolf Steiner legte großen Wert darauf, daß aus dem Kreis der Versammelten Fragen und Bemerkungen zu dem von ihm vorgeschlagenen Wortlaut vorgebracht werden konnten, und er erörterte dann sehr genau, detailliert und mit viel Geduld alle

Einwände und Änderungsvorschläge. Das nahm zwar viel Zeit in Anspruch, wurde von Rudolf Steiner aber offensichtlich als unerläßlich angesehen.

Viele der Versammelten wurden jedoch dieser Art des gründlichen Behandelns der "Materie" überdrüssig. Denn als man am 28. Dezember wieder beisammen ist, um nun den § 4 unter die Lupe zu nehmen, meldet sich als erster Mr. Collison - ein "sehr altes Mitglied" (ebd., S.129) - zu Wort und drückt seinen Unmut aus über die bisherige Verfahrensweise; er möchte schneller vorankommen. Er meint, Dr. Steiner habe sich doch "so viel Mühe gegeben" mit der Abfassung der Statuten, sie seien "wirklich ganz umfassend". Dieses Votum findet "lang anhaltenden" Beifall (ebd.) und wirkt wie eine Suggestion, so lähmend, daß zum jetzt aufgerufenen § 4 trotz mehrfachen Nachhakens Rudolf Steiners niemand auch nur eine einzige Frage dazu aufwirft (Steiner: "Mr. Collison ist wirklich ein Magier"; ebd., S.137). Auch Steiner nimmt von sich aus nicht mehr Stellung zu dem Politik-Problem; der § 4 wird per Akklamation angenommen (ebd., S.130). Und so bleibt diese wichtige Sache bei der Weihnachtstagung unerörtert; wie sich zeigen sollte: offen für Spekulationen und Interpretationen aller Art.

Und so wurde auch immer wieder umgegangen mit jener erläuternden Bemerkung, die Rudolf Steiner während der ersten Lesung der Statuten in seinem Eröffnungsvortrag (Weihnachtstagung, 24. Dezember 1923) dem § 4 kommentierend hinzufügte. Er sagte: Den Satz zur Politik "brauchen wir, weil zahlreiche Mißverständnisse aus allerdings nicht klarem Verhalten vieler unserer Mitglieder während der Dreigliederungszeit entstanden sind. Anthroposophie ist vielfach zu dem Ansehen gekommen, als ob sie sich in die politischen Angelegenheiten der Welt hineinmischen wollte - was sie nie getan hat, nie tun kann - dadurch, daß die Dreigliederungssache von unseren Freunden vielfach an die politischen Parteien herangebracht worden ist, was von vornherein ein Fehler bei diesen Freunden war." (GA 260, S.45).

Diese Äußerung ist klärend, wenn man sie genau liest (hört), und sie hätte niemals zu dem Mißverständnis führen dürfen, das einem auch heute noch häufig begegnet, wenn man sich der Dreigliederungsarbeit widmet. Rudolf Steiner hielt es nach der zitierten Äußerung für einen Fehler, die Dreigliederungssache an die politischen Parteien heran-zutragen, weil dadurch "vielfach" der Eindruck entstand, die "Anthroposophie wollte sich in die politischen Angelegenheiten der Welt hineinmischen" - also Parteipolitik treiben -, "was sie nie getan hat und nie tun kann". Was konkret damit gemeint war, wer was wie tat - wir erfahren es nicht.

Völlig eindeutig ist aber, daß sich die Distanzierung des Statutenparagraphen nicht auf das von allem Parteipolitischen unabhängige, sachgemäße Vertreten der Dreigliede-rungsinhalte und der daraus folgenden praktischen Konsequenzen bezog, sondern eben darauf, mit dem anthroposophischen Inhalt "Dreigliederung" nicht in der Parteipolitik mitzumischen.

Den damit aufgeworfenen okkulten Zusammenhang haben wir in dieser Abhandlung im Kapitel IV. bereits aufgezeigt. Dieser ist objektiv von solchem Gewicht, daß es Rudolf Steiner geboten erschien, allein schon wegen des öffentlich entstandenen Eindrucks, es *könnte* die Anthroposophie in ein parteipolitisches Fahrwasser geraten sein - selbst wenn dies niemand tatsächlich betrieben hätte -, den Satz über die "Politik" in den Statuten aufzunehmen.

Was folgt daraus? Selbstverständlich ist das politische Leben ein Gebiet des sozialen Organismus, für dessen Gestaltungsaufgaben wir uns als Menschen auf dieser Welt insbesondere dann zu kümmern haben, wenn erkannt ist, daß auf diesem Gebiet durch die Gesetzgebungen die Weichen gestellt werden für alles, was sich in den anderen sozialen Lebensbereichen zum Heil oder Unheil der Menschheit entwickelt. Heil oder Unheil liegen in unserer Hand; wir sind als Bürgerinnen und Bürger im Zeitalter der Bewußtseinsseele, deren Ausdruck im Rechtsbereich der demokratische Impuls ist, für Heil oder Unheil verantwortlich. Niemand sonst - weder die Götter, noch die Regierenden, weder die Behörden noch die Volksvertreter, weder die Mächtigen der Wirtschaft noch die Wissenschaftler - *nur wir*, die der Gemeinschaft der mündigen, volljährigen Menschen eines Staates Zugehörigen, sind verantwortlich für alles, was legal - also im Rahmen der Gesetze - geschieht. Wir können uns nicht mehr herausziehen aus dieser Verantwortung für das unermeßliche physische und seelische Leid und Elend auf dieser Welt, für die geistige Verödung und die rabiate Zerstörung der ökologischen Ordnungen des Planeten. Das alles ist auch und in erster Linie die Folge der "Grundlagen" der sozialen Verhältnisse, der Gesetzgebungen (siehe Abschnitt III.). Und für diese Grundlagen tragen wir alle die Mitverantwortung. Es ist im Zeitalter der Bewußtseinsseele - seit die Monarchien abgelöst wurden durch die Demokratie - unsere Pflicht, die Pflicht der Rechtsgemeinschaft, für die Gestaltung dieser Grundlagen die Verantwortung zu übernehmen. Und wenn wir Anthroposophen sind: versteht es sich dann nicht von selbst, daß wir uns mit ganzer Kraft dafür einsetzen, diese Grundlagen dreigliederungsgemäß zu entwickeln, damit Stück für Stück die *Gruppeninteressen* (der Parteiideologien) zurückgedrängt und an ihrer Stelle die *Menschheitsinteressen* beachtet werden?

Aus diesem Verständnis von "wirklicher Politik" nicht die praktischen Konsequenzen zu ziehen und nicht die entsprechenden gesellschaftlichen Einrichtungen zu schaffen: wäre dies nicht dasselbe, wie darauf zu verzichten, die Erziehungskunst oder die Heilkunst usw. zu praktizieren, obwohl die Erkenntnisse für die Wahrnehmung dieser Aufgaben errungen sind und Bedarf nach Heilung und Erziehung besteht? Gewiß, die Anthroposophische Gesellschaft als solche ist weder als Trägerin noch als Unterstützerin der entsprechenden Notwendigkeiten angefragt. Als Ort intensiver Bemühung um die wirklichkeitsgemäße Erkenntnis der Zusammenhänge, um die es dabei geht, ist sie aber sehr wohl gefordert.

Der "Mut zur Tat" im Sinne von "Initiative nach außen", das ist die Frage, die sich nur an den einzelnen richtet. Die "Initiatve Volksentscheid" regt diese Frage an. Das Institut für Dreigliederungsentwicklung möchte sich mit diesem Aufsatz an alle anthroposophisch orientierten Menschen in der Bundesrepublik Deutschland wenden, um ihnen die Gelegenheit zu geben, aus aktuellem Anlaß ihre persönliche Antwort zu bestimmen.

Anm.: Alle GA-Zitatangaben beziehen sich auf die Bibl.-Nrn. der Rudolf Steiner-Gesamtausgabe im Rudolf Steiner-Verlag, Dornach. Alle Hervorhebungen vom Verfasser dieses Aufsatzes.

HANS PETER VAN MANEN

Sophia und Persephone

Anthroposophische Impulse
in der Umweltschutzbewegung?

Geisteswissenschaftliche Vorträge
Nr. 26

1989, 32 Seiten, kartoniert,
Fr. 8.50/DM 10,–
ISBN 3-7235-0492-2

Die ehemals göttliche *Sophia* hat sich mit
der Entwicklung des menschlichen Denkens verbunden, um immer mehr von den
Herzen der Menschen aufgenommen und
zur *Anthroposophia* zu werden.

Die ahrimanische Verführung des Denkens
bedroht die *Natur* in allen ihren Bereichen,
so wie der apokalyptische Drache das
Weib, das gebären soll, zu verschlingen
droht.
Die Rettung der Natur hängt nun davon
ab, ob Anthroposophie als lebendiges Wesen die neuen Mysterien verwirklichen
kann, aus denen allein die Impulse zu den
not-wendigen inneren und äußeren Taten
geschöpft werden können.
Persephone, die Schwesterseele des Christus, wahrt den Zusammenhang der Erden-
natur mit der Sonne. Anthroposophia und
Persephone, in die tägliche Übungspraxis
aufgenommen, schaffen ein Gedankenkli-
ma, in dem die Geisterkenntnis und die
Sorge um die Natur sich gegenseitig durch-
dringen können.

MANFRED
KANNENBERG-RENTSCHLER

Die Dreigliederung des Geldes und das freie Geistesleben

Ein Beitrag zur internationalen
Schuldenkrise

Geisteswissenschaftliche Vorträge
Nr. 25

40 Seiten, kartoniert,
Fr. 7.50/DM 9,–
ISBN 3-7235-0489-2

«Die volkswirtschaftliche Schenkung können wir vorläufig nicht ‹tun›. Aber ohne ihr
Verständnis wird sich das soziale Leben
kaum aus der einheitsstaatlichen Fessel befreien können, um auf den Weg selbständi-
ger Kulturentwicklung zu kommen. Auch
der Hinweis auf den ‹anderen Umgang mit
Geld› in eigenen Einrichtungen hilft da
nicht restlos heraus.
Die Praxis beginnt, indem wir erlebend der
Idee des dreigliedrigen Geldkreislaufs ge-
genüberzutreten erlernen. Sie wird auch die
ewige Gedankengewohnheit, den Staat im
Sozialen als Allerhalter zu reflektieren, zu-
rückdrängen.
Oder sind wir so vermessen, gesundes Geld
auch noch ‹essäerhaft› für uns einrichten zu
wollen, um uns aus der Menschheit fortzu-
stehlen mit unseren Einrichtungen?»

── VERLAG AM GOETHEANUM — CH · 4143 Dornach ──

Mit dem **Herbsttrimester 1989**
(Beginn: 25. September) nehmen wir eine
neue Klasse in die Studienrichtung

SCHAUSPIELKUNST
mit Sprechkunst

im Rahmen des Studienganges Kunsttherapie auf. Die Ausbildung, welche von der
anthroposophischen Menschenkunde ausgeht und vom BMBW als Bundesmodell-
versuch gefördert wird, eignet sich für
künstlerisch begabte junge Menschen, die
eine intensive schauspielerische Schulung
des individuellen Erlebnis- und Gestal-
tungsvermögens suchen.

Der von einem vielseitigen Seminarange-
bot begleitete Studiengang dauert vier
Jahre (12 Trimester) und führt zum staatlich anerkannten **Diplom** als Kunstthera-
peut auf dem Gebiet des Schauspiels. - Wir
berücksichtigen den Lehrplan der Paritäti-
schen Prüfungskommission, so daß gleichzeitig deren **Diplom** (Zugang zu den
deutschsprachigen Bühnen) erworben
werden kann.

Zugangsvoraussetzung: Fachhochschulreife oder Allgemeine Hochschulreife.

Künstlerische Leitung:
Gisela Spörri-Hessenbruch.

Interessenten erhalten Unterlagen bei:
Die Freie Kunst-Studienstätte
Ottersberg
staatlich anerkannte Fachhochschule in
freier Trägerschaft für Kunsttherapie und
Kunst. Anschrift: Am Wiestebruch 66-68,
D-2802 Ottersberg 1 - Tel.: 04205/ 5 96.

Die Freie Kunst-Studienstätte Ottersberg
bietet außerdem Ausbildungen in den fol-
genden Diplom-Studiengängen an:
- Diplom-Kunsttherapie, Studienrichtung
  Bildende Kunst
- Diplom-Studiengang Freie Kunst

Wie einst die Hugenotten ...

... so fliehen heute
Assyrer, Armenier und Yezidi
aus ihrer Heimat,
weil sie aufgrund ihres Glaubens
verfolgt werden.

Yezidische Ortschaften: verlassen und verfallen
Foto: Hanneke Garrer

Die Gesellschaft für bedrohte Völker
setzt sich für die Verwirklichung ihrer
Menschenrechte in ihrer Heimat wie für
ihre Aufnahme als Flüchtlinge in der
Bundesrepublik ein.

Unterstützen Sie uns dabei.
Wir senden Ihnen gerne unser Kampa-
gnenblatt zu.

Gesellschaft für bedrohte Völker
Postfach 2024
3400 Göttingen
Tel. (05 51) 5 58 22

Die Revolution der Begriffe
INTERVIEW MIT GERALD HÄFNER, MDB, DIE GRÜNEN
von Wolfgang Weirauch

Gerald Häfner: *geboren am 03.11.1956 in München. - 1977 Abitur, 1978/79 Tätigkeit in der Montessori Schule München, Studium der kath. Theologie, Germanistik, Waldorfpädagogik und Sozialwissenschaften in München, Witten und Bochum, 1984 Abschluß als Waldorflehrer. Seit 1984 Tätigkeit am Institut für Sozialforschung in Achberg und Seminarleiter im Internationalen Kulturzentrum. Verschiedene Buch- und Zeitschriftenveröffentlichungen. Seit 1981 Arbeit an Fragen der Demokratie und Erweiterung von Bürgerrechten. Seit 1978 Mitglied "Aktion Dritter Weg" und "Freie Internationale Universität"; Mitglied Bund Naturschutz Bayern. 1983 Gründung der Initiative "Aktion Volksentscheid", 1986 der Initiative "Volksentscheid gegen Atomanlagen". 1969/79 Mitglied zahlreicher Bürgerinitiativen; 1979 Gründungsmitglied DIE GRÜNEN; 1979/80 Kreisvorsitzender DIE GRÜNEN in München, 1980/81 Landesgeschäftsführer, Pressesprecher in Bayern; Mitglied Bundeshauptausschuß und Bezirksvorstand Schwaben der GRÜNEN seit 1981. - Mitglied des Bundestages; Mitglied und Obmann im Rechtsausschuß.*

„Man reicht aus, ohne ⟨ ⟩ daß man Ideen hat, in Zeiten von Revolutionen und Kriegen, man kann aber nicht ausreichen ohne Ideen in Zeiten des Friedens; denn werden die Ideen in Zeiten des Friedens rar, dann müssen Zeiten von Revolutionen und Kriegen kommen. - Zum Kriegführen und zu Revolutionen braucht man keine Ideen. Um den Frieden zu halten, braucht man Ideen, sonst kommen Kriege und Revolutionen. Und das ist ein innerer spiritueller Zusammenhang. Und alle Deklamationen über den Frieden nützen nichts, wenn nicht diejenigen, die die Geschicke der Völker zu leiten haben, sich bemühen, gerade in Friedenszeiten Ideen zu haben. Und sollen es soziale Ideen sein, so müssen sie sogar von jenseits der Schwelle herrühren. Wird eine Zeit ideenarm, so schwindet aus dieser Zeit der Friede."

Rudolf Steiner am 24.11.1918

Die nebenstehenden Worte formulierte Rudolf Steiner während eines Vortrages am 24.11.1918 (Entwicklungsgeschichtliche Unterlagen zur Bildung eines sozialen Urteils, GA 185a, Dornach 1963, S.212). Sicherlich sind in heutiger Zeit damit keineswegs nur diejenigen angesprochen, die die "Geschicke der Völker zu leiten haben", sondern wir alle. Aber haben wir Ideen, greifen wir Ideen auf, die geistigen Ursprungs sind? Gestalten wir mit diesen Ideen - jeder an seinem Platz - die politischen Verhältnisse, in denen wir alle darinnenstehen?

Oftmals trifft man Menschen, die in vollem Umfange in der Ideenwelt leben, denen es keine Mühe bereitet, lebendige Ideen zu ergreifen und mit ihnen zu leben, aber die mit einer merkwürdigen Scheu davor zurückschrecken, ihre politische Verantwortung zu ergreifen und - je nach Vermögen - Initiativen und demokratische Prozesse mit den errungenen Ideen zu beeinflussen oder gar zu gestalten. - Auf der anderen Seite trifft man Menschen, die voll im politischen Leben stehen, die zumindest von gewissen Gesichtspunkten aus viel bewirken, aber denen es an wirklichen Ideen für die Neugestaltung des sozialen Organismus fehlt, deren Ideale im politischen Alltag untergehen, vertrocknen oder korrumpiert werden.

Zwischen diesen beiden Menschengruppen bedarf es vieler Brücken. Sollen diese Brücken tragfähig sein, so müssen sie von beiden Seiten aufeinander zu gebaut werden: die einen müssen zuarbeiten, die anderen müssen sich öffnen. Gerald Häfner, MdB der GRÜNEN-Fraktion, steht an zentraler Stelle des parlamentarischen Systems der Bundesrepublik Deutschland als Anthroposoph im Bundestag und bemüht sich, diese Brückenfunktion durch seine Tätigkeit auszuüben, indem er versucht, diese beiden Menschengruppen einander näherzubringen.

Er spricht in diesem Interview, das ich mit ihm in den Bundestagsgebäuden führte, von der geistigen bzw. geistlosen Situation der Regierung, der Parlamentarier und der Politiker sowie ihrer Debatten und stellt dem den Versuch gegenüber, als Einzelperson die Revolution der Begriffe - im Gespräch, in der Plenumsdebatte, bei Gesetzentwürfen oder Vorträgen - als konkrete Möglichkeit zu verstehen, geistige Ideen in demokratisch-politische Wirksamkeit umzusetzen.

Wolfgang Weirauch: Mitte März 1986 sprach Otto Schily während der Debatte über den Abschlußbericht des Flick-Untersuchungsausschusses im Bundestag unter anderem folgende Worte:

"Sie haben ein völlig deformiertes, marodes Rechtsgefühl"

"Es fehlt Ihnen, meine Damen und Herren, in Wahrheit nicht an Unrechtsbewußtsein, es fehlt Ihnen an Rechtsbewußtsein, an Gerechtigkeitssinn (*Beifall bei den GRÜNEN*). Sie haben ein völlig deformiertes, degeneriertes, marodes Rechtsgefühl (*Dr. Dregger (CDU/CSU): 'Mein Gott, welche Vokabeln!'*). Für Sie begehen die Arbeiter, die gegen ihre Entrechtung, die von Ihnen vorbereitete Entrechtung, streiken, Nötigung. Das ist Ihr

Rechtsverständnis. Die Enteignung von vielen kleineren und mittleren Bauernbetrieben nennen Sie Recht. Es ist aber Unrecht. (*Zuruf von der CDU/CSU*). Sie nennen Recht, wenn Sie Massenvernichtungsmittel, Massenmordwaffen auf dem Boden der Bundesrepublik stationieren. Diejenigen nennen Sie Rechtsverletzer, die gegen diese Massenmordwaffen aufstehen.

Sie nennen Recht, wenn den Rentnern aus der Rentenkasse die Gelder entwendet werden. Sie nennen Recht, wenn Zwangsarbeiter, die unter der Naziherrschaft leiden mußten (*Zuruf von der CDU/CSU: 'Sie sind ein Volksverhetzer!'*), heute in schlechteren Verhältnissen leben müssen als diejenigen, die den Naziverbrechern Beihilfe geleistet haben (*Beifall bei den GRÜNEN*). Das ist Ihre Rechtsposition. Das sind die Proportionen, die Sie Ihrem Rechtsverständnis zugrunde legen. Sie nennen Recht, wenn Sozialhilfeempfänger und Arbeitslose in Ihren Rechten verkürzt werden und die Rechte von Vermögensinhabern ständig ausgeweitet werden. Das ist Ihr Rechtsgefühl, das ist Ihr Rechtsverständnis (*Zuruf von der CDU/CSU: 'Sie wissen genau, daß Sie die Unwahrheit sagen!' - Zuruf von der SPD*). Das hat aber mit Gerechtigkeit nicht das mindeste zu tun (*Beifall bei den GRÜNEN*)."

Würdest Du dem zustimmen, daß es den meisten Mitgliedern des Bundestages und der Regierung an Rechtsbewußtsein fehlt und sie ein völlig deformiertes, degeneriertes, marodes Rechtsgefühl haben?

Gerald Häfner: Diese Rede, die Du eben zitiert hast, zähle ich zu den wenigen ganz großen Reden, die bisher im Bundestag gehalten wurden. Im weiteren Verlauf dieser Rede (die eigentlich so etwas wie ein Vermächtnis war, denn es war Ottos letzte Rede in der vergangenen Legislaturperiode und er wußte ja noch nicht, daß er wiedergewählt würde) sprach Otto Schily auch von der Notwendigkeit der direkten Demokratie und erwähnte die von Rudolf Steiner entwickelte Dreigliederung des sozialen Organismus. Die Passage über das Rechtsbewußtsein allerdings sollte man so verstehen, daß sie an uns alle gerichtet ist, nicht nur an die Politiker aus den anderen Parteien und die Bundesregierung. Ich weiß zwar nicht, ob das in Ottos Sinne ist. Aber wir müssen unser Rechtsbewußtsein täglich überprüfen. Viel zu oft arrangieren wir uns heimlich mit dem, was Recht genannt wird, anstatt uns selbst innerlich zu fragen, was rechtens wäre.

Es gibt eine wunderbare Stelle in einem Buch von John Steinbek: Ein Bauer, der über viele Jahre hinweg wegen des schlechten Wetters praktisch keine Ernte hat, verschuldet sich immer tiefer bei der Bank. Als Sicherheit nimmt die Bank sein Haus und sein Land. Eines Tages - die Schulden haben inzwischen den Wert des Hauses und Grundstückes erreicht - kommen zwei Herren mit einem großen Auto auf seinen Hof gefahren. Sie holen aus einer schwarzen Aktentasche ein weißes Papier und erklären dem Bauern, der Hof sei nun in das Eigentum der Bank übergegangen. Er und seine Familie könnten hier nicht mehr leben, denn die Bank wolle das Haus einreißen und große Baumwollplantagen errichten.

Der Bauer kann dies nicht begreifen. Er fordert die Herren im grauen Anzug zum Verlassen auf. Schließlich ist das sein Haus, sein Hof und sein Land. Doch die Eindringlinge haben ein Papier dabei, das beweist: das Land gehört ihnen.

Die Geschichte wird dann noch sehr spannend und kann - aufmerksam gelesen - noch viele rechtliche und politische Fragen erhellen. Aber schon an dieser Stelle können wir innehalten und uns fragen: Wem gehört eigentlich das Land? Dem, der es urbar gemacht und jahrelang darauf mit seinen Kindern und seiner Familie gelebt und gearbeitet hat, der es pflegt, erhält und mit seiner großen Familie von seinen Früchten lebt? Oder den beiden Herren mit dem weißen Papier?

Rechtlich ist die Frage klar - jedenfalls nach dem damals in dieser Region geltenden Recht. Unser Rechtsempfinden aber sagt genau das Gegenteil. Und dies ist wichtig: Zu merken, daß und wo das, was heute Recht genannt wird, was auch als Recht gilt, unserem Rechtsempfinden zuwiderläuft. Dies ist - biographisch - für viele der Ort, an dem sich Rechtsbewußtsein und politisches Bewußtsein entwickeln kann. Die Frage ist nur dann: Bleibt man im ständigen Gegenüber, im Kampf gegen das Bestehende stecken, oder entwickelt man ein neues Rechtsbewußtsein, neue Begriffe, von denen aus das rechtliche und politische Leben transformiert werden kann. Dies ist die Aufgabe, die ich mir stelle und die eigentlich wir alle uns stellen und vollbringen müssen - mehr oder weniger.

"Die Karriere des Politikers beginnt damit, lügen zu lernen"

W.W.: Nun hat ja Otto Schily auch bewußt und gezielt das Rechtsbewußtsein der Politiker, der Mitglieder des Bundestages und der Bundesregierung angesprochen. Du bist nun selbst seit langem in der Politik tätig und auch Mitglied des Deutschen Bundestages. Würdest Du Otto Schily auch in seinem krassen Urteil über das marode, degenerierte Rechtsgefühl der Politiker zustimmen?

G. Häfner: Ich weiß nicht, ob ich selbst so scharf formulieren würde wie Otto Schily. Allerdings ist in dieser Äußerung sehr viel Wahres enthalten. Ich glaube, daß die Karriere des Politikers schon damit beginnt, lügen zu lernen. Das heißt, Politiker wird man gewöhnlich überhaupt erst dadurch, daß man die Fähigkeit hat, auch Dinge, die man nicht für richtig hält, so zu vertreten, als würde man ihnen zustimmen - und umgekehrt. Zwar gibt es auch andere, aber man wird unter den vernünftigen Politikern keinen finden, der alles das, was im Programm seiner Partei steht, selbst unterstützt. Trotzdem muß er dieses Programm vertreten.

Das fängt schon damit an, daß der Politiker im Wahlkreis zu einer Veranstaltung eingeladen wird, etwa zu den Wahlprüfsteinen des DGB. In allen Wahlkreisen finden diese Podiumsdiskussionen zu unendlich vielen Punkten und den Wahlprüfsteinen verschiedenster Gruppen und Verbände statt. Nehmen wir an, der betroffene Politiker ist Verkehrsfachmann oder befaßt sich im Parlament vor allem mit Innen- oder Kulturpolitik. Im Wahlkreis aber muß er nach landläufiger Meinung zu allen Themen sprechen können, er ist sozusagen ein Multi-Dilettant in allen Gebieten. Was macht der Politiker also? Er fordert bei seiner Partei eine Stellungnahme zu den Wahlprüfsteinen des DGB an und trägt das, was in diesem Papier an Argumenten enthalten ist - angereichert durch eigene Beispiele - vor. Und irgendwo ist dies sogar ehrlich, denn er selbst macht sowieso nicht die Gewerkschaftspolitik seiner Partei, die wird an ganz anderer Stelle gemacht, und deshalb wird seine Fraktion im Parlament auch viel eher das vertreten, was von den entsprechenden Experten ausgearbeitet wurde, als was dieser eine konkrete Politiker sich denkt. Deshalb löst es oft großen Ärger aus, wenn ein Politiker das erzählt, was er selbst denkt, und nicht, was die Partei sagt. Denn ersteres hat für die spätere Politik keinerlei Bedeutung. Und auch im Parlament müssen die Politiker gelernt haben, ständig ihren eigenen Vorstellungen und Interessen zu widersprechen.

Der Politiker als Hülle

Der Weg des Politikers ist also - wenn man nicht aufpaßt und ihn nicht in einer ganz anderen Haltung geht, ein sehr gefährlicher: Politiker werden dann Hüllen, Medien, aus denen immer wieder anderes und andere sprechen als sie selbst.

Ich selbst werde manchmal auf dem Gang, in der Toilette oder im Aufzug der Bundestagsgebäude von Kollegen für einen eingebrachten Gesetzentwurf gelobt, an dem dieselben Menschen in der anschließenden Bundestagsdebatte kein gutes Haar lassen. Umgekehrt gehört es schon zum parlamentarischen Alltag, daß Kollegen einem Gesetzentwurf zustimmen, den sie selbst für völlig falsch, gefährlich, ja manchmal sogar für verfassungswidrig halten. Als Beispiel könnte man die Flugbenzin-Entscheidung nehmen. Bei uns im Rechtsausschuß gab es keinen einzigen Unionsabgeordneten, der diese Entscheidung für richtig befand, trotzdem haben alle dafür gestimmt. Einer hat es folgendermaßen formuliert: "Ich bin entschieden gegen diese Entscheidung und halte sie für unsozial, weder für begründbar noch vermittelbar. Bei der Abstimmung aber werde ich diejenige Schicht meines Gewissens aktivieren, die die Überschrift 'Fraktions- und Koalitionsdisziplin' trägt."

W.W.: Wie steht es denn mit dem Artikel 38, den Du damit ansprichst, daß jedes MdB nur nach seinem eigenen Gewissen abstimmen solle; ist dies eine idealistische und realitätsferne Fiktion, weil das Gewissen der MdBs so ramponiert ist, daß Fraktionszwang, eventuell sogar finanzielle Interessen, oder Beraterverträge wichtiger sind?

Die Lüge des Theodor Heuss

G. Häfner: Laß mich zuerst etwas zur geschichtlichen Bedeutung dieses Artikels 38 sagen. Denn er hat indirekt auch etwas mit unserem Thema "Volksentscheid" zu tun, und zwar insofern als die Schuld für das, was in der Weimarer Republik geschehen ist und zum Nationalsozialismus geführt hat, nur zum Teil korrekt benannt worden ist. Man hat nämlich nach 1945 gesagt, daß die bitteren Erfahrungen mit Volksbegehren und Volksentscheid in der Weimarer Republik dazu geführt hätten, daß der Parlamentarische Rat von der Möglichkeit des Volksentscheides Abstand genommen habe. Dieses Argument, das gleich in mehrerlei Hinsicht falsch ist, hat wesentlich dazu beigetragen, die Volksgesetzgebung zu diskreditieren.

Die Mitglieder des Parlamentarischen Rates während der Verkündigung des Grundgesetzes

Der rechtliche Schritt, mit dem der Übergang von der halbwegs demokratischen Republik in die Diktatur und den Unrechtsstaat des Nationalsozialismus ermöglicht wurde, erfolgte nämlich im Parlament. Das war die Zustimmung zum Ermächtigungsgesetz, mit dem das genaue Gegenbild dessen geboren war, was wir im Volksentscheid fordern: Daß nur noch ein einziger Mensch, der Führer, entscheiden durfte, und der Rest ihm zu folgen hatte.

Über dieses Ermächtigungsgesetz wurde zum Teil unter Fraktionszwang abgestimmt. Und so hat genau derjenige Theodor Heuss, der später die Lüge von den bitteren Erfahrungen mit Volksbegehren und Volksentscheid in Weimar geboren hat, von dem auch der oben zitierte Satz stammt, als Mitglied des Reichstages damals dem Ermächtigungsgesetz zugestimmt. Er tat dies gegen sein Gewissen, wie er schreibt, und nur unter dem Diktat des Fraktionszwanges.

"Ich werde mich nicht an Fraktionszwang und Parteidisziplin halten"

Und diese Erfahrung des Ermächtigungsgesetzes hat bei der Aufnahme des Artikels 38 a des Grundgesetzes eine entscheidende Rolle gespielt. Denn nun wollte man , daß der Abgeordnete als freies Individuum bewußt nur seinem Gewissen unterworfen und an keine Weisungen und Aufträge gebunden ist. Doch dieser Artikel steht nur auf dem Papier. Im Alltag des Bundestages geschieht es so gut wie nie, daß ein Abgeordneter abweichend von seiner Fraktion abstimmt, mit Ausnahme der GRÜNEN, die oft ziemlich "chaotisch" abstimmen, was bei den Kollegen entsprechendes Gelächter auslöst, denn bei uns gibt es keinen Fraktionszwang. Doch bei anderen Fraktionen erlebt man ständig, daß Abgeordnete glauben, Dingen zustimmen zu müssen, die sie nicht für richtig halten, nur um die Disziplin zu wahren. Besonders häufig ist dies naturgemäß in den Koalitionsfraktionen, weil sich dieser Teil des Parlaments selbst als Steigbügelhalter und Fußtruppe der Regierung betrachtet und man es in der Bundesrepublik, und erst recht im Parlament, als Skandal ansehen würde, wenn die Regierung einmal bei einer Initiative keine Mehrheit erhielte. Aus meiner Sicht muß sich der Abgeordnete in erster Linie selbst aus dieser Zwangssituation befreien, er muß den Mut haben, für seine Überzeugung einzustehen und seine Individualität zu bewahren, d.h. nur dem zuzustimmen, was er selbst verantworten kann.

Abstimmung durch Handzeichen (1972)

Ich selbst versuche das natürlich, gebe aber zu, daß es sehr schwierig ist. Als ich von meiner Partei als Kandidat zum Bundestag aufgestellt wurde, habe ich bei dieser Kandidatur erklärt, daß ich mich an Fraktionszwang und Parteidisziplin nicht halten werde. Ich habe ihnen erklärt, daß es, wenn man mich aufstelle, problematisch werden könne, da ich grundsätzlich nur das vertreten könne, was ich verantworten kann. Nun kannten mich allerdings die meisten, da ich seit Gründung der Partei in ihren Reihen sehr engagiert arbeite, und sie haben mich sehenden Auges gewählt. Aber das ist sicherlich die Ausnahme. Ohne diese Ochsentour in der Partei durchzumachen, also ohne jahrelang das Lügen zu lernen, wird anderswo kaum je ein Mensch in diese Position kommen, in der ich mich jetzt befinde.

Neben dieser Mutfrage - also sich aus diesen Zwängen zu befreien - glaube ich fernerhin, daß die Geschäftsordnung des Bundestages sowie die Geschäftsordnungen der Fraktionen dringend radikal verändert werden müssen, denn die Geschäftsordnungen sehen in ihrer jetzigen Form vor, daß der einzelne so gut wie nichts ausrichten kann. Was ich als einzelner Abgeordneter unternehmen kann, ist eigentlich nur, zwei Fragen pro Woche zu stellen, die ich eine Woche vorher schriftlich einreichen muß, um sie dann stehend mittwochs im Plenum beantwortet zu bekommen. Gesetzesinitiativen, Anträge, kleine und große Anfragen können nur mit dem Quorum der Fraktion bzw. mit der Unterschrift von 26 Abgeordneten (5 %) eingebracht werden. Durch solche Bestimmungen wird die Botmäßigkeit der Abgeordneten immer schon im voraus erzwungen, denn der Abgeordnete weiß, daß er, wenn er nicht mehr die Linie seiner Fraktion vertritt, im Parlament nichts mehr einbringen kann, weil ihn die Fraktion nicht mehr läßt.

W.W.: Wie steht es mit Dir und Deinem Gewissen bei Abstimmungen? Es kommt nach einer längeren Bundestagsdebatte zur Abstimmung, Du weißt, daß alle Deine Fraktionskollegen gegen ein vorgelegtes Gesetz sind, aber seitens der Regierungskoalition haben Dich Argumente für diese Gesetzesvorlage eingenommen. Stimmst Du entgegen Deinem Gewissen mit Deinen Kollegen von den GRÜNEN oder entsprechend Deinem Gewissen gegen sie?

G. Häfner: Oh Gott! Das ist natürlich eine hypothetische Frage, mit der man schwer umgehen kann. Ich habe schon für viele Gesetzentwürfe der SPD gestimmt. Aber der von dir geschilderte Fall ist - leider - noch nicht vorgekommen. Aber ich bin, obwohl ich natürlich im voraus nie weiß, unter welchen Druck ich gerate und ob ich in der entsprechenden Situation dann die nötige Kraft hätte, relativ sicher, wenn es eine Frage von einiger Bedeutung wäre, und ich der Meinung wäre, daß Zustimmung und Ablehnung einen deutlichen Unterschied ausmachen, es also nicht nur um Kommata oder marginale Differenzen geht, daß ich dann - um an Deinem Beispiel anzuknüpfen - meinem Gewissen folgen und zustimmen würde und dies auch in der Diskussion mit der Fraktion und Partei deutlich vertreten würde. Ich habe vergleichbare Fälle schon erlebt und überstanden. Aber man kann so etwas nicht ohne den konkreten Fall entscheiden.

Allerdings gibt es etwas in der Tendenz Vergleichbares auf viel kleinerer Ebene im täglichen Vorfeld. Das ist nämlich dann, wenn ein Redner der "anderen Seite" etwas sagt, was einem einfach einleuchtet, was man richtig, bedenkenswert und gut findet. Dann klatsche ich manchmal und ernte dabei erstaunte bis entsetzte Blicke einiger Kollegen, die vielleicht wähnen, ich hätte mich nicht mehr unter Kontrolle oder hätte geschlafen, weil es doch nicht sein könne, daß man der CDU Beifall zollt. Hier bin ich übrigens nicht der einzige, es gibt einige in unserer Fraktion, ganz einzelne auch in anderen, die sich solche Unabhängigkeit bewahren und sich auch trauen, es deutlich zu machen, wenn ein Argument der "anderen Seite" gut ist. Die ganz große Mehrheit des Bundestages aber verfährt nach dem umgekehrten Prinzip, wonach nicht sein kann, daß etwas, was von der falschen Seite ausgesprochen wird, richtig ist.

"Nur die Sache ist entscheidend"

W.W.: Im schleswig-holsteinischen Landtag war es vor dem Regierungswechsel sehr häufig der Fall, daß ein Gesetzesvorschlag von der Regierung abgelehnt wurde, weil er von der Opposition eingebracht worden ist, um dann nach geraumer Zeit als eigener Vorschlag - vielleicht leicht variiert - vorgelegt zu werden. Kommt dies auch im Bundestag vor?

G. Häfner: Genauso ist das zum Beispiel mit den Anträgen der GRÜNEN im Bundestag, die ja meist fast automatisch von den anderen Fraktionen abgelehnt werden. Aber dann, wenn sie auch anderen einleuchten, kommt es vor, daß sie oft Monate oder Jahre später von diesen - leicht modifiziert - als eigener Antrag eingereicht werden, um dann beschlossen werden zu können. Solange es aber ein GRÜNEN-Antrag ist, ist eigentlich gar nichts anderes denkbar, als daß ihn die anderen ablehnen.

Ich selbst habe zum Beispiel vor bereits 1.1/2 Jahren, nach intensiver Vorarbeit vieler Beteiligten, einen Gesetzentwurf für ein Umwelt-Informationsgesetz eingebracht, das den Bürgerinnen und Bürgern die Möglichkeit der Einsicht in Umweltakten ermöglicht, so daß die Bürger beispielsweise das Recht haben, bei den Behörden zu erfahren, was genehmigt ist und was nicht, welche Auflagen gegenüber den Betrieben erteilt worden sind usw. Ich halte diese Möglichkeit der Informationen für ausgesprochen wichtig, damit sich die Bürgerinnen und Bürger um ihre eigenen Angelegenheiten selbst kümmern können und auch in den entsprechenden Fragen mitreden und mitentscheiden können. Das ist eine ganz wesentliche Demokratiefrage. Fernerhin habe ich die Auffassung - das ist die Grundüberlegung dieses Entwurfes -, daß die Verwaltung im Gegensatz zum Bürger gläsern sein sollte, weil die Menschen dort in unserem Namen tätig sind und wir somit auch einsehen können müssen, was sie dort tun, zum Beispiel auch unter der Hand entgegen unseren Interessen. Nur dort, wo schutzwürdige Belange - etwa der Schutz persönlicher Daten - betroffen sind, sind Ausnahmen möglich (und im Gesetzentwurf vorgesehen). Dieser Gesetzentwurf liegt seitdem unbearbeitet, ohne daß es überhaupt zu einer ersten Lesung im Ausschuß oder im Plenum gekommen wäre, obwohl die Geschäftsordnung vorsieht, daß nach sechs Wochen eine derartige erste Lesung verlangt werden kann. Wir wollten eine Anhörung zu diesem Thema durchführen, was seiner Bedeutung mehr als angemessen gewesen wäre und üblichem parlamentarischen Brauch entspricht, aber für diese Anhörung bräuchten wir mindestens die Stimmen der SPD, weil wir das entsprechende Quorum nicht erfüllen (25 %). Normalerweise ist es keine Frage, daß solchen Anhörungsanträgen zugestimmt wird - wir machen das umgekehrt auch bei denen der SPD -, hier aber hat die SPD nicht zugestimmt und verhindert damit eine Anhörung seit 1.1/2 Jahren. Der einfache Grund ist der, daß sie selbst an einem Gesetz für ein Akteneinsichtsrecht arbeitet, welches gegen Ende dieses Jahres fertig werden soll, und dann wird sie auch eine Anhörung wollen. Das hat die SPD schon angekündigt. Dann wird das Ganze als eine Initiative der SPD gefeiert werden, obwohl sie ja eigentlich von uns kommt.

W.W.: Ist das reines Prestigedenken?

G. Häfner: Im Bundestag sowie überhaupt in der Parteipolitik denken die meisten nur daran, was es für die eigene Partei bringt, wie man selbst vorankommt, wie man selbst am besten wiedergewählt wird usw. Oft hat man das Gefühl, daß es das einzige Ziel - auch hier im Bundestag - ist. Ich muß aber, obwohl es merkwürdig klingt, sagen, daß es, aus meiner schon sehr bescheidenen Sicht, für die Sache ein Erfolg ist, wenn die SPD dieses Gesetz einbringt. Ich erwarte schon lange nicht mehr, daß ein Gesetzentwurf von uns beschlossen wird; wenn eine Initiative von uns deshalb unter anderem Namen letztendlich doch zu einem Erfolg führt, so ist dies schon ein gewisser Gewinn, auf jeden Fall besser, als wenn alles in Bausch und Bogen abgelehnt werden würde.

W.W.: Ihr befindet Euch also in der Position der indirekten Veranlasser einer Initiative, aber das Entscheidende ist für Dich die Sache!?

G. Häfner: Nur die Sache ist entscheidend! Natürlich ist es schmerzhaft, wenn man die Früchte der eigenen Arbeit nicht persönlich ernten kann, aber ich glaube, daß man sich von diesen Empfindungen lösen muß, um die Fähigkeit zur Freude zu entwickeln, daß überhaupt etwas - manchmal - in diesem Land vorangeht. Schließlich bin ich mit diesem Ziel, etwas zu bewegen, im Bundestag und nicht mit persönlichen Interessen.

Das Bewußtsein auf die Ideen lenken!

Und man kann auch indirekt einiges bewegen. Auch wenn ich immer wieder Anträge und vor allem Gesetzentwürfe formuliere, einbringe und mit aller Kraft überzeugende Argumentation zu vertreten versuche: Ich arbeite gar nicht so sehr mit dem Gefühl bzw. der Erwartung, schon jetzt unmittelbar das, was mir am Herzen liegt, umsetzen zu können. Ich arbeite vielmehr mit dem Bewußtsein, daß es hierzu noch sehr viel Zeit brauchen wird, sehr viele Gespräche und die Unterstützung von Menschen, die heute in dieser Zahl noch gar nicht da sind, noch gar nicht aufgewacht sind. Deshalb sind die anderen Dinge, die mit diesem Mandat verbunden sind, mindestens ebenso wichtig: eingeladen zu werden zu allen möglichen Initiativen, Organisationen und Verbänden und dort in Redebeiträgen oder Podiumsdiskussionen das Bewußtsein - soweit es einem möglich ist - auf die Fragen der Zeit und vor allem: auf die Ideen zu lenken. Oder die Möglichkeit, die mir eingeräumt wurde, alle fünf Wochen in einer großen deutschen

Tageszeitung eine Kolumne zu schreiben. Auch die Kontakte mit den Regierungsbeamten, mit Fachleuten und wichtigen Persönlichkeiten des politischen, wirtschaftlichen und kulturellen Lebens: All diese Begegnungen und Gespräche können weiterhelfen und Früchte tragen, ohne daß man diese selbst immer säen und pflücken muß. Mindestens so wichtig, wie es ist, das eine oder andere an veränderter Politik konkret durchzusetzen, ist es heute, das Bewußtsein der Menschen anzusprechen, Fragen aufzuwerfen, die Menschen miteinander über die öffentlichen Fragen ins Gespräch zu bringen, an der Revolution der Begriffe als Vorstufe für eine Evolution der Gesellschaft zu arbeiten.

W.W.: Die Bundestagsdebatten machen oft den Eindruck einer festgelegten Zeremonie, starr, bis ins einzelne Wort vorformuliert, die Abstimmungsergebnisse sind von vornherein klar entschieden, eine Debatte - mit Ausnahme einiger Showgefechte - kommt kaum vor. Hat diese Form der Debatte überhaupt einen Sinn?

G. Häfner: Sie machen nur einen Sinn für die Darstellung der Parteimeinung nach außen hin. Aber sie haben nicht wirklich die Funktion, Argumente real auszutauschen, aufeinander einzugehen und Gemeinsamkeiten zu suchen.

Der Bundestag als geistig und moralisch weitgehend verkommenes Organ

Ich habe ja vor gut einem Jahr einmal gesagt: "Ich empfinde diesen Bundestag mit seinen ritualisierten Schaufensterdebatten und seinen vorweg festgelegten Abstimmungsergebnissen immer mehr als ein politisch, geistig und moralisch weitgehend verkommenes Organ." Diesen Satz halte ich nach wie vor für richtig. Er hat wie kaum ein anderer hier im Hause Aufregung erzeugt, es war sogar so, daß viele Kollegen - darunter auch große Teile der SPD-Fraktion - beschlossen haben, mit mir viele Wochen nicht mehr zu reden, keinen Kaffee mehr mit mir zu trinken, bis ich mich entschuldigt hätte. Ich habe mich nicht entschuldigt, sondern den Inhalt des Satzes verdeutlicht. Denn er stand natürlich in einem bestimmten Zusammenhang, nämlich dem der damaligen Abrüstungsdebatte. Damals hatten CDU, CSU und F.D.P. geschlossen gegen einen von uns eingebrachten Antrag gestimmt, der doppelten Null-Lösung im Bereich der Atomraketen zuzustimmen. Die F.D.P. und ein Teil der Unionsabgeordneten haben in dieser wichtigen Frage wieder einmal, wie mir viele Gespräche zeigten, aus Partei- und Regierungssoldatentum gegen ihre eigene Überzeugung gestimmt. Ich wollte also mit meinem Satz (der übrigens aus dem Zusammenhang gerissen war, den ich gleichwohl aber auch in dieser verkürzten Form aufrechterhalte) nicht, wie es mir unterstellt wurde, einzelne Menschen persönlich beleidigen, sondern auf ein grundsätzliches Problem eines bestimmten Parlaments-, Parteien- und Politikverständnisses hinweisen, unter dem auch die Demokratie und die Entscheidungen sehr leiden. Gerade durch die durch meine Äußerung ausgelösten Diskussionen ist dies auch gelungen.

Durch dieses sein korrumpiertes Selbstverständnis wird der Bundestag, der doch eigentlich die Legislative sein und die Regierung kontrollieren müßte, immer mehr zu einem nachgeschalteten Notariat der Regierung. Über 90 Prozent der Gesetzentwürfe, die im Bundestag beschlossen werden, sind tot, langweilig und für den Zuschauer am Fernsehschirm meist wenig ergiebig, eher abschreckend als ansprechend. Das hängt unter anderem damit zusammen, daß jede Entscheidung vorher bereits feststeht. Zur Ehrenrettung des Bundestages muß man allerdings sagen, daß das Beratungsklima in den Ausschüssen etwas - wenn auch nicht viel - besser ist.

W.W.: Wie steht es mit den Reden bei den Debatten? Alles wird abgelesen, meist sind es nicht die eigenen Reden, die vorgetragen werden, was bei der Jenninger-Rede in peinlichster Weise offenbar wurde. Wie viele Redner schreiben ihre Reden selbst, gibt es auch freie Reden, und könnte diese Situation durch eine Art Zwang zur freien Rede verbessert werden? Wäre es eine Verbesserungsmöglichkeit, daß der Bundestagsabgeordnete bzw. das Kabinettsmitglied durch die freie Rede das eigene Individuum gegenüber der Fraktion mehr zur Geltung bringen könnte?

G. Häfner: Sicherlich wäre das eine Möglichkeit. Es gibt sogar einige Kollegen, die frei sprechen. Ich selbst spreche fast nur frei. Ich bin weder in der Regel bereit noch in der Lage, eine Rede abzulesen, weil ich das für eine Zumutung aller Zuhörer halte. Das Erstaunliche ist, daß man sofort feststellen kann, wie viele Kollegen bei einer guten freien Rede im Plenum ihre Zeitung zuklappen und zuhören, wenn es nur irgendwie interessant ist. Aber übliche Plenumsdebatten, in denen alle vorlesen, halte ich kaum aus.

Wenn man dem Minister das Manuskript wegnimmt

Manchmal kommt bei mir dann der anarchistische Zug wieder zum Vorschein: So etwa neulich bei einer Rede unseres Bundesbauministers Schneider - nachdem er (Minister haben ja besondere Privilegien und dürfen nahezu beliebig oft und lange reden) schon ziemlich lange mit monotoner, gleichwohl holpernder Stimme eine tödlich langweilige Rede vorgelesen hatte und dabei selbst Sätze wie: "Ich möchte mich deshalb bei allen Mitarbeitern meines Hauses bedanken", ohne vom Blatt aufzublicken, vortrug, während im Saal sich alles unterhielt und niemand zuhörte. Da habe ich mich gemeldet und eine Zwischenfrage gestellt. Dabei unterlief mir sogar noch ein Lapsus, indem ich ihn als "Herr Staatssekretär" angesprochen habe, woraufhin der Geschäftsführer der Unionsfraktion laut rief: "So blöd ist der Häfner, daß er noch nicht einmal weiß, daß das ein Minister ist." Ich habe dann repliziert, gewußt hätte ich es schon, nur gemerkt hätte ich es nicht. Jedenfalls habe ich Herrn Schneider dann als Mitglied der Initiative Parlamentsreform und als jemand, der sich schon lange für freie Reden im Plenum einsetzt, sehr höflich gefragt, ob er denn auch in der Lage gewesen wäre, diese Rede zu halten, wenn man ihm sein Manuskript weggenommen hätte. Natürlich war das eine unverschämte Frage, und ich habe sie auch etwas freundlicher formuliert, als ich dies jetzt hier in der Kürze darstelle, aber zu meinem Entsetzen war Schneider tief getroffen und fand darauf überhaupt keine auch nur irgendwie originelle Antwort.

Zwischenfragen sind nämlich sonst immer ein Spiel, eine Art Wettkampf, wer am schlagfertigsten ist. Da ich noch immer davon ausgehe, daß niemand im Bundestag ganz dumm ist, erwartete ich also bei dieser Frage irgendeine intelligente, pfiffige Antwort. Aber Herr Schneider sah mich lange Zeit völlig entsetzt und hilflos an und bat dann etwas traurig und beleidigt um Verständnis, daß er insbesondere beim Vortragen komplizierter Sachverhalte auf das Vorlesen eines Manuskriptes angewiesen sei. Am Ende war es für beide Seiten nur peinlich.

Plenarsaal, von der Bundesratsbank aus gesehen

Natürlich würde es lebendiger werden, wenn es zur Pflicht würde, frei zu sprechen. Nur, daß so viel abgelesen wird, hängt auch noch mit etwas anderem zusammen. Die Leser von Bundestagsreden sowie diejenigen, die diese am Radio oder im Fernsehen beobachten, müssen einfach wissen, daß dann, wenn Helmut Kohl redet, Helmut Kohl nur vorliest, in den seltensten Fällen - bei Helmut Kohl wahrscheinlich nie - stammt der Inhalt der Rede von dem, der sie vorliest. Das ist auch bei vielen Bundestagsabgeordneten der Fall, selbst in meiner eigenen Fraktion gibt es davon einige, in den anderen Fraktionen ist es sogar weitgehend üblich, sich seine Reden von anderen Mitarbeitern schreiben zu lassen, um sie dann als eigene Rede vorzulesen. Ich habe mich neulich im Plenum mit einer Kollegin unterhalten, die ganz verzweifelt und wütend über das war, was ihr ihre Mitarbeiter aufgeschrieben hatten, nichtsdestotrotz hat sie diese Rede aber ohne irgendwelche Änderungen vorgetragen. Ich konnte es kaum anhören, weil es für mich allein schon menschlich kaum verständlich und erträglich war.

Macht durch Sprache

Ich habe meine Abschlußarbeit damals am Institut für Waldorfpädagogik in Witten über das Verhältnis von Denken und Sprechen geschrieben. Dabei habe ich mich zwangsläufig auch ein wenig mit Wolfgang Bergsdorf, einem recht bekannten deutschen Linguisten, beschäftigt. Dieser Bergsdorf hat ein Buch darüber geschrieben, wie Herrschaft durch Sprache ausgeübt wird. Er hat vor allem - anhand der Wahlkämpfe und Debatten aus der Adenauer-Zeit - versucht zu analysieren, wie durch eine bestimmte Methode des Besetzens von Begriffen Macht erzeugt und ausgeübt werden kann. Derselbe Wolfgang Bergsdorf ist heute im Presse- und Informationsamt der Bundesregierung auf einem der höchsten Posten und macht dort genau das, was er theoretisch jahrelang analysiert und kritisiert hat. Außerdem gehört er zum Kreis derer, die an den Reden des Bundeskanzlers arbeiten.

Es war für mich sehr bemerkenswert zu beobachten, wie vor einigen Jahren eine wesentliche Änderung mit Helmut Kohl vor sich ging. Ich weiß nicht, wem das noch aufgefallen ist, aber diese Veränderung war ebenso plötzlich wie deutlich. Sie betraf den Sprachstil, die Betonungen, die Art der Gedankenführung in öffentlichen Reden, aber auch sein ganzes Äußeres, sein Auftreten und vieles andere mehr. Es war einfach ein ganz anderer, neuer Helmut Kohl. Aber er hatte vermutlich einfach nur neue Berater und Redenschreiber.

Das, was von ganzen Stäben von Mitarbeitern ausgeheckt wird, zum Teil mit langen empirischen Image-Untersuchungen und psychologischen Erkenntnissen angereichert und vorbereitet wird, das schlägt sich dann zum Beispiel in solchen Reden wie der Regierungserklärung nieder, in welcher Helmut Kohl beispielsweise gesagt hat, daß die Bundeswehr die größte Friedensbewegung und der Deutsche Fußballbund die größte Bürgerinitiative sei. Da wurde also gezielt die von Bergsdorf erforschte Methode angewandt, wichtige Begriffe mit anderen sachfremden Inhalten zu besetzen und so diese Begriffe zu bloßen Worthülsen zu machen. Damit werden diese Begriffe unbrauchbar. Plötzlich weiß niemand mehr, was gemeint ist. Der Begriff der Bürgerinitiative zum Beispiel ist ein sehr wichtiger Begriff, weil er die Tatsache beschreibt, daß Menschen sich von unten her zusammenschließen, um sich initiativ in politische Fragen einzuschalten, also ihren Anspruch geltend machen, mitzureden und mitzuentscheiden. Wenn man dagegen ausspricht, der Deutsche Fußballbund sei die größte Bürgerinitiative, dann wird dieser Begriff absichtlich entwertet. Das ist eine bewußte und gängige Methode und nur ein Beispiel dafür, was man berücksichtigen muß, wenn man über das Ablesen von Reden spricht. Denn da stecken ja ganz andere Leute und Geister dahinter als die, die in der Öffentlichkeit wirklich erscheinen und die Rede ablesen. Es ist eine sehr moderne und entwickelte Form der Lüge.

W.W.: Um beim Beispiel Helmut Kohl zu bleiben: Kannst Du einschätzen, inwieweit bei einer vorgelesenen Rede noch die Individualität Helmut Kohl spricht, inwieweit er beurteilen kann, was er vorliest? Inwieweit ist es Menschen wie Bergsdorf möglich, mit ihren Zielen - welche auch immer - auf Helmut Kohl oder andere Politiker zu wirken?

G. Häfner: Natürlich - das unterstelle ich einfach - kann er dem folgen, was er vorliest. Aber es ist nicht von ihm, jedenfalls meistens nicht. Das müssen wir in unsere Wahrnehmung bekommen, die uns diese zusätzlichen Informationen und Hintergründe nicht liefert. Wir müssen immer mitdenken, wer da alles daran gearbeitet hat. Aber ich möchte das noch etwas allgemeiner formulieren.

Der Politiker als Medium anderer:
Der umgekehrte Einweihungsweg zum Verlust der Individualität

Ich habe den Eindruck, daß herausragende und unabhängige Persönlichkeiten in der Politik der Gegenwart kaum noch - und in der Zukunft immer weniger - eine große Rolle spielen werden. Es wird immer weniger Menschen geben, die eine ausgeprägte Individualität sind, kantig sind, wie dies noch einige Politiker der deutschen Nachkriegsgeschichte waren. Vielmehr werden immer mehr Persönlichkeiten wie zum Beispiel Helmut Kohl auftreten, deren Hauptfähigkeit und Bedeutung eigentlich gerade nicht darin liegt, daß sie eigene Ideen haben, sondern mehr darin, daß sie einen Typus verkörpern und einen Apparat managen können und nach außen hin etwas ausstrahlen, was gegenwärtig besonders wichtig zu sein scheint.

In der Konstellation Vogel - Kohl strahlt Vogel sicherlich mehr Intellektualität aus, mehr Problembewußtsein, aber damit auch etwas wie: es ist schwierig, wir müssen die Dinge kritisch betrachten, wir leben in einer Krise. Kohl dagegen verkörperte die Stimmung: es geht uns gut, es geht aufwärts, es ist alles nicht so kompliziert wie es scheint, die Probleme lösen sich von selbst. Dieser naturwüchsige Optimismus und diese Biederkeit sind gegenwärtig außerordentlich wichtig, und deswegen kann ein Mensch wie Helmut Kohl regieren.

Generell geht der Trend dahin, daß ein Politiker weniger danach ausgesucht wird, ob er seine eigene Individualität besonders ausgeprägt haben wird, sondern ob jemand gut spielen kann, als Medium für andere agieren kann. Daß Reagan in den USA Präsident wurde, hat seinen Grund mit darin, daß er Schauspieler - wenn auch nur ein mittelmäßiger - war und es gelernt hatte, bis hin in das gezielte Spielen und Schüren von Emotionen, jeweils immer das zu erzeugen oder 'rüberzubringen, was sein Stab für richtig hielt. Diesen Trend haben wir auch in anderen Ländern, immer öfter werden Schauspieler Politiker.

In Indien hat die dort regierende Kongreßpartei bei den letzten Parlamentswahlen überall dort, wo die Opposition ihre führenden Leute nominiert hatte, bekannte Schauspieler als Kandidaten aufgestellt. Weil das indische Wahlsystem ein Mehrheitswahlrecht hat, also entscheidend nur ist, wer in einem Wahlkreis jeweils die Mehrheit bekommt, hat dieser Trick es der Regierungspartei ermöglicht, die wesentlichen Vertreter der Opposition auszuschalten, denn natürlich wurden immer die Schauspieler gewählt. Dazu muß man wissen, daß der Film in Indien für breite Schichten der Bevölkerung eine sehr viel wesentlichere Rolle spielt als zum Beispiel bei uns. In Indien wird gegenwärtig kaum jemand stärker verehrt als die Filmschauspieler.

Das heißt also, um auf Deine Frage zurückzukommen, eine freie Individualität ist für die Politik eher hinderlich. Man könnte auch sagen, daß der Weg in die Politik häufig eine Art umgekehrter Einweihungsweg zum Verlust der Individualität ist.

W.W.: Wenn es weiterhin in die Richtung geht, daß nur ein Typus als herausragende Figur der Politik agiert, so muß es auf der anderen Seite einen Stab von Menschen geben, der statt seiner wirklich durchblickt, die Fäden zieht. Um bei unserem Beispiel zu bleiben: Ist es Bergsdorfs Intention, kraft seines Wissens, seiner Intelligenz und seiner Willensrichtung, Helmut Kohl zu formen, oder gibt es einen Kreis von Menschen, die etwas Bestimmtes wollen und dann einen Menschen wie Bergsdorf aussuchen, weil dieser in der Lage ist, ihre Intentionen mit einem Menschen wie Helmut Kohl durchzusetzen?

G. Häfner: Dazu kann ich wenig sagen. Denn verantwortbar kann ich mich nur da äußern, wo ich selbst eine Beobachtung gemacht habe, und über die Hintergründe Deiner Frage weiß ich zu wenig. Man kann aber eindeutig sagen, daß es die von Dir genannten Kreise gibt. Und der Grund für Kohls gewaltige Karriere ist sicher zum geringeren Teil seine große persönliche Qualifikation und Intelligenz, zum weit größeren Teil ist er genau in dieser Fähigkeit zu suchen, immer Kreise, Seilschaften von enorm fähigen, machtbewußten und treuen Menschen um sich zu scharen!

Generell kann man sagen, daß in die Politik sehr viel mehr Interessen einfließen als die, die öffentlich wahrnehmbar erscheinen oder die von den jeweiligen Politikern artikuliert und vertreten werden. Hierzu gehören etwa die Interessen von Wirtschaftskreisen der Hochfinanz, Kirchen und Gewerkschaften, Verbänden und - allen voran - der Verbündeten. Wie dieses Zusammenspiel bestimmter Kreise im Innern der jeweiligen Parteien sich gestaltet, kann ich nicht sagen, da wir GRÜNE hier außerordentlich wenig eigenen Erfahrungshintergrund haben. Unsere Politiik ist noch immer sehr handgestrickt und es taucht bei uns auch nie der Aufsichtsratsvorsitzende von Daimler, RWE oder der Deutschen Bank auf.

"Auch ich spüre schon die Angriffe auf die Individualität"

Ich selbst hätte übrigens sicherlich in einer anderen Partei als der der GRÜNEN niemals Mitglied und Mandatsträger werden können und wollen. Für mich war absolut entscheidend, daß die GRÜNE PARTEI eine Partei ist, die sich nicht nur in den Inhalten von den anderen Parteien unterscheidet, sondern auch in der Form, in ihrem Politikbegriff. Insofern habe ich von Anfang an immer darauf bestanden, wirklich nur das politisch zu vertreten, was ich selbst vertreten kann. Dies ist mir ermöglicht worden. Aber auch ich spüre schon die Angriffe auf die Individualität - selbst in der eigenen Partei, nämlich den Versuch, die Abgeordneten nur als den verlängerten Arm irgendeiner oft selbsternannten Basis zu betrachten und überall dort, wo der Abgeordnete abweicht und eigene Fragen und Ideen einbringt, ihn dafür zu bestrafen. Es ist unheimlich schwierig, sich auf diesem Feld die eigene Unabhängigkeit und Freiheit zu bewahren. Gleichwohl glaube ich, daß dies gerade das ist, worauf es in gegenwärtiger Zeit - gerade auch in der Politik - am meisten ankommt.

Gerald Häfner

W.W.: Hast Du Vorschläge, wie die Individualität der Abgeordneten gewahrt und ihre Stellung besser ausgebaut werden könnte?

G. Häfner: Ich glaube, daß meine gesamte politische Arbeit von diesem Hintergrund impulsiert und befruchtet ist. Auch bei dem Anliegen der direkten Demokratie geht es eigentlich um die Befreiung des Politischen vom Parteimäßigen, um die Befreiung von Machterwerbs- und Stellvertreterpolitik. Der Weg der direkten Demokratie geht dahin, daß über die wesentlichen Fragen die Menschen selbst als freie Individuen das Gespräch führen können und daß die Entscheidungen aus diesem Gesprächder Beteiligten heraus entwickelt und entsprechend gestaltet werden können. Dieser Grundimpuls hat natürlich auch Konsequenzen für den politischen Betrieb im engeren Sinne, also für das Parlament.

Ich arbeite an der Initiative "Parlamentsreform" mit, die sich zur Aufgabe gesetzt hat, sowohl die Rechte des einzelnen Abgeordneten im Bundestag gegenüber den Fraktionen und Parteien zu stärken als auch die Rechte des Parlaments gegenüber der Regierung. Ohne genauer in die Einzelheiten einzusteigen, könnte man generell sagen, daß es darum geht, daß Initiativ- und Rederechte nicht bei den Fraktionen liegen dürfen, sondern bei den einzelnen Abgeordneten. Dieser Gedanke würde aber eine Änderung der Geschäftsordnung des Bundestages verlangen, bei der diese auf den einzelnen Abgeordneten ausgerichtet wird und nicht - wie gegenwärtig ausschließlich - auf Fraktionen.

Gerade in diesen Tagen war ich vor dem Bundesverfassungsgericht in einem Organstreitverfahren, bei dem es um die Frage ging, welche Rechte ein einzelner Abgeordneter in Anspruch nehmen kann. Und obwohl ich als Prozeßvertreter der GRÜNEN-Fraktion nominiert war - es ging um den aus dieser Fraktion ausgeschlossenen Abgeordneten Wüppesahl -, habe ich mich in diesem Verfahren von Anfang bis Ende für die Anliegen des einzelnen und für seine Rechte stark gemacht. Das war sicherlich auch eine bemerkenswerte und ungewöhnliche Erfahrung für das Gericht, daß ein von einer Fraktion benannter Prozeßvertreter sich für die Stärkung der Rechte des einzelnen und damit gegen die Fraktionsrechte einsetzt. Im Juni wird in dieser Sache das Urteil gesprochen. Es wird mit Sicherheit nicht so weit gehen, wie ich es mir wünschen würde, aber es gibt in dem Senat durchaus einige Tendenzen, in die Entscheidung einiges hineinzuschreiben, was dem Bundestag deutlich zu verstehen gibt, daß er seine Geschäftsordnung in einigen Punkten ändern muß - nämlich überall dort, wo die heutige Fassung offensichtlich gegen den Artikel 38 des Grundgesetzes, also das freie, keinen Weisungen unterworfene Mandat, verstößt.

Dienstag nacht auf der Suche nach der Quelle der Originalität

W.W.: Du bist im Rechtsaussschuß?

G. Häfner: Ich bin in mehreren Ausschüssen, aber der Rechtsausschuß ist derjenige, der hiervon die meiste Arbeit erfordert.

W.W.: Bei den vielen Tagesordnungspunkten eines derartigen Ausschusses stelle ich es mir sehr schwer vor, sich in allen Fragen sachkundig zu machen. Ist dies überhaupt möglich? Bleibt noch Zeit, sich weiterzubilden?

G. Häfner: Die Arbeitsbelastung ist erst einmal von Ausschuß zu Ausschuß, dann aber auch zwischen den einzelnen Ausschußmitgliedern verschieden. Bei den größeren Fraktionen wird die Arbeit natürlich aufgeteilt. Die Koalition hat zum Beispiel ca. 15 Mitglieder im Rechtsausschuß, d.h. daß einer für Europarecht zuständig ist, ein anderer für Wirtschafts- und Kartellrecht, ein dritter für Steuerrecht, ein vierter für Strafrecht usw. Bei einer kleinen Fraktion wie der unsrigen heißt das aber, daß ich - wir sind zu zweit im Rechtsausschuß - etwa die Hälfte oder sogar zwei Drittel der Themen und Vorlagen bearbeiten muß, es geht also querbeet vom Strafrecht bis hin zu Fragen des internationalen Seerechtes, bei dem es um Bodenschätze und dergleichen geht. So habe ich - da ich ja auch noch einem anderen Ausschuß sowie zwei Unterausschüssen angehöre - in dieser Hinsicht das zehn- bis zwanzigfache dessen zu tun, was ein durchschnittlicher Unionsabgeordneter tun muß. Die sind - wenn man von der ersten Riege absieht - dafür mehr im Wahlkreis, beim Sport- und Taubenverein, beim Firmenjubiläum, der Optikerinnung und beim Feuerwehrball. Man muß sich einfach in allen Bereichen kundig machen, und das ist außerordentlich schwierig und geht auch nicht ohne entsprechende Mitarbeiter.

Ich selbst habe - wie alle Abgeordneten bei uns - einen wissenschaftlichen Mitarbeiter, der mir in diesen Fragen zur Hand geht und kann darüber hinaus in Ausnahmefällen auf das Justitiariat unserer Fraktion zurückgreifen. Konkret sieht das so aus, daß ich wenige Tage vor der Ausschuß-Sitzung - in der Regel am Montag für den Mittwoch - die Vorlagen erhalte und dann etwa fünf, manchmal bis zu zehn verschiedene Vorlagen (meist Gesetzentwürfe) bearbeiten muß; da aber die Tage in Bonn allesamt mit Sitzungen belegt sind - also etwa der Dienstag von frühmorgens bis spätabends mit den Sitzungen der Arbeitskreise und der Fraktion -, kann diese Arbeit nur nachts stattfinden. Es werden bis dahin die Vorlagen für mich von meinem Mitarbeiter vorbereitet, und zwar hinterläßt er mir einen Stapel von Materialien, die er zu den jeweiligen Gesetzentwürfen aus der Bibliothek oder aus Stellungnahmen von Verbänden usw. besorgt hat. Diese Stellungnahmen bzw. Kommentarauszüge, ergänzende Gesetzestexte, legt er dann zusammen mit kurzen eigenen Vermerken am Dienstagabend auf meinen Schreibtisch, so daß ich, wenn ich aus der Sitzung komme, in der Regel bis in den frühen Morgen brauche, um diese Gesetzentwürfe durchzuarbeiten und mich für die Sitzung am Mittwoch vorzubereiten. An anderen Tagen ist es nicht ganz so schlimm, aber ebenfalls enorm anstrengend.

Es gibt natürlich auch Gesetzentwürfe, von denen ich nicht nur so kurzfristig erfahre, sondern die schon über Monate im Parlament vorliegen und beraten werden, so daß man bei diesen Entwürfen mehr Zeit hat, sich kundig zu machen. Aber im Prinzip hat man immer weniger Zeit als man bräuchte und arbeitet schon deshalb immer aus der Hand in den Mund, steht immer in der Gefahr, unter der Fülle dessen, womit man sich auseinandersetzen muß, nur zum Reagieren und nicht zum Agieren zu kommen. Man ist also zunächst gar nicht in der Lage, eigene Initiativen zu setzen oder die Fragen, mit denen man konfrontiert ist, so gründlich durchzudenken, daß man vielleicht auf ganze andere als die konventionellen Gedanken kommt. Gemessen daran bin ich immer wieder erstaunt, was mir noch alles einfällt. Aber es wird immer schwerer, sich so eine Quelle der Originalität, Kreativität und des unabhängigen Denkens zu bewahren. Allerdings entwickelt sich auch eine gewisse Routine im Umgang besonders mit Gesetzentwürfen, Vorlagen und Rechtsfragen.

Das ist nebenbei ein Grund dafür, warum ich glaube, daß die ständige Rotation von Abgeordneten nicht sinnvoll ist, denn man braucht schon einige Zeit, um sich einzuarbeiten, um die Leute und Strukturen zu kennen, zu wissen, was man von wem erfragen kann, um sich im Ausschuß und Parlament sowie gegenüber Fachleuten und Presse das nötige Gewicht zu verschaffen. Die Abgeordneten unserer Fraktion wie aller Fraktionen werden sehr unterschiedlich eingeschätzt, und die Kollegen merken ziemlich bald, wer gute Ideen und neue Argumente hat und wer nicht. Aber am Anfang wird es jedem äußerst schwergemacht, und nur wer sich einen gewissen Stand erkämpft, wer deutlich machen kann, daß er kompetent ist, wer auf Tricks der anderen Seite nicht hereinfällt und sich nicht über den Tisch ziehen läßt, erst der hat das nötige Gewicht, überhaupt Gehör zu finden und um die eine oder andere Sache - selbst wenn es nur eine Detailfrage ist - vielleicht auch durchsetzen zu können.

W.W.: Wie läuft so eine Ausschußsitzung konkret ab? Es kommt zum Beispiel das internationale Seerecht auf den Tisch, Du hattest eine Nacht Zeit, Dich kundig zu machen. Ist es denn überhaupt möglich, aus dem Fundus dessen, was Du weißt bzw. was Du Dir während der Nacht erarbeitet hast, gestaltend mit in die Debatte einzuwirken? Weißt Du zusätzlich, was die Mehrheit der Kollegen der GRÜNEN-Fraktion als ihre Politik gerne durchgesetzt hätte? Kann man sich überhaupt so schnell entsprechend große Detailkenntnisse erwerben?

G. Häfner: Zunächst sind Parteiprogramme nur Beschreibungen von Grundanschauungen in einzelnen Politikbereichen, also grobe Richtungsangaben. Zu 99 Prozent ist das, was wir in den Ausschuß-Sitzungen beraten, in den Parteiprogrammen nicht vorweggenommen bzw. inhaltlich aufgearbeitet. Das geht auch gar nicht. Die Idee des imperativen Mandats scheitert deshalb bereits an dieser Stelle. Man muß sich jedesmal ganz neu einarbeiten, um sich eine eigene Meinung zu bilden. Das halte ich auch für richtig. Aber es gibt einzelne, die das nicht nur aus Gründen der Arbeitsökonomie, sondern aus prinzipiellen Gründen ablehnen, sich dort, wo es keine Parteimeinung gibt, dann oft auch nicht äußern.

Was mich betrifft, so habe ich mein Mandat immer anders verstanden. Zwar bin ich auf der Liste der GRÜNEN in den Bundestag eingezogen, aber ich wurde als freier Abgeordneter gewählt und versuche, die Interessen des Ganzen so, wie ich es wahrnehmen und umsetzen kann, zu vertreten. D.h. auch, daß ich mir zu vielen Dingen eine ganz eigene Auffassung bilde, die durchaus auch von der Meinung anderer Fraktionskollegen abweichen kann. Zunächst aber versucht man, diese Meinung in den Diskussionen, in der Fraktion durchzusetzen. Das ist auch manchmal gelungen. Das geht allerdings nur dann, wenn es möglich ist, überhaupt inhaltlich zu argumentieren.

Welche Ideale haben die Politiker?

Der andere Teil Deiner Frage war ja der, wie weit neue Ideen überhaupt einfließen können, und da würde ich sagen, daß dies nur zu einem begrenzten Teil der Fall ist. Zum einen liegt es daran, weil die Politikausschnitte, mit denen man es zu tun hat, sehr begrenzt sind; man hat zum Beispiel lediglich eine grobe Idee, wie die Landwirtschaftspolitik in der Bundesrepublik und in Europa völlig anders gestaltet werden müßte, hat es aber mit unzähligen einzelnen Gesetzentwürfen aus der gegenwärtigen Landwirtschaftspolitik zu tun, an denen man vielleicht das eine oder andere Komma oder den einen oder anderen Nebensatz verändern, selten aber die Grundrichtung völlig neu gestalten kann. Insofern steckt man eigentlich immer in dem Dilemma, etwas ganz anderes zu wollen als es das, was auf dem Tisch liegt, möglich macht. Das führt dann dazu, daß etwa meine Einlassungen in den Ausschüssen immer zwei Seiten haben: Die eine, bei der ich grundsätzlich politisch zu den Fragen Stellung nehme und dabei auch ganz bewußt versuche, neue und ganz andere Denkweisen und Anschauungen einzuführen, und die andere, bei der ich mich ganz konkret mit einem bestimmten Entwurf befassen muß und auch versuche, innerhalb dieses Vorliegenden, oft auch Schlimmen, die Dinge etwas weniger schlimm zu machen. Allerdings ist das selten von Erfolg gekrönt. Und es gibt auch viele Dinge, die man gar nicht verbessern kann, bei denen nur die komplette Ablehnung vertretbar ist.

...ı glaube, daß es in der Politik ungemein wichtig ist, einen persönlichen und ideellen ...ntergrund zu haben, aus dem heraus man die Fragen betrachtet. Ich selbst habe mich immer für politische Fragen interessiert und engagiert, aber aktiv in der Politik wurde ich erst, als ich mir die anthroposophische Sozialwissenschaft und die Idee der Dreigliederung in einem gewissen Maße so erarbeitet hatte, daß ich den Eindruck bekam, damit - wenn auch begrenzt und niemals in dem Ausmaß, in dem ich es mir wünschen würde bzw. in dem es erforderlich wäre - halbwegs lebendig umgehen zu können. Es genügt meines Erachtens nicht, immer wieder formelhaft die drei Schlagworte "Freiheit, Gleichheit, Brüderlichkeit" für die einzelnen gesellschaftlichen Bereiche wiederzugeben, sondern wichtiger ist die Frage des Hintergrundes, aus dem man die einzelnen gesellschaftlichen Fragen betrachtet, und hier habe ich den Eindruck - auch wenn das angesichts meiner Rolle und meines Lebensalters vielleicht arrogant klingt -, daß sehr viele Menschen in der Politik einen vergleichbaren Hintergrund nicht haben. Gibt es aber einen solchen tragfähigen Hintergrund nicht, dann wird häufig der Blickwinkel auf die Fragen reduziert: womit komme ich an, wie komme ich weiter, wie kann ich meinen Einfluß erhalten bzw. vergrößern?

Bei manchen Kollegen, etwa im Rechtsausschuß, versuche ich mir immer wieder die Frage zu stellen, welches Ideal, welches Ziel, welches Bild vom Menschen und der Gesellschaft sie treibt, und es fällt mir außerordentlich schwer, etwas derartiges in ihren politischen Handlungen und Äußerungen wiederzufinden. Dabei gehe ich davon aus, daß jeder, der in die Politik gegangen ist, irgendwann einmal ein Ideal hatte, welches ihn zur Politik getrieben hat, daß aber dieses Ideal längst von all den Fragen, die der politische Alltagsbetrieb mit sich bringt, verschüttet ist. Auch für mich ist es die schwierigste Frage in der Politik bzw. in meinem gegenwärtigen Lebensstil, wie ich mir diesen lebendigen Quell, von dem ich vorhin nur in Schlagworten gesprochen habe, erhalten kann, trotz des schwierigen und unhygienischen Lebens, des ständigen Zwanges zur Reaktion und der Gefahr, sich in Detailbereichen zu verlieren.

Alles, was die Menschen bewegt, muß auf den Tisch

W.W.: Inwieweit stimmen die Ausschußmitglieder mit einer größeren Sachkompetenz ab als der normale Bürger bzw. der durchschnittliche Abgeordnete des Bundestages?

G. Häfner: Die Sachkompetenz der einzelnen Abgeordneten ist sehr unterschiedlich. In den Ausschüssen ist sie relativ groß, zumindest im Vergleich mit dem Plenum. Im Plenum stimmt man über Dinge ab, die man zu 95 Prozent überhaupt nicht beurteilen kann, sehr oft sogar über Sachen, von denen man noch nicht einmal die Überschrift kennt. Im Plenum wird meist nur darauf geachtet, wie der Fraktionsführer abstimmt, genauso verhält sich dann auch der Rest der Fraktion. Im Ausschuß dagegen ist man über lange Zeit in einem Bereich tätig, und so wird man wenigstens für einen bestimmten Politikbereich ziemlich kompetent, so daß man dort auch eine sachbezogene Auseinandersetzung führen kann.

Das ändert sich aber sofort dann, wenn es um grundsätzliche Dinge geht, wie zum Beispiel - um etwas Aktuelles zu nennen - um die Frage der inneren Sicherheit, also des Artikelgesetzes, die Sicherheitsgesetze usw. Dort spielt die Kompetenz nur eine sehr geringe Rolle, denn dabei geht es ja darum, wie man glaubt, gesellschaftliche Prozesse, die zu mehr Protest und Widerstand in Teilen der Bevölkerung führen, verstehen zu können und mit ihnen umgehen zu sollen. Hierbei gibt es zwei verschiedene Grundauffassungen: die eine trachtet darauf, wie man "innere Sicherheit" - meines Erachtens übrigens ein Orwellscher Unbegriff - durch mehr Polizei, Gewalt, Einschüchterung, Erfassung, Überwachung, Kontrolle und Bestrafung herstellen kann; die andere Denkart, zu der auch ich mich zähle, meint, daß man "innere Sicherheit" dauerhaft nur dadurch schaffen kann, daß man die Fragen, die die Menschen bewegen und bedrücken, nicht gewaltsam unterdrückt, sondern auf den Tisch bringt, offene Auseinandersetzung der Menschen untereinander ermöglicht und vor allem die Möglichkeit einräumt, daß sich die Menschen auch an den politischen Entscheidungen beteiligen.

Es würden dann in so einem Streitfall wie in Wackersdorf die Auseinandersetzungen nicht physisch am Bauzaun geführt werden, sondern könnten Gegenstand einer demokratischen Entscheidung werden. Bei derartigen Fragen geht es nicht so sehr um Kompetenz. Hier scheiden sich die Welten an einer ganz anderen Stelle, denn es geht um Bilder vom Menschen und von der Gesellschaft, die einfach außerordentlich verschieden sind.

Kein Sprachrohr für die Anthroposophische Gesellschaft im Bundestag!

W.W.: Du sprachst bereits Dein Ideal und die aus der Anthroposophie erwachsenen lebendigen Ideen als Deinen Hintergrund an. Wie fühlt man sich überhaupt als Anthroposoph im Bundestag, und wie ist die Resonanz der anthroposophischen Kollegen auf Deine Mitgliedschaft im Bundestag? Wie weit nutzen eigentlich Anthroposophen Deine Mitgliedschaft im Bundestag? Ich stelle mir vor, daß es Möglichkeiten geben könnte, zukunftsweisende Ideen oder fortschrittliche Vorschläge über Dich in die Fraktion und die Ausschüsse zu bekommen; nicht, daß man sich gleich der Illusion hingibt, es damit zu einem Gesetz zu bringen, aber immerhin bis zur Diskussion! Kommt dies überhaupt seitens der anthroposophischen Kollegen vor?

G. Häfner: Genau dieses war mein Wunsch! Ich hatte eigentlich, als ich dieses Mandat angetreten habe, die Vorstellung, daß viele Anthroposophen, zumindest diejenigen, die sich aus der Anthroposophie heraus für soziale Fragen interessieren und engagieren, auch von sich aus das Gespräch suchen und es ein Stück weit als eine Möglichkeit betrachten, sowohl Bereiche aus dem Hintergrund der Anthroposophie im Parlament zur Sprache zu bringen als auch umgekehrt besser und direkter zu erfahren, welche Fragen gegenwärtig erörtert und entschieden werden.

Das Tragische ist ja, daß diese beiden Bereiche - Anthroposophie und politische Entscheidungsfindung - außerordentlich weit auseinanderklaffen. Es gibt wenig wechselseitige Befruchtungen. Leider hat sich gegenwärtig dieser Austausch nicht entwickelt, wobei ich bemerken muß, daß die Schuld sicherlich auch auf meiner Seite liegt, weil es mir nicht ausreichend gelungen ist, aktiv diese Gesprächszusammenhänge aufzubauen. Ich habe es versucht, und dort, wo ich es versucht habe, war das Echo im Grundsatz immer positiv, real aber ist nichts entstanden.

Ich habe auch oft den Eindruck, daß hier die Wege sehr weit sind, denn das, womit sich die verschiedenen "Schulen" der Dreigliederungsbewegung beschäftigen, ist außerordentlich wichtig, nimmt aber nur wenig Bezug zu dem, was gegenwärtig aktuell erörtert wird. Auch umgekehrt ist es ähnlich: Die gegenwärtige Politik leidet daran, daß sie keine Ideale, Ideen und Perspektiven mehr hat, sondern einfach versucht, eine Krise fortdauernd zu managen und zu verwalten. Ich hoffe noch immer darauf, daß sich diese Verbindungen stärken, glaube auch, daß dies vermehrte Anstrengungen von meiner Seite verlangt, daß es aber auch verlangen würde, daß Menschen für sich entscheiden, sich aktiver beteiligen zu wollen und nicht nur über das Politische in sehr allgemeiner Form seminaristisch zu sprechen.

Ich kann hier keine Prognose abgeben. Ganz sicher kann es nicht so sein, daß die Anthroposophie bzw. die Anthroposophische Gesellschaft ein Sprachrohr im Bundestag haben kann, auch ich selbst habe mich nie so verstanden. Die Anthroposophische Gesellschaft ist von ihrem Wesen her die freiheitlichste der Welt, ungeachtet mancher Erscheinungen, die dieses Bild trüben, und so kann es nur darum gehen, daß Menschen ganz verschiedener Intentionen und politischer Herkunft und Anschauungsweise sich gemeinsam bemühen, den anthroposophischen Hintergrund und den der Dreigliederungsidee für die heute anstehenden Fragen fruchtbar zu machen. Aber dieses wäre außerordentlich not-wendig.

W.W.: Um es praktisch zu machen: Wäre es möglich, daß Du von Dir aus auf anthroposophische Stätten zugehst - zum Beispiel Drogeneinrichtungen, oder auf Menschen, die mit HIV-Infizierten anfänglich arbeiten -, um sie darauf aufmerksam zu machen, daß in geraumer Zeit über ihre Arbeitsgebiete in den Ausschüssen beraten und beschlossen wird, so daß sie, bevor die Beratungen anstehen, Dir mit neuen Ideen zur Hand gehen? Es wäre ja wichtig, daß man die Menschen, die auf verschiedenen anthroposophischen Gebieten gearbeitet haben, im Vorhinein informiert und anregt, ihrerseits Ideen oder sogar Gesetzesvorlagen über Dich in die Ausschüsse und das Parlament einzubringen. Wäre dies nicht eine Zukunftsmöglichkeit?

G. Häfner: Ja, natürlich! Das wären Wege, die man beschreiten müßte. Wenn ich jetzt wiederum auf meiner Seite die Schuld suche, warum dieses noch nicht geschehen ist, so ist das die bereits vorhin angedeutete Arbeitsüberlastung, auch die Tatsache, daß ich nur in bestimmten Politikbereichen selbst kompetent bin und kompetent verfolgen kann, welche Fragen anstehen. Ich habe dies mehrfach bei Fragen im Rechtsbereich versucht, mit deren Behandlung ich im Bundestag befaßt oder betraut war, und habe es darüber hinaus in einer mehr generalisierenden Weise in bezug auf mehrere Grundfragen versucht. Zum Beispiel habe ich mitinitiiert, daß die Fraktion der GRÜNEN im Zusammenhang mit der Beratung der sogenannten Gesundheitsreform eine Anhörung zur Situation der Naturheilmittel und der anthroposophischen Medizin durchgeführt hat. Die

Fraktion der GRÜNEN hat Menschen aus dem anthroposophischen Bereich, die hierzu kompetent sprechen konnten, eingeladen, und das hat sicherlich befruchtend auf die Diskussion im Bereich der Gesundheitsreform gewirkt und wird sicherlich auch Auswirkungen zeigen. Aber vielfach ist es auch so, daß mir leider die Zeit fehlt, ausreichend zu beobachten, was sich im anthroposophischen Bereich tut, etwa im Bereich der Drogen oder aller Fragen bezüglich AIDS, so daß es eigentlich notwendig ist, daß dies in irgendeiner Weise an mich herangetragen wird. Ich selbst kann nicht alles permanent angemessen verfolgen. Natürlich müßte dieses auch von anthroposophischer Seite deutlich gewollt werden!

Der Schauer mancher Anthroposophen vor der Politik

W.W.: Wie erklärst Du es Dir, daß in anbetracht vieler individueller Anthroposophen so wenig an Dich herangetragen wird, was auch ein Symptom dafür ist, daß vielen Anthroposophen das offene Engagement für politische Fragen fehlt? Wie erklärst Du Dir das und welche Wege siehst Du, als Anthroposoph eine Brücke zum politischen Engagement zu finden?

G. Häfner: Das hat mit vielen Gründen zu tun. Es gibt hier zwei Seiten: Die menschliche Unterstützung für das, was ich hier im Bundestag tue, ist in breitesten Kreisen der anthroposophischen Bewegung außerordentlich groß, was mich auch sehr freut. Gerade gestern abend habe ich zum Beispiel wiederum einen Vortrag in einem Zweig der Anthroposophischen Gesellschaft, in diesem Fall in Wuppertal, gehalten, wo sehr viele Menschen anwesend waren und es nicht nur spürbar war, sondern auch mehrfach deutlich artikuliert wurde, für wie wichtig die Menschen es halten, daß ich mich an dieser Stelle im Bundestag bemühe, und wie sehr sie meine Intentionen unterstützen. Ähnliches wird auf Tagungen und Seminaren immer wieder deutlich artikuliert.

Gleichwohl habe ich dabei immer den Impuls, den Menschen klarzumachen, daß es auch im Hinblick darauf, was Politik überhaupt bedeutet, nicht genügt, Menschen, die sich dann an so einer Stelle sehr einsam betätigen, sozusagen auf die Schulter zu klopfen und zu sagen, wie schön es sei, daß man dies mache. Es wäre eigentlich wünschenswert und nötig, daß diese Kollegen es nicht nur von außen und mit Freude wahrnehmen, sondern daß sich auch wenigstens einige von ihnen tiefer mit politischen Fragen beschäftigen, und sich so mit der Zeit vielleicht ein Kreis entwickelt, der die entsprechende Arbeit begleitet.

Die Abstinenz gegenüber der politischen Arbeit, der Schauer, der manchen Anthroposophen befällt, wenn er sich mit Politischem konfrontiert sieht, liegt sicherlich zum einen daran, daß die politische Ebene vordergründig zwangsläufig als eine Ebene von Machtkampf und Parteiengezänk erlebt wird, aber zweitens liegt es auch daran, daß man Politik heute meistens in einer passiven Weise erlebt, indem man täglich unzählige Meldungen über politische Entwicklungen und Ereignisse erhält, ohne auch nur die geringste Idee davon zu haben, wie man selbst in diesen Fragen aktiv werden oder engagiert etwas verändern kann. Drittens liegt diese Abstinenz vieler Anthroposophen auch darin begründet, daß die Brücke der Vorträge und Schriften Rudolf Steiners über die soziale Frage zu den heutigen Entwicklungen und Ereignissen sehr schwer zu schlagen ist.

Ich selbst habe wiederholt mit dem Gefühl einer gewissen Tragik miterlebt, wie sich zum Beispiel gerade in der Gründungsphase der GRÜNEN sehr viele Anthroposophen betätigt haben, dort aber überhaupt nicht verstanden wurden, unter anderem deswegen, weil sie an den verschiedensten Stellen - etwa bei der Beratung des Wirtschaftsprogrammes oder bei Fragen, die mehr in den Bereich der Ökologie gehören - immer wieder erklärten, wir bräuchten Freiheit im Geistesleben, Gleichheit im Rechtsleben und Brüderlichkeit im Wirtschaftsleben, was natürlich bei vielen GRÜNEN als sektiererisch empfunden wurde.

"Heiterkeit"

Es gab übrigens auch im Parlamentarischen Rat einen Menschen, der sich als Anthroposoph verstand und an verschiedenen Stellen die Idee der Dreigliederung versucht hat einzubringen; das war Herr Seebohm.

W.W.: War er Anthroposoph oder hat er nur von der Dreigliederung geredet?

G. Häfner: Das kann ich nicht beurteilen. Deswegen formulierte ich bewußt, "der sich als Anthroposoph verstand". Ich kann es auch nur aus dem beurteilen, was ich in den Protokollen des Parlamentarischen Rates gelesen habe, ihn selber habe ich nie persönlich kennengelernt. Auf jeden Fall hat er es als Wunsch oder als innere Verpflichtung empfunden, bestimmte Ideen dort einzubringen.

Die Tragik ist, daß mehrfach nach seinen Äußerungen die Bezeichnung "Heiterkeit" verzeichnet ist und eigentlich nie - auch nicht in Ansätzen - feststellbar ist, daß irgend jemand anschließend auf das von ihm Ausgeführte eingegangen wäre, sondern das Gespräch geht einfach über ihn hinweg, als hätte er gar nichts gesagt. Dies mag auch damit zusammenhängen, daß er offensichtlich nicht in der Lage war, das, was die Dreigliederungsidee verlangt, auf die dann jeweils anstehenden Fragen der Verfassungsgestaltung anzuwenden.

Ich sehe die Notwendigkeit heute viel weniger darin, immer wieder bestimmte Begriffszusammenhänge darzustellen und zu wiederholen, sondern vielmehr darin, diese Idee der Dreigliederung im Hinblick auf die heute aktuell anstehenden Fragen lebendig zu machen. Da gestehe ich ganz offen, daß ich in den allermeisten Fällen scheitere und daß das, was ich zu diesen Fragen mitzuteilen habe, in den meisten Fällen weit unter dem liegt, was eine wirkliche Durchdringung der Dreigliederungsidee für unsere heutigen Zeitfragen verlangen könnte. Trotzdem erscheint mir diese Bemühung unverzichtbar, denn anders kann eine positive Entwicklung kaum in Gange gesetzt werden.

Und wenn dieser Versuch gemacht wird, wie ich ihn gerade eben beschrieben habe, dann sind die Dinge auch aus sich selbst heraus verständlich, ohne daß man dabei auf eine bestimmte Literatur oder einen sonstigen Zusammenhang zwingend hinweisen müßte. Es entsteht dann im Gegenteil oft das Umgekehrte, daß man nämlich gefragt wird, aus welchem Hintergrund man in bezug auf die jeweilige Sachfrage schöpft. Dann besteht auch die Möglichkeit, über Anthroposophie zu sprechen, was ich in Fällen, in denen diese Frage gestellt wird, auch sehr gerne tue.

Kein Bewußtsein für die vergessene Schicht des Rechtslebens ... !

W.W.: Ist die Tatsache, daß man gewisse Ideen anthroposophischen Inhalts bezüglich des sozialen Organismus nicht in das aktuelle politische Geschehen praktisch umsetzen kann, auch deswegen ein Problem, weil man das Rechtsleben noch nicht richtig konkret gegriffen hat? Was ist überhaupt für Dich das Rechtsleben, und wie kann man Wege finden, mit diesem Bereich neuartig umzugehen? Oder, anders gefragt: Wie kommt es, daß das Rechtsleben im Gegensatz zum Wirtschafts- oder Geistesleben meistens unter den Tisch fällt?

G. Häfner: Ich denke auch, daß man bei manchen Darlegungen - etwa zur Idee der Dreigliederung - feststellen kann, daß außerordentlich viel zur Freiheit im Geistesleben gesagt wird, wo dann im wesentlichen die Waldorfschulen und andere ähnliche Einrichtungen genannt werden als Beispiele für das, worum es eigentlich ginge. Über die Assoziationen als Ausdruck für die Brüderlichkeit im Wirtschaftsleben wird ebenfalls sehr viel ausgesagt, aber die Fragen zur Ausführung des Rechtslebens sind meistens außerordentlich dünn. In bezug auf den gegenwärtigen Arbeitsstand habe ich einmal salopp formuliert: Freiheit im Geistesleben, Brüderlichkeit im Wirtschaftsleben, Schwierigkeit im Rechtsleben.

W.W.: Womit hängt das zusammen?

G. Häfner: Ich glaube, das hat damit zu tun, daß diese Sphäre des Rechtslebens am wenigsten faßbar und am wenigsten im Bewußtsein ist. Es hängt auch damit zusammen, daß hier eine Gefahr auftaucht: Als guter Anthroposoph ist man oftmals geneigt, sich zu wünschen, daß es so etwas wie Recht und Gesetze eigentlich gar nicht gebe, weil dies oftmals als etwas Knöchernes und Statisches im sozialen Leben angesehen wird. Ich habe auch den Eindruck aus meinen Erfahrungen mit verschiedenen Kollegien einzelner Waldorfschulen, daß das, was Rechtsebene ist, vielfach nur sehr begrenzt gegriffen ist. Da spielt Wirtschaftliches eine Rolle, es spielen fernerhin geistig-menschliche Prozesse eine Rolle, aber wie eigentlich eine Entscheidung getroffen wird, ist oft nur sehr schwer durchschaubar.

Dabei ist die Rechtsebene eine außerordentlich bedeutende, es ist die mittlere Ebene im sozialen Organismus, die Ebene, aus der heraus Geistes- und Wirtschaftsleben im Hinblick auf ihren institutionellen Charakter ihre Formung erfahren. Ob es freie Schulen in einem Staat gibt oder nicht, ist eine Frage der Rechtsordnung, ob Brüderlichkeit im Wirtschaftsleben nicht nur als Nischenerscheinung in einigen modellhaften Projekten in Ansätzen versucht wird, sondern zum bestimmenden Faktor in diesem Bereich des sozialen Organismus werden kann, ist ebenfalls eine Frage der Rechtsordnung. Letzteres wäre eine Frage der Rechtsordnung in Verbindung zu dem Geld, dem Eigentum usw. An dieser Stelle ist es wichtig, daß man in diese Fragen Lebendigkeit und Beweglichkeit hineinbringt, daß man bemerkt, daß die Rechtsebene etwas wie eine vergessene Schicht ist.

Wenn man aufwächst, lernt man zum Beispiel, was man darf und was man nicht darf, man lernt zusätzlich, was Geld ist, daß man es auf die Bank bringen kann, daß es dann Zinsen abwirft usw., aber nur sehr selten macht man sich klar, daß dieses alles gar nicht so sein muß, daß es auch nicht gott- oder naturgegeben ist, sondern ausschließlich auf der Vereinbarung zwischen Menschen beruht. Man könnte und müßte eben alles auch ganz anders regeln. Dies ist die Schicht, von der wir im Moment sprechen, mit der sich aus meiner Sicht Anthroposophen auch dringend auseinandersetzen und sich in ihr betätigen müßten, denn hier geht es um die Vereinbarung der Menschen über das, was alle gemeinsam betrifft. Und das sind sehr bedeutende Fragen. Zugleich geht es aus meiner Sicht darum, diese Rechtsebene von allen Einflüssen zu befreien, die mit Machtinteressen und Parteieneinseitigkeit zusammenhängen, und sie auf die tatsächliche Grundlage der Vereinbarung zwischen Menschen zu stellen, was natürlich auch das freie Gespräch der Menschen untereinander über diese Fragen voraussetzt.

Aber die Rechtsebene ist eine vergessene Schicht. Man bemüht sich um freie Schulen, sieht aber zu wenig die Notwendigkeit der Gestaltung der Rechtsordnung hierfür und macht deshalb Privatschulen, also halbfreie Schulen. Diese sind Randerscheinungen, die immer Kompromisse machen müssen. So versäumt man es oftmals, zugleich für eine Rechtsordnung zu kämpfen, die das Schulwesen insgesamt vom Staate befreit.

"Ich bin auf der Suche nach dem Dümmsten!"

W.W.: Wenn es so ist, daß eine neue Rechtsordnung keinesfalls mehr von Eingeweihten einer alten Priesterherrschaft oder irgendwelchen absoluten Herrschern kommen darf, sondern daß diese Rechtsschicht ganz aus der Mitte der Menschen heraus zwischen ihnen geschaffen werden sollte, ist dann das unmittelbare Arbeiten verschiedener Menschen miteinander auch schon von einer Rechtsschicht durchzogen? Wenn dem so ist, und diese Schicht, wie Du es formuliert hast, eine vergessene ist, also nicht ständig im Bewußtsein der miteinander arbeitenden Menschen vorhanden ist, ist dieser Zustand der mangelnden Wachheit dann einer der Gründe, warum die Menschen so häufig miteinander streiten, auch im anthroposophischen Bereich, weil das Rechtsleben schlichtweg ignoriert oder als nicht notwendig betrachtet wird?

G. Häfner: Natürlich! Hierbei gibt es zwei Prinzipien, die einander scheinbar im Wege stehen: Geistig - übrigens auch physisch - sind wir ja sehr verschieden, und diejenigen, die sich anthroposophisch betätigen, bilden in der Regel auch eine bestimmte Haltung heraus, die sie dazu verführt zu glauben, bestimmte Fragen tiefer und grundsätzlicher als andere Menschen zu sehen und beurteilen zu können. Das kann in Verbindung zu der oft zitierten Tatsache, daß es im Geistigen eine Art Hierarchie gäbe, was in meinen Augen am ehesten für die Begriffssphäre zutrifft, weniger aber für das Verhältnis der

Menschen untereinander, dazu führen, daß diese andere Ebene - die rechtliche - allzu wenig gesehen wird. Auch wenn wir verschiedenene Kenntnisse, Fähigkeiten und Anschauungen haben, sind wir rechtlich gesehen alle gleich, und dazu gehört das Gebot, den anderen Menschen mit seiner Auffassung genauso ernstzunehmen, wie man sich selbst ernst nimmt.

Fernerhin gehört es dazu - und das ist wahrscheinlich der Bereich, auf den Du anspielst -, daß der Prozeß einer Vereinbarung zwischen Menschen wirklich ernstgenommen wird. Und das scheint tatsächlich sehr schwierig zu sein. Ich denke, daß heute im Sozialen das sozial Richtige überhaupt nicht mehr aus individuellem Bewußtsein heraus für andere festgestellt oder oktroyiert werden kann, sondern vielmehr glaube ich daran, daß Gesellschaften nicht mehr durch zentrale Führer oder Führungsorgane geleitet werden können.

Dort, wo ungeachtet der Bewußtseins- und Kulturentwicklung noch einmal auf diese Weise gehandelt wird, wo also ein Rückfall in autokratische Verhältnisse geschieht, entstehen allerschlimmste Folgen für die Menschen, wie dies zum Beispiel die Zeit des Nationalsozialismus gezeigt hat. Das heißt, daß wir uns alle endgültig davon verabschieden müssen zu glauben, wir hätten mehr zu sagen als andere. Wir müssen uns also darauf einlassen, daß das sozial Richtige nur noch aus dem Gespräch aller beteiligten Menschen gefunden und entwickelt werden kann und daß dabei auch der "Dümmste" - und gerade dieser - vielleicht gerade den entscheidenden Beitrag liefern kann. Joseph Beuys hat diesbezüglich das Schlagwort geprägt: "Ich bin auf der Suche nach dem Dümmsten".

"Beim Recht geht es nicht um das Richtige"

Das hat eng mit zwei Dingen zu tun: einerseits mit dem Verblassen eines ursprünglichen Verhältnisses zur geistigen Welt und dem Wissen um das Mysterium von Golgatha und auf der anderen Seite mit dem, wozu Rudolf Steiners "Philosophie der Freiheit" wie eine Art Partitur betrachtet werden kann. Auf unseren Fragenzusammenhang verkürzt bezogen würde ich sagen, daß sich die Weisheit heute nicht mehr aus Einweihungsverhältnissen oder aus Verhältnissen der Abstammung und Geburt herleiten kann, sondern daß diese Weisheit, die etwa in der ägyptischen Zeit an der Spitze der gesellschaftlichen Pyramide im Pharao verkörpert war, heute prinzipiell in jedem Menschen aufscheinen und gefunden werden kann.

Mit dieser Haltung sollten wir einander begegnen, und nur aus diesem Hintergrund heraus kann die Bedeutung der Rechtsebene für das Soziale in meinen Augen richtig verstanden werden. Es ist dies zugleich im tiefsten Sinne eine Frage der Mitte, sowohl zwischen Ost und West, zwischen den verschiedenen gesellschaftlichen Bereichen als auch der Mitte in anthropologischer Sicht, weil es hierbei gerade darum geht, sich nicht in Spirituelles zu verflüchtigen, sich nicht in Materielles zu verfestigen, sondern das Verhältnis von Mensch zu Mensch aus dem Charakter der Vereinbarung heraus zu gestalten. Das bedeutet, den Versuch zu unternehmen, jedem Menschen gerecht zu werden. Beim Recht geht es also nicht um das Richtige, sondern darum, was Menschen auf einer bestimmten Stufe ihrer Entwicklung für sich und untereinander als gerecht empfinden.

W.W.: Eine Idee, die einem Menschen einleuchtet und zu Bewußtsein kommt, wird für sehr viele Menschen als etwas Tatsächliches, Objektives und Wahres festgehalten werden können. Auch wirtschaftliche Zusammenhänge werden einleuchtend sein, sofern man sie versteht, aber doch zumindest als etwas ganz Reales hingenommen werden.

Bei der sich verflüchtigenden Sphäre des Rechtslebens ist dies aber meist nicht der Fall: Eine Vereinbarung, die zwischen Menschen getroffen wird, hat meist nicht dieselbe Realitätsbedeutung wie etwas Geistiges oder Wirtschaftliches; etwas, was ein Mensch einem anderen verspricht und womit ebenfalls ein rechtliches Verhältnis zwischen diesen beiden Menschen entsteht, wird ebenfalls nicht mit der gleichen Bedeutung belegt. Wie erklärst Du es Dir, daß man im zwischenmenschlichen Bereich auf diese Sphäre des Rechtslebens so wenig achtet bzw. ihr mit einer mehr oder weniger starken Egal-Haltung gegenübertritt?

G. Häfner: Es kann zum Beispiel eine Vereinbarung auf dem Papier bestehen bleiben, es bleibt dabei aber - wie das Symbol eines Dreiecks an der Schultafel - lediglich eine sehr untaugliche Spur im Physischen von dem, was geistig und seelisch stattgefunden hat. Das, worauf es ankommt, ist in der Tat nicht festzuhalten.

Nehmen wir ein ganz banales Beispiel: Wenn ich einen Anzug verkaufen will, und Du möchtest ihn kaufen, dann werden wir beide Interessen haben. Ich werde das Interesse haben, möglichst viel Geld dafür zu bekommen, Du dagegen das Interesse, möglichst wenig zu zahlen. Nun gibt es überhaupt keinen objektiven Maßstab dafür, wo wir uns finden, sondern entscheidend ist nur, ob wir uns finden, ob zwischen uns eine Übereinkunft zustandekommt, von der wir meinen, sie werde uns beiden gerecht. In diesem Moment, in dem man merkt, daß es stimmt, daß etwas Neues, etwas Zwischen-uns-Liegendes zustandekommt, ist dieser Quellort, dieser Ursprungsort des Rechtes ein Ort, der weder geistig - im Sinne einer abstrakten Logik - noch materiell prinzipiell festgelegt werden kann.

Das ist eine ganz große Schwierigkeit, vor allem für Initiativen, die sich auf diesem Felde betätigen, daß man bei allem Niederlegen und Erringen von Ideen diesen Punkt des Rechtslebens nicht vernachlässigen und verlieren darf, weil es nicht darum geht, Menschen unter einem Prin-zip zu vereinigen, sondern eigentlich nur darum, an den Menschen Fragen zu stellen - etwa die Frage, ob sie dieses oder jenes wollen -, und man dann den betrefffenden Menschen die Entscheidung überläßt.

Politik sollte eigentlich in gegenwärtiger Zeit - also im Zeitalter der Demokratie und der Bewußtseinsseele -, wenn sie angemessen betrachtet werden würde, als höchste Schule der Selbstlosigkeit betrachtet werden. Auch ein Minister ist, wenn wir ihn in dieses Feld hineindenken, nicht der Vorgesetzte seiner Bevölkerung, sondern er ist eigentlich der unterste Diener. Ministrare heißt dienen; er ist also jemand, der auszuführen hat. Diesen Politikbegriff, als Privileg für bestimmte Menschen, nicht über die Köpfe der Menschen hinweg zu regieren, sondern Politik mit den Menschen zu betrachten und durchzuführen, ist eine ständige Aufgabe, und sie stellt sich im politischen Ganzen - also etwa in einem Land wie der Bundesrepublik Deutschland - genauso, wie sie sich in jeder einzelnen Einrichtung auch stellt.

Damit ist die Frage der Selbstverwaltung angesprochen. Selbstverwaltung im Geistesleben meint etwas ganz Bestimmtes, das sich auch beschreiben läßt, Selbstverwaltung im Wirtschaftsleben ebenfalls, aber Selbstverwaltung im Rechtsleben heißt für mich, daß alle Beteiligten und alle Betroffenen mit gleicher Stimme mitreden können und daß es eigentlich nicht so sehr auf das Ergebnis ankommt, sondern darauf, daß der Prozeß verstanden und gegriffen wird. Das ist unsere Aufgabe als Politiker.

W.W.: Wenn wir zu neuen Formen der Selbstverwaltung im Rechtsleben kommen wollen, so muß es auch möglich sein, daß durch das gemeinsame Ringen um eine Entscheidung etwas zustandekommt - im Kleinen wie im Großen, etwa beim Volksentscheid -, mit dessen Ergebnis wir inhaltlich überhaupt nicht übereinstimmen. Wie kann man Wege finden, ein Entscheidungsergebnis vieler Menschen auszuhalten, welches zwar mehrheitlich unter diesen Menschen zustandegekommen ist, mit dem man inhaltlich aber überhaupt nicht übereinstimmen kann?

G. Häfner: Das ist immer so im Leben. Die Tatsache, daß man ein entsprechendes Ergebnis aushalten muß, ist eine Aufgabe, die sich unabhängig davon stellt, auf welcher Ebene die Entscheidungen fallen. Auch wir leben ja heute in einem politischen System, in dem ganz bestimmte politische Entscheidungen vorgegeben sind, die uns mehr oder weniger gefallen, und wir müssen sie aushalten, allerdings nicht in dem Sinne, daß wir diese Entscheidungen für richtig befinden. Das kann gar nicht gefordert sein. Es geht darum, daß wir weiterhin sehr deutlich unsere Meinung sagen, Veränderungen einzubringen, daß wir uns aber immer der Tatsache bewußt sind, daß wir es nicht nur deswegen verändern können, weil wir es anders haben wollen, sondern daß wir die Frage an unsere Mitmenschen stellen müssen, ob sie auch der Meinung sind, daß etwas verändert werden müsse. Und wir kommen nur dann zu einer wirklichen Veränderung, wenn es auch von den Menschen gewollt wird. Hierin liegt eine Schwierigkeit.

Gibt es ein Unabstimmbares?

W.W.: Genau. Es gibt ja Menschen, die behaupten, daß man über gewisse Fragen mehrheitlich nicht abstimmen könne. Gibt es denn überhaupt ein Unabstimmbares?

G. Häfner: Zwar gibt es etwas Unabstimmbares, aber das liegt auf einem ganz anderen Feld. Unabstimmbar ist zum Beispiel die Frage, ob $2 \times 2 = 4$ ist oder Strom in einem Kabel fließt. Alle anderen Fragen sind prinzipiell abstimmbar. Der immer wieder, leider auch aus anthroposophischen Kreisen, geborene Versuch, für den sozialen Organismus zu beschreiben, über welche Fragen abzustimmen sei und über welche nicht, muß fehlgehen, weil er immer davon ausgeht, daß es etwas oberhalb der Menschen gäbe, zum Beispiel einen Rat der Weisen oder etwas ähnliches, welcher entscheide, worüber die Menschen abstimmen dürften und worüber nicht. Worüber die Menschen abstimmen, das entscheiden allein sie selbst, und das kann sich durch die Zeiten hindurch ändern. In früheren Jahrhunderten haben es die Menschen durchaus als angemessen betrachtet zu entscheiden, ob eine Frau eine Hexe ist oder nicht, mit allen Folgen, die daraus resultierten. Vieles, was dazu geführt hat, daß Menschen als Hexen oder Zauberer angeklagt und verurteilt wurden, würde man heute ganz und gar in den Bereich der persönlichen Überzeugung und Betätigung versetzen, nicht aber zu einem Gegenstand von Rechtsprozessen machen wollen. Es ändert sich also das Bewußtsein der Menschen in bezug auf Rechtsfragen.

W.W.: Welche unterschiedlichen Motive bewegen die Menschen dazu, etwas Unabstimmbares anzunehmen?

G. Häfner: Es gibt hierzu die verschiedensten Theorien. Eine Seite davon lebt zum Beispiel sehr stark in der SPD, allerdings aus verschiedenen Hintergründen gespeist. Ein Teil dieser Menschen will zum Beispiel, wenn es um Volksentscheide geht, daß ein besimmter Bereich von Fragen - zum Beispiel die Außenpolitik, Verteidigungs- und Sicherheitspolitik - von der Möglichkeit des Volksentscheides ausgenommen wird, ähnliches gilt auch für Fragen der Wirtschafts-, Sozial-, Steuer- und Finanzpolitik. Hinter der Tatsache, daß man diese ganzen Bereiche vom Volksentscheid ausschließen will, steckt keine besondere Leitlinie, sondern der Grund ist schlicht und ergreifend der, daß man das Faktum der Berechenbarkeit in der Außenpolitik über die demokratische Gestaltung der Menschen selbst setzt. Wirtschafts- und Finanzinteressen, Lobbies, die sich im Bundestag sehr massiv Geltung verschaffen, setzt man ebenfalls so hoch an, daß man nicht will, daß vom Volk etwas beschlossen wird, was dann einschneidende Folgen hätte.

Der Steuerbereich ist bereits ein Übergangsfeld zu dem anderen Grund, aus dem man Angst vor einem Volksentscheid haben kann, nämlich dem, daß die Menschen alle unvernünftig und per Volksentscheid alle Steuern streichen würden, so daß es keine handlungsfähige Politik mehr geben könnte. Das halte ich für eine ziemlich abenteuerliche Unterschätzung der Menschen, wobei ich denke, daß man in bestimmten Bereichen einen Großteil der Steuern streichen könnte. - Ein weiterer Grund, warum man eine Begrenzung der abzustimmenden Themenbereiche sehen möchte, wird zum Beispiel sehr deutlich von Herta Däubler-Gmelin artikuliert, die einen Bereich des Unabstimmbaren sieht und ihn dort ansiedelt, wo Entscheidungen nicht nur die heutigen Menschen, sondern auch künftige Generationen betreffen. Dabei denkt sie vor allem an die Atomenergie und ist der Meinung, daß man darüber gar nicht abstimmen könne. Wir könnten nicht, so ist ihre Ansicht, über Fragen abstimmen, die die Menschen noch in 10.000 Jahren betreffen, denn diese Menschen werden dann immer noch von dem radioaktiven Müll betroffen sein.

In diesen Ansichten Herta Däubler-Gmelins finden wir bereits einen Übergang zu den Ansichten, wie sie oftmals auch unter verschiedenen Anthroposophen diskutiert werden, bei denen man dann die Meinung hört, Fragen des Geisteslebens seien nicht abstimmbar. Wenn man mit Fragen des Geisteslebens zum Beispiel mathematische Gesetzmäßigkeiten meint, dann stimme ich völlig zu. Wenn man damit aber sagen möchte, daß es irgendeinen Bereich im Politischen gibt, den man aus der Abstimmbarkeit durch die

Menschen herausnehmen möchte, dann kann ich nicht zustimmen. Ich denke dies aus dem Grunde, weil es kein Organ über dem Volk geben kann, das darüber entscheiden kann, worüber das Volk abstimmen darf und worüber nicht. Die Frage, was abstimmbar ist oder nicht, ist eine Frage des menschlichen Bewußtseins.

Wenn wir der Meinung sind, daß gewisse Fragen der Kulturpolitik, etwa auch der Schulpolitik, nicht abstimmbar sind bzw. nicht in die Aufgabe des Staates gehören, dann erreichen wir das nicht dadurch, daß wir dieser Meinung sind oder daß wir einen weisen Rat bzw. eine Diktatur voraussetzen, in denen Entsprechendes erklärt wird, sondern es geschieht ausschließlich dadurch, daß die Menschen unsere Vorstellungen verstehen und teilen und sich die Idee der Befreiung des Kulturlebens aus dem Einfluß des Staates durchsetzt. Es wäre also nur möglich, das Kulturleben aus der Umklammerung durch den Staat zu befreien, wenn dies aufgrund einer bewußten Entscheidung des Volkes so gewollt wird. Ebenso ist in der Politik generell alles abstimmbar, was die Menschen zu einer demokratischen Entscheidung machen. Es ist immer eine Frage des menschlichen Bewußtseins, welche Frage abgestimmt werden wird und welche nicht.

Das Vorurteil über die Einführung der Todesstrafe

W.W.: Oftmals hört man den Vorwurf, mit Einführung des Volksentscheides würde auch die Todesstrafe eingeführt werden. Wie kommt diese unberechtigte Sorge der Menschen zustande?

G. Häfner: Das stimmt schon allein deswegen nicht, weil die Todesstrafe durch die Verfassung untersagt ist und man hierfür also die Verfassung ändern müßte, was immer eine Zweidrittelmehrheit erfordert und was nach Auffassung der überwiegenden Mehrheit der Verfassungsrechtler in diesem Punkt auch mit einer Zweidrittel-Mehrheit nicht einzuführen wäre, weil die Todesstrafe nach Art. 1 und 2 des Grundgesetzes untersagt ist. Und diese Artikel sind auch durch eine Zweidrittel-Mehrheit nicht abänderbar.

In Klammern sage ich dazu, daß natürlich auch eine Verfassung nicht von oben auf ein Volk herniederregnen kann, sondern vom Volk beschlossen sein muß, was mit unserer Verfassung nicht geschehen ist, und daß eine Verfassung natürlich auch durch das Volk veränderbar sein muß. Das wäre also ein mehr immanentes Argument, daß die Todesstrafe nicht abgeschafft werden kann.

Viel wichtiger ist etwas anderes. Obwohl ich der Meinung bin, daß die Todesstrafe nicht durch Volksentscheid eingeführt werden würde, und obwohl alle Umfragen der Bevölkerung zeigen, daß in den letzten zehn Jahren niemals eine Mehrheit der bundesdeutschen Bevölkerung für die Todesstrafe eingetreten ist, die Minderheit der Befürworter zusätzlich ständig abnimmt, glaube ich aber, daß man sich für Volksentscheid ehrlich nur dann entscheiden kann, wenn man auch diese Möglichkeit als zulässig zu denken bereit ist. Das heißt, daß man für Volksentscheid nicht eintreten kann, wenn man sagt oder glaubt, daß dabei immer das herauskäme, was man selbst für richtig hält, sondern man kann dafür nur dann eintreten, wenn man das demokratische Prinzip so weit akzeptiert, daß man sagt: Ich will, daß die Menschen auch dann durch Volksentscheid entscheiden können, wenn sie etwas anderes entscheiden als ich es getan hätte, auch dann, wenn sie möglicherweise etwas ganz Schlimmes entscheiden!

Dazu sollte man allerdings bemerken, daß auch der Bundestag ganz schlimme Entscheidungen trifft. Es ist ja nicht so, daß, wenn das Volk nicht abstimmt, überhaupt nicht entschieden wird, sondern dann entscheiden eben andere. Insofern wäre es mir sehr viel lieber, daß das Volk entscheiden würde. Allerdings ist es natürlich auch nicht so, daß das Volk per se klüger wäre als die Politiker; dafür gibt es keine Garantie, obwohl ich sehr viele Anzeichen dafür sehe.

Es ist auch ein sehr großer Unterschied, ob man zur Wahl geht und im weiteren zum Zuschauen verdammt ist, bei der Wahl nicht zu einer bestimmten Sachfrage Stellung genommen wird, sondern Hunderte von Angelegenheiten miteinander verrührt werden, oder ob man sich per Volksentscheid für eine konkrete Sachfrage entscheidet. Bei der Wahl kommen meines Erachtens sehr viel mehr irrationale Argumente, mehr Demagogie und Manipulation zum Ausdruck, die Abstimmung über eine konkrete sachliche Frage dagegen läßt dieses sehr viel weniger zu, denn es wird auch über lange Zeit hinweg das Für und Wider dieser Frage öffentlich diskutiert. Ich sage das deswegen, weil ich es für völlig inkonsequent oder gar absurd halte zu sagen, daß das Volk nicht kompetent sei, eine einzelne Entscheidung zu fällen, weil es dafür angeblich nicht reif sei, aber für Wahlen, die viel komplexer und schwieriger in ihren Folgen zu überschauen sind, seien die Menschen reif. Das ist nicht logisch und deswegen auch nicht vertretbar.

Ausländerfeindlichkeit

W.W.: Nehmen wir einmal einige für uns unangenehme Abstimmungsmöglichkeiten: Oft wird angeführt, daß durch wohlabgewogene längerfristige Mediendiskussion Stimmungen bei dem Volksentscheid vermieden werden könnten. Die derzeitige Ausländerfeindlichkeit ist zwar auch eine Stimmung, sie würde aber mit Sicherheit nicht durch eine längerfristige Mediendiskussion vergehen. Gäbe es hier nicht bedenkliche Entwicklungen bei einem möglichen Volksentscheid mit dem Ziel "Ausländer raus"? Könnten nicht zusätzlich Entscheidungen gefällt werden, die auf dem grundlegenden menschlichen Egoismus beruhen, zum Beispiel Volksentscheid zur Streichung der finanziellen Zuschüsse für Privatschulen oder - wenn Volksentscheide sich nicht nur auf Gesetzesvorlagen beschränken, sondern auch auf exekutive Richtlinien - Volksentscheid darüber, mit drei Promille über die Autobahn rasen zu dürfen?

G. Häfner: Was die Privatschulen betrifft, so gibt es auch hier einen Grundgesetz-Artikel. Der ist natürlich nur eine Krücke, ist kein grundsätzliches Argument. Also die Zulässigkeit von Privatschulen wird vom Grundgesetz gesichert und ist nicht einfach abschaffbar. Trotzdem, das Prinzipielle Deines Argumentes bleibt bestehen. Es gibt Bereiche, bei denen auch ich gegenwärtig keinesfalls bereit wäre, meine Hand dafür ins Feuer zu legen, daß dort nicht sehr schlimme Entscheidungen durch einen Volksentscheid gefaßt werden könnten, aus meiner Sicht ist dies vor allem der Bereich der Ausländer- und Asylpolitik. Bei den anderen Bereichen, die Du genannt hast, habe ich diese Sorge nicht, aber bezüglich der Ausländerpolitik habe ich sie.

Hierzu muß man sich natürlich klar machen, daß kein Land der Welt so wie die Bundesrepublik Deutschland verpflichtet ist, Menschen, die hier Asyl suchen, aufzunehmen und daß wir uns dieses zur Zeit materiell auch noch sehr gut leisten können. Menschen, die diese Überzeugung haben, stehen vor der Verpflichtung, für diese Überzeugung zu werben und entsprechend zu argumentieren. Allerdings ist es ohnehin schon so weit, daß alles, was ohne eine Änderung des Grundgesetzes an Unterhöhlung des Asylgesetzes möglich war, längst durch die Bundesregierung vollzogen worden ist. Man steht jetzt sogar schon vor der Frage, das Grundgesetz zu ändern.

Die Angst, die ich bezüglich dieser einen Frage habe, ist natürlich keine Angst, die sich auf das Prinzipielle des Volksentscheides bezieht. Die Geschichte von Volksentscheiden in anderen Ländern - mit der ich mich sehr lange beschäftigt habe - zeigt, daß überall dort, wo eine Auseinandersetzung über eine längere Zeit sachbezogen möglich war, fast immer außerordentlich vernünftige Entscheidungen gefällt wurden. Deshalb ist es auch eine Bedingung unseres Gesetzentwurfes, daß der Zeitraum zwischen Volksbegehren und Volksentscheid ein sehr langer - mindestens sechs Monate - sein muß und daß die freie Information, der freie Austausch des Pro und Contra, besonders durch die das Begehren einbringende Initiative, gesetzlich gesichert sein muß. Dennoch sollte man in dem Volksentscheid etwas sehen, was nicht immer im Ansatz bereits erfolgreich sein muß, sondern was neben der Frage der Entscheidung - also des Endpunktes - auch als Prozeß selbst von Bedeutung ist.

Der Protest ist in der Pubertät steckengeblieben

W.W.: Was verstehst Du unter diesem Prozeß?

G. Häfner: Gute Freunde von mir haben in der Schweiz eine Volksinitiative zur Abschaffung der Schweizer Armee eingebracht. Sie haben dafür die notwendigen Unterschriften gesammelt, mit anderen Worten, es wird in der Schweiz darüber in naher Zukunft abgestimmt werden. Als ich mich mit diesen Menschen unterhalten habe, erklärte ich sie zuerst für verrückt, da es mir völlig unmöglich schien, in der Schweiz eine Initiative zur Abschaffung der Armee durchzuführen. Es wäre etwa damit vergleichbar, in Bayern die Abschaffung des Bieres zu fordern, denn die Armee ist Ausdruck des schweizerischen Selbstbewußtseins. Es hat dort auch andere historische Hintergründe: Die Schweiz hatte weder den Ersten noch den Zweiten Weltkrieg im eigenen Land erlebt und seit Wilhelm Tells Zeiten überhaupt sehr wenig auf diesem Felde erlitten. Deshalb steht in der Schweiz alles das, was mit Militär und Waffen zusammenhängt, in einem ganz anderen Licht. Ein jeder Schweizer hat noch sein Gewehr im Schrank und denkt vielleicht, wenn die Österreicher kommen, dieses dafür wiederum herauszuholen. Dieses Selbstbewußtsein lebt in der Schweiz noch in einem derartigen Maße, daß ein entsprechender Volksentscheid natürlich keinerlei Aussichten auf Erfolg hat.

Aber meine Freunde haben zu mir gesagt: "Gerald, Du hast es offenbar gar nicht verstanden. Durch diese Volksabstimmung haben wir die Möglichkeit, über ein Jahr hinweg in der Schweiz permanent über Sinn und Zweck der Schweizer Armee zu diskutieren und jeder Bürger wird gezwungen, sich in diese Diskussion einzuschalten und sich eine Meinung zu bilden. Nach einem Jahr gibt es dann die Abstimmung, und dann bekommen wir immerhin 10 Prozent. Fünf Jahre später wiederholen wir die ganze Angelegenheit, und dann bekommen wir schon 15 Prozent".

Es geht also gar nicht immer nur darum, etwas durchzusetzen, sondern auch darum, die Menschen sowohl mit sich selbst als auch untereinander ins Gespräch über die großen Fragen der Zukunft zu bringen und endlich davon wegzukommen, daß man die Politik nur passiv erleidet, indem man sich selbst permanent wiederholt, man könne ohnehin doch nichts durchsetzen. Es geht darum, daß man merkt, daß man etwas machen könnte, selbst wenn man noch nicht stark genug ist.

Derartiges halte ich für außerordentlich wichtig, fast sogar für eine hygienische Maßnahme für die Bundesrepublik, denn der Protest in unserem Lande ist eigentlich in einer sehr pubertären Phase steckengeblieben, wenn man ganz banal die Pubertät nur als die Phase betrachtet, in der man sich nach einer ersten Identifizierung von dem bestehenden System abgrenzt, es negiert, demonstriert und protestiert. Die Pubertät sehe ich darin, daß man immer noch fordert: "Weg mit, Abschaffung von" usw. Vielmehr geht es doch darum, zur Mündigkeit und Gestaltungsfähigkeit zu kommen, und dafür ist es nötig, daß die Menschen gestalten können und dürfen und daß sie über das bloße "Weg mit, Abschaffung von" die Ideen entwickeln, wie die Dinge positiv gestaltet werden können und müssen. Es geht darum, nicht lediglich zu reagieren, sondern Selbstinitiativen in die Wege zu leiten. Das wird aber erst dann passieren, wenn der Weg dazu geöffnet wird. Demokratie lernt man nicht, indem irgendein Programm in der Schule oder in der Volkshochschule eingeführt wird, sondern sie entwickelt sich nur dadurch, daß sie möglich wird und wachsen kann.

Ich glaube, daß dann, wenn die direkte Volksgesetzgebung nicht möglich werden wird, Auseinandersetzungen immer gewalttätiger werden, bis hin zu bürgerkriegsähnlichen Auseinandersetzungen. Es darf also nicht auf physischer Ebene entschieden werden, was auf die Ebene der demokratischen Entscheidungsprozesse gehört. Ich glaube ferner, daß, wenn es Volksentscheide nicht geben wird, Menschen, die sich jahrelang in den die Gemeinschaft betreffenden Fragen engagiert haben, resignieren werden oder - wenn auch kleinere Gruppen - wieder in die Militanz flüchten werden. Ob es wieder Terrorismus geben wird bzw. daß es ihn gab, wird auch in unsere eigene Verantwortung gestellt sein, denn es hängt davon ab, welche gesellschaftlichen Prozesse wir ermöglichen und in Gang setzen, so daß sich auch diejenigen Menschen an Demokratieprozessen beteiligen können, die bei entsprechend fehlenden Möglichkeiten eventuell in den Terrorismus abgleiten würden.

W.W.: Wie kommt es, daß die Mehrheit der Bundesbürger für einen Volksentscheid ist, aber nur ein sehr geringer Anteil der Bürger bereit ist, aktiv dafür einzutreten? Siehst Du hierfür historische Wurzeln? Ist dies auch mit ein Grund dafür, daß die Bundesrepublik Deutschland zu den wenigen Ländern Europas gehört, in denen es noch keinen Volksentscheid gibt?

G. Häfner: Hier muß ich ein wenig relativieren, was die anderen Länder Europas betrifft. Zwar gibt es in fast allen Ländern Europas eine Regelung, die irgendwie in diese Richtung der direkten Demokratie weist, aber einen wirklichen Volksentscheid gibt es eigentlich nur in Italien und der Schweiz, mit bestimmten Abstrichen noch in Österreich. Alle anderen Länder kennen in der Regel nur eine Volksabstimmung von oben bzw. eine Volksbefragung von oben, und das sind Dinge, die nichts mit dem zu tun haben, worum es uns geht. Derartige Abstimmungen von oben gibt es natürlich auch in Diktaturen, zum Beispiel in Rumänien - ein Staat, den ich momentan für eine Diktatur halte - oder in Chile.

Was wir wollen, ist die freie Initiative von unten, und die ist nur in Italien und der Schweiz möglich; in Österreich ebenfalls, wobei sie dort nicht zur Abstimmung führen kann, sondern nur dazu, daß sich das Parlament mit dieser Frage beschäftigt. Auch die Abstimmung in Österreich, die eigentlich nur eine Befragung ist, kann nur seitens des Parlaments angeordnet werden: Dies ist bisher nur ein einziges Mal geschehen, nämlich bei der Zwentendorf-Abstimmung. Bei der Erfahrung, die die Regierung dabei gemacht hat - es ging so aus, wie es die Regierung nicht wollte -, wird es wohl so schnell nicht wieder passieren.

Natürlich hat die Tatsache, daß es in der Bundesrepublik noch keinen Volksentscheid gibt, viel mit scheinbaren geschichtlichen Erfahrungen zu tun. Scheinbar sage ich deswegen, weil das Bewußtsein, insofern es sich diese Auffassung zu eigen macht, viel zu kurz greift. Es gibt zum Beispiel viele Menschen, die, wenn sie über den Volksentscheid sprechen, kritisieren, daß darin der Begriff Volk steckt; dann gibt es sofort den Kurzschluß: Volk ohne Raum, Blut und Boden u.v.m. Es geht hier um einen Volksbegriff, der eine stark ausschließende Tendenz hat und eine sehr starke rassistische Komponente. Dieser Volksbegriff taucht oft assoziativ auf, wenn man über Volksentscheid spricht, obwohl er mit dem Volksbegriff im Volksentscheid überhaupt nichts zu tun hat.

Eine zweite Rolle spielt das Argument von Theodor Heuss, daß die Väter des Grundgesetzes aus wohlerwogenen Gründen, nämlich wegen der "bitteren Erfahrungen von Weimar", auf den Volksentscheid verzichteten. Dieses Argument ist in dreierlei Hinsicht falsch: Erstens wegen der Väter, denn es waren natürlich auch Mütter; zweitens wegen der bitteren Erfahrungen von Weimar, denn die gab es in dieser Beziehung nicht, im Gegenteil, die Nazis sind während der Weimarer Republik mit allen Versuchen zum Volksentscheid auf den Bauch gefallen; drittens hat der Parlamentarische Rat nicht gegen den Volksentscheid entschieden, wie es immer dargestellt wird, sondern er hat im Ausschuß für Grundsatzfragen bei vollem Bewußtsein im Oktober 1948 bei der Debatte über den Artikel 20 festgestellt: "Wir wollen nicht das Monopol für die repräsentative Demokratie". Dieses Zitat stammt von Carlo Schmid, und der Ausschußvorsitzende von Mangoldt sprach sich ebenfalls dafür aus, daß man die Volksabstimmung nicht ausschließen dürfe. Dadurch wurde der Begriff "Abstimmungen" in den Verfassungsentwurf hineingenommen. Es gab Initiativen von Abgeordneten der CDU - aber auch von anderen Parteien -, dieses Wort wieder zu streichen, aber bei allen drei Lesungen, bei denen die

Unterzeichnung des Grundgesetzes im Parlamentarischen Rat am 23. Mai 1949

Streichung dieses Begriffes beantragt wurde, hat die Mehrheit entschieden, die "Abstimmungen" beizubehalten. Lediglich einen Antrag zur Ausgestaltung des Volksentscheides hat der Parlamentarische Rat abgelehnt. Das heißt aber nicht, daß man keinen Volksentscheid wollte, sondern nur, daß man eine bestimmte Regelung zu dem damaligen Zeitpunkt noch nicht durchführen wollte. Man hat es also einem späteren Gesetzgeber überlassen, dieses auszuformulieren, ähnlich wie auch die Wahlen im Grundgesetz nicht mehr ausgeführt sind, sondern durch ein Bundeswahlgesetz geregelt werden. Entsprechend müßten die Abstimmungen durch ein Bundesabstimmungsgesetz *endlich* geregelt werden.

Eine Volks-Enquete
PETITION FÜR DIE AUFNAHME DER VOLKSGESETZGEBUNG IN DIE LANDESSATZUNG FÜR SCHLESWIG-HOLSTEIN

Die Bürgerinitiative "Volksgesetzgebung für Schleswig-Holstein" hat dem Landtag des Landes Schleswig-Holstein eine Petition zur Aufnahme der Volksgesetzgebung in die Landessatzung eingereicht, die wir samt einer Begründung nachstehend abdrucken. Zeitgleich ist von der "Initiative Demokratie Entwickeln Schleswig-Holstein", c/o Henning Kullak-Ublick, Zur Anhöhe 23, D-2397 Handewitt, und Gerald Häfner, MdB, an die von dem neuen Landtag in Schleswig-Holstein eingerichtete Enquete-Kommission "Verfassungsreform/Parlamentsreform" ein ähnlicher Entwurf zur Ergänzung der Landessatzung für Schleswig-Holstein (Einführung von Volksinitiative, Volksbegehren und Volksentscheid) eingereicht worden, der hier aus Platzgründen nicht abgedruckt werden kann, aber inhaltlich mit der folgenden Petition übereinstimmt. (Red.)

Petition
I.

Die Bürgerinitiative für die Aufnahme der Volksgesetzgebung in die Landessatzung schlägt vor, die Landessatzung wie folgt zu ergänzen (Ergänzungen sind herausgehoben):

Artikel 2
Absatz 2
Das Volk bekundet seinen Willen *unmittelbar* durch Wahlen *und Abstimmungen. Mittelbar handelt es* durch seine gewählten Vertretungen ...

Artikel 3
Absatz 1
Die Abstimmungen und die Wahlen zu den Volksvertretungen ... sind allgemein, unmittelbar, frei, gleich und geheim.

Absatz 2
Die Wahlen *und Abstimmungen* finden an einem Sonntag ... statt.

Absatz 3
(kann gestrichen werden)

Absatz 4
Das Nähere bestimmen die Wahl- *bzw. Abstimmungsgesetze.*
(Der Rest kann gestrichen werden)

Artikel 9
Absatz 1 Satz 1
Das parlamentarische Organ der Gesetzgebung des Landes ist der Landtag ...

Artikel 32
Absatz 1
Gesetze werden vom Landtag *oder direkt vom Volk* beschlossen.

Absatz 2
Gesetzesvorlagen werden von der Landesregierung, von Mitgliedern des Landtages *oder aus der Mitte des Volkes* eingebracht.

Artikel 32a (neu)
- Volksgesetzgebung -

*(1) Eine **Volksinitiative** ist zustandegekommen, wenn fünftausend Stimmberechtigte dem Landtag einen mit Begründung versehenen Gesetzentwurf vorlegen. Der Entwurf kann sich auf alle Gebiete der Landesgesetzgebung beziehen. Über die verfassungsrechtliche Zulässigkeit entscheidet gem. Art. 37 das Bundesverfassungsgericht.*

(2) Zulässige Volksinitiativen werden vom Innenministerium unverzüglich dem Landtag zugeleitet. Dieser führt binnen vier Monaten einen Beschluß herbei.

(3) Alle öffentlich-rechtlichen und privaten Massenmedien in Schleswig-Holstein sind verpflichtet, die Anliegen der Volksinitiativen (Gesetzentwurf mit Begründung) spätestens vier Wochen nach ihrer Zulassung authentisch zu veröffentlichen.

*(4) Falls der Landtag der Vorlage einer Volksinitiative nicht unverändert zustimmt, ist diese berechtigt, für ihr Anliegen ein **Volksbegehren** einzuleiten.*

*(5) Eine **Volksabstimmung** findet statt, wenn einhunderttausend Stimmberechtigte ein Volksbegehren durch ihre Unterschrift unterstützen. Die Unterschriftensammlung wird von den Initiatoren des Volksbegehrens selbst organisiert. Sie muß binnen drei Jahren abgeschlossen sein.*

Gibt es zu einer bestimmten Sachfrage mehrere Vorlagen, welche die erforderliche Unterstützung gefunden haben, wird darüber gleichzeitig abgestimmt.
(6) Erfolgreichen Volksbegehren werden die entstandenen Kosten aus öffentlichen Mitteln bis zu einer Höhe von DM 100.000,- erstattet.

*(7) Einen Monat nach dem erfolgreichen Abschluß eines Volksbegehrens beginnt für die Zeit von mindestens einem Vierteljahr in den Massenmedien (gem. Ziffer 3) die **freie und gleichberechtigte Information über Pro und Contra** des Begehrens. Die Begehren vertreten sich dabei selbst. Ein Schiedsgericht garantiert die Einhaltung dieser Bestimmung und regelt mit den Vertretern der Medien bzw. der Volksbegehren die jeweils konkrete Durchführung.*

(8) Bei der Volksabstimmung entscheidet die Mehrheit der abgegebenen gültigen Stimmen.

(9) Das Nähere regelt das Gesetz über die Volksgesetzgebung (Initiative, Begehren, Abstimmung).

Artikel 35
Absatz 2
Ein solches Gesetz bedarf *im Falle der parlamentarischen Entscheidung* der Zustimmung von zwei Dritteln der Mitglieder des Landtages, *im Falle der Volksabstimmung der Zweidrittelmehrheit der abgegebenen gültigen Stimmen.*

II.
Die Bürgerinitiative "Volksgesetzgebung" fordert die Volksvertretung von Schleswig-Holstein auf, über den obigen Vorschlag zur Aufnahme der Volksgesetzgebung in die

Landessatzung eine Volksabstimmung zu ermöglichen. Die Volksabstimmung sollte - nach vorheriger ausführlicher Debatte des Für und Wider - noch im Jahr 1989 stattfinden.

Pinneberg, im Januar 1989

**Sehr geehrte Damen und Herren Abgeordnete
des Landtages von Schleswig-Holstein!**

Auch wenn es wohl ganz andere Gründe waren, die den schleswig-holsteinischen Landtag im letzten Jahr bewogen haben, eine Enquete-Kommission "Verfassungs- und Parlamentsreform" einzusetzen: es bekommt diese parlamentarische Initiative eine historische Bedeutung allein schon durch den Zeitpunkt ihrer Realisierung. Noch mehr jedoch durch den Zusammenhang, den dieser Zeitpunkt im Kontext der neueren deutschen und europäischen Geschichte insbesondere im Hinblick auf jenen Gesichtspunkt einnimmt, der unserer Ansicht nach die wichtigste Frage bezeichnet, die der Enquete-Kommission auftragsgemäß gestellt war: dem *Problem der "Verbesserung der Bürgerrechte gegenüber Parlament und Regierung"*. Denn um dieses Problem geht es vorrangig wie um kein zweites in der neueren Geschichte.

1789

Das war bereits die *Grundfrage* der Französischen Revolution, deren Ausbruch sich 1989 zum 200. Male jährt. Die Frage war: Welche Rechte sollen die Staatsbürger gegenüber den überkommenen "Gewalten" haben? 1789-1792: Turbulente drei Jahre mündeten schließlich in die Konstitution der ersten Republik (eines europäischen Nationalstaates). Der Grundsatz der *Volkssouveränität*, daß alle Staatsgewalt - Exekutive, Legislative und Judikative - vom Volke auszugehen habe, wurde als Fundament der neuen Ordnung, der Demokratie, anerkannt. Nimmt man die am 24.07.1793 beschlossene, dann aber nie in Kraft getretene zweite Revolutionsverfassung hinzu, war schon damit das Problem im Kern konsequent zu Ende gedacht. Die Nationalversammlung hatte sich darauf verständigt, daß a) nicht die Volksvertretung, sondern das Volk selbst die alle Gesetzgebung legitimierende Instanz zu sein habe und b) die Exekutive an die Gesetze gebunden ist. Daß diese Regelung in praktischer Hinsicht noch wirklichkeitsfremd angelegt war und wegen des Umschlagens der Revolution in die jakobinische Gewalt- und Willkürherrschaft nie zum Tragen kam, steht auf einem anderen Blatt. Immerhin war ein erstes Mal dargetan und auch durch eine Volksabstimmung beschlossen, daß als Kern des republikanisch-demokratischen Prinzips die Idee der *Volksgesetzgebung* zu gelten habe.

Die weitere Entwicklung, speziell auch in der deutschen Geschichte, bestand im Grunde genommen - in mehreren Anläufen und Rückschlägen - in der konfliktreichen

Auseinandersetzung mit dieser Frage: *Welche Elemente muß die politische Grundord-*
nung des Staates aufweisen, damit das Volk als die Gemeinschaft freier und gleichberech-
tigter Bürgerinnen und Bürger auch tatsächlich und konkret die Entwicklung des sozialen
Ganzen und des Gemeinwohles selbstbestimmt gestalten kann - und wie müssen diese
Elemente verfassungsrechtlich beschrieben und gesetzlich geregelt sein?

1848/49

Darum wurde auch vor 140 Jahren - revolutionär und evolutionär-parlamentarisch -
gerungen. Aber dieser Versuch scheiterte noch. Die Restauration des Obrigkeitsstaates -
"Gegen Demokraten helfen nur Soldaten" - setzte sich durch und beherrschte die nächsten siebzig Jahre das Feld. Die Impulse von 1848 lebten weiter in den Grundsatzpro-
grammen der sozialdemokratischen Arbeiterbewegung (Eisenach *1869*: "Als die nächsten Forderungen ... der sozialdemokratischen Arbeiterpartei sind geltend zu machen: 1.
Erteilung des allgemeinen, gleichen, direkten und geheimen Wahlrechts ...; 2. Einführung
der direkten Gesetzgebung ((das heißt Vorschlags- und Verwerfungsrecht)) durch das
Volk." Und das blieben die Säulen auch der beiden folgenden Programme - 1875 Gotha
und 1891 Erfurt.).

Das also war der Stand der Entwicklung bereits in der zweiten Hälfte des 19.
Jahrhunderts. Als für die Demokratie fundamental wurden angesehen a) das *allgemeine*
Wahlrecht (Grundlage des Parlamentarismus) und b) die *direkte Gesetzgebung durch das*
Volk (in der Form des Gesetzesinitiativ- und -abstimmungsrechtes).

1918/19

Und auf diesen beiden Säulen wurde dann auch *vor 70 Jahren* die erste deutsche
Republik errichtet: Komplementär wurden einander zugeordnet die parlamentarische
und die direkte Form der Demokratie. Im Prinzip konsequent gedacht, bildete die Volksgesetzgebung die Grundlage der Legitimation allen staatlichen Handelns (Art. 73 bis 76
der Weimarer Reichsverfassung).

Die Volkssouveränität war verfassungsrechtlich so konsequent realisiert, wie nir-
gends sonst und nie zuvor: Alle Deutschen - Männer wie Frauen - bildeten die demokratische Rechtsgemeinschaft freier und gleichberechtigter Bürgerinnen und Bürger. Von
verfassungswegen hing nun in der Tat alles davon ab, ob die Menschen dieses großartige
Angebot ergreifen und daraus selbstbestimmt die Richtlinien (Gesetze) für die Entwicklung der Gesellschaft entwerfen und beschließen würden.

Das tragische Schicksal der Weimarer Republik zeigte, daß bei den Generationen, die
im ersten Drittel des Jahrhunderts die Träger der demokratischen Bürgerrechte waren,
überwiegend noch kein engagiertes und aktives Demokratie-Bewußtsein lebte. Während
der rund 14 Weimarer Jahre überließen sie - von zwei kümmerlichen Versuchen abgesehen - die Steuerung der Gesellschaft, also die Gesetzgebung, vollständig dem Parteienstaat, und sie griffen auch nicht ein, als dieser sich anschickte, mit dem sog. "Ermächtigungsgesetz" (1933) der Republik den Garaus zu machen und an die Stelle der Demokratie die Führerdiktatur zu setzen.

1948/49

Wie verarbeitete man nach dem Zusammenbruch des NS-Totalitarismus diese Erfahrung im Nachkriegsdeutschland? Als *vor vierzig Jahren* das Grundgesetz für die Bundesrepublik Deutschland in Kraft trat, hatte sich im Parlamentarischen Rat, dem Schöpfer der neuen Verfassung, eine Vorstellung durchgesetzt, die in diesem Gremium hauptsächlich von *Theodor Heuss* mit suggestiver Kraft ins Spiel gekommen war. Er behauptete - ohne daß ihm widersprochen worden wäre - mehrfach, es seien insbesondere die sog. plebiszitären Elemente in der Weimarer Verfassung gewesen, welche die Republik in Turbulenzen gebracht hätten; es sei das Institut des Volksentscheides "in der Zeit der Vermassung und Entwurzelung, in der großräumigen Demokratie die Prämie für jeden Demagogen"; in die Weimarer Verfassung sei dieses Element übrigens nur "aus einer gewissen Verliebtheit (seines) Freundes Konrad Hausmann in die Schweiz hineingekommen, weil Württemberg", woher Hausmann kam, "in der Nähe der Schweiz liegt und weil die Schweiz es hat" (Parl. Rat, Plenum, 09.09.1948).

Diese Einlassung des Theodor Heuss war symptomatisch für das peinliche Niveau, auf dem man im Parlamentarischen Rat durchgängig mit dieser Grundfrage jeder zeitgemässen staatlichen Ordnung umging. Wenn Heuss tatsächlich nicht informiert war, wie ernsthaft und ausführlich sich der Verfassungsausschuß der Weimarer Nationalversammlung mit dem Prinzip der Volksgesetzgebung befaßte - zum Beispiel erklärte sein damaliger DDP-Parteifreund *Koch* (Cassel) in der Grundsatzdebatte zu diesem Punkt (09.04.1919), für die Liberalen stehe "an erster Stelle, daß dem Volke die *Initiative zur Gesetzgebung* gegeben wird ... Wir halten das für das wichtigste Recht auf dem Gebiete der Volksabstimmung ..." - hätte er eigentlich schweigen sollen, anstatt Legenden in die Welt zu setzen; falls er es aber getan haben sollte, um vielleicht davon abzulenken, daß auch er zu denen gehörte, die im Reichstag Hitlers Ermächtigungsgesetz zustimmten, war gerade sein Reden das klassische Beispiel für "Demagogie", womit er - durch nichts begründet - das *demokratisch* geregelte Plebiszit der Weimarer Verfassung zu stigmatisieren versuchte. Völlig berechtigt wäre es gewesen, hätte Heuss sein "cave canem" (Parl. Rat, a.a.O.) gegen die von Hitler inszenierten, *totalitär* durchgezogenen "Volksbefragungen", die das Gegenteil eines demokratischen Plebiszits waren, vorgebracht oder auch das Unsinnige der Volkswahl des Reichspräsidenten zum Gegenstand der Kritik gemacht.

Nein, der nachmalige erste Bundespräsident der Bundesrepublik Deutschland schüttete das Kind mit dem Bade aus, und der von ihm im Parlamentarischen Rat erzeugte Nebel umhüllt auch vierzig Jahre danach noch immer vor allem viele bundesdeutsche Politiker- und Journalistengemüter (wie sich um die Jahreswende anhand der meisten Reaktionen auf den sehr bescheidenen Vorstoß Hans Jochen Vogels zeigte, als dieser meinte, wenigstens Verfassungsänderungen sollten künftig erst dann beschlossen sein, wenn ihnen die Mehrheit im Volksentscheid zugestimmt habe. Was zu dieser Überlegung in den letzten Tagen des alten Jahres durch den Blätterwald rauschte, klang noch immer wie das vielfach verstärkte Echo auf das die Dinge fast ins Läppische ziehende Gerede des jovialen schwäbischen Altliberalen in den Monaten vor der westdeutschen Staatsgründung. Nicht weniger oberflächlich äußerte sich im Parlamentarischen Rat auch ein

Sprecher der SPD. Der Abgeordnete *Katz* bemerkte u.a., "was man mit dem Funktionieren von Volksbegehren und Volksentscheid zwischen 1919 und 1933 erlebt" habe, sei "nicht sehr erbaulich gewesen" ((im Hauptausschuß am 08.12.1948)). Da war nicht der Schein eines Eingehens auf die Fakten, geschweige denn der Versuch einer erklärenden und differenzierenden Analyse.).

Was 1981 der Berliner Staatsrechtler Christian *Pestalozza* auf den Punkt brachte, als er schrieb: "Weimar ist ... eher am Parlamentarismus zerbrochen als an der direkten Demokratie. Hat uns das gehindert, wieder mit dem parlamentarischen System anzufangen? Zu recht nicht. Es hat uns angespornt, dieselbe Sache besser zu machen", hat bisher offenbar erst wenige Ohren erreicht. Es gab aus den Erfahrungen mit dem Weimarer System allen Grund, die Konzeption des parlamentarischen Elementes der Demokratie anders zu bestimmen; und das ist sicher auch gelungen. Ebenso hätte man auch das plebiszitäre Element - die Volksgesetzgebung - vor allem in der konkreten Ausgestaltung weiterentwickeln können und müssen. Stattdessen machte man dieses Element zum Sündenbock und legte es sozusagen "auf Eis".

Denn immerhin - und das sollte im Gedenkjahr "40 Jahre Bundesrepublik" nicht länger übersehen oder weiterhin bewußt ignoriert werden - kam ja auch in das Grundgesetz mit dem Art. 20 Abs. 2 nicht nur das allgemeine Prinzip der Volkssouveränität wieder zum Tragen ("Alle Staatsgewalt geht vom Volke aus"), sondern es wurde neben dem Wahlrecht auch das Abstimmungsrecht des Volkes im Range einer Staatsfundamentalnorm in der Verfassung verankert ("Sie", die Staatsgewalt, "wird vom Volke in Wahlen *und Abstimmungen* ... ausgeübt").

Diese Verfassungsnorm ist entgegen einer weiteren Legende, die sich schon bald nach Inkrafttreten des Grundgesetzes daran gebildet hat und heute unbegreiflicherweise als "herrschende Lehre" der Staatsrechtswissenschaft gilt, im Grundgesetz nicht auf den Sonderfall des Art. 29 (Neugliederung der Bundesländer) bezogen oder gar beschränkt. Sie ist vielmehr - in rechtslogischer und systematischer Hinsicht - einerseits eine im Grundgesetz selbst für die Verfügbarkeit auf Bundesebene noch nicht weiter ausgestaltete, aber durch Art. 79 Abs. 3 GG besonders geschützte Grundnorm der bundesrepublikanischen Verfassungsordnung, die jederzeit entfaltet werden könnte, wenn der politische Wille dazu vorhanden wäre (es gab übrigens in den Beratungen des Parlamentarischen Rates mehrere Interventionen, diese Norm durch entsprechende Regelungen über Volksbegehren und Volksentscheid zu konkretisieren; aber sie wurden alle ohne ernsthafte Befassung mit dem Problem - wenn auch mit jeweils knapper Mehrheit - abgewiesen; andererseits ist das Demokratieprinzip, wie es das Grundgesetz mit den beiden Volksrechten "Wahlen und Abstimmungen" normativ festlegt, auch das verfassungsrechtliche Fundament für die Volksgesetzgebung auf Länderebene. 1949 war es ja so, daß sich sieben von elf Ländern 1946 bzw. 1947 bereits Verfassungen gegeben hatten, in denen durchwegs das Gesetzesinitiativ- und Abstimmungsrecht des Volkes geregelt war. Diese Regelung mußte nun selbstverständlich auch in der Bundesverfassung wenigstens elementar aufscheinen, damit die Rechtshomogenität im Bund-Länder-Verhältnis gewährleistet war.

Schleswig-Holstein war nun das erste Bundesland, das seine Verfassung nach dem Inkrafttreten des Grundgesetzes beschloß. Sie war nicht mehr - wie alle anderen Landesverfassungen vor 1949 - durch eine Volksabstimmung bestätigt, sondern wie beim Grundgesetz agierte die Volksvertretung als "pouvoir constituant", und als erstes Bundesland verzichtete der parlamentarische Verfassungsgesetzgeber darauf, das plebiszitäre Element überhaupt zu berücksichtigen. In Schleswig-Holstein wurde das Verständnis der komplementären Demokratie - plebiszitär und parlamentarisch -, wie es sich in Deutschland seit 1869 entwickelt hatte, ins Eindimensionale zurückgenommen. Das Staatsvolk spielte jetzt nur noch als Wählerschaft eine Rolle; die unmittelbare Einflußnahme auf die Gestaltung der politischen Prozesse war ihm entzogen. Hatten die düster-demagogischen Kassandrarufe des Theodor Heuss gegen das Plebiszitäre inzwischen so starken Eindruck gemacht, daß auch dort die für den hohen Norden sprichwörtliche "Klarheit" des Geistes im Nebel schwäbischen Raunens unterging?

1989

Wie dem auch sei: Auch Schleswig-Holstein steht im 40. Jahr seines Bestehens, und seine Volksvertretung hat sich selbst die Aufgabe gestellt, eine "Verfassungs- und Parlamentsreform" zu beraten und - je nach dabei gewonnenen Einsichten - zu beschliessen. Und da möge sie nun berührt werden von einer Weisheit, die man - s.o. - gewiß nicht immer als Eigenschaft des einzelnen Schwabens findet, die man wohl aber dem Schwabentum eigen nennen darf, wenn dort die Vorstellung lebt, "mit 40" werde der Schwabe "g'scheit" (= gescheit, weise, klug usw.). Mit anderen Worten: Nach vierzig Jahren sollte sich auch und gerade in Schleswig-Holstein der Nebel verflüchtigen, der 1948/49 von einzelnen Persönlichkeiten um die Fragen des plebiszitären Elementes der Demokratie erzeugt wurde. Der Norden sollte zurückfinden zu seiner "Natur" (im übertragenen, geistigen Sinn), d.h. zur Klarheit des Denkens über die hiermit verbundenen Zusammenhänge und sich nicht mehr verführen und leiten lassen von "Stimmungen", die die Stimmungsmache des Jahres 1949 ins Jahr 1989 verlängern (wie es zum Beispiel kürzlich wieder geschehen ist, als sich die derzeitige Bundestagspräsidentin Süssmuth zur Sprecherin dieser unseligen Tradition machte, als sie - lt. Presseberichten in den letzten Dezembertagen 1988 - im Hinblick auf Volksentscheid von "Stimmungs-Demokratie" redete und mit solcher Redensart exakt wieder das Beispiel für jene "Demagogie" lieferte, wie wir sie sattsam und permanent von Repräsentanten des Parlamentarismus kennen. Trotzdem: Demagogie ist kein Problem der Ordnungen eines politischen Systems, sondern eine Untugend von Menschen; wobei aber der Parlamentarismus insofern stärker dazu verführt, als es da ja auch immer um persönlichen Machterwerb geht, ein Element, das im Plebiszit prinzipiell keine Rolle spielt, weil hier ausschließlich Sachentscheidungen getroffen werden, die gar nichts anderes sein können als der Ausdruck des Gemeinwillens und seiner Vorstellung vom Gemeinwohl. Das ist ja gerade die Lehre von Weimar und dem Beispiel Hitler, daß dieser niemals eine Gefahr hätte werden können, wenn ihm - wie allen anderen Deutschen - "nur" das Volksbegehren zum

Volksentscheid als Möglichkeit der Einflußnahme auf die politischen Entwicklungen zur Verfügung gestanden hätte. So klar wie die Mehrheit 1929 Hitlers Versuch, die blanke Unvernunft in der Reperationsfrage zum Gesetz zu erheben (("Freiheitsgesetz" nannte er seinen Vorstoß)), abgelehnt hat, so eindeutig wären vermutlich alle seine Pläne gescheitert, hätte er sie der Prüfung durch den Gemeinwillen unterziehen müssen. So aber konnte er sich auch noch der parlamentarischen Mechanismen und damit des Prinzips der pauschalen Übertragung der Staatsgewalt bedienen, und das war es, was unser Volk ins Verderben stürzte, weil noch nicht genügend Wachheit vorhanden war, die Demokratie plebiszitär zu schützen, als sie parlamentarisch verspielt zu werden drohte.).

Die Ursache der Krise des Parlamentarismus

Schleswig-Holstein hat die einmalige Chance, im *Jubiläumsjahr 1989* für die ganze Bundesrepublik ein *Zeichen auf der Höhe der Zeit* zu setzen. Voraussetzung dafür ist, daß man sich löst von der gespenstisch oberflächlichen Rhetorik um die sog. "plebiszitären Elemente" und eine gründliche Beratung und Diskussion eröffnet über das, worum es aus dem Verständnis des Wesens der Demokratie einzig und allein gehen kann: um die *Volksgesetzgebung als zweite (autonome) Säule unserer bundesrepublikanischen freiheitlichen Grundordnung* - neben der durch die Wahlen pauschal legitimierten Arbeit der parlamentarischen Organe.

Zu welchen Erschütterungen und Irritationen es auch heute immer wieder führen kann, wenn diese zweite Säule nicht errichtet und der Parlamentarismus auf sich allein gestellt und damit in letzter Konsequenz vom Gemeinwillen abgekoppelt ist und sein Eigenleben führt, das hat uns doch in erschreckender Weise gerade der von Parteien okkupierte Staat in Schleswig-Holstein vorgeführt. "Die Affäre" war ja nicht nur die eines einzelnen mit seinen persönlichen Schwächen. Sie war in Wirklichkeit vielmehr ein besonders krasses Symptom für die ständig virulente Bedrohung der Demokratie durch ein politisches Herrschaftssystem, das ausschließlich die Übertragung der Macht auf eine gewählte Volksvertretung bzw. Exekutive kennt, und in der der originäre Volkswille sein "Wächteramt" nicht ausüben kann, weil er keine Möglichkeit besitzt zur Eigeninitiative und sachpolitischen Artikulation. Dieses Problem löst sich niemals dadurch, daß man die Macht einer anderen Gruppe (bzw. Partei) überträgt; denn nicht die andere Partei macht die Menschen zu anderen, als sie es sind. Es ist ein Gebot der Demokratie, daß die "Macht" nicht nur vom Volk erteilt wird, sondern auch jederzeit durch das Volk kontrolliert werden kann. Wo die Macht dieser Kontrolle entzogen ist, besteht prinzipiell immer die Gefahr, daß Menschen sie mißbrauchen (davor bietet keine Parteifarbe, kein -programm und kein Glaubensbekenntnis Schutz). Dieses Problem ist nur zu lösen durch die richtigen demokratischen Ordnungen.

Der Weg zur Überwindung der Krise

Wenn die gewählten Mitglieder des Landtages von Schleswig-Holstein diesen Gesichtspunkt ernst nähmen, unvoreingenommen durchdächten und die sachgemäßen Konsequenzen daraus zögen, würden sie der geistig-geschichtlichen Herausforderung des Gedenkjahres 1989 gerecht werden und damit sicher den wichtigsten Beitrag leisten zur Überwindung von Staatsverdrossenheit und oft schon Abkehr von der Demokratie, wie sie sich in den letzten Jahren hierzulande weit verbreitet haben.

Der Landtag hat ja die Aufgabe, die der Enquete-Kommission "Verfassungs- und Parlamentsreform" erteilt wurde, u.a. durch die Fragestellung beschrieben, ob "eine Ergänzung des Repräsentativsystems, wie zum Beispiel durch die Einführung von Volksbegehren und Volksentscheid" zu empfehlen sei und "welche generellen Möglichkeiten bestehen, Transparenz und Akzeptanz der Parlamentsarbeit für die Bürger/innen und Gruppen zu verbessern."

Die Petition

Die Bürgerinitiative "Volksgesetzgebung" hat sich seit längerem ebenfalls mit diesen Fragen befaßt. Sie möchte mit der vorliegenden Petition der Volksvertretung ihr Arbeitsergebnis unterbreiten und begründen, warum ihrer Einsicht nach die Volksgesetzgebung eine innere Notwendigkeit der Demokratie schlechthin ist und man von Demokratie letztlich in der Tat nur dort sprechen kann, wo die Staatsbürger auch die Möglichkeit wahrnehmen können, die Staatsgewalt direkt - also durch das "Gesetzesvorschlags- und -verwerfungsrecht" - auszuüben. Und sie verbindet mit dieser Erkenntnis einen konkreten Vorschlag, wie ihrer Ansicht nach diese Notwendigkeit verfassungsrechtlich sachgemäß geregelt, d.h. im vorliegenden Fall in die schleswig-holsteinische Landessatzung hineinkomponiert werden müßte.

Der Begründung ("Memorandum") unseres Vorschlages haben wir einen "Anhang" beigefügt *(Entfällt in dieser Ausgabe der FLENSBURGER HEFTE; Red.)*, in welchem wir auf einschlägige süddeutsche Entwicklungen und Erfahrungen eingehen, die sozusagen den qualitativen Kontrapunkt darstellen zu der Oberflächlichkeit der bereits hinreichend gewürdigten professoralen Polemik. So war es gerade die schwäbisch-allemannisch-badische Heimat des Theodor Heuss, die im Zusammenhang der Konstituierung des Bundeslandes Baden-Württemberg aus dem Zusammenschluß der Länder Württemberg, Baden, Württemberg-Baden und Hohenzollern 1952/53 in ihrer verfassungsgebenden Landesversammlung eine tiefgehende Debatte zur Frage der Volksgesetzgebung führte (die beiden Oppositionsparteien CDU und KPD befürworteten damals diese Institution einhellig und forderten sie mit recht progressiven Vorschlägen, wurden dabei aber von den regierenden Koalitionsparteien SPD und FDP/DVP nicht unterstützt. Trotzdem nahm man immerhin das parlamentsinitiierte Plebiszit in die Verfassung auf).

Zu einem neuen Anlauf kam es dann in Baden-Württemberg 20 Jahre später. Inzwischen auf den Oppositionsbänken, ging die Initiative zur Aufnahme des Volksbegehrens zum Volksentscheid von der SPD aus (sie hatte wohl noch *Willy Brandts* Parole "Mehr Demokratie wagen", mit der er seine Kanzlerschaft einläutete, im Ohr). Das führte 1973 immerhin zu einer ernsthaften Befassung im Landtag und 1974 schließlich zum einstimmigen Beschluß, die Volksgesetzgebung in die Landesverfassung aufzunehmen. Wir dokumentieren diesen Vorgang in der Begründung unserer Petition ausführlich, um zu zeigen, daß in unterschiedlichen Zeiten und je nach der Rolle, die sie auf parlamentarischem Felde gerade spielen, beide Parteien, die gegenwärtig im schleswig-holsteinischen Landtag vertreten sind, mal mehr ihre "Zuneigung" mal mehr ihre "Distanz" zur direkten Demokratie bekundeten, und wir wollen damit die Argumente kenntlich machen, die ihnen in den Sinn kamen, je nachdem sie als regierende oder oppositionelle Partei sprachen. Das ist ein Lehrstück, auch deshalb, weil im Ergebnis des Feilschens um einen Kompromiß die Sache selbst auch in Baden-Württemberg eigentlich auf der Strecke blieb.

Denn es geht beim Gesetzesplebiszit ja nicht nur um die prinzipielle Seite der Sache. Wie das positive Funktionieren der parlamentarischen Ordnungen sehr davon abhängt, wie die verschiedenen Elemente in ihrem Verhältnis zueinander konzipiert sind (die Weimarer Ordnung war in dieser Hinsicht ganz gewiß keine gute Lösung), so hängt auch das Plebiszit ganz und gar in seiner Lebensmöglichkeit und in seiner Produktivität für die Gesellschaft davon ab, wie die praktischen Regelungen aussehen. Die sind - in Baden-Württemberg wie in allen anderen Bundesländern, in denen Volksbegehren und Volksentscheid verfassungsrechtlich geregelt sind - bisher allenthalben so unsachgemäß, unzulänglich und kontraproduktiv ausgefallen, so daß in Deutschland bisher auf keiner Ebene eine Chance bestand, neben der Parteien- und Parlamentsdemokratie auch eine authentische Kultur der direkten Demokratie zu entfalten (stattdessen entwickelten sich in der Bundesrepublik mehr und mehr - aus Not - allerlei Formen der Protest- und Demonstrationsdemokratie).

Dabei gab es einen Augenblick, wo am tumultuarischen Beginn dieser Entwicklung (1968) sogar der damalige CDU-Bundeskanzler *Kiesinger* (in seiner Ansprache zum Jahreswechsel 1968/69) die Frage aufwarf, ob es nicht an der Zeit sei, "die Bevölkerung der Bundesrepublik in Zukunft an wichtigen politischen Fragen durch Volksentscheide, die in der Verfassung verankert werden müßten, stärker als bisher unmittelbar zu beteiligen." Aber das hatte keine Folgen. Und so dauerte es nochmals 20 Jahre, bis aus dem parlamentarischen Raum ein erster ernsthafter Schritt in diese Richtung in die Wege geleitet wurde. *Wie* ernst es der Volksvertretung in Kiel allerdings wirklich ist, muß sich erst noch beweisen.

Es wird jetzt, nachdem dem Landtag der Bericht der Enquete-Kommission vorliegt, darum gehen, die Frage gründlich zu beraten. Unsere Petition ist darauf gerichtet, in den Prozeß der Urteilsbildung das einzubeziehen, was wir als Vorschlag mit Begründung dazu erarbeitet haben und Ihnen hiermit unterbreiten. *Wir möchten jedes einzelne Mitglied des Landtages darum bitten, zu unserem Anliegen Stellung zu nehmen.*

Natürlich stehen wir auch jederzeit zu Gesprächen zur Verfügung; wir werden jede Einladung gerne annehmen. Sollte der Landtag Anhörungen in Erwägung ziehen, stehen wir selbstverständlich auch dazu zur Verfügung, um in fachlichem Gutachten detailliert Stellung zu nehmen.

Der entscheidende Punkt unserer Petition ist freilich der, daß wir - unabhängig vom Ergebnis der Urteilsbildung des Landtages - *die Forderung vorbringen, über den Vorschlag, den die Bürgerinitiative zur Regelung der Volksgesetzgebung erarbeitet hat, das Landesvolk von Schleswig-Holstein selbst in einer Volksabstimmung die Entschei-*

dung treffen zu lassen. Zu dieser Abstimmung könnten ja noch alternative Vorschläge eingebracht werden, falls es solche - begründet - geben sollte.

Wir gehen, sehr geehrte Mitglieder des Landtages, davon aus, daß der erste Schritt zur "Verbesserung der Bürgerrechte", die Sie erreichen wollen, darin gesehen werden könnte, daß die Bürger selbst - auch unabhängig von den Parteien - sich insbesondere dann zu Wort melden und aktiv mit eigenen Vorschlägen in die politische Gestaltung ihres Zusammenlebens eingreifen, wenn es explizit um die Frage der Weiterentwicklung der staatsbürgerlichen Grundrechte geht. In diesem Sinne verstehen wir die vorliegende Petition als einen konstruktiven Beitrag zu dem vom Landtag gewünschten "strukturierten Dialog" mit der "kritischen Öffentlichkeit", also mit den demokratisch engagierten Trägern dieser staatsbürgerlichen Grundrechte.

Ihrer Antwort sehen wir erwartungsvoll entgegen.

Mit freundlichen Grüßen

gez. Kurt Thede

(i.N.d. Bürgerinitiative "Volksgesetzgebung für Schleswig-Holstein")

Für die Unterstützung der Petition läuft eine landesweite *Unterschriftensammlung* (pro Liste 10 Unterschriften; 10 Listen DM 2,- inkl. Porto).
Bürgerinitiative "Volksgesetzgebung für Schleswig-Holstein"
c/o Kurt Thede, Theodor-Storm-Str. 13, D-2080 Pinneberg, Telefon: 04101/ 6 83 83
Für Spenden:
Sonderkonto Kurt Thede wg. BI Volksgesetzgebung,
Volksbank Pinneberg eG, BLZ 221 914 05, Konto-Nr. 11 333 60

Memorandum
BEGRÜNDUNG DES VORSCHLAGS FÜR DIE AUFNAHME DER VOLKSGESETZGEBUNG IN DIE LANDESSATZUNG FÜR SCHLESWIG-HOLSTEIN

I. Der vom schleswig-holsteinischen Landtag eingesetzten Enquete-Kommission "Verfassungs- und Parlamentsreform" war u.a. auch die Aufgabe gestellt, zur Frage der "Verbesserung der Bürgerrechte gegenüber Parlament und Regierung" Stellung zu nehmen und dem Landtag eine entsprechende Empfehlung zum Beispiel zu der Frage zu unterbreiten, ob "die Einführung von Volksbegehren und Volksentscheid" wünschenswert sei.

Schleswig-Holstein gehörte bisher zu der Minderheit jener drei Bundesländer, die - zum Unterschied von Bayern, Baden-Württemberg, Hessen, Rheinland-Pfalz, Saarland, Nordrhein-Westfalen und Bremen - keinerlei Formen der unmittelbaren Demokratie kennen. Auf der anderen Seite ist es so, daß die Praxis der direkten Demokratie - also des außerparlamentarischen Gesetzesinitiativrechtes, des Volksbegehrens und des Volksentscheides - auch in den Bundesländern, in denen dies verfassungsrechtlich vorgesehen ist, bisher nur eine marginale Bedeutung gewann. Der Grund dafür liegt jedoch - wie wir meinen - nicht im mangelnden demokratischen Engagement der Bevölkerung oder in der absolut überzeugenden Akzeptanz der Arbeit der parlamentarischen Organe, so daß es keinerlei Handlungsbedarf für den unmittelbaren Volkswillen gäbe. Es ist vielmehr so, daß die Art und Weise, wie die Volksgesetzgebung in den verschiedenen Bundesländern geregelt ist, direktdemokratische Gestaltungsimpulse eher behindert als fördert.

Daher haben wir bei unserem Vorschlag, die Volksgesetzgebung zu regeln, neue Wege beschritten, die nicht nur den in sich demokratischen Charakter dieses Weges garantieren, sondern unserer Überzeugung nach auch das demokratische Engagement der Menschen ermutigen und herausfordern werden.

II. Unser Plädoyer für die Volksgesetzgebung gründet nicht in dem Motiv, die "Bürgerrechte gegenüber Parlament und Regierung zu verbessern"; ein solcher Blickwinkel verzerrt schon im Ansatz das Bild vom Wesen der Demokratie, wie es sich aus dem Prinzip der Volkssouveränität, welches ja auch der Landessatzung von Schleswig-Holstein zugrundeliegt (Art. 2), ergibt. Wo - konsequent gedacht - dieses Prinzip das Fundament der staatlichen Ordnung ist, ist es dieses in erster Linie als Quelle der Legitimierung dessen, was als Recht und Gesetz verbindlich sein soll, und als diejenige Instanz, welche die Exekutive zur Wahrnehmung ihrer verfassungsmäßigen Aufgaben demokratisch bevollmächtigt.

Nur Letzteres ist bisher durch die Wahl der Volksvertretung gewährleistet. Keineswegs ist damit auch das Legitimitätsproblem schon hinreichend gelöst. Denn bei der Wahl haben die Staatsbürger lediglich die Möglichkeit, faktisch nur pauschal dem gesamten Programm einer Partei zuzustimmen; es gibt keine Möglichkeit der inhaltlichen

Differenzierung, auf die es aber bei der Gesetzgebung doch entscheidend ankommt. Die mehrheitlich Gewählten ihrerseits leiten daraus zwangsläufig die Schlußfolgerung ab, es seien aufgrund ihres Wahlerfolges alle ihre Gesetzgebungsvorhaben a priori demokratisch legitimiert und die Widerspiegelung des Mehrheitswillens des Souveräns.

Doch diese Interpretation des Mehrheitswillens entspricht nicht den Tatsachen. Tatsache ist, daß es wegen des pauschalen, in sich undifferenzierten Wahlvotums faktisch nicht möglich ist zu wissen, ob die parlamentarische Mehrheit in den politisch-gesetzgeberischen Einzelentscheidungen auch tatsächlich durch den Mehrheitswillen der stimmberechtigten Bürgerinnen und Bürger legitimiert ist.

Das Akzeptanzkriterium in der Demokratie ist immer der Mehrheitswille als der (je vorläufige) Schlußpunkt des offenen gesellschaftlichen Diskurses über eine Gestaltungsaufgabe, die der rechtlich-politischen Entscheidung bedarf. Wo der Mehrheitswille aber keine Chance hat, sich konkret zu artikulieren, entsteht - aktives demokratisches Bewußtsein in der Bevölkerung vorausgesetzt - ein Akzeptanzproblem bzw. Akzeptanzschwund. Er ist die Folge der mangelnden Transparenz, die strukturell besteht, wenn die politische Ordnung einer ihrem Selbstverständnis nach demokratisch verfaßten Gesellschaft ausschließlich über mittelbar-demokratische - sprich: parlamentarische - Gestaltungszusammenhänge verfügt.

Hier liegt die Wurzel aller Krisenerscheinungen der parlamentarischen Demokratie und auch die Ursache der Perversionen, die - vor allem aus dem Bereich der Exekutive - verstärkt in Erscheinung treten.

Unsere begründete These lautet, daß sowohl das Akzeptanzproblem als auch die "Verführungen der Macht", die ja insbesondere mit der Ausübung der exekutiven Funktionen verbunden sind, geradezu ruckartig verschwinden, wenn die Legitimitätsfrage - d.h. wie kann sich der Gemeinwille die demokratische Autorität in der Gesellschaft verschaffen? - sachgemäß beantwortet ist. Und diese Frage ist nur sachgemäß zu beantworten durch die sachgemäße Ermöglichung der Volksgesetzgebung.

Hinzu kommt, daß ein ausschließlich auf den Parteienpluralismus gestütztes parlamentarisches System wiederum strukturell-politisch zu einer Zweiklassengesellschaft führt: die politische Mitwirkungsmöglichkeit all derjenigen Bürgerinnen und Bürger, die sich keiner Partei anschließen und selbst auch keine ins Leben rufen wollen, ist und bleibt auf die Beteiligung an Wahlen beschränkt. Nun gibt es aber nachweislich Menschen, die nicht - wie die Parteien - ideologisch, gesamthaft Einfluß nehmen wollen auf die Politik; sie sind sachkundig und engagiert für bestimmte Bereiche, haben zur Lösung der Probleme innerhalb dieser Bereiche Ideen, Vorschläge und auch den Willen, sich für ihre Vorstellungen einzusetzen. Das enorme Potential an problemlösender Kreativität der Gesellschaft, das sich in dieser Weise sachpolitisch einbringen möchte, liegt brach, wenn sich das Tor zur politischen Kompetenz ausschließlich den Wegen des Parteienstaates öffnet. Auch für diese Entrechtung und Diskriminierung jener Bürgerinnen und Bürger, die das Parteipolitische ablehnen - was ja in der Demokratie dieselbe Achtung verdient wie das Parteiengagement -, kann nur die sachgemäße Ermöglichung der Volksgesetzgebung der Weg sein, durch den sie die gleichen staatsbürgerlichen Rechte genießen.

III. Wenn es das entscheidende Kriterium der Demokratie ist, daß Recht und Gesetz durch den Gemeinwillen bestätigt sind (konkret: durch den Mehrheitswillen derjenigen, die sich als wahl- und stimmberechtigte Bürgerinnen und Bürger an der Gestaltung des öffentlichen Lebens beteiligen), dann ergibt sich aus diesem Kriterium, daß man noch in obrigkeitsstaatlichen Vorstellungen befangen ist, wenn man meint, es gelte, "die Bürgerrechte gegenüber Parlament und Regierung zu verbessern"; denn man hätte den Grundsatz der Volkssouveränität schon mißachtet, wenn man ihn nicht so verstünde, daß vom Volke selbst "alles Recht ausgeht" (wie es zum Beispiel die Bundesverfassung Österreichs exakt auf den Punkt hin formuliert). Wenn das - rechtslogisch, rechtsphilosophisch und demokratietheoretisch - richtig gedacht ist, dann kann es doch - umgekehrt - immer nur darum gehen, ob es (aus welchen Gründen auch immer) angezeigt erscheint, die Rechte des Parlaments und der Regierung "zu verbessern", d.h. ihnen die Handlungsspielräume zu geben, die sie brauchen, um ihren Aufgaben gerecht zu werden. Stellt man die Frage umgekehrt, gibt man in Tat und Wahrheit zu erkennen, daß man aus einem System heraus spricht, das noch nicht bei der Demokratie angekommen ist. Wir halten daher fest: Zwar formuliert die Landessatzung für Schleswig-Holstein in ihrem Art. 2 als Fundament der staatlichen Ordnung den Grundsatz der Volkssouveränität - was anders könnte auch, zweihundert Jahre nach 1789, als zeitgemäß gelten?! -, aber sie konkretisiert ihn unzureichend, d.h. so, daß eben doch wieder ein obrigkeitsstaatliches System entsteht (pauschal geht zwar "alle Gewalt vom Volke aus", aber konkret - in den sachpolitischen Entscheidungen - wird sie von den parlamentarischen Organen ausgeübt, ohne daß die Staatsbürger eine Möglichkeit hätten, korrigierend, kontrollierend oder auch eigeninitiativ einzugreifen).

Volkssouveränität als das Fundament der Demokratie ist aber nur dann die reale Quelle der staatlich-politischen Evolution (= "alle Gewalt"), wenn die Rechtsgemeinschaft der freien und gleichen (wahl- und stimmberechtigten) Bürgerinnen und Bürger selbstbestimmt die Möglichkeit haben, durch entsprechende Initiativen (für die Gesetzgebung) das öffentliche Leben zu gestalten. Nur wenn es diese Möglichkeit gibt, geht davon auch die demokratische Legitimität für diejenigen Entscheidungen aus, die von den Volksvertretungen gefällt werden. Dabei kann die Legitimitätsfrage dreifach verschieden beantwortet werden:

a) Ergreift niemand die Initiative gegen einen Parlamentsbeschluß (= Referendum), bedeutet das "schweigende Zustimmung".

b) Kommt es zu einer solchen Initiative und zur Volksabstimmung gegen eine Entscheidung der Volksvertretung, kann das zur Bestätigung der Entscheidung führen ("erklärte Zustimmung"). Herauskommen kann aber auch

c) die Ablehnung; in diesem Fall verliert der Parlamentsbeschluß seine rechtliche Verbindlichkeit.

Damit ist im Prinzip nachgewiesen, daß "Transparenz und Akzeptanz der Parlamentsarbeit für die Bürger/innen und Gruppen" sachlogisch und effektiv nur dadurch strukturell herbeigeführt werden können, daß die Legitimitätsfrage aus dem Wesen der Demokratie mit der Ermöglichung der Volksgesetzgebung beantwortet wird. Nur wo die beiden elementaren "staatsbürgerlichen Grundrechte", das Wahlrecht einerseits und das Gesetzesinitiativ- bzw. Abstimmungsrecht andererseits, noch nicht komplementär verwirklicht sind, sondern nur das Wahlrecht gewährleistet ist, kann eine Situation entstehen, für welche sich dann die Frage nach der "Verbesserung der Bürgerrechte gegenüber Parlament und Regierung" stellt. Sind beide staatsbürgerlichen Grundrechte gewährleistet, wie es vom Wesen der Demokratie her gesehen notwendig ist, gibt es im Prinzip keinen Verbesserungsbedarf mehr; dann kann es nur sein, daß diese staatsbürgerlichen Grundrechte - oder eines von beiden - schlecht geregelt sind. Dann müßte man nicht diese "Rechte", sondern deren Regelung verbessern. Unser Vorschlag zur Regelung des direktdemokratischen Initiativ- und Abstimmungsrechtes will solche Kriterien der Regelung verfassungsrechtlich verankern, die eine optimale Wahrnehmung des Rechtes durch die Bürger/innen erlauben.

IV. Unser konkreter Vorschlag zur Regelung der Volksgesetzgebung ist an den folgenden drei Kriterien orientiert:
1. Das Rechtsprinzip der Volkssouveränität erfordert, daß die Initiative zu einem Volksentscheid ausschließlich aus der Mitte des Volkes - d.h. nicht von Organen des parlamentarischen Systems - ausgehen darf und daß der Volksgesetzgebung alle politischen Materien zugänglich sein müssen.
2. Die Höhe der Mindestzustimmung für den Erfolg von Initiative, Begehren und Entscheid muß dem, was durch den jeweiligen Schritt wesensmäßig geschieht, entsprechen und bezogen auf die Gesamtheit der Stimmberechtigten angemessen und initiativenfördernd festgelegt sein.
3. Angesichts der Bedeutung, welche die Massenmedien in den letzten Jahrzehnten für die Urteilsbildung der Menschen über politische und gesellschaftliche Fragen gewonnen haben, ist es unabdingbar, daß die Berichterstattung in den Massenmedien des Landes das Für und Wider der Anliegen von Initiativen und Begehren im Rahmen einer bestimmten Zeitspanne vor dem Abstimmungstermin tendenziell gleichberechtigt widerspiegelt. Hierfür ist eine entsprechende gesetzliche Regelung erforderlich.
Daraus ergeben sich die folgenden Durchführungsnotwendigkeiten:
a) Mit dem Quorum von fünftausend Stimmberechtigten für die Ausübung des Gesetzesvorschlagsrechtes wollen wir erreichen, daß sich zum einen ein kräftiges demokratisches Leben an der Basis der Gesellschaft entfaltet und zum andern eine wirkliche Zusammenarbeit zwischen Volk und Volksvertretung in Gang kommt. Auf diese Weise werden die Gewählten mehr auf die Vorstellungen verwiesen sein, die in der Bevölkerung leben; sie werden sich dadurch mehr in die Rolle wirklicher Volksvertreter hineinfinden und weniger als Parteivertreter agieren.
Für diese erste Stufe des dreistufigen plebiszitären Prozesses ist wichtig, daß die Volksinitiative ihr Anliegen weiterverfolgen, d.h. ein Volksbegehren einleiten kann, wenn der Landtag ihren Gesetzentwurf ablehnt. Bedeutsam ist für diese Stufe außerdem, daß nach dem Vorschlag die Öffentlichkeit von der Gesetzesvorlage einer Initiative authentisch durch die Veröffentlichungsverpflichtung der Massenmedien unterrichtet wird.

b) Beim Quorum von einhunderttausend Stimmberechtigten für den Erfolg eines Volksbegehrens liegt unser Vorschlag um das Doppelte über den zum Beispiel in der Schweiz bewährten Regelungen. Wenn wir meinen, daß es zum Volksentscheid kommen soll, wenn ca. 7 % der Stimmberechtigten das wollen, ist das zwar eine hohe Hürde, doch nicht unerreichbar. Regelungen zwischen 10 % (wie in Bayern) und 20 % (wie zum Beispiel in Hessen) zeigen, daß es für Bürgerinitiativen so gut wie ausgeschlossen ist, diese Bedingungen zu erreichen.

c) Als Kostenausgleich schlagen wir - analog der Wahlkampfkostenerstattung für die Parteien - vor, erfolgreichen Volksbegehren bis zu DM 100.000,- aus öffentlichen Mitteln zur Verfügung zu stellen.

d) Äußerst wichtig ist die Medienklausel (Art. 32 a Abs. 3 und 7). Anders als bei der routinemäßigen Alltagsberichterstattung geht es im Fall von Volksbegehren, die den Volksentscheid erreicht haben, um Anlässe, über die der Gemeinwille des Souveräns sein demokratisches Urteil zu fällen hat.

Diese Fälle politischer Willensbildung, zu der die Gesamtbürgerschaft aufgerufen ist, sind Anlässe von höchster gesamtgesellschaftlicher und rechtsstaatlicher Relevanz. Aus dieser Tatsache muß folgen, daß jene Organe, die den dominierenden Einfluß auf die öffentliche Meinungsbildung ausüben - also die Massenmedien - in einer demokratisch geregelten Weise ihre soziale Verpflichtung hierbei dergestalt anerkennen müssen, daß im Vorfeld der Volksabstimmung Pro und Contra gleichberechtigt zu Wort kommen können. Dies ist ein Erfordernis aus einem der wichtigsten Rechtsansprüche der Gesamtbürgerschaft im Zusammenhang der Volksgesetzgebung (= freie Urteilsbildung!).

e) Für das Ideal einer freiheitlichen Demokratie ist es ganz unvorstellbar, ein anderes Entscheidungskriterium für die Volksabstimmung als die Mehrheit der abgegebenen Stimmen festzulegen. In einer freiheitlichen Demokratie darf auf den freien Willen der Bürger/innen kein Zwang derart ausgeübt werden, daß man - weder für Wahlen noch für Abstimmungen - Mindestbeteiligung bzw. Mindestzustimmung vorschreibt.

Für Entscheidungen über verfassungsändernde Gesetze haben wir die für den entsprechenden parlamentarischen Beschluß geltende Regelung (Zweidrittelmehrheit der abgegebenen Stimmen) übernommen.

V. Es mag zum Abschluß dieser Begründung nützlich sein, den Blick auf dasjenige zu lenken, was das Plebiszit als dreistufiger sozialer Prozeß seinem Wesen nach ist. Denn je mehr die Klarheit der Idee der Sache im Bewußtsein lebt, desto einleuchtender wird auch das erscheinen, was diese Initiative an konkreten Gestaltungen des Rechts durch das Verfassungsgesetz über die Volksgesetzgebung erstrebt. - Der Gesetzentwurf der Initiative kann für sich in Anspruch nehmen, auf die zahlreichen Einwände, die gegen das Instrument des Volksentscheids immer wieder geäußert werden, Rücksicht genommen und alle in Frage kommenden bedenklichen Elemente aus seinem Konzept eliminiert zu haben. Dies soll an den Wesenselementen des plebiszitären Prozesses aufgezeigt werden.

1. Aus der Natur der Sache - das hatte schon Rousseau erkannt - kann sich das Abstimmungsrecht für den Gesamtbereich der "Staatsgewalt" nur auf den Aspekt der

Gesetzgebung beziehen. Die Gesetzgebung ist dasjenige Element im Staatsbegriff, das unter der Voraussetzung des Demokratischen schlechthin das von der Gesamtbürgerschaft zu Gestaltende ist. Denn darum geht es beim Wesen der Demokratie, daß die erwachsenen Menschen als Gleiche unter Gleichen ihre gegenseitigen Rechte und Pflichten so bestimmen, wie sie es aus dem Empfinden und Bewußtsein der Würde des Menschen für angemessen halten.

Und dabei wird es sich im wesentlichen immer darum handeln, durch Volksabstimmungen die Richtlinien - d.h. die grundlegenden Gesetzgebungsziele - zu klären, an denen sich die gesellschaftlichen Verhältnisse in ihrer Entwicklung zu orientieren haben. Diese Richtlinienkompetenz steckt insofern auch den Rahmen ab, innerhalb dessen sich dann die Arbeit des parlamentarischen Gesetzgebers vollzieht. Sie bringt die demokratische Sicherheit und Legitimation für die parlamentarischen Organe sowohl der Legislative wie der Exekutive. Natürlich können die Aufgaben der Exekutive - der Regierung wie der Verwaltung - nicht vom "Volk" selbst ergriffen werden, denn dazu ist immer ein ganz bestimmter Sachverstand, Fachtüchtigkeit, Erfahrung in organisatorischen und sonstigen Dingen usw. nötig, um das befähigt umzusetzen, was sich aus den Richtungsentscheidungen des Souveräns ergibt.

Desgleichen kann sich das Abstimmungsrecht natürlich auch nicht auf die Tätigkeit der Justiz beziehen. Geht es doch gerade hier darum, daß ein je individueller Gesetzesverstoß aus der möglichst genauen Einsicht in die Umstände des bestimmten Falles geprüft und aufgrund dieser Erkenntnis dann "im Namen des Volkes" ein Urteil gesprochen wird. Niemals kann das Volk selbst ein solches Urteil fällen wollen.

2. Der Entwurf sieht einen völlig auf sich selbst gestellten, von den Organen der repräsentativen Ebene völig unabhängigen - also autonomen - plebiszitären Prozeß vor, der an keiner Stelle die gewählten repräsentativen Organschaften bedrängen oder auf sonstige Weise beeinträchtigen, vor allem jedoch diese nicht in ihrer Legitimation untergraben kann. Beide Ebenen entfalten ihre Tätigkeit in eigener Verantwortung. Der Entwurf sieht also auch nicht ein Hin und Her der Verantwortung zwischen Volk und Volksvertretung vor, wie das bei der Referendums-Demokratie der Fall ist (Schweiz, Dänemark, Spanien u.a.).

Das Gegenteil ist vielmehr der Fall. Indem - wie in unserem Gesetzentwurf vorgesehen - ein plebiszitärer Willensbildungsprozeß ausschließlich von der Basis der Gesellschaft ausgehen darf - nicht aber von staatlichen Organen -, ist gewährleistet, daß dieses Verfahren frei bleibt von dem ansonstn üblichen agonalen Wechselspiel zwischen Regierung und Opposition. Dadurch wird der Volksentscheid nicht in den Kampf um die Exekutive hineinbezogen, sondern entfaltet sich unabhängig von der parlamentarischen Aktualität und ist so wirklich in der Lage, der augenblicklich regierenden Parlamentsmehrheit (resp. der Regierung) eine inhaltliche Richtschnur zu geben. Es wird dadurch ein Stück von der vielfach betriebenen, unverbindlichen Demoskopie in eine verbindliche und transparente Demokratie umgewandelt. Ein Votum, inhaltlich von Fall zu Fall gegen die Regierungsmeinung gerichtet, ist nicht gleichbedeutend mit einem Mißtrauensvotum.

a) Oft wird die Frage gestellt, ob nicht die Repräsentanten (Regierung, Parlaments-fraktionen u.ä.) eine Art Privileg haben sollten bezüglich der "Anrufung des Volkswillens", also ein besonderes Vorrecht bezüglich der Initiierung eines Volksentscheids (so lagen die Dinge übrigens vor 1974 in der Landesverfassung BW). Man kann diese Frage eindeutig verneinen, da hier zu jeder Zeit opportunistische, eben an der Machterlangung orientierte Motive den plebiszitären Prozeß nicht nur beeinflussen, sondern ihn sogar prägen müßten. Durch diese Vorkehrung ist nicht allein eine demagogische Ausnutzung des Plebiszits selbst, sondern auch eine weitere Demagogisierung des repräsentativen Systems unterbunden.

b) Dabei ist ja keineswegs ausgeschlossen, daß die im politischen Alltag Tätigen, durch Sachkenntnis besonders Ausgezeichneten, ihre Ideen oder ihre Initiativen auch auf der plebiszitären Ebene einbringen. Es wird von ihnen lediglich erwartet, daß sie dabei ins "egalitäre Glied der Gesamtbürgerschaft" zurücktreten.

c) Die Demokratie als soziale Verhaltensregel kommt erst in dieser Komponente voll zum Vorschein: Sie besteht immer darin, daß alle, insbesondere die faktisch Sachkundi-gen, ihre Anregungen als Vorschläge einbringen können, das Bestimmungsrecht aber der Gesamtheit, also den von einer Verpflichtung Betroffenen überlassen wird.

d) Während das repräsentative Prinzip auf der Berufung von Vertretern beruht, also allein und für sich genommen grundsätzlich die Fremdbestimmung entweder zuläßt oder gar institutionalisiert, bringt erst die plebiszitäre Grundregel die Demokratie auf den Boden des Selbstbestimmungsrechts.

3. Ein solchermaßen verfaßter plebiszitärer Willensbildungsprozeß kann sich nur in den drei Stufen Initiative - Begehren - Entscheid entfalten. Ein solches egalitär verfaßtes und auf seine innere Wahrheit zurückgeführtes "Plebiszit" ist in sich selbst eine so vollständige und vollkommene Selbstkontrolle des Volkswillens, daß jedes zusätzliche Element der Begrenzung oder Einschränkung ungerechtfertigt ist. Die Frage der Quoren (Mindestzahl der notwendigen Unterschriften für Initiativen einerseits, Begehren ande-rerseits) hat daher so gestaltet zu sein, daß eher eine Ermutigung davon ausgeht als eine Einschüchterung.

Eine solche Verfahrensregelung auf der Höhe der Zeit, wie wir sie vorschlagen, gewährleistet:

a) Jede Initiative muß den langen Weg vom einzelnen Bürger bis zur Mehrheitsbildung durchmachen. Dadurch ist gesichert, daß nur Anliegen von gesellschaftlicher Tragweite zum Zuge kommen, sowie nur solche, denen die Allgemeinheit eine berechtigte Bedeu-tung beimißt. Die häufig gehörte Ansicht, der Volksentscheid müsse auf den Ausnahme-fall beschränkt bleiben, ist ein unlauteres Ansinnen. Ob er Ausnahme bleibt, darf allein davon abhängen, inwieweit die Arbeit der Volksvertretung das Eingreifen der Gesamtbür-gerschaft erübrigt.

b) Auch das anstehende Sachgebiet, die sachliche Einschränkung, wird dadurch nicht von außen, sondern (endogen) von der Bürgerschaft selbst bestimmt. Die (qualitative) Dringlichkeit eines Anliegens manifestiert sich hier in der anschwellenden Quantität der Beitritte, die sich in der Unterschriftenzahl ausdrücken. Ein Volk wäre als Rechtsgemeinschaft nicht frei, wenn es nicht, jederzeit auf den freien Konsens des Gemeinwesens bauend, alle Fragen, die ihm dringend erscheinen, ordnen könnte.

Daß die Gesamtbürgerschaft (Volk, Basis) in der neueren Menschheitsgeschichte als uneingeschränkte letzte Entscheidungsinstanz (Souverän) überhaupt auf den Plan treten kann, hat seinen Grund darin, daß eine Gesamtheit von Menschen zwar in bezug auf die Wahrheitsfragen wohl noch immer irren könnte, nicht aber ihr Gemeinwohlziel verfehlen kann, d.h. aus seinem Rechtsempfinden heraus am besten weiß, welche Regelungen dem sozialen Organismus bekommen. Das setzt allerdings voraus, daß man die Bürgerschaft nicht statisch betrachtet, sondern als ein dynamisches Wechselverhältnis zwischen dem Individualpol aller einzelnen und dem Ganzen als dem Sozialpol und daß ein "Organon" dafür vorhanden ist, ein Organisationsgesetz, das die Vermittlung der einzelnen mit dem Ganzen bewerkstelligt (Abstimmungsgesetz). Ohne ein solches ist der soziale Organismus nicht artikulationsfähig, also auch nicht handlungs-, ja nicht einmal rechtsfähig im Sinn einer sich selbst bestimmenden Rechtsgemeinschaft.

Die Gesamtbürgerschaft ist also nicht für (einzelne) Wahrheits- oder Technologiefragen zuständig und will es auch nicht sein, wohl aber für die oft dahinter versteckte Frage der sozialen (mitmenschlichen) Vernunft; sie kann und will also immer nur von diesem Blickwinkel aus regulieren - oder sie unterläßt es, von sich aus zu regulieren. Aus diesem Grund kann die moderne Volkssouveränitäts-Lehre der Gesamtbürgerschaft selbst, losgelöst von deren Repräsentanten gedacht, eine sachlich nicht eingeschränkte Kompetenz zuweisen (Alle Staatsgewalt ... wird a. "vom Volk in Wahlen und Abstimmungen", die drei Gewalten werden b. "durch besondere Organe - ausgeübt").

Wer, von negativen Beispielen der Geschichte geleitet, meint, sich dieser unumschränkten Sachkompetenz der Gesamtbürgerschaft gegenüber skeptisch verhalten zu müssen, sieht nicht, daß dieser "Volkssouverän" - im Vergleich zu seinem Vorgänger, dem absolutistischen, zur Willkür neigenden Einmann-Souverän - auf natürlichste Weise schon gebändigt ist: indem er, wenn überhaupt, nur auf der Basis des kleinsten gemeinsamen Nenners sich artikulieren kann. Oder der kritische Zeitgenosse hat solche abschreckenden Beispiele vor Augen, wo eine Regierung sich die sog. Volkssouveränität aneignet, d.h. dem Volk abgenommen hat. Dann ist er mit seinem Vorstellungsleben nicht mehr im Modell der Volkssouveränität, sondern in deren Verfälschung (siehe das "plebiszitäre Kaisertum" Napoleons und andere Abwandlungen desselben, die "Volksbefragungen" Hitlers etc.).

Rousseau warnte daher nicht umsonst davor, sich der Illusion hinzugeben, als könne man den Gemeinwillen (das Kernstück der inneren Souveränität) "übertragen". In die Hände einzelner gelangt, kann eine solche Kompetenz verhängnisvoll werden. Heilsam ist sie nur, wenn sie bei der Gesamtheit bleibt, auch von dieser verlebendigt, d.h. "ausgeübt" wird. Dies ist wiederum nur auf dem Gebiet der Gesetzgebung, also in allgemeinen Sätzen, möglich. Nur die Gesetzgebung ist "demokratiefähig".

Wer möchte sich unter diesen Umständen in bezug auf die sachliche Einschränkung als einzelner berufen oder berechtigt fühlen, eine Einschränkung der Sachbereiche definieren oder abstecken zu wollen?

Wenn alle - oder eine Mehrheit - meinen, daß die Regelung A besser sei als die Regelung B, so ist darüber hinaus nicht einzusehen, warum der Gemeinschaft die Lebenserfahrung mit A erspart bleiben solle. Es bleibt ihr ja, wenn sie Repräsentanten beruft, auch nicht erspart, mit den Fehlern, welche diese machen, zu leben - bevor sie unter Umständen nach Jahren erst die Möglichkeit hat, eine andere Regierung zu wählen. Hier aber werden - wenn schon - Fehler immer nur an einer bestimmten Stelle gemacht, nie in bezug auf die Vergabe der ganzen Staatsgewalt. Die Gesellschaft macht also - so oder so - nicht zuletzt einen sozialen Lernprozeß durch, der seinen Niederschlag im Wandel der Rechtsordnungen findet. Insofern durchkreuzt oder lähmt dieser Lernprozeß weder das Gemeinwohlinteresse noch den Lernprozeß der Individuen; die Lernprozesse der Individuen setzen vielmehr den des sozialen Ganzen voraus.

c) Das Verfahren über diese Dreistufigkeit hat Filterfunktion. Es werden nur Angelegenheiten aus dem Bereich der "sozialen (mitmenschlichen) Vernunft" der Allgemeinheit zur Entscheidung vorgelegt. Eine Materie, die zuviel organisatorische oder technologische Expertenkenntnis enthält, wird ausgesondert, da diese nicht mehrheitsfähig ist, und so muß sie zur weiteren Bearbeitung auf der Ebene der repräsentativen Organe vorangetrieben werden. Dadurch ist der Volksentscheid materiell der "gesellschaftlichen Vernunft", d.h. demjenigen vorbehalten, was nur die Beziehungen der Menschen untereinander regelt, ist also ein reines Instrument zur Konsolidierung und Ausgestaltung des Menschenrechts. Nur so kann den technischen Zweckrationalitäten (Sachzwängen) die gesellschaftliche Ratio vorgeschaltet, übergeordnet werden. Darin liegt die substantielle Bedeutung der plebiszitären Komponente.

4. Ein dergestalt dreigegliederter Willensbildungsprozeß über Initiative, Begehren und Entscheid durchläuft den anthropologischen Prozeß und die Stufenfolge von Denken, Fühlen und Wollen konkret und sozialisiert diese menschliche Grundgegebenheit. Damit ist auch gesichert, daß der soziale Prozeß, der den Zeitgenossen häufig als amorph und unübersichtlich erscheint, in die Bahnen des Humanen gelenkt wird und solche Erscheinungsformen wie "Emotionalisierung" oder "Demagogisierung" gar nicht stattfinden können. Demagogen betätigen sich im übrigen nur dort, wo Staatsgewalt zu erobern ist, nicht hier, wo der Bürger selbstlos auf die Rechtsordnungen hinzuwirken versucht.

a) In der Initiative macht eine Rechtsidee überwiegend ihre konzeptionell kreative Phase im Denken durch. Ein Gesetzentwurf, nicht eine nachträglich manipulierbare Fragestellung steht also an. Dies verhindert schon im Ansatz, daß man sich emotional oder nur akklamatorisch verhält. Es macht vielmehr eine Besinnung auf den Gegenstand unumgänglich, die in der Regel nur von den fachlich Qualifizierten geleistet wird.

Weshalb sollte dort, wo sich auf dieser ersten Stufe 5.000 Bürger auf ein inhaltliches Konzept einigen müssen, ein Aufeinanderzugehen und die vielzitierte Kompromißfähigkeit nicht gegeben sein? Oft bilden sich dann, wenn Einigung in der Sache nicht möglich ist, fruchtbare Alternativlösungen heraus. Die Behauptung, beim Volksentscheid könne nur mit Ja/Nein gestimmt werden, geht nicht von dem ganzheitlichen dreistufigen Verfahren aus, sondern steht im Banne anderer Leitbilder, vor allem der frontalen, punktuellen (eben "irgendwie von oben" diktierten) Volksabstimmung. Initiativen entwickeln sich gewiß aus Einzelgruppen, also aus der individuellen, ja geradezu privaten Sphäre eines mehr oder weniger blühenden geistigen Lebens der Gesellschaft heraus. Damit "repräsentieren" die Initiativen zwar das pluralistische geistige Leben, noch nicht jedoch die rechtlich-staatliche Gemeinschaft.

Wer aber behaupten wolle, dadurch sei den "nicht legitimierten Einzelgruppen ein zu hohes Gewicht" oder ein zu großer Einfluß eingeräumt, der übersieht, daß die Initiative immer nur ein Vorschlag dem Ganzen gegenüber darstellt, die Gesamtheit aber das Bestimmungsrecht ausübt, d.h. die Einzelinitiative ja "ausdrücklich legitimiert". (Die Gesamtheit muß sich den Vorschlag der Einzelgruppen ja erst zu eigen gemacht haben.)

Bedenken dieser Art rühren aber auch von dem Unverständnis dafür her, daß eine Demokratie jedes Glied der Gesellschaft als ein gleichberechtigtes in ihre Reihen aufnimmt. Dies bedeutet nicht, daß Eliten - de facto - keine Rolle zu spielen hätten oder Überzeugungswettbewerbe von Eliten nicht gerade zu diesem plebiszitären Prozeß gehörten, sofern sie noch zum Volk gehören wollen; vielmehr wird durch dieses Verfahren den Eliten überhaupt erst wieder Anerkennung und Entfaltungsmöglichkeit für die Gestaltungen im politischen Raum erschlossen. Sie üben das Vorschlagsrecht - de jure - wie jedermann aus.

b) Auf der Stufe des Begehrens soll durch einen noch freilassenden Appell an die Bürgerschaft die Notwendigkeit des Anliegens erfühlt werden.

Hier tritt besonders in Erscheinung, daß ein soziales Urteil aus dem Inneren des gesellschaftlichen Organismus zustandekommen muß darüber, ob der Gemeinwille die anstehende Frage annehmen will. Die Verwaltung hat daher hier die hoheitliche Aufgabe, zustandegekommene Volksinitiativen - freilassend und selbst neutral - der Bürgerschaft über die Massenmedien zur Kenntnis zu bringen und die Unterschriftenlisten für das Volksbegehren bereitzustellen.

Wer möchte unter dieser Voraussetzung etwas dagegen einwenden, daß Informationsfluß und soziale Urteilsbildung sachgemäß stattfinden können und daß die Wirtschaftsmacht der Medien auf diese Notwendigkeit durch die entsprechende gesetzliche Verpflichtung zu fairer Berichterstattung ausdrücklich hingewiesen wird? Die in den Kernpunkten einer künftigen Regelung des direkt-demokratischen Prozesses (gem. Art. 32a Abs. 3, 7) vorgesehene Medienbedingung, also die Sozialpflichtigkeit der Medien für eine Urteilsbildung von gesellschaftlicher Relevanz in Verbindung mit dem Recht auf wahrheitsgemäßes Informiertwerden, kann jedem Bürger nur einleuchten, ja wird als Selbstverständlichkeit, nicht erst als ein Resultat aus Art. 14, Abs. 2 GG und Art. 5 GG empfunden werden.

In einem solchen Rahmen können Bürger - von außen freigelassen, von innen ihrem ureigensten Impuls gehorchend, also aus echtem freien Willen und aus Einsicht - einen individuellen Beitritt zu den zustandegekommenen Volksinitiativen vollziehen wie auch verweigern. So bringt eine qualifizierte Bürgerschaft das Anliegen auf die Stufe des zustandegekommenen Volksbegehrens.

c) Der eigentliche Volksentscheid ist schließlich diejenige Stufe, auf der die Gesamtbürgerschaft hauptsächlich in ihrem Wollen angesprochen wird, wo aber eben auch das

Gewicht der Verantwortung für den einzelnen besonders spürbar wird. - Hier findet wohl eine Ja/Nein-Entscheidung statt, doch unterscheidet sich dies nicht von einer parlamentarischen Entscheidung, obwohl dies immer wieder behauptet wird; sie haftet jeder Entscheidung als solcher an.

Erst jetzt taucht auch die Frage nach dem Mehrheitsprinzip auf. Indem ein Appell an das Ganze erfolgt, richtet sich dieser zunächst auf die Einholung des vollen Konsenses und seinem Anspruch nach auf die Feststellung des gemeinsamen Willens schlechthin. Mehrheit ist hier lediglich Ausdruck dafür, die untere Definitionsgrenze dieses Willens festzuhalten (in dem Sinne, daß "bei 51 % man gerade noch, aber eben knapp, vom Gemeinwillen soll sprechen dürfen"). Man strebt hier nicht die bloße Mehrheit an. - Die Mehrheit als Ausdruck des Gemeinwillens ist nur dadurch und dann zu rechtfertigen, wenn die ersten beiden Stufen ihre Filterfunktion haben ausüben können und wenn nur noch ein Recht im Sinne einer möglichen Vereinbarung, ohne technische Sachzwänge, ansteht. (Aus dem sozialen Organismus heraus ist ontologisch nur das ein Recht, was auf einer Vereinbarung beruhen könnte, vereinbarungsfähig ist. Eine Spezialistenfrage ist es also dort nicht). - Erst auf dieser Plattform, wo jedes "Nicht-Recht" herausgefiltert ist, hat das Mehrheitsvotum eine Gültigkeit und substantielle Rechtfertigung.

Bei der Volksabstimmung entscheidet also die Mehrheit der Abstimmenden. Der Willenseinschlag auf dieser Stufe führt dazu, daß nicht mehr allein die Stimmberechtigten die Bürgerschaft bilden, sondern diejenigen, welche von ihrer Berechtigung auch "Gebrauch machen".

5. Wenn also die Initiative von den Sachverständigen (= Elite) in die Wege geleitet, das Begehren von der wachsamen Bürgerschaft (= "Aktivbürgerschaft") befördert wird, stehen auf der Stufe des Entscheids "nur noch" die von der Gesetzespflicht Betroffenen (= "alle") auf dem Plan. So ist die plebiszitäre die ausgewogenste Entscheidungsfindung und kann als das Kernstück der Demokratie betrachtet werden.

Zusammenfassung:

1. Der dreistufige plebiszitäre Prozeß ist in keiner Phase auf Akklamation, sondern immer auf individuelle Beitritte abgestellt.

2. Dieser Prozeß appelliert in keiner Phase an bloße Emotionen, sondern stellt die politische Entscheidung auf das überschaubare Feld einer rationalen Einzelentscheidung.

3. Der dreistufige plebiszitäre Prozeß ist nicht ein Abruf unreflektierter Meinungen oder Launen (wie bei der Demoskopie), sondern fordert zu einem sozialen Gestaltungsprozeß heraus, der seinem Wesen nach und gerade dank der großen Zahl der Menschen und deren Anonymität sich inhaltlich nur auf die gesellschaftliche Vernunft erstrecken kann.

4. Das dreistufige Verfahren durchmißt den anthropologischen Dreischritt von Denken, Fühlen und Wollen und vermittelt diese Strukturierung an die Gesellschaft. Es verleiht somit dem sozialen Ganzen erst das Menschenbild der Vollbürgerschaft.

Mehr Demokratie wagen!

INTERVIEW MIT PROF. DR. HANS PETER BULL, INNENMINISTER DES LANDES SCHLESWIG-HOLSTEIN
von Wolfgang Weirauch

Hans Peter Bull: *geboren am 17. Oktober 1936 in Lübben/Spreewald. Er ist verheiratet und hat zwei Kinder. Hans Peter Bull studierte Rechtswissenschaft in Hamburg, Marburg und Berlin. Er legte das Erste und Zweite Juristische Staatsexamen ab und promovierte 1963 zum Dr. jur. an der Universität Hamburg. 1972 folgte die Habilitation. 1973 wurde er ordentlicher Professor für öffentliches Recht an der Universität Hamburg. Von 1978 bis 1983 war er Bundesbeauftragter für den Datenschutz, danach wieder Professor für öffentliches Recht an der Universität Hamburg. Er ist Mitglied der SPD seit 1967. Er hat verschiedene Funktionen wahrgenommen, u.a. Landesvorsitzender der Arbeitsgemeinschaft sozialdemokratischer Juristen (AsJ) Hamburg, Mitglied im Bundesvorstand der AsJ. Er ist Mitglied der Kommission für Rechts- und Innenpolitik beim Parteivorstand der SPD.*

Veröffentlichungen: mehrere Bücher und zahlreiche Aufsätze zu Themen des Verfassungs- und Verwaltungsrechts, zum Datenschutz und zur Juristenausbildung.

Björn Engholm und seiner Crew gelang es - mit Ausnahme von Oskar Lafontaine an der Saar - als bisher einzigen, ohne Koalitionspartner aus dem Stand eine CDU-Landesregierung abzulösen. 38 Jahre CDU-regiert hat Schleswig-Holstein seit nunmehr fast einem Jahr eine SPD-Landesregierung, die mit viel Elan an der Kieler Förde angetreten ist. Innenminister ist der Rechtswissenschaftler Professor Dr. Hans Peter Bull, der in den Jahren 1978 bis 1983 als erster Bundesdatenschutzbeauftragter mit seinem Stab die Kontrolle über die allzu fleißigen Datensammler ausübte. Allerdings wurde er 1983 von Innenminister Zimmermann entlassen, da bei der konservativen Bundesregierung Sicherheit vor Datenschutz rangierte.

In seinem Buch "Datenschutz - oder Die Angst vor dem Computer" (Piper Verlag, München 1984) prangert Hans Peter Bull auch die ausufernden Informationssysteme der Sicherheitsbehörden und die kaum kontrollierbaren Datentransfers an, die im Zuge der Terrorismusabwehr ersonnen wurden. Seine Kritik an der Rasterfahndung - aus der Vielzahl unverdächtiger Personen mittels verschiedener Suchkriterien diejenigen herauszufiltern, die besondere Merkmale aufweisen - brachte ihm eine Klage des ehemaligen BKA-Chefs Herold ein, die er jüngst verloren hat.

Zwar setzte sich Hans Peter Bull einerseits stets vehement für die Wahrung der Individualrechte gegenüber der behördlichen Datensammelwut ein, schätzte aber andererseits das datenschutzrechtliche Risiko der Volkszählung als ziemlich geringfügig ein und lastete den Medien an, die Furcht vor den elektronischen Datennetzen in Staat und Wirtschaft geschürt zu haben.

Als Innenminister Schleswig-Holsteins kann er nun ein liberales Kontrastprogramm zur bisherigen CDU-Innenpolitik setzen, die in der Ära Barschel - der in den Jahren 1979 bis 1982 selbst Innenminister war - mit besonders harter Hand geführt wurde. Unvergessen ist die Aufrüstung der Polizei zu einer Art Bürgerkriegsarmee sowie die Ereignisse im Sommer 1986, als viele Brokdorf-Demonstranten wie Tiere in einen bereitgestellten Käfig gesperrt wurden.

Seit seinem Antritt als Innenminister ist Hans Peter Bull entschlossen, der Polizei das routinemäßige Filmen und Fotografieren bei Demonstrationen zu verbieten, ebenso die bisherige Praxis der Datensammlung verdächtiger Personen. Ein erster Schritt im Lande Schleswig-Holstein war die Abschaffung des Radikalenerlasses, also der Regelanfrage beim Verfassungsschutz bei der Neueinstellung von Lehramtsbewerbern. Bezüglich der Notsituation auf dem Wohnungsmarkt setzt sich Innenminister Bull für die Förderung der Mietwohnungen ein und hat als Antrag in den Bundesrat eingebracht, die gemeinnützigen Wohnungen zu erhalten.

Über die direkte Volksgesetzgebung äußert sich Hans Peter Bull verhalten, aber im Grunde zustimmend, er möchte aber bislang nur ein suspensives Veto, eine Art Mitspracherecht - keine Gesetzgebung -, der Bürgerinnen und Bürger bei erneut zur Debatte anstehenden Parlamentsentscheidungen zulassen. Das Interview wurde am 15. März 1989 im Innenministerium Kiel geführt.

Wolfgang Weirauch: Können Sie bitte zuerst einmal Ihre Stellung zur direkten Demokratie und zum Volksentscheid im speziellen darstellen?

Prof. Dr. Hans Peter Bull: Ich meine, daß unsere parlamentarische Demokratie durch plebiszitäre Elemente ergänzt werden sollte.

Allerdings möchte ich gleich zu Anfang betonen, daß ich nicht die Meinungen teile, die besonders auf der linken Seite des politischen Spektrums vorherrschen, daß nämlich Volksbefragungen oder Volksentscheide, einer progressiven Politik, einer Politik größerer Veränderungen, neue Schubkraft geben könnten. Erfahrungen sprechen ganz entscheidend dafür, daß bei allen Verfahren der direkten Demokratie das beharrende Element sehr stark sein wird, und die Ausnahmen, daß eine fortschrittliche Politik - etwa in Schulfragen, bezüglich der Medien oder auch im Energiebereich - in der Bevölkerung eine Mehrheit gefunden hätte, sind sehr selten. Meistens erlebt man hier - als jemand, der fortschrittliche Politik durchführen möchte - bei der Betrachtung durchgeführter Volksentscheide in anderen Ländern herbe Enttäuschungen.

Maßgebender Impuls für die Ergänzung der parlamentarischen Demokratie um plebiszitäre Elemente ist deswegen für mich, daß wir unser demokratisches System lebendig erhalten müssen, und dazu gehört für mich, daß die Bürgerinnen und Bürger mehr Entscheidungsmöglichkeiten bekommen müssen. Bei ihrer Mitwirkung muß es möglich sein, nicht nur Personen zu wählen, sondern auch bei Sachentscheidungen mitzureden.

Suspensives Veto

Dies kann auf sehr vielfältige Weise geschehen; über die Formen muß man sehr sorgfältig nachdenken, und zwar bis zur Höhe der erforderlichen Quoren. Mein Modell davon, was machbar und vernünftig wäre, ist, daß eine Form des *suspensiven Vetos* in das parlamentarische System eingebaut werden sollte. Dies bedeutet, daß eine parlamentarische Minderheit oder eine größere Zahl von Mitbürgerinnen und Mitbürgern das Recht bekommen müßten, gegenüber einem im Parlament an sich abgeschlossenen Entscheidungsprozeß aufschiebend wirksam zu werden und das Parlament zu bewegen, ein zweites Mal auf der Grundlage einer Diskussion im Volke darüber zu entscheiden. Die betreffende Angelegenheit wird also an das Parlament zurückgegeben, aber zwischen den beiden Phasen der Parlamentsbefassung liegt die Mitwirkung des Volkes an der jeweiligen Sachfrage. Meiner Ansicht nach wird das Parlament bei seinem zweiten Schritt und dem daraus folgenden Beschluß sehr sorgfältig auf das zu hören haben, was im Volke an Meinungen und Ansichten lebt.

W.W.: Schwebt Ihnen vor, daß Ihr vorgeschlagenes suspensives Veto für alle Fragen, Gesetzesvorlagen und Parlamentsbeschlüsse gelten sollte?

H.P. Bull: Für die meisten. Wenn die Verantwortung letztendlich beim Parlament bleibt, braucht man in bezug auf ein suspensives Veto keine große Sorge zu haben, daß "ungeeignete" Bereiche vom Volk entschieden werden könnten. Man kann es auch aushalten, wenn - vergleichbar etwa mit Wahlkampagnen - Sachkampagnen entstehen und einzelne Sachfragen in hitziger Weise diskutiert werden. Man wendet berechtigterweise gegenüber der Volksgesetzgebung ein, daß damit nicht gewährleistet sei, komplizierte Sachüberlegungen in Gesetzesformulierungen zu bringen, und daß es immer auf eine Ja/Nein-Entscheidung hinausläuft. Der parlamentarische Prozeß der Gesetzesbildung - mit Beteiligung der Regierung, der Ministerialbürokratie, der Verbände, der

Lobbies, der Parteien - ist darauf angelegt, Kompromisse zu erzielen, schwierige Sachfragen auf gesetzliche Formulierungen zu reduzieren und dabei sachgerechte Lösungen zu finden. Und eben dafür gäbe es eine Garantie, wenn der konkrete Problemkreis nach der Volksdiskussion wieder beim Parlament ankäme.

W.W.: Wenn das Volk ein suspensives Veto erwirken möchte, welche Zeit soll dann zwischen den beiden Parlamentsbeschlüssen vergehen?

H.P. Bull: Dazu habe ich noch kein Modell ausgearbeitet, aber die Zwischenzeit sollte nicht zu lang sein.

"Die Kräfte der Beharrung hätten einen Vorsprung"

W.W.: Sehen Sie in Ihrem Vorschlag des suspensiven Vetos nicht ein gewisses Manko, nämlich daß eine Gesetzesinitiative nicht originär aus dem Volk kommt, sondern nur aus dem Parlament und dann wiederum an dieses zurückgeht?

H.P. Bull: Natürlich kann man sich auch überlegen, ob eine Volksinitiative und ein Volksbegehren zuzulassen wäre. Allerdings gibt es aufgrund meiner Erfahrungen und meiner Betrachtung der Geschichte kein Thema, das auf Bundesebene wirklich relevant wäre und welches letztendlich von den im Parlament vertretenen Kräften - also den Parteien - nicht aufgenommen worden wäre; wenn es wirklich ein Thema von Gewicht ist. Oder würden Sie aus Ihrer Geschichtskenntnis sagen, daß es ein Thema gibt, welches im Parlament verschwiegen worden ist bzw. dort nicht artikuliert wurde?

W.W.: Es geht ja nicht darum, daß ein Thema im Parlament artikuliert wird, sondern darum, daß das Parlament einen Beschluß fassen könnte, der von der Mehrheit der Bevölkerung abgelehnt wird, und dies ist immer wieder vorgekommen. Sie brauchen als Beispiel lediglich die Stationierung der Mittelstreckenraketen zu nehmen: annähernd 80 % der Parlamentarier stimmten für diese Atombewaffnung, aber ca. 70 % der Bevölkerung waren gegen die Stationierung. Ähnliche Ergebnisse könnte man sicherlich auch im Umweltbereich und bezüglich der Atomkraftwerke erzielen.

H.P. Bull: Das ist noch sehr die Frage. Sie sagen, es waren 70 % gegen die Stationierung, aber es hat keine Abstimmung stattgefunden, sondern die Zahlen beruhten nur auf Meinungsumfragen, und bei denen hat man sich oft genug getäuscht. Ich bin mir keineswegs so sicher, daß bei einem Volksentscheid die Bevölkerung in dieser Höhe die Stationierung der Mittelstreckenraketen abgelehnt hätte. Sie müssen dabei bedenken, daß, wenn derartige Fragen zum Volksentscheid anstehen, exakt die Parteien, die ihre Parlamentarier ins Parlament geschickt haben, den Volkswillen in ihrer Weise aktionsfähig machen und eine zusätzliche Wahlkampagne veranstalten werden. Hätte so ein Entscheid angestanden, so hätten die Rechtsparteien diese Kampagne eben zu einer Kampagne in ihrem Sinne gemacht, so daß das Ergebnis möglicherweise doch ein anderes geworden wäre als bei der von Ihnen genannten Meinungsumfrage. Deswegen ist es nach wie vor meine Meinung, daß die Kräfte der Beharrung bei einer Volksgesetzgebung einen Vorsprung hätten.

Originäre Initiativen aus der Bevölkerung

W.W.: Es gibt einen dreistufigen Volksgesetzgebungs-Vorschlag, der "Initiative Volksentscheid" aus Achberg. Ich weiß nicht, ob Sie diesen kennen ...?

H.P. Bull: Diese Initiative habe ich schon kennengelernt.

W.W.: Durch die "Initiative Volksentscheid" liegt seit längerem ein konkreter Vorschlag vor, der in zwei Petitionen an den Bundestag ging, jüngst auch - auf das Landesgesetz zugemessen - an den Landtag von Schleswig-Holstein, wobei es unter anderem darum geht, daß eine Volksbefragung oder der Weg zu einem Volksentscheid nicht aus dem Parlament kommt, sondern als Existenzfrage direkt aus dem Volk, so daß eine Volksinitiative entsteht, mit deren Vorschlag sich das Parlament befassen muß, wenn dieser Vorschlag von 50.000 Bürgern bundesweit unterstützt wird. Gleichzeitig werden die Anliegen dieser Initiative von den Massenmedien veröffentlicht. Lehnt das Parlament diesen Gesetzesvorschlag ab, kommt es automatisch zu einem Volksbegehren, das bei einer Million Zustimmungserklärungen zu einem Volksentscheid führen soll. Zwischen diesen drei Stufen - Initiative, Volksbegehren, Volksentscheid - wird jeweils ein Zeitraum von sechs Monaten gesetzt, mit ausreichender und ausgewogener Sachdiskussion in den Massenmedien.

H.P. Bull: Diese Möglichkeit ist mir sehr sympathisch, aber sie ist auch sehr idealistisch. Ich fürchte, daß diese Initiative ihre Bewährungsprobe sehr schwer bestehen würde. Welche Idee soll denn noch kommen, die nicht schon irgendwo im parlamentarischen Raum diskutiert worden wäre? Ein radikaler Umweltschutz vielleicht!

W.W.: Das wäre eine Möglichkeit. Es geht immer um einzelne Sachfragen, gleichgültig ob diese schon im Parlament diskutiert worden sind oder nicht.

H.P. Bull: Die Ideen*produktion* ist nicht das Problem, sondern die *Durchsetzung* der Ideen. Ideen haben wir alle ziemlich viele; und wenn wir alle frei nach unseren Ideen entscheiden könnten, dann kämen wir vielleicht zu ganz radikalen Vorschlägen, die Politik so zu verändern, daß die Welt für unsere Nachfahren noch erhalten bleibt. Eine solche Idee, die auch mehrheitsfähig wäre, in konkrete Maßnahmen umzusetzen, zum Beispiel den Straßenbau umzugestalten und vieles mehr, das ist das eigentlich Schwierige. Denn dabei trifft man auf so massive Interessen, nicht etwa nur von Unternehmern, sondern auch von Arbeitnehmern, daß man sich diese Umsetzung nicht zu leicht vorstellen sollte.

W.W.: Das ist sicher richtig, aber dies geht ja in den Bereich von Behördenmaßnahmen, Verwaltungsentscheidungen usw. Mir geht es darum, ob man nicht dem Volk das grundlegende Recht einräumen sollte, zusätzlich zur Möglichkeit der repräsentativen Demokratie, durch Wahlen eine Partei und Parlamentarier zu wählen, die Volksgesetzgebung in die Verfassung hineinzunehmen, so daß das Volk aus einer Initiative heraus über ein Volksbegehren mit einem Volksentscheid ein Gesetz beschließen kann.

H.P. Bull: Im Prinzip habe ich nichts gegen Volksinitiativen, Entsprechendes war auch Beratungsgegenstand der hiesigen Enquete-Kommission "Parlamentsreform / Verfassungsreform", wo in einem Minderheitenvotum auf Ähnliches hingewiesen worden ist, wie Sie es eben geschildert haben. Allerdings habe ich große Bedenken, ob eine

Volksgesetzgebung realistischerweise *Chancen* hätte. Wenn diese Volksgesetzgebung durchkommen soll, dann muß sie von einer sehr großen Anzahl von Menschen getragen werden. Ich wiederhole: An den Vorschlägen fehlt es nicht, dagegen an der Unterstützung breiter Bevölkerungsteile.

W.W.: Die letzten Wahlen - Kommunalwahlen in Hessen, Wahlen zum Abgeordnetenhaus in Berlin, auch die Landtagswahlen in Schleswig-Holstein - zeigten eine starke Abkehr von den Regierungsparteien; mit Ausnahme von Schleswig-Holstein konnte aber auch die SPD nur magere Gewinne verbuchen. Sehen Sie in dieser Entwicklung einen Trend, daß größere Bevölkerungsteile sich von den Großparteien - speziell den Regierungsparteien - und der Möglichkeit, diese Parteien lediglich alle vier Jahre mit einem Kreuz als Gesamtpaket zu wählen, abwenden und sich den Rechtsparteien - Republikanern und NPD - zuwenden, die mit niederträchtiger Stimmungsmache einzelne Lebensfragen verzerren und emotionalisieren? Ist dies nicht ein Hinweis dafür, daß es nicht mehr ausreicht, das Gesamtpaket Partei zu wählen, sondern daß es vordringlich geboten erscheint, auch in einzelnen Sachfragen die Bevölkerungsmehrheit entscheiden zu lassen?

H.P. Bull: Es stimmt ja nicht, daß nur die Rechtsparteien gewonnen haben, die Alternative Liste und die GRÜNEN haben ebenfalls Stimmenzuwächse erhalten.

W.W.: Aber wer die GRÜNEN wählt, weiß, daß er eine Partei wählt, die vordringlich einzelne Sachfragen in den Vordergrund stellt und die auch die Volksgesetzgebung in ihr Programm aufgenommen hat.

H.P. Bull: Sicherlich. Natürlich bedaure ich das, denn diese Stimmen hätten der SPD gut angestanden. Ihre Frage ist allerdings sehr spekulativ, denn wir wissen nicht, wie die Menschen auf dieses oder jenes verfassungsrechtliche Instrumentarium reagieren würden. Ich bin auch dafür, daß wir unser System durch die direkte Volksgesetzgebung ergänzen, allerdings ist es meine Prognose, daß die Parteien dieses Instrument voll in ihre Hand nehmen werden, und so werden wir ein ähnliches Mehrheits- und Meinungsspektrum erhalten, wie es durch die gewählten Vertreter in den Parlamenten ohnehin der Fall ist. Oder wie sehen Sie das?

W.W.: Mir geht es darum, daß aufgrund einer Sachfrage, die im Volke lebt, oder aufgrund einer Parlamentsentscheidung, die große Bevölkerungsteile ablehnen, größere Bevölkerungsteile durch sich eine Initiative starten, Unterschriften sammeln, um damit - wie vorhin erläutert - letztendlich zu einem Gesetz zu kommen.

"Ich stelle mich nicht gegen Bürger- und Volksinitiativen"

H.P. Bull: Das kann und sollte man auf *kommunaler Ebene* in den Gemeinden zulassen. Wir wollen dieses auch in das Kommunal-Verfassungsrecht des Landes Schleswig-Holstein aufnehmen, allerdings ist es bereits fraglich, ob man dies auch auf die nächsthöhere Ebene der Kreise übertragen sollte. Es ist fraglich, ob dies zweckmäßig ist und ob man damit etwas Neues produziert. Wenn die Gemeinden lebendig sind, dann werden sie auch über ihren eigenen Bereich hinaus auf die Politik der höheren Ebenen

Einfluß nehmen. Alle halbwegs relevanten Fragen sowie alle realistischen Lösungsmöglichkeiten werden über die repräsentativen Verfahrensweisen zumindest vorgetragen, sind aber dort auch schneller zu lösen.

W.W.: Sind denn die Parlamentarier in der Lage, alle Gesetzesvorlagen, die sie beschließen, vollgültig und besser beurteilen zu können als viele Bürgerinnen und Bürger?

H.P. Bull: Das ist eine polemische Frage; meines Erachtens läuft es gar nicht auf diesen Gegensatz hinaus. Zwar wird häufig die Meinung vertreten, daß die Parlamentarier die sachkompetenteren Menschen seien, während das Volk im Grunde vieles gar nicht beurteilen könne. Dieser Meinung bin ich nicht. Ich trete - wie gesagt - auch für die Ergänzung des parlamentarischen Systems ein, und ich stelle mich auch nicht gegen Bürger- und Volksinitiativen, weil ich davon ausgehe, daß die Menschen in vielen Fällen betroffen sind und somit auch das Recht haben, sich zu artikulieren und ihre Meinung auf vielerlei Weise einzubringen. Hierzu kann auch eine Volksinitiative ihren Beitrag leisten, das möchte ich überhaupt nicht bestreiten.

Nur, die Erfahrung lehrt, daß es eines sehr komplizierten Prozesses "in unserer komplizierten Welt" bedarf, um durchsetzbare Lösungen finden zu können. Das liegt nicht daran, daß die einzelnen Abgeordneten klüger als viele Bürger sind, sondern daran, daß sie andere Informationen zu verarbeiten haben; auch die Regierungsmitglieder sind nicht klüger als die einfachen Abgeordneten oder andere Bürger, sondern sie bekommen mehr und vielseitigere Informationen. Mir arbeitet zum Beispiel ein ganzes Ministerium zu, den Abgeordneten arbeiten deren Mitarbeiter zu, hinzu kommen die vielen Bürger, die einem schreiben, wobei der eine A und der andere B sagt. Deswegen ist der Abgeordnete schon vor die Notwendigkeit gestellt, zwischen A und B abzuwägen: der eine sagt, in dieser Stadt müsse unbedingt eine Gesamtschule entstehen, der andere trägt die Ansicht nur, dies dürfe auf gar keinen Fall geschehen. Der Abgeordnete ist genötigt, sich mit beiden Argumenten auseinanderzusetzen. Dieser Zwang zur Auseinandersetzung mit Argumenten und Interessen - die Wirtschaft fordert Subventionen, der Bund der Steuerzahler will keine Subventionen; die Gewerkschaften fordern mehr Lohn, der Arbeitgeber Staat fordert mehr Leistung - ist eine ständige Herausforderung für die Parlamentarier, mit dem sich der einfache Bürger nicht auseinanderzusetzen hat. Das ist auch in Ordnung so, aber diese unterschiedliche Konstellation führt dazu, daß das repräsentative System eine höhere Leistungsfähigkeit hat als eine bloße Ansammlung von Bürgern.

W.W.: Richtig, aber Sie stellen das repräsentative System einer bloßen Ansammlung von Bürgern gegenüber; aber nehmen Sie eine Initiative, die über ein Begehren zu einem Entscheid führt - bezogen auf eine einzelne Sachfrage, unter der Bedingung ausgewogener längerfristiger Mediendiskussion verschiedener Standpunkte zu dieser einzelnen Sachfrage -, dann kann meines Erachtens der größte Teil der Bevölkerung genauso sachkompetent in dieser einzelnen Frage entscheiden wie die Vertreter des repräsentativen Systems.

H.P. Bull: Die Ausgewogenheit der Medien haben wir nicht, aber wir wollen einmal unterstellen, daß eine ausgewogene Sachdiskussion in den Medien möglich wäre. Die kann dann aber doch nur so vonstatten gehen, daß die Vertreter der anderen Meinung sich gegen die geforderte Lösung der betreffenden Sachfrage entscheiden. Ich möchte das einmal an einem Beispiel erläutern: Datenschutz. Natürlich handeln wir als Landesregierung jetzt so, daß der Datenschutz in richtigen Bahnen läuft, aber ich möchte einmal unterstellen, daß hier noch mehr zu tun ist. In dem allgemeinen Meinungsspektrum wird es zum Beispiel die Meinung geben, *alle* Datensammlungen abzuschaffen, die in irgendeiner Weise polizeilichen oder Verfassungsschutzzwecken dienen könnten. Wenn dies zu einer Volksinitiative würde, so würden sofort die Gegner auf den Plan treten und mehr Sicherheit fordern, und diese Initiative würde auf ähnliche Weise wie die andere Initiative übertreiben, indem sie zum Beispiel fordern würde, alles zu sammeln, was für den Staat an Daten wichtig sein könnte. Bei der Diskussion würde sehr viel geschimpft werden, es würde mit Argumenten aufeinandergeschlagen werden und am Ende wäre die Konstellation sicherlich eine ähnliche, wie in der parlamentarischen Vertretung.

"Das Ergebnis eines Volksentscheides muß nicht linksprogressiv sein"

W.W.: Es könnte aus dem Volk eine Initiative kommen, die noch mehr Datenschutz fordern würde, oder die den Radikalen-Erlaß - wenn er noch bestände - in diesem Lande streichen möchte. Es schadet dann ja gar nichts, wenn in einer anschließenden ausgewogenen Mediendiskussion alle verschiedenen Standpunkte zu dieser Frage ihre Position beziehen, wenn es nur gewährleistet ist, daß am Ende die Bevölkerungsmehrheit dieser einen Frage zustimmt bzw. diese ablehnt. Es könnten auch verschiedene Vorschläge zum Entscheid anstehen.

H.P. Bull: Ich glaube nicht, daß darin eine höhere Richtigkeits- oder Akzeptanzgewähr liegen würde als beim repräsentativen System, allerdings dürfte eine entsprechende Vorgehensweise der Erfüllung eines demokratischen Grundprinzips nahekommen.

W.W.: Das ist genau das, was ich meine. Man muß auf der Ebene des Rechtslebens natürlich berücksichtigen, daß es hier niemals darum gehen kann, die Wahrheit bzw. den eigenen Standpunkt unbedingt erreichen zu wollen, sondern es geht um Mehrheitsentscheidungen, bei denen es auch geschehen kann, daß die Mehrheit anders entscheidet als man selbst dies tun würde.

H.P. Bull: Selbstverständlich, aber es gibt eben auch gute Gegengründe dagegen, eine solche Initiative aus dem Volk als selbständige Bewegung laufen zu lassen, weil wir damit eben nicht die hohe Problemlösungskapazität des repräsentativen Systems preisgeben dürfen, welche allgemein unbestritten ist. Ich bin nicht sicher, aber ich kann mir denken, daß es bei Initiativen, die aus dem Volk heraus kommen, eher um Bereiche geht, die einen hohen *Symbolwert* haben, nicht aber unbedingt Fragen aus der Wirtschaft oder dem Bereich der Arbeit betreffen werden. Vielleicht hätten wir dann eine Debatte über die Todesstrafe.

W.W.: Auch die Volksgesetzgebung würde sich ja an die Verfassung halten.

H.P. Bull: Sicher, eine Änderung des Grundgesetzes dürfte dann auch nur mit einer Zweidrittel-Mehrheit der Bevölkerungsstimmen vorgenommen werden. Es könnte auch sein, daß wir eine Diskussion über das Ausländerwahlrecht bekommen, und dies könnten Initiativen *gegen* ein Ausländerwahlrecht sein. Vielleicht hätten wir auch Initiativen und Debatten, wie es in der Weimarer Republik der Fall gewesen ist, wo es zu einem Volksentscheid über die Enteignung der Fürsten gekommen ist, der erstaunlicherweise keine Mehrheit im Volk gefunden hat.

Um derartige Initiativen mit einem hohen Symbolwert wird es meines Erachtens bei direkter Volksgesetzgebung häufig gehen, und das Ergebnis eines Volksentscheides muß keineswegs immer links-progressiv sein.

W.W.: Sicherlich, man wird es aushalten müssen, Ergebnisse zu akzeptieren, die einem nicht schmecken. Viel wichtiger aber ist mir, daß man dem Volk einräumen sollte, demokratische Entscheidungen zu fällen, gleich welchen Ergebnisses. Ist dies nicht ein Grundrecht, welches man der Bevölkerung zuschreiben müßte?

H.P. Bull: Das ist eine schwierige Frage. Es gibt vielleicht ein Grundrecht der Menschen darauf, ihre eigenen Dummheiten zu begehen - ich möchte dies nicht als arrogant verstanden wissen, wir alle machen Dummheiten! -, und die von politischen Entscheidungen Betroffenen sind allemal die Menschen des Landes. Aber in dem Moment, in dem wir uns klarmachen, daß die eine Hälfte der Bevölkerung, die überstimmt worden ist, vielleicht sogar sehr knapp, auch diejenige Gruppierung von Menschen sein kann, die unserer Meinung nach die besseren Argumente hat, wird die Enttäuschung groß sein. Das geschieht immer dann, wenn man alle Tore für die jeweilige Mehrheitsentscheidung öffnet. Damit fällt man hinter die Errungenschaften des repräsentativen Systems zurück, welches einen hohen Grad an demokratischer Qualität hat, und einen hohen Grad an Rationalität produziert. Dieses repräsentative System nimmt uns Entscheidungen ab, die zu ihrer Lösung unseres komplexen Systems bedürfen. Die Ergänzung von mehr Bürgerrechten durch Mehrheitsentscheidungen sollte meines Erachtens sehr genau überlegt werden und mit den Möglichkeiten des repräsentativen Systems *gekoppelt* werden.

Worauf bezieht sich das Abstimmungsprinzip des Artikels 20 Abs. 2?

W.W.: Artikel 20 Abs. 2 des Grundgesetzes lautet: "Alle Staatsgewalt geht vom Volke aus. Sie wird vom Volke in Wahlen und Abstimmungen und durch besondere Organe der Gesetzgebung, der vollziehenden Gewalt und der Rechtssprechung ausgeübt." Was besagt für Sie dieser Artikel?

H.P. Bull: Ich bin durchaus der Meinung, daß Formen der plebiszitären Demokratie durch diesen Artikel mit zugelassen sind, und zwar durch den Begriff "Abstimmungen", aber das eigentliche Problem der Verfassungsmäßigkeit der Volksgesetzgebung ist nicht in diesem Artikel 20 Abs. 2 enthalten, sondern besteht darin, daß unser Gesetzgebungsprozeß in Artikel 76 ff. ganz genau geregelt ist und wir nicht einfach ein Gesetz machen können, durch welches erlaubt wird, neben Artikel 76 ff. Gesetze auf andere Weise zu machen. Der konkrete Teil über die Gesetzgebung sowie die Beschlußkompetenz des Bundesrates, des Bundestages usw. darf nicht unterlaufen werden, indem man ein zusätzliches Gesetz über die unmittelbare Volksbeteiligung einführt. Insofern ist auf jeden Fall eine Verfassungsänderung erforderlich.

W.W.: Sicherlich, aber eine entsprechende Verfassungsänderung könnte ja mit einer Zweidrittel-Mehrheit beschlossen werden. Für das repräsentative System, ausgehend von den Wahlen, gibt es eine klare Beschreibung der parlamentarischen Organe (Bundesrat, Bundestag usw.), aber in bezug auf die begriffliche und verfassungsrechtliche Ausgestaltung der Organe der Volksgesetzgebung (zum Beispiel Initiative, Begehren, Entscheid) gibt es dergleichen in der Verfassung nichts.

Ist nicht dadurch, daß an grundlegender Stelle des Grundgesetzes (Artikel 20 Abs. 2) die Möglichkeit zur direkten Volksgesetzgebung durch den Begriff "Abstimmungen" festgeschrieben ist, dem Verfassungsgesetzgeber der Auftrag zugeschrieben, entsprechend den parlamentarischen Organen auch Organe für die Volksgesetzgebung in die Verfassung einzubringen?

H.P. Bull: Wissen Sie, das ist eine juristische Argumentation, die ist mir zu rabulistisch. Aus der Verfassung selbst den Auftrag herauszulesen, die Verfassung umzuschreiben, kann meines Erachtens nicht richtig sein. Außerdem bezieht sich dieses Wort "Abstimmungen" auf den Artikel 29, nämlich die Neugliederung der Bundesländer.

W.W.: Nein.

H.P. Bull: Doch, sicher!

W.W.: Das wird zwar immer so gesagt, aber ich kann dieses überhaupt nicht so sehen.

H.P. Bull: Ich möchte einräumen, daß es aufgrund des Artikels 20 Abs. 2 weitere Abstimmungen geben könnte, vielleicht kann man die *konsultative* Volksabstimmung durch den Artikel 20 Abs. 2 abgedeckt sehen, was meines Erachtens aber auch nicht die "Ausübung von Staatsgewalt" wäre. Insofern ist der Artikel 20 Abs. 2 recht unklar.

W.W.: Artikel 29 und Artikel 118, bei denen es um die Neugliederung der Bundesländer geht, sind nicht von so grundlegender Bedeutung wie Artikel 20 Abs. 2. Die Artikel 29 und 118 können geändert werden, Artikel 20 aufgrund von Artikel 79 Abs. 3 allerdings nicht, weil er durch diesen Artikel 79 Abs. 3 in die gleiche Position wie die ersten 19 Grundrechtsartikel gehoben wird. Insofern ist das Abstimmungsprinzip im Artikel 20 Abs. 2 doch von grundlegender Bedeutung und kann sich nicht nur auf die untergeordneten Artikel 29 und 118, die auch noch zeitlich begrenzt sind, beziehen.

H.P. Bull: Sicherlich, die Grundsätze des Artikel 20 dürfen nicht geändert werden. Aber ich möchte doch bemerken, daß ich von der verfassungsrechtlichen Seite einiges verstehe und ich mich nur ungern auf eine solche Diskussion über die Wortauslegung einlasse, und Sie sollten sich meines Erachtens auch nicht auf eine entsprechende Diskussion einlassen.

W.W.: Warum nicht, schließlich ist dies unser Grundgesetz?

H.P. Bull: Aber Sie wollen doch eine Weiterentwicklung der Verfassung.

W.W.: Genau.

H.P. Bull: Aber diese Weiterentwicklung kann man nicht aus der Verfassung selbst herauslesen. Es hat schon viel Plausibilität zu sagen, daß das Abstimmungsprinzip des Artikels 20 Abs. 2 sich auf die Artikel 29 und 118 bezieht.

W.W.: Aber die Artikel 29 und 118 sind zeitlich begrenzt und dürfen geändert werden, während dagegen das Abstimmungsprinzip im Artikel 20 Abs. 2 unveränderbar an grundlegender Stelle des Grundgesetzes enthalten ist. Würden die Artikel 29 und 118 eliminiert werden, so würde das Abstimmungsprinzip im Artikel 20 Abs. 2 völlig in der Luft hängen und sich auf nichts mehr im Grundgesetz beziehen können.

H.P. Bull: Die Grundsätze des Artikels 20 Abs. 2, insbesondere das demokratische Prinzip aber wären trotzdem unveränderlich.

W.W.: Meine Frage war aber, ob es nicht möglich wäre, weil das plebiszitäre Element an grundlegender Stelle des Grundgesetzes enthalten ist, dafür auch eine verfassungsrechtliche Weiterentwicklung vorzunehmen.

H.P. Bull: Es gibt keine derartige Stufenordnung in der Verfassung, daß Artikel 20 den *Auftrag* enthielte, eine verfassungsrechtliche Weiterentwicklung vorzunehmen oder gar die folgenden Artikel zu verändern.

W.W.: Hinzu kommt noch, daß der Artikel 20 Abs. 2 ein ganz anderes Rechtssubjekt beschreibt als der Artikel 29. Artikel 20 Abs. 2 hat zum Rechtssubjekt das Bundessstaatsvolk; Artikel 29 lediglich die einzelnen Bevölkerungsteile. Daraus ergibt sich meines Erachtens, daß das Prinzipielle des Artikels 20 Abs. 2 sich überhaupt nicht auf die speziellen Bereiche der Artikel 29 und 118 beziehen kann.

H.P. Bull: Aber es ist eine Verfassung für Bund und Länder, und die gehören zusammen. Wissen Sie, es gibt viele gute Gründe für eine plebiszitäre Erweiterung, aber dieses aus der Verfassung selber herauszulesen, ist genauso abenteuerlich, wie aus dem "können" im Artikel 15 eine Verpflichtung zur Sozialisierung herauszulesen. Im Jahre 1949 wurde ein Verfassungs*kompromiß* geschlossen, den man meines Erachtens nicht überstrapazieren sollte.

Wenn wir dagegen etwas Neues wollen, dann sollen wir uns auch dazu bekennen und die Verfassung mit Zweidrittel-Mehrheit ändern, und dann ist auch die Ewigkeitsklausel des Artikel 79 Abs. 3 meines Erachtens kein Hindernis, eine behutsame Erweiterung durch plebiszitäre Elemente vorzunehmen. Ansonsten können Sie mit dem Artikel 20 Abs. 2 nur so argumentieren, daß Sie damit "Abstimmungen" in Form demoskopischer Umfragen fordern. Das wäre der einzige Anwendungsfall, der keine Änderung des Grundgesetzes nötig machen würde.

W.W.: Aber mit den "Abstimmungen" sind keine demoskopischen Umfragen gemeint, das geht aus den Protokollen des Parlamentarischen Rates eindeutig hervor. Sie sind eindeutig als die Möglichkeit zur Volksgesetzgebung dargestellt. Es gab während dieser Sitzung immer wieder Anträge, das plebiszitäre Element (die "Abstimmungen") aus der Verfassung zu streichen, aber die Mehrheit des Parlamentarischen Rates, besonders auch durch Einsatz von Carlo Schmid, hat sich für die Beibehaltung des Begriffes "Abstimmungen" eingesetzt.

H.P. Bull: Man hat die Abstimmungen im Artikel 20 Abs. 2 nicht gestrichen, weil eben Fälle davon im Grundgesetz stehen (Artikel 29 und Artikel 118).

W.W.: Wie schätzen Sie die Entwicklung der nächsten Jahre, etwa bis zur Jahrtausendwende, ein: Wird es zu mehr Bürgerbeteiligung kommen oder wird die Kluft zwischen

Regierung und Parlament auf der einen Seite und dem Volk auf der anderen Seite immer größer werden?

H.P. Bull: Ich *hoffe*, daß es zu mehr Bürgerbeteiligung kommen wird und ich hoffe auch, daß es zu einer positiven Gesamtwirkung, zu Erweiterungen unseres parlamentarischen Systems kommt, daß es also für die Menschen mehr Möglichkeiten geben wird, sich in Sachfragen zu artikulieren, um damit - sei es auf kommunaler Ebene oder der Ebene der Länder und des Bundes - etwas im positiven Sinne zu bewirken.

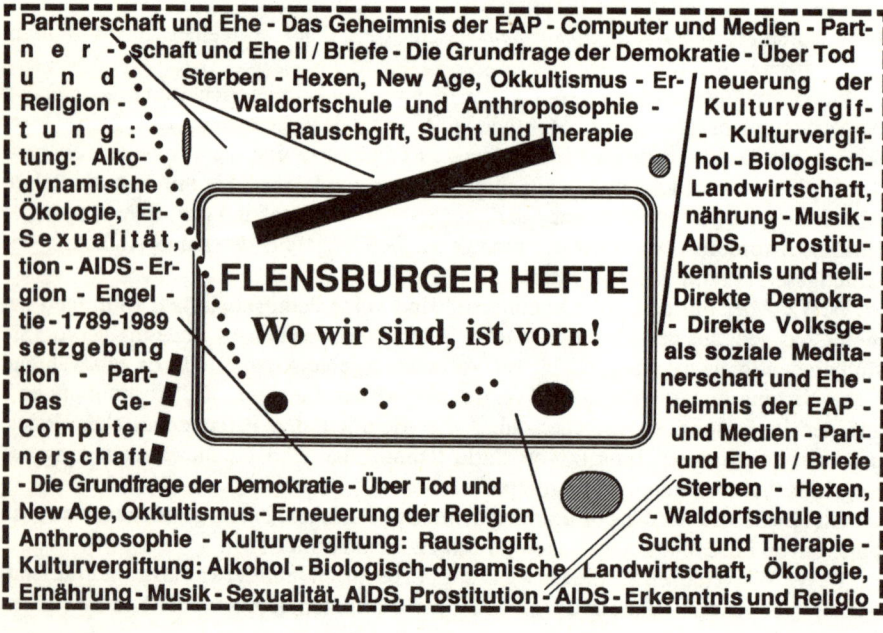

Das Parlament als Filter emotionaler Strömungen

INTERVIEW MIT HEIKO HOFFMANN, FRAKTIONSVORSITZENDER DER CDU IM LANDE SCHLESWIG-HOLSTEIN

von Wolfgang Weirauch

Heiko Hoffmann: *geboren am 14. August 1935 in Stettin, Besuch der Volksschulen in Stralsund, Bad Suderode und in Groß-Lüdershagen. Im März 1945 Flucht nach Brochutel/Ostfriesland und Besuch der dortigen Volksschule, Wohnortwechsel nach Bad Suderode. Ab September 1950 Besuch der Oberschule Ventlinburg, ab 28. April 1953 Ausschluß vom weiteren Schulbesuch wegen aktiver Betätigung in der evangelischen Jungen Gemeinde, am 29. August 1953 Flucht nach West-Berlin.*

Nach dem Abitur am Gymnasium in Limburg Studium der Rechtswissenschaften an den Universitäten Frankfurt und Marburg, Erste Rechtswissenschaftliche Staatsprüfung 1962 in Marburg, Zweite Rechtswissenschaftliche Staatsprüfung 1967 in Hamburg. Im April 1967 Eintritt in den höheren Verwaltungsdienst des Landes Schleswig-Holstein, Regierungsassessor im Innenministerium, Dezember 1967 bis Dezember 1969 Abordnung zum Kreis Oldenburg, anschließend Tätigkeit im Innenministerium und im Kultusministerium, zuletzt Oberregierungsrat. Seit 29. Januar 1973 Mitglied des Schleswig-Holsteinischen Landtages, seit 1975 Mitglied des Fraktionsvorstandes. Vom 8. Januar 1979 bis zum 15. Dezember 1985 Vorsitzender der CDU-Landtagsfraktion, anschließend Justizminister des Landes Schleswig-Holstein. Seit dem 31. Mai 1988 Oppositionsführer und Fraktionsvorsitzender der CDU-Fraktion im Schleswig-Holsteinischen Landtag.

Politischer Werdegang: Am 4. Januar 1954 Eintritt in die CDU und Junge Union in Limburg, 1957 bis 1960 Mitglied des Ringes Christlich-Demokratischer Studenten an der

Universität Frankfurt, u.a. stellvertretender Vorsitzender und Vorsitzender des RCDS in Frankfurt, 1966 bis 1968 Mitglied des Landesvorstandes der Jungen Union in Schleswig-Holstein, seit 1982 Mitglied des Bundesvorstandes der Pommerschen Landsmannschaft, seit 1984 stellvertretender Bundessprecher der Pommerschen Landsmannschaft, Mitglied der Synode der Nordelbischen Kirche.

Die wahrscheinlich größte Parteienkrise in der Geschichte der Bundesrepublik Deutschland war die Affäre des ehemaligen CDU-Ministerpräsidenten Dr. Uwe Barschel. Bei der wiederholten Landtagswahl in Schleswig-Holstein, am 8. Mai 1988, erlebte die CDU mit 9,3 % Stimmenverlust ihre größte Niederlage, die sie je in einem Flächenland erlitten hat. Hatte die CDU im Jahre 1983 noch 5,3 % Vorsprung vor der SPD, lag sie jetzt mit 21,5 % hinter dieser. Barschels schmutzige Tricks haben die Glaubwürdigkeit der Politiker um ein weiteres Stück in Verruf gebracht.

So hervorstechend bei Barschel der Ehrgeiz als eine seiner wesentlichsten Eigenschaften erlebt werden konnte, so sehr trat bei seinem Nachfolger, dem Spitzenkandidaten der CDU bei den letzten Landtagswahlen, Heiko Hoffmann - jetzt Oppositionsführer und Fraktionsvorsitzender im Kieler Landtag -, die Bescheidenheit als prägendes Merkmal in den Vordergrund. Sein Wahlkampf war mit betonter, aber behutsamer Besinnlichkeit als bewußter Kontrast zur vordem erlebten Arroganz der Macht geführt worden. Bereits im Wahlprospekt der CDU las man über ihn leicht übertrieben Bescheidenes:

"Was ist dieser Stettiner des Jahrgangs 1935 für ein Mensch? Engagierter Christ schon in ganz jungen Jahren. Deswegen wird er 1953 in der DDR vom weiteren Besuch seiner Oberschule ausgeschlossen. So entsteht sein Gespür für den Wert der Freiheit und seine besondere Fähigkeit zur Toleranz. - Sein Vater und sein Bruder sind gefallen. Er flieht 1953 in den Westen. Kein leichter Wechsel. Aber Heiko lebt auf: Hier darf er sagen, was er denkt, und tun, was er tun will. Er engagiert sich politisch schon früh. Er studiert in Hessen, aber dann zieht es ihn mit Macht in die Landschaft, die er liebt - an die Ostsee. Schleswig-Holstein wird seine Heimat. Natur fasziniert ihn. Er weiß genau, wo der Eisvogel im Auengehölz hinter seinem Reihenhaus brütet. und freut sich über das ungläubige Staunen seiner Besucher, daß er die Stelle kennt."

Das folgende Interview wurde am 15.03.1989 geführt, während einer dreitägigen Landtagsdebatte, in der Heiko Hoffmann erstmals - so schrieb es die Landespresse - die neue Landesregierung, speziell Ministerpräsident Engholm, mit neuem kämpferischen Engagement anging. Aber während er sich Zeit für nachstehendes Interview nahm, erlebte ich ihn in der vielbeschriebenen Bescheidenheit. Das Gespräch wurde in aller Ruhe - nur durch das Hereinreichen aktueller Pressemitteilungen unterbrochen - geführt, und auch unterschiedliche Standpunkte zur direkten Volksgesetzgebung brachten die Diskussion nicht in Wallung. Heiko Hoffmann lehnt den Volksentscheid klar ab, räumt allerdings für den kommunalen Bereich ein, daß man über einen Bürgerinnen/Bürgerbegehr reden könne. Was wir im einzelnen besprachen, lesen Sie bitte auf den nachstehenden Seiten.

Wolfgang Weirauch: Seit den jüngsten Wahlen - Kommunalwahlen in Hessen, Wahlen zum Berliner Abgeordnetenhaus, natürlich auch bei den Landtagswahlen in Schleswig-Holstein - befindet sich die CDU in einem Abwärtstrend. Sehen Sie, daß verschiedene Sachentscheidungen auf Bundesebene - Flugbenzin, Verlängerung der Wehrdienstzeit, die Beibehaltung der Tiefflüge sowie die Steuer- und die Gesundheitsreform - auch zu Stimmenverlusten bei Menschen geführt haben, die eigentlich mit der CDU sympathisieren, bei denen aber doch die Verärgerung über einzelne Sachentscheidungen dazu geführt hat, die CDU mit ihrer Gesamtprogrammatik dieses Mal nicht mehr zu wählen?

Heiko Hoffmann: Sicher sind Entscheidungen, die Sie genannt haben, mit ein Motiv dafür, daß Wähler sich von der CDU abgewendet haben, weil sie sich von den genannten Problemen betroffen und sich ungerecht behandelt fühlen. Es gibt eine Vielzahl von Motiven, und für eine Regierung, die sich während einer Legislaturperiode ein so umfassendes Reformprogramm vorgenommen hat, ist es immer schwierig, dann auch beim Wähler bestehen zu können.

Die Glaubwürdigkeitskrise der Politiker

Daneben gibt es eine allgemeine Unzufriedenheit mit dem Erscheinungsbild der Regierungsparteien CDU/CSU, welche sich in den spektakulären Wahlniederlagen der CDU ausdrückt. Wir sind gegenwärtig sicher in einer sehr schwierigen, ernsten und kritischen Phase. Ich halte jedoch nichts davon, eine Kurskorrektur durchzuführen; die CDU ist eine Partei der Mitte und sie sollte in dieser Position bleiben.

W.W.: Sehen Sie aufgrund der Vorgänge im Lande - ausgelöst durch den ehemaligen Ministerpräsidenten Barschel und andere - die Stellung der Parlamentarier und Regierenden im allgemeinen bezüglich ihrer Kompetenz und Moral unangefochten, oder betrachten Sie die stärkere Mitwirkung der Bürger an einzelnen Teilbereichen, die unsere Demokratie betreffen, als erstrebenswert? Ist es für Sie denkbar, die Einseitigkeit der repräsentativen Demokratie durch das andere Standbein der Demokratie - Formen direkter Demokratie - zu erweitern?

H. Hoffmann: Die Affäre hier in Schleswig-Holstein hat mit Sicherheit zu einer starken Politikverdrossenheit und zu einer Glaubwürdigkeitskrise der Politiker geführt; als Konsequenz sehe ich jedoch nicht die Notwendigkeit der Einführung plebiszitärer Elemente in unsere Demokratie. Dies begründet sich für mich durch Erfahrungen aus der Weimarer Republik sowie der Gegenwart, weil dadurch das Tor für Stimmungen und Strömungen aus der Bevölkerung geöffnet würde, und weil es fernerhin Demagogen ermöglicht würde, Einfluß zu nehmen. Ich denke, daß sich die Parteien zu prüfen haben, welche Persönlichkeiten in welcher Form Politik auf Zeit zu verantworten und zu bewältigen haben werden. Es liegt nicht im Sinne einer Stabilisierung unseres demokratischen Systems, das Plebiszit einzuführen, weil es - wie gesagt - Demagogen die Möglichkeit eröffnete, emotionale Erscheinungen mißbräuchlich auszunutzen.

Von Stimmungen, Strömungen und Demagogen

W.W.: Es gab in den Jahren 1952/53 im baden-württembergischen Raum eine einmalige Sachkoalition zwischen der CDU und der KPD. Das war meines Erachtens einmalig in der Geschichte. Beide Parteien versuchten sich sozusagen den Rang abzulaufen, den Volksentscheid in die Landesverfassung einzubringen, aber die damalige SPD/FDP-Landesregierung wehrte dieses mehr oder weniger ab. Zwanzig Jahre später war die Konstellation umgekehrt. Trotzdem kam es zu einer Wiedereinführung der Volksgesetzgebung in diesem Bundesland. Gibt es für Sie persönlich - oder für Ihre Fraktion - konkrete Überlegungen, plebiszitäre Möglichkeiten für das Land Schleswig-Holstein zu schaffen?

H. Hoffmann: Ich bin aus den angeführten Gründen gegenüber plebiszitären Elementen sehr zurückhaltend, den Volksentscheid lehne ich ab. Denn ein Volksentscheid - so lehrt es uns die historische Erfahrung - eröffnet gerade denjenigen eine Entscheidungsmöglichkeit, die mit bestimmten in der Bevölkerung bestehenden Urteilen oder sogar Vorurteilen in einer Weise umgehen, die ich für sehr problematisch halte, nämlich Stimmungen für Zwecke auszunutzen, die dem Gemeinwohl nicht dienlich sind. Die Möglichkeit des Volksentscheides wurde auch in ihrem Für und Wider während der Sitzungen des Parlamentarischen Rates, an dem auch Carlo Schmid teilnahm, besprochen.

W.W.: Gegen den Volksentscheid hat man sich aber im Parlamentarischen Rat nicht entschieden; gerade Carlo Schmid wollte nicht das Monopol für die parlamentarische Demokratie.

H. Hoffmann: Ja, richtig, man hat diese Frage nur erörtert und sich auf die Beibehaltung der "Abstimmungen" im Artikel 20 Abs. 2 geeinigt. Man müßte dieses präzisieren, Carlo Schmid wollte den Volksentscheid nicht auf die Weise, wie er während der Weimarer Republik vorhanden war.

W.W.: Sie meinen mit einer verfassungsrechtlichen Weiterentwicklung und entsprechenden Ausführungsgesetzen?

H. Hoffmann: Ja. Andere Mitglieder des Parlamentarischen Rates haben sich natürlich wesentlich engagierter gegen die Volksgesetzgebung ausgesprochen. Ich gehöre zu denjenigen, die als Schlußfolgerung aus dem, was gewesen ist und was sich unter bestimmten Verhältnissen stimmungsmäßig wiederum in der Bevölkerung entwickeln könnte, die Einführung des Volksentscheides ablehnen. Mit dieser Bewertung befinde ich mich auch in der Gesellschaft führender Sozialdemokraten, ich nenne hier nur Herrn Ehmke.

W.W.: Sie denken an das Interview in der "Süddeutschen Zeitung" im März dieses Jahres?

H. Hoffmann: Ja, dort hat er kürzlich seine Position dargelegt.

W.W.: Bezüglich gewisser Stimmungen teile ich Ihre Bedenken, man denke nur an die derzeitige Ausländerfeindlichkeit ...

H. Hoffmann: ... oder auch an die Todesstrafe beispielsweise ...

W.W.: ... aber man sollte diese Stimmungen nicht mit denen vergleichen, die mit demoskopischen Umfragen erfaßt werden. Die Möglichkeit des Volksentscheides, die ich meine, müßte mit einer Initiative beginnen, die ausschließlich aus dem Volk kommt. Es müßte eine Frage sein, die im Volk lebt oder die im Widerspruch zu einer Parlamentsentscheidung steht. Es würden Unterschriften gesammelt werden, die erneut an das Parlament herangetragen werden, und es müßte die Möglichkeit gegeben sein, daß im Falle einer Parlamentsablehnung ein Volksbegehren eingeleitet werden darf. Zu einem Volksentscheid käme es, wenn ca. eine Million Stimmen - bezogen auf die Bundesrepublik Deutschland - gesammelt worden wären. Dieser Entscheid des Volkes hätte dann Gesetzeskraft.

Zwischen den drei Stufen, also zwischen Initiative und Begehren sowie zwischen Begehren und Entscheid, läge ein Zeitraum von etwa sechs Monaten, in welchem in ausgewogener Weise in den Medien über die Vorschläge der Initiative sowie über Gegenvorschläge diskutiert werden müßte. Bei einer derartigen Regelung wäre meines Erachtens das Tor für Stimmungen und Demagogen nicht mehr geöffnet.

H. Hoffmann: Die Bedenken, die ich wegen des Mißbrauchs durch Demagogen habe, würden durch das Verfahren, welches Sie andeuten, nicht ausgeräumt. Die Merkmale einer repräsentativen Demokratie sind für meine eigene Haltung deswegen entscheidend, weil sie die realistischen Möglichkeiten des Mißbrauchs einkalkulieren. Natürlich besteht bei der repräsentativen Demokratie die Gefahr, daß nach außen der Eindruck erweckt wird, "die da oben" machen alles unter sich aus, und dies kann über eine gewisse Verdrossenheit bis zu einer Vertrauenskrise führen. Deswegen ist die repräsentative Demokratie nur dann für die Bevölkerung akzeptabel, wenn sich die gewählten Repräsentanten ihrer besonderen Verantwortung auch bewußt sind.

Das ist eine ständige Herausforderung an die Parteien, sich dieser Aufgabe auch immer bewußt zu sein. Und dagegen ist auch verstoßen worden, wie wir aus jüngster Erfahrung wissen. Insofern ist Ihr Gedanke im Ansatz sehr ernst zu nehmen, aber um dasjenige zu erreichen, was Sie möchten - mehr Beteiligung der Bevölkerung an demokratischen Prozessen -, müssen die Parteien stärker auf die Bevölkerung zugehen, und die Parlamentarier müssen ihre Mittleraufgabe zwischen dem Gesetzgeber (dem Parlament) und dem einzelnen Bürger engagierter wahrnehmen. Der Sonderausschuß, den wir hier im Lande Schleswig-Holstein eingerichtet haben, wird sich gerade besonders diesen Fragen widmen.

W.W.: Ich verstehe den Volksentscheid - ähnlich wie Sie es teilweise angedeutet haben - als Chance für ein zusätzliches Engagement der Bürger in Demokratiefragen, aber ich sehe nicht die Gefahr einer Beeinflussung durch Demagogen, wenn man die Volksgesetzgebung in der Weise festlegt, wie ich es beschrieben habe. Denken Sie nur an die Einrichtung einer Medienklausel, die natürlich einzurichten wäre, durch die es im Verlaufe des einen Jahres zwischen Initiative und Volksentscheid erreicht werden könnte, daß alle Vertreter unterschiedlicher Meinungen bezüglich einer Sachfrage authentisch zu Wort kommen könnten. Die langfristige ausgewogene Diskussion ist von entscheidender Bedeutung. Und wenn man dergleichen einrichtet, sehe ich nicht, daß Demagogen Zeit hätten, eine Stimmung in der Bevölkerung zu schüren, wie dies bei kurzfristigen Ereignissen sicherlich möglich ist. Auf der anderen Seite haben wir immer wieder gesehen, daß Parlamentarier Entscheidungen treffen, die nicht zum Wohle des Volkes sind, bzw. ihre herausragende Stellung mißbrauchen, wie jüngst in diesem Lande geschehen.

H. Hoffmann: Die Erfahrungen in der Schweiz sind nicht derart optimal, daß mich Ihr Argument überzeugt, denn in der Praxis, in der Zeit des Verfahrens eines Volksentscheides, ist immer Möglichkeit für einen Mißbrauch gegeben. Und ein Volksentscheid soll ja nicht auf ein bestimmtes Fachgebiet eingeschränkt werden, sondern für alle Bereiche gelten, die von der Verfassung her möglich sind. Dem einzelnen Bürger die Aufgabe zu übertragen, Gesetze zu verfassen, würde ihn in dem einen oder anderen Fall überfordern. Aus diesem Grunde sähe ich es nicht als unsere Aufgabe an, später - bei den Auswirkungen eines Volksentscheides - in der Weise auf das Volk zu verweisen, daß wir als Parlamentarier diese Entscheidung nicht gewollt hätten und die Verantwortung bei dem Volk liege. Ich denke, daß gerade die repräsentative Demokratie dem Gesichtspunkt der Abwägung der Vor- und Nachteile in einem Gesetzgebungsverfahren durch die Ausschüsse entspricht, daß also das Parlament sowie die Fraktionen dafür die geeigneteren Organe sind.

W.W.: Kann es sein, daß wir uns jetzt auf einem Nebenschauplatz befinden? Sie betrachten auf der einen Seite den Gesetzgeber, auf der anderen Seite die Bevölkerung, und zwar bezüglich schwieriger gesetzgeberischer Sachverhalte. Man sollte aber doch nicht davon ausgehen, daß nun anstelle des Parlamentes bei jeder Gesetzesvorlage die Bevölkerung den jeweiligen Sachverhalt beurteilen müßte, um letztendlich zu einer Entscheidung zu kommen, sondern die Volksgesetzgebung soll ja nur als legitime Möglichkeit vorhanden sein. Und diese gilt dann nur für die Fälle, wenn aus dem Volk wirklich eine Initiative kommt, und dabei wird es meist um Sachverhalte gehen, die im Volk leben, also auch zu durchschauen sind.

H. Hoffmann: Aber so eine Initiative kann unter den verschiedensten Umständen entstehen, ich kann sie im vorhinein nicht eingrenzen, und wenn sie da ist - nach Ihrer Auffassung -, dann muß bei einem bestimmten Quorum ein Volksbegehren ermöglicht werden und gegebenenfalls bei Erfolg ein Volksentscheid. Der dem Volksentscheid zugrunde liegende Vorschlag erlangt dann, falls es soweit kommt, Gesetzeskraft. Nach den historischen Erfahrungen sowie meinen eigenen Erkenntnissen über die Möglichkeit des demagogischen Mißbrauchs können Sie meine Bedenken nicht wegdrücken. Bei der Abwägung des Für und Wider muß ich mich gegen den Volksentscheid aussprechen, und wir sollten es bei der gegenwärtigen Verfassungslage belassen.

"Ich werde keine andere Haltung zum Volksentscheid einnehmen"

W.W.: Sie sprechen ähnlich wie der ehemalige Bundespräsident Heuss, der 1933 als Parlamentarier dem Ermächtigungsgesetz zugestimmt und im Parlamentarischen Rat von den "bitteren Erfahrungen von Weimar" bezüglich der Volksgesetzgebung gesprochen hat. In einem Kommentar zum Grundgesetz sagt Heuss über den Parlamentarischen

Rat: "Es war, nach den Erfahrungen, seine primitive Pflicht, den noch so ungesicherten Staat nicht zur freien Wildbahn der wartenden Demagogen zu machen und in der Volksvertretung bindende Verantwortung zu sichern." (Einleitung zum Grundgesetz, München 1969, Goldmann Verlag, Band 666). Allerdings muß ich sagen, daß es mir überhaupt nicht einleuchtet, wie man in bezug auf die Weimarer Republik die Volksgesetzgebung mit Demagogen in Verbindung bringen kann, denn es gab während der ganzen Republik lediglich zwei Volksentscheide, einen von links und einen von rechts. Das demagogische Wirken der Vereinigten Rechten, welches in der Tat bei dem Ablauf zum Volksentscheid gegen den Young-Plan auftrat, führte ja überhaupt nicht dazu, das Volk derart zu beeinflussen, daß dieser Volksentscheid im Sinne der Vereinigten Rechten von der Mehrheit des Volkes beschlossen worden wäre. Vielmehr war es der Parlamentarismus, der 1933 durch das Ermächtigungsgesetz die Diktatur der Nazis besiegelt hat. Auch hat der Parlamentarische Rat später keine antiplebiszitäre Einstellung eingenommen. Zwar gab es einige Initiativen im Parlamentarischen Rat, die Volksgesetzgebung nicht in die Verfassung aufzunehmen, trotz allem blieb aber die Möglichkeit dazu durch den Artikel 20 Abs. 2 und den Begriff "Abstimmungen" erhalten.

H. Hoffmann: Allerdings sind diese "Abstimmungen" begrenzt, denn es gibt keine weiteren Ausführungsgesetze für eine Volksgesetzgebung, weil die Mehrheit der Parlamentarier in der 40jährigen Phase der Demokratie der Bundesrepublik Deutschland den Schluß gezogen hat, daß die Form der repräsentativen Demokratie die geeignetere sei. Ich werde keine andere Haltung einnehmen, weil ich glaube, daß es gerade in der Veranlagung der Deutschen liegt, sich bei verschiedensten Anlässen von Stimmungen beeinflussen zu lassen. Durch ein Parlament gibt es dagegen einen entsprechenden Filter gegen diese emotionalen Strömungen, und ich halte es auch für notwendig, daß die Parlamentarier als die gewählten Abgeordneten des Volkes auf Zeit diese Aufgabe wahrnehmen. Die Bevölkerung hat dann die Möglichkeit, sie abzuberufen und sie bei Wahlen durch andere zu ersetzen.

W.W.: Das gilt im Regelfall doch für einen Zeitraum von kürzestens vier Jahren; fernerhin wählt man dann, wenn man eine Partei wählt, ein Gesamtpaket, entscheidet aber nicht über einzelne Sachfragen, wie dies bei der Volksgesetzgebung möglich wäre. Wir haben ja schon darüber gesprochen, daß es auch unter den CDU-Wählern scheinbar sehr viele gegeben hat, die mit vielen einzelnen Sachentscheidungen und Gesetzen, die von der Regierung ausgegangen sind, nicht einverstanden waren. Und dies hat sie dazu veranlaßt, wegen Unstimmigkeiten in den einzelnen Sachfragen das Gesamtpaket der Partei nicht mehr zu wählen. So wäre es ganz in Ihrem Sinne, wenn das Volk über einzelne Sachentscheidungen abstimmen könnte, weil bei dieser Möglichkeit das Gesamtpaket Partei durch diese Menschen, die ihren Unmut bezüglich einer Sachentscheidung per Volksgesetzgebung ausdrücken könnten, trotzdem gewählt werden könnte.

H. Hoffmann: Das ist richtig, aber es ist eine Abwägungsfrage. Ich halte die Nachteile eines Volksentscheides für schwerwiegender als die Vorteile, die Sie in der Beteiligung an Sachfragen sehen. Ich sehe dies nicht als dogmatische Einstellung, sondern nur als Abwägung der Vor- und Nachteile.

Das Grundgesetz nach seiner eigenen Logik gelesen

W.W.: Ich möchte noch einmal auf das Grundgesetz schauen, und zwar in den Artikel 20 Abs. 2, "Alle Staatsgewalt geht vom Volke aus. Sie wird vom Volke in Wahlen und Abstimmungen ... ausgeübt". Man kann den Versuch unternehmen, das Grundgesetz nach seiner eigenen Logik zu lesen, also die Gründungsgeschichte einmal beiseite zu lassen. Wenn man sich anhand der Begriffe bewegt, so besagt Artikel 20 Abs. 2, daß das Initiativrecht vom Volke ausgeht; es ist mit diesen Worten auf ein initiatives Geschehen hingedeutet. Nun gibt es in bezug auf die repräsentative Demokratie, ausgehend von den Wahlen, eine klare Beschreibung der parlamentarischen Organe, aber in bezug auf die begriffliche und verfassungsrechtliche Ausgestaltung der Organe der Volksgesetzgebung klafft eine Lücke. Wird es nicht Zeit, nach vierzig Jahren stabiler repräsentativer Demokratie, diese Lücke auszugestalten?

H. Hoffmann: Ich empfinde dies nicht als Lücke, weil die Volksgesetzgebung nur als Möglichkeit in diesem Artikel gegeben ist und sehe es nicht als einen Verfassungsauftrag an, die von Ihnen genannten Ausführungsgesetze einzurichten. Diese Möglichkeit, die das Grundgesetz eröffnet, wurde aus wohlerwogenen Gründen nicht ausgeschöpft. Ich sehe deswegen darin keine Lücke, weil ich nach reiflicher Überlegung dazu gekommen bin, daß man durch Abstimmungen, die durch einen Volksentscheid Gesetzeskraft werden können, die Bevölkerung überfordern würde. Eine Lücke wäre es für mich erst dann, wenn nach gründlichen Erwägungen aufgrund der Bestimmungen dieses Artikels 20 Abs. 2 ein Gesetz folgen müßte. Aber hier sind wir anderer Meinung, denn Sie empfinden es als Lücke. Der Artikel 20 Abs. 2 ist ein Angebot bzw. eine Möglichkeit, die wir haben, die aber nicht genutzt wird, weil gewichtige Gründe dagegen sprechen. Selbstverständlich kann man sich über diese Gründe unterhalten, und die Befürworter des Volksentscheides werden sicherlich auch für diese Gründe engagiert eintreten. Im Grundgesetz ist also eine Ermächtigungsgrundlage enthalten, die aber nicht ausgefüllt zu werden braucht.

W.W.: Man kann ohne weiteres gegen den Volksentscheid sein, aber sollte man die Verfassung nicht auch so lesen, daß, weil an grundlegender Stelle im Artikel 20 Abs. 2 die Möglichkeit der Volksgesetzgebung enthalten ist, auch hierfür Ausführungsgesetze vom Verfassungsgesetzgeber ausgeführt werden müßten?

H. Hoffmann: Nein, es ist keine Verpflichtung damit gegeben. Es ist nur eine Möglichkeit. Aber wenn ich für den Volksentscheid wäre, dann würde ich ihn auch im Gesetz vorsehen, damit hätte ich aber die Gefahren, die ich angedeutet habe. Und wenn ich erst einmal eine Rechtsgrundlage für den Volksentscheid im Gesetz geschaffen habe, dann ist diese nicht so leicht wieder zurückzunehmen.

W.W.: Wozu ist denn die Möglichkeit der direkten Volksgesetzgebung durch den Begriff "Abstimmungen" an grundlegender Stelle des Grundgesetzes überhaupt enthalten? Sollte man nicht, weil die Möglichkeit zur direkten Volksgesetzgebung in diesem Artikel vorhanden ist, auch die Möglichkeit der Gesetzgebung ausführen und anbieten?

H. Hoffmann: Nein, rechtlich sehe ich dies nicht als Notwendigkeit an, politisch dagegen könnte man es erwägen. Rechtlich ist es nicht geboten.

W.W.: Das Grundgesetz ist ja kein beliebiges literarisches Werk, bei dem es nicht so sehr auf das einzelne Wort ankäme, sondern an grundlegender Stelle sind die beiden Beine der Demokratie - die repräsentative sowie die direkte - enthalten; im weiteren sind in der Verfassung die Organe des repräsentativen Systems bis ins einzelne ausgestaltet, für die Volksgesetzgebung allerdings erscheint so gut wie nichts. Das ist für mich die Lücke.

H. Hoffmann: Das kann ich so nicht sehen, denn entscheidend sind sicherlich die Wahlen, die auch stattfinden. Wir haben uns im Grundgesetz nicht für die Volksgesetzgebung entschieden. Allerdings gibt es in den einzelnen Landesverfassungen, wenn auch nicht in allen, die Möglichkeit der direkten Volksgesetzgebung. Ich persönlich bin nicht der Auffassung, daß es notwendig ist, Sachprobleme durch das Volk mit Gesetzeskraft lösen zu lassen.

Keine zwingende Einengung des Abstimmungsprinzips (Art. 20 Abs. 2) auf die Artikel 29 und 118

W.W.: Die meisten Vertreter der herrschenden Lehre sehen die "Abstimmungen" des Artikels 20 Abs. 2 mit Bezug auf die Artikel 29 und 118 (Neugliederung der Bundesländer) erschöpft; das Abstimmungsprinzip des Artikels 20 Abs. 2 sei auf die Abstimmungen beschränkt, die im Grundgesetz selbst enthalten sind. Teilen Sie diese Auffassung?

H. Hoffmann: Es spricht einiges für diese Auffassung, allerdings würde ich es nicht mit dieser Eindeutigkeit sagen, da der Wortlaut auch eine andere Ausdeutung zuläßt. Zunächst muß man von dem Wortlaut ausgehen. Fernerhin kann man die Entstehungsgeschichte des Grundgesetzes und die Motive des Parlamentarischen Rates mit heranziehen. Aber ich sehe diese Eingrenzung auf die Abstimmungen bezüglich der Neugliederung der Bundesländer nicht als zwingend an.

W.W.: Dies wäre meines Erachtens auch unsinnig, da mit den Artikeln 29 und 118 ein ganz anderes Rechtssubjekt - nämlich einzelne Bevölkerungsteile - beschrieben werden als im Artikel 20 Abs. 2, wo dies das gesamte Bundesstaatsvolk ist. Fernerhin kommt hinzu, daß die Artikel 29 und 118 zeitlich begrenzt sind bzw. geändert werden können, Artikel 20 Abs. 2 dagegen nicht.

H. Hoffmann: Das ist richtig, aus Artikel 79 Abs. 3 ergibt sich, daß der Artikel 20 genau wie Artikel 1 nicht geändert werden darf.

W.W.: Dann möchte ich doch noch einmal die Frage stellen, ob nicht deswegen, weil das Abstimmungsprinzip in diesem grundlegenen Artikel 20 enthalten ist, dem Verfassungsgesetzgeber der Auftrag gegeben ist, irgendwann einmal die Ausführungsgesetze für die Volksgesetzgebung einzuführen?

H. Hoffmann: Nein, ich sehe mit diesem Artikel kein zwingendes Gebot zum Handeln, in bezug auf die Wahlen schon, aber nicht in bezug auf die Abstimmungen. Dem Grundsatz, daß alle Staatsgewalt vom Volke ausgehen soll, ist für mich mit den Wahlen genügend Rechnung getragen.

"Die Demokratiekrise als heilsamer Prozeß"

W.W.: Die Junge Union will in diesen Tagen (März 1989) ein neues Grundsatzprogramm verabschieden, welches unter anderem ein Bürgerbegehren auf kommunaler Ebene fordern soll. Sehen Sie für den kommunalen Bereich ein Bürgerinnen-/Bürgerbegehren als eine Möglichkeit?

H. Hoffmann: Dies ist ein etwas anderer Bereich, über den man reden kann. Zwar bin ich in bezug auf diese Ebene auch zurückhaltend, auch wenn es ein überschaubarer Kreis von Problemen und Fragen ist, auf den sich ein solches Begehren bezöge. Gesetze im kommunalen Bereich sind natürlich nicht vergleichbar mit denen, die per Volksentscheid Gesetzeskraft für die gesamte Bundesrepublik Deutschland erlangen werden. Ich habe da sozusagen abgestufte Bedenken, würde einem Bürgerbegehren auf kommunaler Ebene zwar nicht so massiv entgegentreten wie auf Landes- oder Bundesebene, kann aber auch bezüglich der kommunalen Ebene gültige Bedenken nicht ausräumen. Denn auch hier gibt es das Ausnutzen von Stimmungen, allerdings sind die Folgewirkungen nicht so gravierend und schwerwiegend wie bei einem Bundesgesetz. Man muß über die Möglichkeiten reden, vielleicht gibt es plebiszitäre Möglichkeiten, die meine Bedenken berücksichtigen, aber trotzdem die unmittelbare Entscheidung der Bürger an Gesetzen ermöglichen.

W.W.: Wie sehen Sie die Entwicklung in den nächsten zehn bis zwanzig Jahren in der Demokratie der Bundesrepublik Deutschland: Werden sich die Bürger in Demokratiefragen - vor allem bezüglich der direkten Volksgesetzgebung - stärker engagieren, oder wird die Partei- und Politikverdrossenheit noch weiter anwachsen?

H. Hoffmann: Ich bin kein Mann, der so sicher in die Zukunft sehen kann, daß er eine feste Grundlage für ein prognostisches Urteil hätte, aber ich nehme die Erkenntnisse, die mir jetzt vorliegen, und gehe davon aus, daß der Auftrag an die Parteien als Träger der Willensbildung Chance und Herausforderung zugleich ist. Die Chance sehe ich darin, daß sie den Willen eines großen Teiles der Bevölkerung zutreffend artikulieren und in die parlamentarische Arbeit einbringen; darin liegt auch die Herausforderung, diese Aufgabe so wahrzunehmen, daß man gegenüber demagogischen Einflüssen und Verhaltensweisen gefestigt ist. Diesen Versuchungen zu widerstehen, stellt an jeden Politiker eine hohe Anforderung. Wenn es ihm nicht gelingt, dieser Herausforderung gerecht zu werden, dann wird es sicherlich auch zu Erschütterungen kommen können. Allerdings habe ich aufgrund der gegenwärtigen Lage nicht den Eindruck, daß wir in eine akute Krise unserer Demokratie eingetreten sind, auch wenn es eine nicht zu leugnende Parteienverdrossenheit gibt. Aber diese ist für mich keine Staats- oder Demokratiekrise, sondern ein heilsamer Prozeß für die Aufgabenstellung jeder Partei und kann der Regeneration jeder Partei dienlich sein. Ich setze auf diesen fruchtbaren Regenerationsprozeß in der derzeitigen kritischen Phase und glaube, daß dadurch neue Kräfte erwachsen. Aus diesem Grunde bin ich realistisch zuversichtlich, daß wir die zu bestehenden Probleme - und dies beziehe ich nicht nur auf meine Partei - zu lösen in der Lage sein werden. Aber dies geht nur dann, wenn wir an uns selbst arbeiten und auch bereit sind, uns selbst kritisch zu überprüfen, denn das ist Voraussetzung für die genannte Regeneration.

Jeder Mensch ein Künstler
(Joseph Beuys)

AUF DEM WEG ZUR FREIHEITSGESTALT
DES SOZIALEN ORGANISMUS

In jedem Menschen lebt ein zweiter Mensch, der allerdings kaum wahrgenommen wird, weil er für das äußere Auge unsichtbar ist. Dieser zweite Mensch bleibt normalerweise klein, winzig, denn er bekommt zu wenig zu essen. In der Bibel steht: "Der Mensch lebt nicht von Brot allein." Das ist keine fromme Redensart, sondern ein wissenschaftlich exakter, wenn auch versteckter Hinweis auf den zweiten Menschen. Da ergibt sich die Frage: "Wovon lebt er dann?" Die Antwort: "Dieser zweite Mensch lebt von der Kunst."

Von der Kunst soll er leben? Ja. Wer ganz still ist, hört den zweiten Menschen in sich schreien, weil er in großer Not ist. Ihm fehlt alles: die geistige Nahrung und die geistige Luft zum Atmen. Und die Methode, wie wir diese Luft und Nahrung an ihn heranbringen können, die nenne ich: Kunst! Hier wird unter "Kunst" freilich etwas anderes verstanden als üblicherweise. Will man dahintersteigen, muß man die gewohnten Vorstellungen und Begriffe aus ihrer Verkrustung heraussprengen.

Die Kunst, die ich meine (die der zweite Mensch zum Wachsen benötigt), ist im Moment noch für die meisten ebenso unsichtbar, wie der zweite Mensch selbst. Aber sie steckt als Fähigkeit in jedem. Nicht nur in ein paar Auserwählten! Es handelt sich dabei um die Freiheitsenergie. Dies ist eine Idee, die sich solange im Verborgenen entwickeln mußte, bis sie für die Konfrontation mit der äußeren Welt stark genug geworden ist. Die Lage, in die wir uns in den letzten Jahrzehnten als Menschheit hineinmanövriert haben, macht es nun erforderlich, daß diese Idee immer klarer in der Öffentlichkeit vertreten wird. Ein Gesichtspunkt ist dabei der Gedanke eines freien Schulwesens in Selbstverwaltung, aber auch der direkten Demokratie, die realisiert werden muß. Wer es genauer wissen will, wird weiter nachbohren.

Bloße Zukunftsmusik? Ja, das ist die Musik des "Zukunftsmenschen". Die Verwirklichung der Freiheitsgestalt des sozialen Organismus auf allen Gebieten hängt von unserer Behutsamkeit und Ausdauer ab. Auch das hat etwas mit Kunst zu tun, Kunst hier verstanden nicht als Spezialbereich, sondern als allesumfassende Methode im Vorgehen der Neugestaltung des sozialen Lebens. Ein menschliches Prinzip, das statt Zwang den Freiheitsimpuls setzt, statt Dogmatismus und Fanatismus menschliche Wärme und Liebe. Kunst ist das, was uns von innen mit Energie versorgt, die wir brauchen, um die Verhältnisse selbst zu einem Gesamtkunstwerk zu gestalten: Die Soziale Plastik.

Soll die Welt also ein Kunstwerk werden oder verrotten? Um diese Frage geht es.

Johannes Stüttgen
Freie Internationale Universität

"Die Erweiterung des Ozonlochs ist nur durch die Erweiterung des Kunstbegriffs zu stoppen!"

INTERVIEW MIT JOHANNES STÜTTGEN
von Henning Kullak-Ublick

Johannes Stüttgen, *geb. 24. Januar 1945 in Freiwaldau, Kindheit in Lank-Latum und Süchteln, Niederrhein. 1966-1971 Studium Kunstakademie Düsseldorf bei Joseph Beuys, 1971 Meisterschüler, 1967 Deutsche Studentenpartei, 1968 FLUXUS ZONE WEST, 1970 Organisation für direkte Demokratie durch Volksabstimmung, 1971-1980 Kunsterzieher in Gelsenkirchen, 1977 Free International University (FIU), 1979 DIE GRÜNEN. 1980-1986 Leitung des Atelier Beuys Staatl. Kunstakademie Düsseldorf Raum 3 als Geschäftsstelle der FIU und Forschungsinstitut Erweiterter Kunstbegriff, Aktionen, Vorträge, Seminare "Soziale Skulptur", 1987 Initiative zur Rettung des Beuys-Blocks-Hess. Landesmuseum Darmstadt. Prozeß gegen das Land Nordrhein-Westfalen wegen zerstörter Fettecke, Omnibus für direkte Demokratie in Deutschland, 1988 Zeitstau (siehe Besprechung in diesem Heft), 1989 Fetteckensieg, seit 1977 Arbeit an DER GANZE RIEMEN. Lebt in Düsseldorf-Oberkassel.*

An der Entwicklung jenes Bewußtseins, welches die Verwirklichung des Selbstbestimmungsrechtes der Menschen auf rechtlicher (gesetzgeberischer) Ebene in dem Instrument der direkten Demokratie erkennt, hat in dem Deutschland der Nachkriegszeit der 1986 verstorbene Joseph Beuys mit aller Kraft gearbeitet.

Indem Beuys seinen erweiterten Kunstbegriff entwickelte, wies er auf die Freiheitsfähigkeit eines jeden Menschen hin, eine Fähigkeit, die zum Ausgangspunkt jedweden menschlichen Handelns werden kann: "Jeder Mensch ein Künstler". Diese Erkenntnis führte Beuys notwendig zu der Frage, wie sich das Zusammenleben der Menschen gestalten müßte, um - auf der Grundlage ihrer Freiheitsfähigkeit - zu einem ökologischen und sozialen Gesamtkunstwerk zu werden, zu einer "sozialen Plastik".

Für *den* Bereich des sozialen Organismus, in welchem die Menschen sich als Gleiche unter Gleichen begegnen, wo also durch Gesetze verbindliche Rechtsgrundlagen für das Zusammenleben *aller* festgelegt werden, ergab sich die logische Folgerung aus dem erweiterten Kunstbegriff, daß auch *alle* an dem Zustandekommen dieser Rechtsgrundlagen mitwirken können müssen. Diesen Gedanken, den schon Rudolf Steiner mit der Idee der "Dreigliederung des sozialen Organismus" darstellte, prägte Beuys ab 1967 mit der Begründung der "Deutschen Studentenpartei" in die Gestalt der direkten Demokratie. Er blieb diesem Impuls bis zu seinem Tod - in immer neuer Form - treu und unterstützte zuletzt nachdrücklich die bundesweit erfolgende Ur-Abstimmung zum Artikel 20 Abs. 2 GG.

Johannes Stüttgen erlebte als Schüler und engster Mitarbeiter von Beuys diese Entwicklung von Anfang an mit und führt sie jetzt auch weiter. In den Veröffentlichungen der "Freien Volkshochschule Argental" (7988 Wangen), aber auch in seinem 1988 erschienenen Buch "Zeitstau" (Urachhaus, Stuttgart 1988) sowie in zahlreichen Vorträgen setzt er sich nachdrücklich für das Verständnis des Beuys'schen Werkes ein.

In diesem Interview wird der Versuch unternommen, den erweiterten Kunstbegriff einmal aus sich selbst, dann aber auch in seinem Verhältnis zu den traditionellen Kunstdisziplinen und in bezug auf das Arbeits- und Wirtschaftsleben, das Geistes- und Kulturleben und auf die Demokratiefrage zu verstehen.

Henning Kullak-Ublick: Bevor wir uns dem erweiterten Kunstbegriff nähern, möchte ich zunächst einmal die Frage stellen: Was ist der alte Kunstbegriff?

Johannes Stüttgen: Also, diese Frage kann ich so nicht beantworten. Unter dem alten Kunstbegriff verstehen die Leute in der Regel das, was in den sogenannten Kunstdisziplinen gefaßt wird, zum Beispiel Musik, Bildhauerei, Literatur - also Dichtung, Poesie - Malerei, Zeichnen, Tanzen etc., ergänzt sogar noch durch die neueren Disziplinen, wie Multimedia, Video und alledem, was in den letzten zwanzig/dreißig Jahren aufgekommen ist. Das wird alles unter den alten Kunstbegriff gefaßt. Damit ist natürlich nur eine sehr äußerliche Bezeichnung gegeben, aber immerhin. Diese äußerliche Einordnung ist eigentlich auch das Gefängnis des Kunstbegriffs der Tradition, in dem der Kunstbegriff der Moderne auch noch darinnen steckt.

Damit bin ich bereits beim erweiterten Kunstbegriff des Joseph Beuys, der nämlich besagt, daß sich Kunst als Gestaltung des Menschen aus Freiheit grundsätzlich auf alles bezieht, insbesondere auf den gesellschaftlichen Organismus. Und der Mensch als Gestalter des gesellschaftlichen Organismus ist eben derjenige, für den der Satz von Beuys gilt: "Jeder Mensch ein Künstler!" Mit anderen Worten: Der Satz "Jeder Mensch ein Künstler" bezieht sich *nicht* auf diese, eben schon aufgezählten alten Kunstdisziplinen. Man kann also nicht sagen, daß jeder Mensch ein Musiker ist, geschweige denn ein Beethoven usw. Diesen Gesichtspunkt muß man zu allererst erkennen. Aber darüber hinaus in einem kurzen Statement zu erklären, was der alte Kunstbegriff sei, ist für mich unmöglich.

H.K.-U.: Hat denn der alte Kunstbegriff innerhalb des erweiterten Kunstbegriffs seine Berechtigung?

J. Stüttgen: Innerhalb des erweiterten Kunstbegriffs hat alles seine Berechtigung, was auch immer aus menschlicher Freiheit und Produktion entsteht. Es geht hier aber nur um eine neue Konstellation; nach der Erweiterung des Kunstbegriffs nehmen die Disziplinen, die im alten Kunstbegriff als Kunst gefaßt werden, einen anderen Stellenwert ein und es werden andere Disziplinen, die nicht unter diesen gefaßt werden, ebenfalls einen neuen Stellenwert einnehmen. Zum Beispiel wird man erkennen, daß etwa die Medizin oder die Tätigkeit als Lehrer, selbst die Tätigkeit eines Straßenfegers, eine hohe Kunst sein kann. Und das ist ja kein Abstrich an der Kunst eines Malers oder Bildhauers, aber es stellt die Entwicklung des Gestaltungsbegriffs, die Entwicklung des Bewußtseins auf den neuesten Stand der Menschheitsentwicklung und stellt klar, daß es überhaupt keine Kunst in Zukunft mehr geben kann, wenn sie nicht in irgendeiner Beziehung zu der Arbeit am Gesamtkunstwerk der sozialen Skulptur steht.

H.K.-U.: Ist denn der erweiterte Kunstbegriff ein erweiterter Freiheitsbegriff?

J. Stüttgen: Unter einem erweitertem Freiheitsbegriff kann ich im Moment nicht viel verstehen. Ich weiß nur, daß die Freiheitskraft des Menschen selbstverständlich erweiterbar ist, also, daß die Freiheit eigentlich eine Fähigkeit ist, die noch schlummert, die noch erweckt werden muß und die selbstverständlich jeder Mensch nur in sich selbst erwecken kann. Der erste Erweckungsvorgang des Freiheitswesens ist derjenige, daß der Mensch sein Denken bewußt ergreift, weil nämlich das Denken ein Freiheitsvermögen ist - im Gegensatz etwa zum bloßen Glauben.

H.K.-U.: Und was hat das mit dem Kunstbegriff zu tun?

J. Stüttgen: Sehr viel!

H.K.-U.: Das Denken ...

J. Stüttgen: ... sehr viel! Weil selbstverständlich eine Arbeit am gesellschaftlichen Ganzen nur auf der Grundlage wirklich sauberer, fundierter Begriffe möglich ist. Also hier kommt dem Denken regelrecht eine Schlüsselrolle zu und es wird erkannt, daß das Denken eigentlich selber schon eine künstlerische Produktion ist, daß der Mensch als Produzent des Denkens hier in Erscheinung tritt, allerdings im Denken natürlich auch gleichzeitig an die Schwelle einer Welt kommt, die weit über sein Persönliches hinausreicht. Ein Geheimnis des Denkens ist gerade dies, daß es sich sozusagen im Subjekt vollzieht, das Subjekt geradezu der Produzent dieses Vorganges ist, daß es aber eine Welt erschließt, die völlig unabhängig von diesem Produzenten ihre Gültigkeit hat, und zwar in den Begriffen. Diese Schwellensituation ist für die Arbeit am sozialen Organismus natürlich ungeheuer wichtig, weil im Grunde jeder Mensch ein Künstler ist und darüber hinaus klar ist, daß es sich hierbei nicht um eine subjektive Willkür der einzelnen Individuen handeln kann, sondern um ein Zusammenwirken unter einem gemeinsamen Menschheitsbegriff. Also spielt das Denken hier eine ganz primäre Rolle.

H.K.-U.: Wobei mit Denken hier immer ein sich entwickelndes Denken gemeint ist?

J. Stüttgen: Ja, selbstverständlich! Ein Denken, das als Fähigkeit entwickelt werden kann und das sogar immer weiter entwickelt werden kann.

H.K.-U.: Welche Rolle spielen dabei das Fühlen oder Wollen?

J. Stüttgen: Eine ungeheuer große! Durch sauber gefaßte Begriffe, also durch Begriffe, die wirklich auf dem Denken beruhen, wird selbstverständlich das Gefühl gereinigt. Von dem ganzen Schmutz, der sich sozusagen in der Zeit der Finsternis - wenn ich das mal poetisch ausdrücken darf - in das Fühlen hineingemischt hat, wird dieses befreit. Man kann ja nicht behaupten, daß der Mensch der Moderne ein sauber fühlendes Wesen wäre, sondern er ist durch die herrschenden Ideologien - die nicht mit Ideen zu verwechseln sind - auch gefühlsmäßig total am Boden, depressiv, beeinflußt, nicht mehr sauber, nicht mehr rein; ganz zu schweigen von den Willenskräften, die ja augenscheinlich sogar gelähmt sind. Durch die Ideologien des Materialismus werden die Willenskräfte regelrecht gelähmt bzw. in einer sehr einseitigen Richtung entwickelt, etwa in der Richtung des motorischen, stumpfsinnigen Immer-weiter-vorankommen-Wollens.

Also das heißt, daß das klare Denken - und das macht unsere neue Menschheitsstufe aus - die Voraussetzung für ein sauberes Fühlen und für ein wirklich beherztes Wollen ist.

H.K.-U.: Und dem erweiterten Kunstbegriff kommt jetzt, sozusagen als einer Art von Quellkraft, in diesem Gedankengang eine Schlüsselstellung zu?

J. Stüttgen: Natürlich, insofern als der Kunstbegriff in der Lage ist, den Menschen als Ganzheitswesen zu sehen ...

H.K.-U.: ... indem er ihn auf seine eigenen Fähigkeiten aufmerksam macht?

J. Stüttgen: So ist es. Und indem der Mensch sich als ein Wesen erkennt, das nicht nur aus Denken besteht, das nicht nur aus Fühlen und nicht nur aus Wollen besteht, sondern ein ganzheitlich zusammenwirkendes Wesen ist, indem diese drei Seelenkräfte, von denen Rudolf Steiner schon gesprochen hat, harmonisiert werden, taucht der Begriff der Harmonie auf, der Harmonisierung, der schon seit altersher ein ganz zentraler Begriff der Kunst ist. Also hier hat man bereits einen ersten Zusammenhang.

Materie - Tod und Auferstehung im Denken

H.K.-U.: Ich würde gerne noch einmal auf eine Frage zurückkommen, die direkt mit dem traditionellen und mit dem erweiterten Kunstbegriff zusammenhängt, und zwar inwieweit - unter der Voraussetzung, daß das Denken selber schon ein Kunstwerk sein kann - dann die Materie noch notwendig ist, um so etwas wie die Kunst zu haben?

J. Stüttgen: Weil sich der Mensch zwischen Geburt und Tod auf der Erde befindet, d.h. ein Inkarnierter ist. Der Inkarnationsvorgang ist eigentlich der Urvorgang der Kunst. Inkarnation bedeutet ja, sich in die Erde, in die Materie hineinzubegeben, hineinzusteigen, sozusagen aus dem rein geistigen Verbund auszutreten und in die Materie hineinzustoßen, auf der Erde zu landen, weil das die einzige Voraussetzung zur Ausbildung des Freiheitsbegriffes ist. Erst durch den Widerstand, den der Mensch am Gegenstand, an der Materie, am Stoff erfährt, ist er in der Lage, sich sozusagen als ein Gegenüber zu erleben, als ein freies, selbständiges Ich.

Und so ist also der Weg des Inkarnationsvorganges durch die Erde hindurch ein elementar künstlerischer Vorgang zur Entwicklung des Freiheitswesens selber. Und er wiederholt sich etliche Male. Die Arbeit an der Materie ist also noch lange nicht abgeschlossen, sie hat aber im Zeitalter des Materialismus, in dem wir uns heute immer noch befinden und in dem der Mensch geistig sozusagen an die Seite gedrängt worden ist, eine ganz besondere Funktion, insofern nämlich, als jetzt wirklich der Moment erreicht ist, von dem aus man dem reinen Sinn für das Materiehafte aus Freiheit das Geistige herauserlebbar machen kann.

H.K.-U.: Welche Rolle spielt dabei der Tod im Denken?

J. Stüttgen: Der Tod hat natürlich die Schlüsselrolle im Denken, denn das Denken setzt eine Art Tod voraus, nämlich das Abtöten eines ursprünglich von selbst wirkenden Zusammenhanges, in den der Mensch ursprünglich eingebunden ist. Wenn ich denke, muß ich aus diesem Zusammenhang heraussteigen und mich zu einer Art Anti-Natur herauskristallisieren, aus einem Abstand heraus die Sache sehen, also etwas abtöten, damit etwas Neues geboren werden kann. Hierbei taucht auch ein ursprünglich christliches Bild auf, das mit dem Denken verbunden wird - nämlich das Denken als ein Eintauchen in die Materie, als etwas, das sich aus eigenständiger Kraft aus einem Zusammmenhang löst. Dann kann sich - sozusagen auf nichts gründend, nur noch auf sich selber gründend - das Freiheitswesen erzeugen, was dann wieder eine Art Auferstehungsvorgang oder eine Geburt auf einer höheren Stufe wäre. Im Inkarnationsvorgang ist also das künstlerische Gestalten des freien Wesens Mensch, des Individuums, dargestellt. Man sieht mittlerweile klar, welche wichtige Funktion hierbei die Materie - und damit auch der Tod - hat. Der Tod ist eine Pforte, eine Schwelle zur Entwicklung des Freiheitswesens.

H.K.-U.: Wie unterscheidet sich der Mensch in bezug auf sein geistiges Wesen vor und nach dem Durchgang durch dieses Tor des Todes?

J. Stüttgen: Du kennst sicherlich das schöne Wort von Angelus Silesius: "Wer nicht stirbt, bevor er stirbt, der verdirbt, wenn er stirbt"; und das besagt eigentlich alles. Der Mensch, der wirklich zur Freiheit kommen will, in jedem einzelnen kleinen Erkenntnisvorgang, muß gleichsam eine Art Tod in sich vollziehen, das heißt, er muß seinen inneren Schweinehund oder seine erste Natur regelrecht überwinden. Er muß über seinen Schatten springen, was ja bekanntlich nur möglich ist, wenn man sich in einer wirklich geistigen Region befindet. Im Körperlichen kann man nicht über seinen Schatten springen. Das heißt, er muß eine Fähigkeit entwickeln, die ihn über das Körperliche hinausbringt, um dann sozusagen eine zweite Natur zu entwickeln; die entspricht aber dem Leben nach dem Tod. Im Denken wird sozusagen ein Zipfel des Lebens nach dem Tod erwischt.

Also ist der Tod im Grunde genommen - bzw. wir selber - eine Schwelle, die uns selbst im Weg steht und die wir überwinden müssen. Wenn wir das nicht bewußt vollziehen, dann geschieht es im Tod sowieso, insofern nämlich, als wir uns im Tod von unserem Körper trennen müssen. Und dann stehen wir erst einmal da - ohne Körper, und dann werden wir uns ganz schön wundern und feststellen, daß dieser Körper möglicherweise ein ganz wichtiges Instrument gewesen ist, welches ich jetzt nicht mehr zur Verfügung habe, und daß ich später möglicherweise noch einmal zurück in einen Körper muß, weil ich noch gar nicht alles geleistet habe, was ich zur Entwicklung des Freiheitswesens und zur Entwicklung der sozialen Skulptur hätte beitragen können.

H.K.-U.: Welchen Einfluß hat dieser Durchgang des Menschen durch den Tod auf die Materie selbst? Joseph Beuys nennt an einer Stelle seine Methode eine homöopathische, weil er sich bemüht, die Substanzen, mit denen er umgeht, in einen lebendigen Zustand zu versetzen. Denkt er dabei an eine Substanzverwandlung oder wie ist das gemeint?

J. Stüttgen: Betrachtet man die Bearbeitung des Erdmaterials aus diesen geistigen Gesichtspunkten heraus, wird selbstverständlich die Erde erlöst, sie wird praktisch substantiiert. Es wird aus der Materie sozusagen eine Substanz entwickelt, eine Liebessubstanz.

Laß mich mal ruhig Liebessubstanz sagen - es wird eine Wärmesubstanz erzeugt, aus menschlicher Wärme im Zusammenwirken mit der Materie. Und genau diese Substanz, diese Wärmesubstanz, dieser Wärmegürtel um die Erde, der sich durch unsere soziale Arbeit, durch unsere Freiheitsarbeit entwickeln wird, dieses Wärmewesen, das dabei entsteht, ist gleichzeitig auch das Keimwesen für die Bildung eines völlig neuen Planeten. Damit wird auf eine andere Stufe der Entwicklung gedeutet, von der auch Joseph Beuys häufig gesprochen hat. Es geht hier um Substanzermittlung, und Substanzermittlung ist eben nur durch den Durchgang durch die Materie möglich, und die Erde wird dadurch auch - jetzt sage ich es einmal in einer christlichen Terminologie - verklärt, entsprechend wird auch der Leib verklärt. Übrig bleibt dann irgendwann die ausgebrannte, völlig ausgenutzte Materie, als Schlacke, als der Endbestandteil.

Aber diesen Punkt haben wir noch lange nicht erreicht. Das heißt also, die Bedrohung der Erde im Moment - etwa durch die ökologische Krise - soll keinen dazu verführen zu glauben, es müsse sowieso alles absterben. Dazu kann ich nur sagen, daß das ein ganz großer Selbstbetrug und Irrtum wäre. Wenn die Erde in ihrem jetzigen Zustand abgetötet wird, kraft unserer Hilfe, dann werden wir einen unermeßlich weiten Umweg vor uns haben und in gewisser Weise werden wir damit unsere Mission auch nicht erfüllen können. Mit anderen Worten: Wir sind dazu verpflichtet, gerade auch das Materiewesen zu hegen und zu pflegen, weil wir es noch für unseren Weg brauchen.

H.K.-U.: Wobei, wenn ich das jetzt richtig verstanden habe, der Schlüssel darin liegen würde, daß man zunächst einmal sein Denken verwandelt, welches ja an dieser Materie entsteht, und dann, indem man dieses Denken verwandelt, die Materie mitverwandelt.

J. Stüttgen: So ist es. Den besten Beweis, wie man Materie verwandeln kann, hat Beuys ja selber geliefert. Mir fällt jetzt gerade das Beispiel mit den Fettecken ein, denn diese Fettecken sind eigentlich schon verwandelte Materieeinheiten.

H.K.-U.: Inwiefern?

J. Stüttgen: Indem sie zum Beispiel sehr vieles schon ausgelöst haben, etwa an geistiger und psychischer Turbulenz.

Fett, Filz, Kupfer

H.K.-U.: Was haben denn nun Fett, aber auch Filz und Kupfer, konkret mit dem erweiterten Kunstbegriff zu tun?

J. Stüttgen: Fett, Filz und Kupfer haben zunächst einmal mit dem erweiterten Kunstbegriff nicht mehr zu tun als alles andere aus Materie auch. Nur haben wir es bei Fett, Filz und Kupfer mit Materialien zu tun, derer sich Joseph Beuys ganz besonders intensiv angenommen hat. Die Prinzipien, die er in diesen Stoffen erkannt hat - denn in jedem Materiezustand sind Prinzipien -, konnte er sehr gut für seine plastische Theorie gebrauchen. Ich möchte diese Prinzipien einmal kurz nennen: Im Kupfer ist zum Beispiel ein stark leitendes Prinzip enthalten, seine Farbigkeit weist auch auf eine sehr glühende tiefe Substantialität hin, die früher mit der Venus in Verbindung gebracht worden ist, so wie auch andere Materialien mit den Gottheiten in Verbindung gebracht worden sind, die allerdings in den Stoffen verhärtet sind. Wir haben es also mit dem Kupfer zu tun, und zwar mit dem Kupferstab, der in der Elektrizität eine große Rolle als hervorragender Leiter spielt. Beuys hat in ähnlichen Zusammenhängen auch Silber benutzt, aber man merkt schon, wenn man Kupfer mit Silber vergleicht, daß man es dann mit anderen Qualitäten zu tun hat. Wenn man gezwungen ist, über die Materie zu reden, muß man sehr differenziert unterscheiden bis man ganz von selbst auf geistige Qualitäten kommt. So ist Joseph Beuys immer vorgegangen.

Entsprechend hat er auch das Fett gebraucht, um etwa den Wärmecharakter demonstrieren zu können sowie die Polarität von Wärme und Kälte, von Chaos und Form. Er hat eine plastische Theorie entwickelt, nach der der Begriff der Plastik überhaupt nur durch die Aufspaltung des Begriffs in diese drei Bereiche zu begreifen ist: in das Chaos, das Wärmehafte, in das Bewegungsmäßige in der Mitte - man könnte auch von Merkurialem oder Kupferhaftem sprechen, obwohl Kupfer ja für Venus steht - und schließlich in das kristallisierte, harte, formmäßige Prinzip, was Paracelsus etwa als das Prinzip des Salzes bezeichnet hat.

Den Filz als Element wiederum kennzeichnen andere Eigenschaften, mehr das Wärmebehütende. Wenn ich mich in eine Filzrolle einwickele, wird die Wärme, die mir zur Verfügung steht, eingehüllt. Damit ist im Filz auch das isolierende Element, Filz isoliert. Aber Filz filtert auch. Diese ganzen Dinge spielen im Zusammenhang mit Beuys' plastischer Arbeit eine außerordentlich wichtige Rolle.

H.K.-U.: Kannst Du das an einem konkreten Beispiel einmal deutlich machen?

J. Stüttgen: Man kann es am Beispiel der Fettecke verdeutlichen, insofern als diese Fettecken immer die Resultate von bestimmten Aktionen waren. Der Begriff der Aktionen spielt bei Beuys eine große Rolle. Solche Aktionen gingen eigentlich alle von einer ungerichteten Energie aus, von einem chaotischen, reinen Energiezustand, und wurden dann vom Aktionisten, dem Künstler, gerichtet. Das Fett wurde zum Beispiel transportiert, es wurde bewegt und landete im Endpunkt in einer Ecke im rechten Winkel, wurde dann sozusagen zu einem geometrisch geformten Gebilde, und man konnte in diesen Fettecken dann eigentlich eine Art Endpunkt der Aktion entdecken, die aber auch rückführbar war. Es gab dementsprechende Aktionen, in denen - etwa durch Beatmung dieser Fettecken, also durch Wärmezugabe - die Fettecke wieder aufgelöst wurde, als Demonstrationsobjekt dafür, daß auch das im Menschen erkaltete, durchrationalisierte Denken nur das Äußere ist und daß es sozusagen in einem Wärmeprinzip erlöst werden kann.

H.K.-U.: Wie kommt es, daß die Aktionen bzw. die Kunstwerke von Beuys, obwohl sie vordergründig nicht verstehbar sind, sich dennoch nur dann dem Betrachter erschliessen, wenn er Gedanken an dasjenige knüpft, was er vor Augen hat?

J. Stüttgen: Jetzt müssen wir wieder über die Wesensunterschiede zwischen Denken, Fühlen und Wollen sprechen, man könnte es auch den Unterschied zwischen Bewußtsein, Unterbewußtsein und Unbewußtsein nennen. Dann stellt man fest, daß die Kräfteformationen im und um den Menschen herum selbstverständlich für den Menschen zunächst keine bewußten sind, sondern Gegebenheiten, die zunächst einmal durch ganz andere Sensorien erfaßt werden.

Wenn man dann vom Fühlen spricht möge man sich ruhig einmal Fühler vorstellen, Fühler, die sich ausstrecken und die Wirklichkeit erfühlen. Und das Denken, bzw. das Bewußte, ist ja überhaupt der allerletzte Schritt, das muß man wissen. Gerade die Intellektuellen wissen es am allerwenigsten, sie meinen, man müsse sofort alles verstehen und es ginge alles immer nur zunächst über den Intellekt. In Wirklichkeit ist es aber so, daß die Dinge, die man nicht versteht, die Eigenschaft haben, besonders tief in die Seele hinabzusinken und dort zu arbeiten.

H.K.-U.: Das heißt, es käme jetzt erst einmal darauf an, es überhaupt auszuhalten, nicht sofort zu verstehen?

J. Stüttgen: So ist es. Das ist ein ganz großer Schwellenbegriff bei Beuys, dieses Sich-einmal-Einlassen auf die Kräfte als solche, um dann zu sehen, was passiert. Das ist also auch ein therapeutisches Konzept, denn Du weißt ja, auch die Medizin wirkt nicht sofort im Moment, sondern die Wirkung hat man als Langzeitwirkung zu verstehen, wenn es eine vernünftige Medizin ist. Und so ist es natürlich auch mit der Kunst, mit der Kunst sogar ganz besonders.

Den Isenheimer Altar verstehst Du auch nicht sofort und trotzdem weiß man, daß dahinter höhere Formen des Denkens stehen, nicht einfach irgendwelche Irrationalismen, sondern sehr hohe Formen, die möglicherweise Denkinhalte in sich tragen, die wir heute im Moment noch gar nicht fähig sind zu ermitteln, weil uns dazu noch die Organe fehlen. Rudolf Steiner hat auch von höheren Formen des Denkens gesprochen. Er spricht von der

Imagination, der Inspiration und der Intuitionsfähigkeit als höheren Formen des *Denkens*. Wenn man sich diese Begriffe anhört, *spürt* man - ich sage jetzt sehr bewußt *spürt* -, daß sie bereits sehr viel mit der Kunst zu tun haben.

H.K.-U.: Inwiefern?

J. Stüttgen: Auch viele Künstler beriefen sich auf höhere Empfangsorgane; man spricht von inspirierten Künstlern, von Mozart, dem die Engel sozusagen die Musik ins Ohr gesungen haben.

"Die Quellen der Kunst müssen auch Quellen des Bewutßseins werden"

H.K.-U.: Hier möchte ich einmal ganz konkret einhaken. Wenn auf der einen Seite gesagt ist, daß der Mensch so weit in der Materie angekommen ist, daß er sie ganz und gar erfaßt und daß er zunächst einmal vollkommen auf sich selbst gestellt ist, inwiefern kann dann eine Kunst, die das bewußt zum Ausgangspunkt ihres gesamten Wirkens nimmt, für sich in Anspruch nehmen, daß sie den Menschen zu seinen höheren, zu seinen geistigen Fähigkeiten hinzuführen vermag?

J. Stüttgen: Wenn Du Deiner eigenen Frage ganz genau zugehört hättest, hättest Du Dir eigentlich selbst schon die Antwort gegeben. Denn Du schilderst ja einen Zustand der Kunst im Sinne eines Neubeginns. Das heißt, man muß sich einen Vorgang vorstellen, der irgendwann einmal in der Erde oder im Denken gelandet ist, und der jetzt auch wieder heraufsteigen muß. Und dieses Heraufsteigen sind die höheren Formen des Denkens.

H.K.-U.: Aber um heraufsteigen zu können, muß man doch zumindest eine Ahnung davon haben, wohin man steigt.

J. Stüttgen: Ja, die Ahnung muß man haben und die Ahnung ist auch da, aber es ist zunächst eben nur eine Ahnung, und nicht zuletzt wird eine solche Ahnung durch die Kunst vermittelt - auch durch die alte Kunst. Also ein Raffael oder ein Grünewald vermitteln eine solche Ahnung, daß es höhere Kräfte, höhere Kraftformationen, höhere seelische Organisationen geben müßte; anders sind diese großen Kunstwerke gar nicht begründbar. Diese Ahnungen sind vielfältig in der Welt vorhanden, nur sind sie methodisch noch nicht auf den Punkt des Denkens gebracht. Insofern muß man eben erkennen, daß das bloße Ahnen und Fühlen nicht mehr ausreicht, wie es in früheren Zeiten noch möglich war, und daß wir jetzt gezwungen sind, wirklich in die Abgründe, in die Tiefen des Denkens hinabzusteigen. Dieser Abstieg ist mit einer sehr großen Ernüchterung verbunden. Insofern braucht man sich auch gar nicht zu wundern, daß im Moment die Erstellung eines Isenheimer Altares gar nicht möglich ist.

Also, Beuys hat in diesem Zusammenhang von "Vehicle Art" gesprochen, um damit zum Ausdruck zu bringen, daß man sich zur Zeit auf einer Art Nullpunkt befindet. Aber dieser Nullpunkt besagt ja nicht, daß man nicht ungeheuer hoch steigen kann, sondern nur, daß man einen sicheren Grund braucht - und das gilt eben auch für die Kunst. Auch die früheren Künstler, zum Beispiel ein Grünewald oder ein Raffael, konnten sich auch noch nicht unbedingt über den Ursprung ihrer Kreativität Rechenschaft abgeben. Wenn sie also von Inspiration und dergleichen sprachen, wußten sie nicht unbedingt, um was es sich dabei handelte. Sie verfügten einfach über diese Quellen. Es kommt in Zukunft darauf an, daß diese Quellen auch Quellen des Bewußtseins sind. Leonardo ist zum Beispiel eine Schlüsselfigur, bei der man sehr deutlich beobachten kann, wie sich ein Künstler nicht mehr damit zufrieden gibt, sondern nun wirklich anfängt, auch aus der Kunst heraus eine Wissenschaft zu entwickeln. So wie Leonardo an einem Schwellenpunkt stand, steht Beuys heute ebenfalls an einem solchen.

H.K.-U.: Man kann also sagen, daß es in Deiner Beschreibung auf die Verbindung von Wissenschaft und Kunst ankommt. Welche Bedeutung hat dabei die Religion?

J. Stüttgen: Das ist ja ganz klar. Wir sprechen schon die ganze Zeit über Religion. In dem Moment, in dem man von einer Wirklichkeit redet, die über das Physisch-Materielle, Körperliche hinausgeht, wenn man also zum Beispiel von Inkarnation oder Exkarnation oder dergleichen spricht, erfaßt man ja bereits das, was auch im weitesten Sinne dem Bereich des Religiösen zugeordnet werden kann. Eigentlich kann man überhaupt nur noch über das Religiöse reden.

H.K.-U.: Verstehen denn das die Menschen, die mit Joseph Beuys konfrontiert werden oder die mit dem erweiterten Kunstbegriff in Berührung kommen? Wie nehmen die Menschen das auf, welche Erlebnisse haben sie an dem, was Du eben schilderst?

J. Stüttgen: Ja, was heißt verstehen? Von einigen Menschen wird es verstanden, aber ich habe ja schon einmal gesagt, daß man das Verstehen nicht überstrapazieren darf.

H.K.-U.: Wie sind die Reaktionen der Menschen auf diese Dinge, beispielsweise auf die Honigpumpe?

J. Stüttgen: Ich habe festgestellt, daß nach dem Tod von Beuys die Reaktionen sehr viel andächtiger geworden sind. Für viele Menschen war der reale Tod von Beuys irgendwie ein Krafterlebnis, sie haben gemerkt, daß da irgendetwas sein muß, was sie vorher noch gar nicht bemerkt haben. Der Tod war wie ein Blitzschlag für viele, ein Hineinschlagen in die physische Welt. Im übrigen ist das kein Zufall, Beuys hat mit dem Todesprinzip auch in seiner Arbeit selbst schon sehr viel gearbeitet. Ich will damit sagen, daß diese Ahnungen sich immer mehr verdichten und daß immer mehr Leute in die Arbeit von Beuys einsteigen, die vor zehn, zwanzig Jahren nicht im Traum daran gedacht hätten.

"Das Wirtschaftliche ist eigentlich ein Geistiges"

H.K.-U.: Ich lese jetzt einmal einen Sinnspruch vor, den Beuys einmal vor Jahren gegeben hat, den er "Der Primat" nennt:

"Stellen wir uns einmal vor, der Mensch, die Menschheit würde sich in einen ganz reinen, seelischen Zustand versetzen, d.h. sie würde sterben, so würde sie sich damit noch keineswegs außerhalb des Wirtschaftlichen befinden. Die Freiheit, die Gleichheit, die Brüderlichkeit - das Kapital - gelten auch im Übersinnlichen, ja - sie sind geradezu übersinnliche Substanzformen, sind Lebewesen, sind Wirklichkeiten, weil sie Ideen sind." (Joseph Beuys: Aktive Neutralität. Vortrag vom 25.01.1985, Freie Volkshochschule Argental e.V., Wangen 1987.) Dem stellt er einen zweiten Sinnspruch zur Seite: "Zur aktiven Neutralität. Stellen wir uns einmal vor, alle Menschen deutscher Zunge würden sich in einen ganz seelischen, aktiven Zustand bringen, so wäre das Gewollte, d.h. die aktive Neutralität, erreicht. Aber sie hätten es nach den Gesetzen dieses rein Seelischen nicht etwa für sich selbst erreicht, sondern für alle anderen Völker."

Wie läßt sich dieser Zusammenhang verstehen? In welchem Verhältnis steht das Wirtschaftliche zu den Fähigkeiten des Menschen und was meint Joseph Beuys damit, wenn er sagt, daß, wenn dieser rein seelische Zustand erreicht wird, damit etwas für alle Völker erreicht ist? Wieso wirkt, was hier als rein Seelisches bezeichnet wird, für alle?

J. Stüttgen: Weil der Mensch eigentlich ein geistiges Wesen ist. Wie auch die Engel, die Erzengel usw. geistige Wesen sind, so ist der Mensch ein geistiges Wesen, und auch in den Tieren, den Pflanzen und in den Mineralien wirken geistige Wesen mit. Nur ist der Mensch das einzige geistige Wesen, das sich voll inkarniert. Das haben wir eben schon besprochen. Alle seine Fähigkeiten, die der Mensch erwirbt - und die das Kapital ausmachen -, nimmt der Mensch durch die Exkarnation auch wieder mit. Im Deutschen heißt das Kapital auch das Vermögen, das ist sehr interessant. Der Begriff des Vermögens ist bei uns auch pervertiert, genau wie der Begriff des Kapitals - er wird bei uns immer mit Geld gleichgesetzt -, ursprünglich heißt Vermögen aber Fähigkeit. Dasselbe gilt eigentlich auch für das Kapital. Diese Fähigkeiten, die der Mensch sich in seinem Inkarnationsvorgang erwirbt, die nimmt er auch wieder mit, d.h. sie verbinden sich mit seinem geistigen Wesen. Es ist nicht so, daß der Mensch durch seine Arbeit hier an der Materie nur die materiellen Verhältnisse beeinflußt, sondern er beeinflußt selbstverständlich auch die geistigen Verhältnisse auf höheren Ebenen.

Auch die Begriffe und Ideen sind geistige Wesenheiten. Sie lokalisieren einen geistigen Raum. Das gilt für den Freiheitsbegriff und den Begriff der Gleichheit ebenso wie für den Begriff der Brüderlichkeit oder für den der Wirtschaft. Es heißt aber, man müsse sich auch eine geistige Ökonomie vorstellen können. Etwas derartiges spiegelt sich in großen Musikstücken wider, zum Beispiel in der 9. Sinfonie von Beethoven, die im Grunde genommen eine Art Entwurf für ein zukünftiges Wirtschaftswesen ist, wenn man sie zu erhören versteht, wenn man spürt, wie hier Arbeit auf Gegenseitigkeit entwickelt wird, wie sozusagen die Instrumentalität derart aufeinander abgestimmt ist, daß darinnen auch ursprüngliche Gesetzmäßigkeiten für ein wirtschaftliches Arbeiten verborgen sind. Man kann die Sache auch umdrehen und sagen: das Wirtschaftliche ist seinem Wesen nach ein Musikalisches, d.h. Menschen, die miteinander kooperieren, die zusammenarbeiten, müssen eigentlich so miteinander verkehren, daß eine Arbeit auf die andere abgestimmt ist usw. Also, da kommen musikalische Gesichtspunkte zur Sprache und man merkt im Beschreiben dieses Vorganges, daß das Wirtschaftliche eigentlich ein Geistiges ist und kein Physisch-Materielles und sich wie der Mensch inkarniert. Auch die Gerechtigkeit, die Gleichheit vor dem Recht, der Demokratiegedanke also, ist ja etwas Geistiges, ist eine geistige Botschaft und bedeutet, daß wir Menschen während unserer Unterschiedlichkeit auch etwas Gleiches haben.

H.K.-U.: Das setzt allerdings voraus, daß man sich selber erst einmal als Ich-Wesen wahrgenommen hat, sonst könnte man den anderen gar nicht als den erkennen, der er ist.

J. Stüttgen: Ja, deshalb haben wir auch nicht statische geistige Gegebenheiten vor uns, sondern evolutionäre logische Verbindungen. Wir haben es hier also mit Aktionen und Prozessen zu tun. Ganz klar. Aber das ist eine Selbstverständlichkeit, auch die 9. Sinfonie von Beethoven beginnt mit dem 1. Satz, nicht aber mit dem 3., und das hat gute Gründe. Es müssen Dinge eingeleitet, vorbereitet, es müssen Dinge wiederholt werden usw., bis dann schließlich und endlich das erreicht werden kann, was man das Gesamte nennt.

Der "Omnibus für direkte Demokratie"

H.K.-U.: Hier spielt auch der Zeitfaktor eine sehr große Rolle. Gegenwärtig läuft in der Bundesrepublik eine bundesweite Volksabstimmung, die von der Aktion Volksentscheid ausgeht. Diese Aktion wird von Dir tatkräftig unterstützt und bevor wir auf einzelnes eingehen, wäre ich dankbar, wenn wir erst einmal zu einer Beschreibung dieser Volksabstimmung kommen könnten.

J. Stüttgen: Man sollte nicht zu sagen versäumen, daß ich - eigentlich müßte man sagen: Beuys und wir alle; Beuys ist jetzt gestorben, deshalb sage ich einmal "ich" - immerhin schon seit 1967/68 an diesen Dingen arbeite. Wir haben schon 1970 ein "Büro für direkte Demokratie" in Düsseldorf errichtet; im übrigen war dies in etwa die Zeit, in der ein Kontakt zu dem Achberger Kreis entstanden ist, von dem die jetzige Abstimmung wesentlich ausgeht. Aber darauf möchte ich hinweisen, daß unsere Zusammenarbeit eine alte Tradition ist und daß sich hier auch zeigt, wie hartnäckig, aber auch wie zuverlässig wir eigentlich sind. Wenn man bedenkt, daß wir eine Bürgerinitiative darstellen, die jetzt schon seit 21 Jahren ununterbrochen arbeitet, und eigentlich immer noch an derselben Frage ...

H.K.-U.: ... jetzt ist die FIU gemeint?

J. Stüttgen: Ja, hier ist die FIU gemeint, hier ist aber auch die "Organisation für direkte Demokratie" gemeint, hier ist eben alles das gemeint, was im Laufe der Jahre an Organisationsformen aus dem erweiterten Kunstbegriff entstanden ist. Diese Arbeit führen wir sozusagen als Weiterlebende hier auf der Erde fort, denn wir haben bekanntlich noch keine direkte Demokratie in der Bundesrepublik Deutschland, wir haben noch kein Bundesabstimmungsgesetz, also gibt es keinen Grund, von der Arbeit abzugehen, nur weil wir sie schon seit zwanzig Jahren tun. Im Gegenteil: Wir werden dran bleiben und daran weiterarbeiten.

Es ist ganz einfach: Wenn ein Mensch irgendwann einmal die Notwendigkeit erkannt hat, daß das Gleichheitsprinzip, die Verwirklichung des Gleichheitsprinzips, und damit die Verwirklichung der Demokratie, eine Voraussetzung ist, um zu einem brüderlichen Wirtschaftsleben zu kommen, hat er auch eine Voraussetzung, um zu einem freien, selbstverwalteten Schulwesen oder Unternehmenswesen zu kommen, und dann kann man gar nicht anders als immer weiter an der Verwirklichung - oder Inkarnation - dieses

Demokratiewesens zu arbeiten. Wir haben erst dann eine wirklich vollständige Demokratie, wenn jeder Mensch als Teil des Souveräns, des Volkes im Ganzen, seine Stimme zu jeder Frage ins Gewicht legen kann. Und so weit sind wir in unserer sogenannten parlamentarischen Demokratie eben noch nicht. Das, was heute als Demokratie bezeichnet wird, steht nur auf einem Bein, und weil es nur auf einem Bein steht, ist es noch gar keine echte Demokratie. Da kommen eben auch die ganzen Perversitäten zustande, die man als Parteiendiktatur nennen kann, dieses Parlamentaristische, dieses Geklüngel, dieses Verfilzen usw., wenn nicht das zweite demokratische Bein des direkten Abstimmungsrechtes mit aufgebaut wird.

An dieser historischen Stelle stehen wir. Deswegen fahren wir mit unserem Omnibus, also diesem merkurialen Instrument, durch die ganze Bundesrepublik Deutschland, mit dieser fahrenden Schule, und versuchen, überall Menschen zu erreichen, an den Orten, an denen sie leben und arbeiten, um sie mit diesem Begriff zu konfrontieren, aber sicherlich auch, um mit ihnen ins Gespräch zu kommen. Um eine Art demokratischer Kultur zu errichten, wollen wir auch von ihnen lernen. Dieser "Omnibus für direkte Demokratie" ist eine Art von Unternehmen, mit dem Produkt einer demokratischen Kultur. Das wollen wir erzeugen.

H.K.-U.: Wenn man bemerkt, wie wenig die Menschen heute in der bestehenden parlamentarischen Demokratie geneigt sind, sich ihrer eigenen Verantwortung im Bereich der Rechtsgestaltung bewußtzuwerden, dann habe ich die Frage, ob es nicht heißt, das Pferd beim Schwanz aufzuzäumen, wenn man den Menschen, bevor sie sich ihrer Initiativkraft bewußt werden, ein Instrument in die Hand gibt, durch das sie wieder nur als Menge, als Masse, wirksam werden können?

J. Stüttgen: Ja, das ist richtig.

H.K.-U.: Wie kann man so ein Bundesabstimmungsgesetz davor bewahren, daß es gar nicht mit dem gefüllt werden könnte, womit es eigentlich gefüllt werden soll, daß es also nur eine Art von äußerlicher Form einer an sich guten Idee bliebe?

J. Stüttgen: Das ist natürlich eine Frage, die ich sehr ausführlich beantworten müßte. Laß mich versuchen, nur mal im einzelnen darauf einzugehen. Also Du sprichst von einem "Das-Pferd-vom-Schwanz-Aufzäumen". Darum handelt es sich zweifellos nicht, weil jede menschliche Aktivität auf unserer heutigen Bewußtseinsstufe von einem klaren Begriff ausgehen muß. Dieser Begriff ist in der Dreigliederungsidee von Rudolf Steiner entwickelt, und wir müssen uns fragen, wieso eigentlich die Verwirklichung dieser Erkenntnis - es ist ja keine Erfindung - nun schon seit 70 Jahren auf sich warten läßt, und zwar durch die Menschen in ihrem Bewußtsein. Das ist das eine.

Erlaube mir aber auch, den kleinen, vielleicht poetischen Zusatz zu machen, daß es für den Menschen spezifisch ist, sozusagen das Pferd vom Schwanz aufzuzäumen. Oder, um das Bild von dem Münchhausen zu benutzen, der sich an den eigenen Haaren aus dem Sumpf zieht: das ist eigentlich ein, wenn auch auf groteske Weise dargestelltes, Freiheitsbild. Denn wer sollte den Menschen sonst aus dem Schlamm ziehen, wenn nicht er selber? Der Mensch ist diese eigenartige Figur, die in der Lage ist, sich selber an den eigenen Haaren aus dem Dreck zu ziehen, wenn er es nur will! Das heißt, es beginnt mit einem bewußten Willensvorgang. Und dieser Wille ergreift das Denken. Wenn er das Denken nicht ergreift, werden wir im Schlamm steckenbleiben und darin herumwühlen.

"Es beginnt alles mit einer Initiative"

H.K.-U.: Bei einer Volksgesetzgebungsinitiative würde das für diejenigen zutreffen, die die Initiative haben, aber für diejenigen, die nachher zur Abstimmung gehen ...

J. Stüttgen: ... das ist ja auch eine Initiative! Es beginnt alles mit einer Initiative, das muß man doch begreifen. Auch die Leute, die heute das Auto fahren, haben es nicht unbedingt erfunden. Deswegen kann man aber doch nicht behaupten, daß das Auto nicht unter Umständen eine sehr große Weiterentwicklung im technischen Fortschritt war. Es fängt doch immer damit an, daß einige wenige der Avantgarde - ich benutze einmal diesen Begriff - irgendwo auf einen Punkt stoßen, den sie als erste entdecken, und siehe da, es stellt sich heraus, daß das, was sie da entdeckt haben, gar nicht ihre Privatangelegenheit ist, sondern eine Menschheitssache. Es beginnt immer bei einigen wenigen, und diese einigen wenigen, die im übrigen im Moment schon sehr viele sind, was machen die? Die machen jetzt Experimente mit ihrer Entdeckung. Das heißt, sie experimentieren jetzt in ihrem Labor herum, um festzustellen, inwieweit dasjenige, was sie da entdeckt haben, tragfähig ist.

Und eines dieser Experimente ist dieses, daß wir mit unserem Omnibus durch die Landschaft fahren, denn dann werden wir doch ganz real erleben, wie die Menschen darauf reagieren. Und siehe da, was erleben wir? Wir erleben ständig Menschen, die sagen: "Ja, da haben wir jetzt schon lange darauf gewartet, auf den Omnibus. Wieso war der noch nicht früher da?"

Also mit anderen Worten: Bei vielen Menschen ist die Idee der direkten Demokratie schon längst präsent, nur wir wissen es noch nicht. Das heißt, es geht hier auch um ein Kommunikationssystem, das wir errichten müssen, denn wir wissen voneinander noch zu wenig. Und möglicherweise ist ja die Idee der direkten Demokratie schon überfällig, und zwar nicht nur von der Sache her, sondern durchaus auch im Bewußtsein. Vielfach ist auch die Resignation, die man überall spürt, darauf begründet, daß der Mensch irgendwo das Gefühl hat, daß das, was richtig ist, sowieso nie kommt.

Aber nun kommt der entscheidende Punkt: Jetzt muß der Mensch begreifen, daß er eigentlich der Auslöser ist, daß er von diesem Gefühl herunterkommen muß, sich immer wieder etwas vom lieben Gott schenken zu lassen, auf den lieben Gott zu warten bzw. auf den Vater Staat oder den Bundeskanzler. Statt dessen muß er die Eigeninitiative als Substanzursprung in sich selbst erleben: "Jeder Mensch ein Künstler". Dieser klitzekleine Anspruch, der wirklich ganz klein ist, kann unter Umständen Ungeheures bewirken. Das heißt mit anderen Worten, das, was wir heute als den resignierten Zeitgenossen vor uns sehen, ist unter Umständen nur ein äußeres Bild. Wenn man ein bißchen unter der Oberfläche sucht, wird man etwas sehen, was geradezu danach schreit, in die Aktivität erlöst zu werden und sich selber zu erlösen.

Aber damit jetzt hier nicht irgendwie das Gefühl des Optimismus aufkommt, füge ich hinzu: selbstverständlich kann ich mir auch eine Menschheit vorstellen, die zunächst einmal untergeht, die sozusagen in der Resignation, in einer absoluten Sinneslähmung erstarrt. Denn wir haben es hier nicht nur mit Menschen zu tun, sondern auch mit Gegenkräften, das wissen wir ja, und das ist ein sehr weites Kapitel, zu dem ich nur sagen kann: umso mehr Grund für uns, an der Volksabstimmung zu arbeiten, weil ich weiß, daß unsere herrschenden Systeme in Ost und West, das privatkapitalistische und das staatskapitalistische, hüben und drüben - wie auch der Parlamentarismus -, Instrumentarien sind, die längst nicht mehr im Dienste des Menschen, sondern im Dienste des Teufels arbeiten. Je länger die also weiter wurschteln, desto weiter wird der Effekt der menschlichen Lähmung voranschreiten.

Umso mehr ist dies ein Grund für uns, noch aktiver als vorher zu sein, aber nicht, indem wir mit dem Kopf durch die Wand stoßen, sondern indem wir sehr behutsame und aufmerksame Wahrnehmer und Zuhörer werden. Das ist für uns das allergrößte Erlebnis, das wir durch diesen Omnibus auch Menschen zuhören können. Die tragen ihre Gesichtspunkte vor, und wir sind eigentlich die Schüler und sie die Lehrer, ohne daß sie es wissen. Das ist ein idealer Vorgang.

H.K.-U.: Diese Erfahrung habe ich am Bus auch gemacht. Dabei war für mich das Verblüffendste, daß sehr viele Menschen, die zu dem Bus kamen, einem erst einmal irgendein persönliches Erlebnis schilderten, welches ihre Ohnmacht zeigte. Das war sozusagen ihre Antwort auf das sichtbare Schild "Direkte Demokratie". Im Anschluß an die Schilderung eines solchen Erlebnisses der Ohnmacht kam dann sehr häufig der Satz, daß man schon lange auf eine solche Initiative gewartet hätte, und es wurde bei sehr vielen Menschen, die zunächst einmal sehr resigniert gesprochen haben, plötzlich so etwas wie eine Hoffnung sichtbar. Man befand sich auf einmal mitten auf der Straße in einem Gespräch über das Wesen des Menschen, über elementarste Menschheitsfragen, mit Menschen, an denen man unter Alltagsbedingungen höchstwahrscheinlich grußlos vorübergeeilt wäre. Merkwürdigerweise stand also der Resignation, die auf der einen Seite immer wieder spürbar wurde, ein insgesamt großes Vertrauen in die Kraft der Vernunft, wenn sich diese nur entfalten ließe, gegenüber.

J. Stüttgen: Der Wärmecharakter im Denken und die neue Qualität des Willens hängen auch davon ab, daß man nicht beim Denken stehenbleibt, sondern das, was man beim Denken an Erkenntnissen entwickelt hat, nun auch wirklich in eine Tat bringt. Also ist dieser Omnibus auch ein Instrument, mit dem man nachweisen kann, daß Menschen etwas tun. Das wollen wir jetzt, wir wollen eingreifen! Wir wissen, daß es mit der Informationsarbeit beginnt. Daß dabei Wärme mit im Spiel ist und immer mehr Wärme mit ins Spiel kommt, kann man erleben.

Im übrigen - ganz nebenbei bemerkt - habe ich deswegen auf die Gestaltung des Omnibusses selber großen Wert gelegt. Der Bus ist für mich eine fahrende Skulptur. Das heißt, daß Menschen selbst dann, wenn sie vielleicht im Moment noch nicht daran interessiert sind, direkt in das Gespräch einzusteigen, zumindest schon einmal eine Wahrnehmung von Qualität bekommen; und daß sie diese Wahrnehmung der Qualität dann mit dem Begriff der direkten Demokratie verbinden, finde ich sehr wichtig. Hier kommen auch im ganz klassischen, traditionellen Sinn künstlerische Gesichtspunkte mit zum Zuge, auf die ich persönlich großen Wert lege, weil ich glaube, daß auch die Arbeit an den Begriffen letztendlich immer wieder von dem gesamten Menschen getragen wird, der auch in seinen anderen seelischen Organen ernährt werden möchte.

Der Hase und die Sonne

H.K.-U.: Daher auch der Hase?

J. Stüttgen: Ja, der Hase ist zunächst einmal ein Tier, das im Oeuvre von Joseph Beuys, in seiner Biographie, eine sehr große Rolle gespielt hat. Darüber hinaus repräsentiert aber auch der Hase, wie jeweils die Tiere generell, eine ganz bestimmte Qualität und Eigenschaft. Der Hase ist ein sehr bewegliches, sehr wendiges Tier, das den gesamten eurasischen Raum bevölkert, wenn man so sagen darf. Er hat eine sehr starke Beziehung zu den Fruchtbarkeits-, zu den Blutskräften. Der Hase ist ein Tier, das sich eine Erdkuhle schafft, sich in die Erde hineinbegibt und wieder aus der Erde herausspringt. "Häschen in der Grube saß und schlief. Armes Häschen bist du krank, daß du nicht mehr hüpfen kannst? Has' hüpf, Has' hüpf, Has' hüpf" - bei diesem Kinderlied taucht auch das Osterhasenprinzip auf, also das Wesen, das sich aktiv einmal in die Erde hineinbegibt und aus ihr wieder herauskommt. Das ist das Urbild eines Inkarnationsvorganges. Der Hase, der nun auf die Sonne blickt, der will sozusagen das Erdhafte mit dem Sonnenhaften verbinden, er hat begriffen, daß die Sonne in die Erde hineingehört - wie der Christus, der in die Erde hineingekommen ist, eigentlich auch der Sonnengott ist. Und so ließe sich über den Hasen, aber sicher auch über den Elefanten einiges sagen.

Ich sage das mit dem Elefanten ganz bewußt, weil ich durch den Omnibus an einen Elefanten erinnert werde. Wenn man einmal gesehen hat, wie der Omnibus in eine Straße hineinbiegt, um die Ecke kommt, dann hat man das Erlebnis eines wirklich gewaltigen mächtigen Tieres, das sich ganz majestätisch und gravitätisch auf den Weg gemacht hat. Das sind natürlich nur Eindrücke. Ein Auto hat sowieso sehr viel mit einem Tierhaften zu tun, mit der Horizontale - dieses ständige In-der-Horizontale-Bleiben -, und die Sonne ist dafür sozusagen die Vertikale. Beides zusammen - die Horizontale und die Vertikale - geben als Gesamtfigur das Kreuz. Hier haben wir wieder das Kreuzmotiv, den Tod, aber auch das Auferstehungsprinzip vor uns.

Wir haben den Hasen aus der Tradition der Beuys'schen Arbeit heraus übernommen. Dieses Zeichen mit dem Hasen und der Sonne entstand während der documenta 7, anläßlich der 7.000 Eichen-Aktion, als Joseph Beuys die Kopie der Zarenkrone Iwans des Schrecklichen in einen Hasen in Gold und eine kleine Sonne umgeschmolzen hat - als Friedenszeichen, wie er sich damals ausgedrückt hat. Diese kleine Skulptur ist heute in der Staatsgalerie in Stuttgart zu sehen.

Ich möchte damit nicht sagen, daß wir unter diesem Zeichen siegen werden, obwohl auch das ein kleines bißchen mitschwingen soll. Wir wollen mit diesem Zeichen auch zum

Ausdruck bringen, daß Joseph Beuys natürlich sehr aktiv daran mitwirkt - immer noch, und jetzt vielleicht sogar noch mehr als vorher.

H.K.-U.: Eines der Ziele dieses Omnibusses ist es, eine Art Schule zu sein, in der die Menschen sich gegenseitig begegnen und belehren können?

J. Stüttgen: Ja, wichtig ist, daß es eine Schule ist, aber auch, daß sie beweglich ist und wieder wegfahren kann, daß sie also Verbindungen herstellt.

Freies Geistesleben und Waldorfschulen

H.K.-U.: Ich möchte nun von der Demokratiefrage übergehen zu etwas, was mit der Struktur eines freien, eines befreiten Geisteslebens zu tun hat. In dem heutigen, staatlich gelenkten Kulturbetrieb, der sich insbesondere im Bildungswesen zeigt, muß es als eine ganz besondere Aufgabe angesehen werden, solche Institutionen und Einrichtungen zu schaffen, die sich von dieser Bevormundung durch den Staat konsequent, um nicht zu sagen radikal, befreit haben.

Die Waldorfschulbewegung sieht sich hier, jedenfalls insofern das Pädagogische davon betroffen ist, als eine Art Avantgarde-Bewegung. Nun hast Du in einem Interview in der Zeitschrift Info3 der Waldorfschulbewegung bescheinigt, daß sie keine freie, sondern vielmehr eine private Schulbewegung sei. In dem gleichen Interview nimmst Du allerdings für die FIU, die Freie Internationale Universität, in Anspruch, daß sie eine wirklich freie Institution sei. Wieso gilt für die FIU, was für die Waldorfschulbewegung nicht gilt?

J. Stüttgen: So gesehen ist die Freie Internationale Universität auch noch nicht frei. Diese Aussage, die Waldorfschulen seien noch nicht frei, bezieht sich ja nur konkret auf die Diagnose, die wirklich zutreffende Diagnose, daß die kapitalistischen Systeme noch nicht überwunden sind, daß sie wohl bei dem einen oder anderen innerlich überwunden sind, aber ihrer tatsächlichen Überwindung noch harren, und daß wir neue Schulgesetze, neue Wirtschaftsgesetze und neue Geldgesetze brauchen. Und die haben wir ja noch nicht!

Dadurch aber, daß die FIU an diesen Dingen arbeitet, und zwar sehr konkret - beispielsweise kann sie ein wirklich neues Geldgesetz vorlegen, in seiner Grundstruktur jedenfalls, ein neues Wirtschaftsmodell vorlegen, und schließlich ein neues Abstimmungsgesetz -, dadurch nehmen wir den Begriff der Freiheit durchaus schon in Anspruch. Man muß hinzufügen, daß das kein Widerspruch zu sein braucht. Wenn nämlich die Waldorfschulen in der Beziehung mehr ihrer Pflicht an dieser gesamtgesellschaftlichen Aufgabe nachkämen, noch hinauszuwirken über das, was sie im Moment im einzelnen, als Schule für sich, tun, wenn sie also mitwirkten an einem über die einzelne Schule hinausgehenden Bewußtsein und sich faktisch und praktisch zu Wort meldeten und uns nicht immer alleine herumrühren ließen, und im übrigen nicht sagten: "Wir tun unsere Arbeit in der Schule, und mit Politik haben wir nichts zu tun" usw., dann würden sie ihren gesamtgesellschaftlichen Auftrag wesentlicher erfüllen. Wenn sich die Waldorfschulen dazu aufraffen würden, wenn sie sich also auch ihres eigenen Ursprungs in Zukunft mal ein bißchen bewußter würden und begriffen, daß Rudolf Steiner die Dreigliederungsbewegung eigentlich auch als das Ursprüngliche initiiert hat, und sozusagen aus Not damals gesagt hat: "Wenn wir hier nicht weiterkommen, dann machen wir eben erst einmal die Schule!", so wäre schon ein großer Schritt vollzogen. Aber heute wäre es die Gelegenheit, bei der sich die Waldorfschulen einmal als Bewegung darüber bewußt werden müßten, daß sie über ihren Auftrag als Schule, als Privatschule sage ich jetzt einmal ganz bewußt, auch einen gesellschaftlichen, ganzheitlichen Auftrag haben, zumindest von ihrem Ursprung her ...

H.K.-U.: ... was nach dem Selbstverständnis der Waldorflehrer natürlich immer nur der einzelne Lehrer tun kann, denn die Waldorfschule als solche ist in ihrer Aufgabe zunächst einmal ganz klar darauf gerichtet, die Fähigkeiten in den Schülern zu entwickeln. Dem einzelnen Waldorflehrer ist es dagegen anheimgestellt, und dies liegt sicherlich auch nah, daß er sich an diesem Bewußtwerdungsprozeß aktiv beteiligt.

J. Stüttgen: Ja, in diesem Punkt gibt es zwischen uns gar keinen Widerspruch, nur: ich selber war lange genug Lehrer, wenn auch nicht an einer Waldorfschule, um zu wissen, daß ein Mensch, der für sich selber ganz genau weiß, daß seine Aufgabe die Umgestaltung des gesellschaftlichen Ganzen ist, in seinem speziellen Fach anders wirkt als einer, der sich sozusagen auf den Rechtsstandpunkt stellt und sagt: "Hier ist meine Arbeit, und im übrigen bin ich darüber hinaus auch jetzt noch Gestalter am Ganzen." Das hört sich so ein bißchen an wie "Dienst ist Dienst, und Schnaps ist Schnaps". Und diese Bewußtseinsspaltung wirkt sich natürlich auch auf den Betrieb einer Schule aus.

Wofür ich plädiere ist nicht etwa, daß Kinder indoktriniert werden sollten, um Gottes Willen! Aber was ich vermisse - vielleicht nehme ich auch in dieser Hinsicht noch viel zu wenig wahr, ich will auch nicht arrogant sein, ich gehe nur von dem aus, was ich so mitbekommen habe in meiner mehr oder weniger dürftigen Erfahrung mit Waldorfschulen -, ist dieses Geistesganze. Ich sehe oft nur ein, zum Teil sogar egoistisches, Gefummel, Geklüngle am Ort, wobei ich die einzelne Arbeit überhaupt gar nicht herunterspielen will! Also, was die Waldorfschulen zum Teil leisten, ist phantastisch und ist jeder Staatsschule haushoch überlegen. Das weiß ich selber, natürlich. Aber es bildet sich auch so etwas aus wie eine Art geistiger Egoismus oder eine Art von Selbstgefälligkeit, und ich vermisse das beherzte offene Auftreten in der Öffentlichkeit, wenn es zum Beispiel wirklich mal um die Frage des freien Geisteslebens geht. Nehmen wir mal den konkreten Fall, nämlich den, daß man heute für ein freies, selbstverwaltetes Schulwesen kämpfen muß. An dieser Front vermisse ich die Waldorfschulen. Da stellt man im Gegenteil viel zu oft fest ...

H.K.-U.: ... auf politischer Ebene?

J. Stüttgen: ... ja, auf politischer Ebene, selbstverständlich, wo denn sonst? Wo soll denn sonst ein Schulgesetz entwickelt werden, wenn nicht auf der sogenannten politischen Ebene? Aber was stellt man fest? Da backen die Waldorfschulen und die Waldorflehrer meistens ganz kleine Brötchen, weil sie Angst davor haben, daß ihnen die Gelder gekürzt werden. Sie sind also im Grunde genommen das, was alle anderen auch sind: ängstliche, abhängige, kleine Privatschülchen.

"Falsche Eingeweihtendampfer"

H.K.-U.: Was Dich also stört, ist, daß in den Waldorfschulen zwar nach innen gut gearbeitet wird, daß diese Arbeit aber nicht mit der gleichen Intensität in den sozialen Organismus nach außen hineinplastiziert wird. Ich möchte das zu einer Frage erweitern. Ist es nach Deiner Auffassung heute überhaupt noch möglich, einzeln oder als Gemeinschaft eine Arbeit zu leisten, ohne daß versucht wird, sie nach außen hin wirksam werden zu lassen? Muß alles sichtbar gemacht werden?

J. Stüttgen: Ja, die Frage nach den Möglichkeiten ist falsch gestellt. Natürlich ist das möglich, nur, man kommt zu falschen Ergebnissen! Möglich ist das, nur man kommt zu fürchterlichen Täuschungsergebnissen, man gerät in eine ungeheure Illusionsfalle hinein, und die ist gerade im esoterischen Bereich noch viel verhängnisvoller als im äußeren Bereich. Und viele Leute, die sich eingeweiht fühlen, sind unter Umständen auf dem völlig falschen Dampfer. Es gibt ja auch falsche Eingeweihtendampfer. Das muß man wissen. Man gerät unter Umständen in kolossale Abwegigkeiten im Geistigen hinein. Also sage ich: möglich ja, aber eigentlich nein. Der christliche Weg der Einweihung ist so nicht denkbar, sondern das christliche Prinzip ist sozusagen immer auch ein nach außen gerichtetes. Es ist ein nach innen und nach außen gerichtetes Gleichzeitigkeitsprinzip. Das muß man wissen. Das ist die christliche Einweihung oder auch die Rosenkreuzer-Einweihung, die ja auch auf einen neuen Stand gebracht werden muß. Insofern verstehe ich den "Omnibus für direkte Demokratie" selbstverständlich auch als eine Initiationsschule.

H.K.-U.: Wenn ich nur noch einmal das Beispiel der Waldorfschulen exemplarisch nehmen darf. Wenn der einzelne Lehrer oder aber auch das ganze Lehrerkollegium eine vertiefende Arbeit leistet - kollegiumsintern -, und diese Arbeit dann dadurch, daß man mit den Kindern arbeitet, den Kindern hilft, sich zu freien sozialen Wesen zu entwickeln, dann ist das doch ein Wirksamwerden im Sozialen.

J. Stüttgen: Nun sei mal nicht so schnell. Natürlich ist es ein soziales Wirken. Wenn man sich aber das Wichtigste dann sozusagen faktisch erspart oder glaubt, ersparen zu dürfen, nämlich das beherzte gemeinsame Auftreten in der Öffentlichkeit, der Kampf für das freie Schulwesen im Ganzen - was nicht nur die Waldorfschulen umfaßt, sondern die Möglichkeit jeglicher Schule, sich frei zu entfalten -, wenn ich das auslasse, tue ich letztendlich den Kindern auch keinen Gefallen mehr, weil ein waches Kind letztlich sowieso die Frage stellt, wo Eure Stimme bleibt, während ein nicht waches Kind eher noch durch diese besondere Behutsamkeit und Behütung, die in den Waldorfschulen ja auch gepflegt wird, eingeschläfert wird.

Der Hang zum Kitsch ist gerade in den Schulen häufig zu beobachten, und man sieht es im übrigen auch, nebenbei bemerkt, in der Kunsterziehung an den Waldorfschulen, die zum Teil unerträgliche Ergebnisse liefert. Ich persönlich habe gerade im vorigen Jahr ein ganz wichtiges Erlebnis gehabt, als ich nämlich zum ersten Mal die Möglichkeit hatte, eine Originalzeichnung von Rudolf Steiner zu sehen, da bin ich wirklich vom Hocker gefallen, und ich war fasziniert von dieser Kraft und Wucht und dieser künstlerischen

Originalität, die in diesem Stück enthalten war. Ich merkte plötzlich, daß ich ein Vorurteil gegenüber dieser künstlerischen Seite hatte, weil ich diese nur von den Waldorfschulen kannte. Diese blödsinnigen Naß-in-Naß-Malereien, dieses bloß immer auf Theorien aufbauen, die von Dr. Steiner stammen, und dadurch geradezu eine Ängstlichkeit mit ins Spiel bringen, die mit Kunst nicht die Bohne zu tun hat, da kann ich nur sagen, daß sich die Waldorfbewegung auf einem sehr unsicheren Gelände bewegt, auf dem sich bestimmte Organe überhaupt nicht richtig ausbilden lassen. Dabei befürworte ich es theoretisch hundertprozentig, daß man künstlerisch vorgehen muß. Ich finde es phantastisch, wie zum Beispiel das Schreiben und Lesen beigebracht oder wie die Sprachen unterrichtet werden, das sind phantastische Ergebnisse. Ich sage nur: sie sind ergänzungsbedürftig.

H.K.-U.: Wenn ich das richtig verstanden habe, dann wäre das notwendige Korrektiv das Wirken im Sozialen außerhalb der Schule?

J. Stüttgen: Ja, sage es aber bitte nicht so abstrakt. Das kommt mir schon wieder vor wie die Heilsarmee, in Wirklichkeit gibt es ja ganz konkrete Dinge, und ich habe sie auch bereits genannt. Die Waldorfschulbewegung ist ja in der Bevölkerung doch mittlerweile sehr angesehen, und deshalb möchte ich bitte gerne diese Stimme hören!

"Die Mysterien liegen auf dem Hauptbahnhof"

H.K.-U.: In einem Interview mit dem SPIEGEL sagte Beuys den Satz, der dann auch die Überschrift jenes Interviews wurde: "Die Mysterien liegen auf dem Hauptbahnhof." Kannst Du diesen Satz etwas erläutern? Gibt es die Mysterien noch im Verborgenen?

J. Stüttgen: Die Mysterien, die sich im Hauptbahnhof abspielen, sind ja die Mysterien im Verborgenen, weil man sie gerade dort nicht erwartet, sondern glaubt, man müsse immer nur in die Kirche laufen, wenn ich das mal symbolisch sagen darf. In Wirklichkeit liegt das Verborgene - das Geheimnis also - buchstäblich auf der Straße. Es ist das unausgesprochene, unerlöste Substantielle, das praktisch im alltäglichen Miteinander der Menschen darauf wartet, erlöst zu werden - und dabei finden die Mysterien statt, in Erlösungsvorgängen.

H.K.-U.: Zwischen Menschen?

J. Stüttgen: ... zwischen den Menschen in der Entwicklung der Liebessubstanz, ausgehend von der eigenen Erkenntnis. Das eigentliche Mysterium befindet sich wirklich auf dem Hauptbahnhof - und wir befinden uns hier ja gerade im Hamburger Hauptbahnhof -, das eigentliche Mysterium ist immer dort, wo man es nicht vermutet, und es ist heute mit Sicherheit dort, wo man, als jemand der nach Mysterien sucht, glaubt, das sei doch alles banal. Ich denke dabei zum Beispiel an die industrialisierte, materialistische Welt, von der es oft heißt: "Das ist doch alles banal, das ist alles Dreck, das ist alles verkommen, wir müssen uns in die Mysterien hineinbegeben." Man kann das aber nur, indem man mitten in die Widerstände hineinsteigt, so wie es Christus selber vorexerziert hat, der wirklich in die Erde hineingestiegen ist, sich auch wirklich auf die realen Arbeitsverhältnisse der Menschen am Ort eingelassen hat - und dafür steht ja der Hauptbahnhof in diesem

Satz. Das ist eigentlich die erste Erkenntnis, die das auf sich selbst gründende
nisleben machen kann, wobei damit das Denken die Qualität der Initiation be
Damit wird der naturwissenschaftliche Wissenschaftsbegriff mit dem
sozialen Skulptur verbunden. Ich bin mir darüber im klaren, daß dies vorerst alles nur in
Andeutungen und in großen Zügen geschildert werden kann, aber es verpflichtet uns jetzt,
bei den Sachen ins Detail hineinzusteigen, so daß man zu den Einzelfragen sehr viel mehr
ausführen kann. Aber das ganze gibt insgesamt ein Bild vom erweiterten Kunstbegriff,
wie ihn Joseph Beuys in der Mitte dieses Jahrhunderts entwickelt hat, weswegen dieser
Joseph Beuys sicher eine Schlüsselfigur in diesem Jahrhundert ist, der bestimmte Dinge,
die von Rudolf Steiner und einigen anderen in diesem Jahrhundert initiiert worden sind,
weitergeführt hat. Wir befinden uns jetzt an der weiteren Arbeit bis zum Ende dieses
Jahrhunderts, das auch wieder eine Art Schwellenbild in uns hervorruft. Die ökologische
Krise als Ganzheitskrise ruft den ganzen Menschen auf den Plan, oder um es umgekehrt
zu sagen: die Erweiterung des Ozonlochs ist nur durch die Erweiterung des Kunstbegriffs
zu stoppen und zu behandeln.

Geld ist kein Wirtschaftswert

H.K.-U.: Was ist Geld? Was ist Kapital?
J. Stüttgen: Geld ist mit Sicherheit nicht Kapital. Das ist das allererste, was man
feststellen muß. Und mit dieser Feststellung befindet man sich schon jenseits des
Kapitalismus, denn der Kapitalismus ist die Wirtschaftsform, die das Geld in einer un-
sachgemäßen Weise mit Kapital vermengt. Heute wird unter Kapital meistens auch Geld
verstanden; ich habe das eben auch schon am Begriff des Vermögens demonstriert.
Wenn man Kapital als Wirtschaftswert bezeichnet, so gibt es davon zwei: nämlich den
Wirtschaftswert 1, das sind die menschlichen Fähigkeiten im gemeinsamen Einsatz, und
den Wirtschaftswert 2, das durch den Einsatz dieser Fähigkeiten erwirkte Produkt. Damit
ist der Kapitalbegriff vollkommen beschrieben. Jetzt kann man hingehen und kann von
einem Wirtschaftskreislauf reden. Damit ist nichts anderes gemeint als der Fluß der
Kapitalwerte, der Wirtschaftswerte, also wie zum Beispiel die Fähigkeiten in einem
Unternehmen gebündelt werden, wie sie in einem Unternehmen zu einer gemeinsamen
Arbeit organisiert werden, wie aus dieser gemeinsamen Arbeit ein Produkt entsteht usw.
Das Ganze, weltwirtschaftlich gesehen, bedeutet arbeitsteilige Weltwirtschaft, bei der
unendlich viele Menschen an ein und derselben Sache arbeiten, es bedeutet, daß dieses
Produkt dann in den Konsumbereich hinüberfließt, daß es dort abgebaut und verbraucht
wird. So haben wir es hier mit einem Kreislaufsystem von Wirtschaftswerten zu tun, und
in der Beschreibung dieses Kreislaufwesens spielt Geld zunächst einmal gar keine Rolle.
Das heißt, bei der genauen Beschreibung kommt das Geld gar nicht vor!
Das Geld taucht überhaupt erst da auf, wo man sich jetzt fragen muß: Wie ist denn nun
dieser Wirtschaftskreislauf zu organisieren? Wie ist er zu regeln? Wie ist er vor allen
Dingen so zu regeln, daß alle Menschen in diesen Wirtschaftskreislauf mit eingebracht
sind, daß das Wirtschaftsleben wirklich darauf hinausläuft, den Bedarf zu befriedigen -

übrigens nicht nur der Menschen, sondern auch den der Natur -, wie kann es geregelt werden, daß auch die Menschen gleichberechtigt an dem Bedarf partizipieren, daß sie die Möglichkeit haben, ihre Fähigkeiten in die Produktionsunternehmungen mit einzubringen? Da spürt man, daß eine Größe mit ins Spiel kommt, die etwas mit dem Rechtswesen, mit einem Regulator, zu tun hat, und da kommt das Geld ins Spiel. Erst an dieser Stelle!

Das Geld ist mit anderen Worten kein Wirtschaftswert, sondern ein Rechtsregulator. Und sein Ausgangspunkt sollte eine demokratische Kreditierungsbank sein, ein Bankensystem, das auf demokratischem Wege die Unternehmen, die selbstverwalteten Unternehmen, kreditiert. Das Geld dient in den Unternehmen zum Einkommen der Mitarbeiter und fließt dann in den Konsumbereich, es beschreibt also einen völlig entgegengesetzten Kreislauf, denn es fließt sofort in den Konsumbereich. Dort wird es als Rechtsmittel zum Erwerb von Gütern benutzt, die auf der umgekehrten Reise im Produktionsbereich erarbeitet worden sind. Also, am Markt wird das Geld gegen Güter eingetauscht. Damit ist dieser Rechtsvorgang abgeschlossen und das Geld muß wie venöses Blut an den Ursprungsort der Kreditbank zurückfließen.

H.K.-U.: Wenn man die Kreditierung demokratisch verwaltet, wie ist dann gewährleistet, daß auch derjenige, der von der demokratischen Mehrheit einen Kredit nicht zugesprochen bekommen soll, dennoch in der Lage ist, seine Initiative zu verwirklichen?

J. Stüttgen: Hier sprechen wir ja zunächst einmal von Produktionsstätten einer gewissen Größenordnung, d.h. wir unterhalten uns zunächst einmal, wenn wir schon über Kapitalismus reden, über solche Unternehmen, die relevante Produktionsunternehmen - auch im Sinne von Konzernen - sind. Ich spreche von Unternehmensgrößen mit 100-200 Mitarbeitern aufwärts. Alles, was darunter liegt, hat im Grunde genommen immer noch den Charakter einer Privatinitiative und fällt sowieso gar nicht so sehr unter ein völlig neues Geldgesetz. Wenn das so weiter ginge wie im Moment, wäre damit noch gar nichts so Schlimmes passiert - wichtig ist nur, daß das Grundsätzliche im Wirtschaftswesen geregelt wird, daß also klargestellt wird, daß Unternehmen kreditiert werden müssen. Und welche Gesetze jetzt für kleine Unternehmen oder gar für Einzelunternehmen eine Rolle spielen, steht auf einem anderen Blatt, denn das sind Initiativen, die zum größten Teil noch in den Konsumbereich hineingehören, wenn man jetzt von ökonomischen Fragestellungen ausgeht. Die Einzelinitiative wird selbstverständlich gefördert, nämlich dann, wenn endlich einmal die Lohnabhängigkeit abgeschafft wird. Die Frage von Einkommen und Arbeit muß zum Beispiel unabhängig voneinander geregelt werden, und es müßte sich dann auch ein neues Einkommensgesetz ergeben, was sich wiederum aus einem neuen Geldgesetz ergibt.

Und damit sind wir wieder bei der Volksabstimmung. Man merkt, hier ist ein sehr komplexer Bereich anvisiert, der auch wiederum nicht in einem kurzen Statement hinreichend abgehandelt werden kann. Es gilt hier wie überall: wir müssen sämtliche Begriffe neu denken! Die Revolution beginnt in den Begriffen, und wer sich für diese Dinge interessiert, der kann zum Beispiel auch auf unser Schriftmaterial zurückgreifen, oder vor allem auch einmal unseren Omnibus einladen. Dann stehen wir auch zur Verfügung, um die Sache in Form eines Seminares zu vertiefen. Eine Tafel bringen wir selbst mit.

Beuyme!
Eine Beuys-Idee auf dem Weg an die Förde
GESPRÄCH MIT JOSEPH BEUYS
von Michael Reinhardt und Flensburger Bürgern

Im Jahre 1972 erlebte ich Joseph Beuys, wie er von morgens bis abends im Büro für Direkte Demokratie durch Volksabstimmung auf der documenta in Kassel mit den Besuchern diskutierte. "Rede stehen ist auch eine Kunstform" - Joseph Beuys sprach mit einer Engelsgeduld zu den Themen Mensch, Erziehung, Christentum, Atomkraft und Dreigliederung des sozialen Organismus zu den unterschiedlichsten Menschen. Die "Dreigliederung" war auf einmal keine mühsame Wiederbelebungsbewegung in Lesezirkeln, sondern eine lebendige, öffentliche Ideen-Werkstatt als Wettstreit der Gedanken, der souverän und mit viel Humor von Joseph Beuys ausgetragen wurde. Joseph Beuys machte erlebbar, was es bedeutet, wenn Geisteswissenschaft nicht mehr auf der Stufe der Reproduktion steht, sondern als sprudelnder Quell auf die Situation unserer Zeit schöpferisch wirksam wird.

Im Jahre 1977 wurde die Open Free University gegründet, an der ich mit großer Begeisterung teilnahm und aus der sich als ein Seitentrieb im Jahre 1982 die Aktion 7.000 Eichen entwickelte. Auch Flensburg sollte sein Baumbüro bekommen, denn an der Vegetation als lebenspendender Faktor wurde auch in unserer Stadt kräftig gesündigt.

Vier verschiedene Gruppierungen beabsichtigten damals, dieses Baumbüro mit Leben zu füllen. Als Initialzündung auf der öffentlichen Gründungsversammlung am 2. September 1982 war ein öffentliches Telefongespräch mit Joseph Beuys angesagt, der sich in seinem Atelier in Düsseldorf am Draheplatz befand und interessierten Menschen in Flensburg in der "Galerie" am Holm Rede stand.

Bäume wurden daraufhin genug gespendet (300), nur die Menschen, die für das Einpflanzen und den damit verbundenen Behördenverhandlungen benötigt wurden, verflüchtigten sich. Um nicht als Baumeinzelkämpfer in die Annalen Flensburgs einzugehen, begnügte ich mich mit der Tatsache, daß keine weitere Begrünung in dieser Stadt gewünscht wird. - Eine Birke haben wir doch noch an der Nikolai-Kirche gepflanzt. Sie grünt heute noch - als letztes überlebendes Denkmal des Flensburger Baumbüros. (M.R.)

Michael Reinhardt: Guten Abend, Herr Beuys! Wir befinden uns in der "Galerie" in Flensburg und haben uns zusammengefunden, um heute das Baumbüro zu begründen. Die Vertreter des Baumbüros sind hier, haben eine persönliche Stellungnahme abgegeben, und wir möchten von Ihnen ganz speziell etwas zu Ihrem Baumbüro hören, damit wir vielleicht auch denjenigen einen persönlichen Eindruck vermitteln können, die nicht in Kassel waren. - Die Marksteine, die vor die Bäume gesetzt werden, sind ja eigentlich Zeichen unserer Zeit und hängen wohl auch mit dem Materie- und Wissenschaftsbegriff zusammen. Können Sie dazu vielleicht etwas ausführen?

Joseph Beuys: Um es allgemein verständlich zu machen: die Menschen erleben ganz besonders in ihrem Wohnraum eine zunehmende Versteinerung und Skelettierung ihrer Umwelt. Daß es sich hier um Wirkungen eines Wissenschaftsbegriffs handelt, der letztendlich Technologie und Profitvorstellungen im Bauwesen setzt, und daß es durch die Neue Heimat-Aktion im sogenannten sozialen, für mich aber unsozialen Wohnungsbau zu solchen, sagen wir einmal Versalzungen und Skelettierungen gekommen ist, die auch auf die Gesundheit der Menschen und der Natur zurückschlagen, ist, glaube ich, schon allgemein bekannt und wird auch von den Menschen mehr und mehr erlebt. Um dagegen vorzugehen, habe ich eben diese Aktion 7.000 Eichen einfach einmal angepackt. Als Initiation, um Aktionen im ganzen Bundesgebiet, aber auch in allen anderen Ländern der Welt, anzuregen, und ich glaube, diese Anregung ist prinzipiell auf guten Boden gefallen.

M.R.: Warum gerade Eichen?

J. Beuys: Es ist wichtig, daß man nicht ein zu schnellebiges Gewächs pflanzt, wenn man eine Langzeitaktion plant, die sich so über die Jahrhunderte hinweg steigern soll. Eine Eiche wird erst nach 300, 400 Jahren richtig schön und kann 2.000 Jahre alt werden. Dieses Zeitmonument, das historisch in eine ferne Zukunft hineingreift, ist für mich sehr wichtig gewesen, aber auch der Zeitbegriff in die Vergangenheit hinein. Die Eiche ist schon den slawischen, den germanischen, den keltischen Völkern immer als ein verehrungswürdiger Naturgegenstand im Bewußtsein gewesen. Es waren ja einige Wälder heilige Stätten, und ich glaube, dies hängt mit einer Kraft zusammen, die auch im Menschen ist. Die Eiche ist eben ein sehr stark sich behauptendes Wesen, ein sehr umsichgreifendes, man könnte auch sagen, kämpfendes Wesen.

M.R.: Sind bei dem Eichbaum auch die Rückfälle in jüngster Vergangenheit zu assoziieren?

J. Beuys: Assoziieren kann man viel, man kann ja auch mit jeder positiven Sache Unfug treiben. Wir wissen ja, daß Begriffe aus der Edda oder aus dem Germanentum mißbraucht worden sind, aber dafür kann ja schließlich nicht einer der wichtigsten Naturgegenstände - also eines der wichtigsten Erzeugnisse der Evolution, wie es die Eiche ist, die sich nach der Eiszeit ganz in unserem Lebensraum durchgesetzt hat -, dafür kann ja schließlich nicht die Natur büßen müssen.

M.R.: Diese Aktion 7.000 Eichen ist mehr als nur eine gärtnerische Arbeit oder eine Pflanzaktion, und sie leitet sich eigentlich aus dem erweiterten Kunstbegriff ab. Es geht, wie Sie sagen, um den Aufbau einer neuen Kulturhülle. Was ist darunter zu verstehen?

J. Beuys: Der erweiterte Kunstbegriff bezieht sich nicht nur auf das, was sogenannte Künstler malen oder sonstwie machen, wie also aus dem traditionellen Kunstbegriff die Menschen denken, daß Künstler eben Menschen seien, die Bilder malen, Skulpturen machen, Musikstücke oder Gedichte schreiben, Tänze aufführen usw., das ist je historisch bereits erarbeitet. Was historisch fehlt an der Entwicklung der Kunst, ist ein erweiterter Begriff, der sich auf die menschliche Arbeit bezieht, der also jeden Menschen als ein kreatives Wesen ernst nimmt, wodurch der Begriff der Kreativität des Menschen überhaupt erst einen richtigen Sinn bekommt. Ebenfalls nur dadurch wird der Begriff der Freiheit des Menschen einen richtigen Sinn bekommen, wenn man versteht, daß gezwun-

Joseph Beuys

gene Kreativität unfrei ist, also keine Kreativität ist. Kreativität hängt mit dem Freiheitsbegriff des Menschen, mit seiner Selbstbestimmung und mit der notwendig damit verbundenen Selbstverwaltung in allen seinen Arbeitsfeldern zusammen.

Es ist in der Tat notwendig gewesen, einen sozialen Kunstbegriff zu bilden, um überhaupt etwas in den sozialen Zusammenhang der Arbeitsverhältnisse der Menschen auf der Welt einzubringen; ganz besonders wichtig auch, um die bestehenden unvollkommenen Systeme - und sagen wir auch: manchmal fast kriminellen Systeme - des westlichen Privatkapitalismus und des östlichen Staatskommunismus zu überwinden und auf eine neue Ebene im Kapitalverhalten, im Umgang mit Geld, mit der Produktion und dem Einkommen zu kommen, also gesellschafts-ökologische Verhältnisse zu schaffen, durch die zum Beispiel auch Arbeitslosigkeit, Entfremdung von der Arbeit und Profitgier, die nur nützlich für einige wenige ist, abzubauen.

Also ist auch der Begriff der Demokratie wesensgemäß ein Glied des erweiterten Kunstbegriffs, der mit der Selbstverwaltung der Menschen, die ihre Lebensqualität doch wohl verbessern wollen, mit ihrem Lebensraum, auch in Flensburg zum Beispiel, zusammenhängt.

K.: Herr Beuys, hier ist K. von der Arbeitsgemeinschaft für Stadtbildpflege, und ich hätte von Ihnen gern folgendes gewußt: Wenn es um dieses Baumbüro geht und wir von den Bäumen sprechen, dann haben wir eigentlich keine großen Schwierigkeiten, verstanden zu werden. Die Schwierigkeiten fangen dann an, wenn der Name Beuys irgendwo auftaucht; dann kommen im wesentlichen diese Sachen, die man in der Boulevardpresse lesen kann. Wir haben also ziemlich große Schwierigkeiten, das, was Sie eben ausgeführt haben, zu erklären, so daß es auch angenommen wird. Ich hätte gerne von Ihnen gewußt, was Sie uns raten und wie Sie diese Verhärtungen erklären, die es schwer machen, Aggressionen gegenüber Ihrer Person abzubauen?

J. Beuys: Nun ist es ja nicht so, daß es gegen meine Person nur Aggressionen gibt. Ich glaube, es gibt sehr viele Menschen, die bereits diesen Kunstbegriff als Rettung aus dem Dilemma erkannt haben. Es gibt demgegenüber auch sehr viele Menschen, die im Alten verharren möchten und jede Erweiterung dessen, was man so zu denken gewohnt ist, für Nonsens, Utopie oder Schwärmerei halten, wie es auch Menschen gibt, die zum Beispiel von den GRÜNEN in der Gegenwart nichts halten. Sie brauchen nur die Tageszeitungen zu lesen, dann wissen Sie auch, daß zum Beispiel die grüne Bewegung, die ökologische Bewegung, die Friedensbewegung von der Boulevardpresse und auch von anderen Pressen bekämpft werden. Ich bin ja nicht der einzige, der bekämpft wird. Neues wird oft bekämpft. Deswegen halte ich es für richtig, daß Sie das, was Sie dort tun wollen - und ich halte das für eine ganz großartige Idee, daß Sie dort mit der Wiedergewinnung von Natur im Lebensraum der Menschen, mit der Kräftigung vitaler Formen beginnen -, daß Sie alles, was ideenmäßig damit zusammenhängt, was auch mit weiteren Notwendigkeiten der Arbeitswelt dieser Menschen zusammenhängt, mit ihren Arbeitsplatzverhältnissen, mit ihren Einkommensverhältnissen, mit ihren Bürgerrechten, die ja oft mit Füßen getreten werden, in Ihrer Sprache sagen, um sich dadurch am Ort - jeder Ort hat seine eigene Sprache - vielleicht verständlicher machen zu können als ich. Aber ich glaube, es würde bei längerem Diskutieren inhaltlich auf dasselbe Ergebnis herauskommen. Ich glaube, es würde erkennbar sein, daß sich doch nichts anderes als Vernunft, die in jedem Menschen zu Hause ist, letztendlich auch in all diesen Fragen durchsetzen wird.

S.: Ihre Steine, Herr Beuys, sind ja praktisch ein sichtbares Dilemma. Je mehr Steine liegenbleiben, desto weniger Bäume sind gepflanzt worden. Hat diese Aktion sozialen Gepräges auch die Bedeutung, uns gleichzeitig durch diese Visualisierung zu mahnen, oder sehe ich das falsch?

J. Beuys: Nun ja, die Idee war einmal, durch einen Steinhaufen - 7.000 Steine waren es in Kassel - sichtbar zu machen, daß 7.000 Eichen gepflanzt werden sollen, und es sollte dadurch jedem Bürger an jedem Tage, an dem er an dieser Stelle vorbeigeht, sichtbar gemacht werden, wieviel von dieser Aufgabe bereits realisiert wird. Er sieht das mit dem Schwinden dieses Steinhaufens, so daß, wenn der letzte Stein verschwindet, jeder Bürger weiß, jetzt sind 7.000 Eichen in Kassel gepflanzt. Eine gewisse Choreographie, wie man sie zum Beispiel beim Theater oder bei Kompositionen eines Musikstückes kennt, wo ein Taktstrich oder der Notenschlüssel auch etwas Bestimmtes bedeuten, wird hier bei der Kasseler Aktion durch die Steine in ihrer Funktion bewirkt, die Sache zu strukturieren.

S.: Wenn ein Beuys gesagt hätte, dieser Haufen, der dort ohne diesen sozialen Hintergrund läge, sei Kunst - also entsprechende Bildkategorien - oder eine Plastik, dann hätte kein einziger Stein weggenommen werden dürfen, weil dann diese Kunst unter Umständen zerstört worden wäre. Nun ist es aber eine andere Kunst oder eine andere Kategorie von Kunst, nämlich die, daß etwas Sichtbares abgetragen werden muß, und ich finde diese Idee ist auch deshalb der Kunst zuzuordnen, weil hier eine Visualisierung des sozialen Problems unserer Zeit sichtbar geworden ist.

J. Beuys: Es war so, wie Sie sagen, auch gedacht.

V.: Sie sprachen im Zusammenhang mit Ihrem erweiterten Kunstbegriff von einer sozialen Komponente. Nun sind zur Zeit restaurative Tendenzen zu bemerken, die es doch sicherlich erschweren, solche soziale Komponente zu verdeutlichen. Das mag auch an das anklingen, was Herr K. vorhin sagte, als er über die Vorwürfe, die Ihnen gemacht werden, über das Unverständnis, das Ihnen entgegengebracht wird, sprach. Ist Ihr Griff zum Baum, eine - ich will es mal hart sagen - taktische Maßnahme gewesen, eine Chance zu finden, sich verständlich zu machen?

J. Beuys: Die Taktik hat nicht im Vordergrund gestanden, sondern eher das Bewußtsein, daß man über diese Dinge gut reden kann, also sehr viel Theorie über die Zukunft der Gesellschaft entwickeln kann, und das habe ich sehr oft gemacht. Ich bin also auch gehalten, eine Theorie der Zukunft der Gesellschaft zu entwickeln. Zum Beispiel: wenn der Kapitalismus und der Kommunismus überwunden werden und wir in eine bessere, sagen wir menschengemäßere Gesellschaft hineinkommen, wie es dann mit den Geldkreisläufen bestellt sein wird, wie ein demokratisches Bankwesen aussehen und wie also der neue Kapitalbegriff die Bedürfnisse aller Menschen zufriedenstellen kann, darüber habe ich sehr viel gesprochen.

Aber ich habe mir gesagt, es muß noch ein anderer Pol zu diesem Ideenmäßigen dazukommen; dann ist das einfache, primitive Handeln auf der untersten Ebene wichtig, und das waren für mich die Regenerierung des Ackers, des Bodens, der Natur, des Lebensraumes der Menschen. Das Einfachste ist hier vielleicht das Wichtigste im Vergleich zu dem, was man natürlich als denkender Mensch auch denken und sprechen kann, das Einfachste ist das Allerwichtigste: Bäume pflanzen, überall da, wo es möglich ist, um die Lebensqualität der Menschen auf der untersten Ebene, auf der Naturebene, möglichst bald zu sichern, und das ist mit einfachen Mitteln möglich, und eine solche Idee findet auch sehr viel Zustimmung bei den Menschen. Also, etwas ganz Primitives, Handfestes, was heute überall machbar ist, von Australien bis Flensburg, das halte ich für sehr wichtig im Zusammenhang mit dem Reden, dem Sprechen, mit dem Denken, dem Theoretisieren über eine neue Gesellschaft.

V.: Es fiel der Begriff Utopie, und zwar auf Sie bezogen in einem negativen Sinn. Wenn ich mich recht entsinne, hat K.H. Wolff Kunst als Utopie bezeichnet und eindrucksvoll belegt, daß jede Neuerung im Kunstbereich von Leonardo bis Duchamp zunächst Utopie war. Rücken Sie mit Ihrer Maßnahme, auf machbare einfache Dinge zurückzugreifen, von dem Begriff Utopie etwas ab?

J. Beuys: Nein, nur muß einmal geklärt werden, wie man mit dem Begriff Utopie umgeht. Es ist bis heute in der Diskussion nicht geklärt worden, was die verschiedenen Menschen, die diesen Begriff benutzen, darunter verstehen. Die einen verstehen unter Utopie ein Ziel, das irrational ist und das aufgrund seiner Unwirklichkeit, seiner Phantasiehaftigkeit, seines Nichtgeeignetseins für die ganz realen Lebensbedingungen der Menschen in ihrer Arbeit, niemals erreicht werden kann.

Zu den anderen gehörte Rudi Dutschke, mit dem ich in den letzten Jahren viel zusammengearbeitet habe. Er verstand unter Utopie, unter der Notwendigkeit der Utopie, nichts anderes als einen Langzeitplan, d.h. eine große Idee, die man nicht sofort verwirklichen kann, die man aber anpacken und im Laufe der Zeit verwirklichen kann. Er nannte das: "reale Utopie".

Ich bin eigentlich hier auf dem Wege Dutschkes und schließe mich seiner Idee an, die besagt, Utopie ist ein Langzeitplan des Menschen, der weit in die Zukunft hinein ein hohes, von allen Menschen letztendlich anerkanntes Ziel setzt, das durch einen politischen Kampf, durch einen Kampf wie zum Beispiel auch mit dem Bäumepflanzen oder auf dem Acker oder in der Familie oder in der Schule verwirklicht werden kann, sei es zunächst, um die Lebensqualität der Menschen zu sichern.

Es ist natürlich das ganze Ziel damit noch nicht erreicht, wenn wir ganz Deutschland mit Wald zugepflanzt haben und die Arbeitsverhältnisse der Menschen an den Arbeitsplätzen noch dieselben sind, sondern es müssen auch in der Arbeitswelt, im Umgang mit Geld - also das Profitsystem wird hier kritisiert - ganz andere Ideen Fuß fassen. Es müssen auch in der Frage der Menschenrechte ganz andere Ideen noch Fuß fassen. Wenn man diese Sache nicht nur hier, sondern auch in der ganzen Welt, also auch in der Dritten Welt, verwirklichen will, dann wird man das nicht können, wenn die Kapitalverhältnisse, wie sie im Augenblick herrschen, weiterbestehen. Dann wird man die Gesundung der Natur auf jeden Fall nicht früh genug bewerkstelligen können. Also muß auch immer ideenmäßig gearbeitet werden.

W.: Ich habe eine Frage - von der philosophischen Ebene einmal abgesehen - zu der wirtschaftlichen Basis der Angelegenheit. Sie haben, wenn ich es richtig gelesen habe, inzwischen veranlaßt, daß so ungefähr 140 Bäume gepflanzt worden sind. Nun interessiert mich: sind Ihnen da bestimmte Plätze, bestimmte Straßen zugewiesen worden oder haben Sie sich diese Areale selber ausgesucht?

J. Beuys: Das erste, was geschehen ist: ich habe beschlossen, 7.000 Eichen in Kassel zu pflanzen als meinen Beitrag zur Gegenwartskunst. Das habe ich einfach gesagt, ohne einen Menschen vorher zu fragen. Als nun diese documenta eröffnet wurde und durch das Ablegen dieser 7.000 Steine klar war, daß Beuys hier 7.000 Eichen pflanzen will, da habe ich natürlich vernünftig gehandelt und gesagt, ich werde diese 7.000 Eichen nur dann pflanzen können, wenn ich die Rechtslage kläre. Ich mußte also einesteils mit der Stadt verhandeln, dann mit dem Land und unter Umständen auch mit dem Bund, denn die Zuständigkeit für die verschiedenen Grundstücke und Areale ist rechtlich oftmals kompliziert. Es ist also mit der Pflanzaktion auch eine Bearbeitung von Rechtsfragen nötig.

Wir haben bis jetzt erreicht, daß alle Pflanzstellen rechtlich auf Ewigkeit gesichert sind, also daß nicht etwa in zehn Jahren dort ein Bau hinkommt oder eine Straße durchgeführt wird oder so etwas. Es ist Aufgabe des Baumbüros, alle diese Punkte mit zu bearbeiten und jeweils für den Herbst oder für das Frühjahr dann einen Pflanzplan aufzustellen.

Wir warten auf Bürgerinitiativen in der Stadt Kassel, die von sich aus sagen: "In unserer Gegend steht kein Baum, die Bäume sind abgeholzt worden, und wir wollen unsere Bäume wiederhaben." Dort machen wir Bürgerversammlungen in den verschiedenen Zentren der Stadt, und auf solche Bürgerinitiativen gehen wir ein und befriedigen zunächst einmal sozusagen den Bürgerwillen. So gehen wir eigentlich vor.

W.: Sind Ihnen die Bäume gestiftet worden, haben Sie sie durch die spektakulären Aktionen erworben? Wie ist das geschehen?

J. Beuys: Ich habe gesagt, die Stadt Kassel braucht diese 7.000 Eichen nicht zu bezahlen. Sie kann unter Umständen, wenn sie will, den einen oder anderen Baum finanzieren, es wäre auch schön, wenn sie 100 Bäume finanzieren würde, aber ich spreche nicht den Bürger der Stadt Kassel oder etwa die Stadtkasse oder das Land Hessen an, daß die mir die Bäume bezahlen sollen, sondern ich habe gesagt, ich werde dafür sorgen, daß sich Menschen zusammenfinden, die die Kosten, die mit dem Pflanzen der 7.000 Bäume zusammenhängen, tragen. Ich habe auf Anhieb 300.000 DM von einer amerikanischen Firma bekommen und damit unsere ersten Aktionen begonnen. Sie sehen, man kann für solche Ziele Gelder bekommen. Dann haben wir weitere Gelder von Spendern bekommen, auch von Einzelspendern.

Ich habe da gar keine Sorgen, daß das Geld, das für diese Pflanzaktion notwendig ist, nicht zusammenkommt. Es gehen täglich Spenden bei mir oder im Kasseler Baumbüro ein.

I.: Was hat sich aus der Goldhasen- und Kronenaktion ergeben? Ich habe gelesen, es sei ein Angebot aus Amerika über 400.000 DM für den Goldhasen gemacht worden, worauf Sie - laut Zeitungsartikel - gesagt hätten, das sei Ihnen eigentlich zu wenig.

J. Beuys: Ja, es war so. Wir hatten zunächst ein Angebot schon am nächsten Tag der Schmelzaktion von 350.000 DM von einer deutschen Stadt, und dann hatten wir am nächsten Tag ein Angebot über 400.000 DM aus Amerika, aber der Betrag ist mir noch nicht hoch genug.

I.: Und das Gerücht, daß auch die sowjetische Botschaft Interesse angemeldet hatte, das stimmt nicht?

J. Beuys: Das stimmt auch. Die sowjetische Botschaft hat gesagt, daß sie jederzeit bereit sei, über dieses Thema zu sprechen.

M.R.: Es fällt bei Ihnen oft der Begriff der Wärme: der Wärmebegriff in Beziehung zum Sozialen und zum Denken. Sie sprechen sogar von einer Wärmezeitmaschine. In welchem Zusammenhang kann man diese Begriffe mit der Baumaktion sehen?

J. Beuys: Was wir vorhin gesagt haben von der Skelettierung und Ertötung unserer Lebensräume durch Beton, durch Zupflastern und Versiegeln der Erdoberfläche, darin drückt sich ja etwas ganz und gar Totes und Vereisendes aus, etwas Kaltes. Eine kalte, menschenabstoßende Gewalt erleben doch viele Menschen in den Städten, vielleicht nicht gerade in Flensburg in so extremen Maße, aber zum Beispiel in Düsseldorf erleben es immer mehr Menschen, daß sie sagen, wir werden hier ja völlig zugesiegelt, zugemacht und abgetötet, eingefroren. Die gemeinte Wärme hat natürlich keine Temperaturskala mit ganz bestimmten Thermometerwerten, sondern unter dieser Wärme verstehe ich die soziale Wärme, d.h. die zwischenmenschliche Wärme, die Beziehung, die zwischen Menschen in dem Augenblick wieder hergestellt wird, in dem sie miteinander über ihre Probleme sprechen, ganz einfach. Aber dieses Erkaltende, das gegenwärtig über den Planeten hinwegzieht - von der Nachrüstung gar nicht zu sprechen -, das ist der Tod, das ist die absolute Unterkühlung und Vereisung des Lebens. Demgegenüber ist zum Beispiel die Baumaktion eine Wärmeaktion. Sie wissen auch, daß Wald die Klimaverhältnisse verbessert, daß Wald hüllenbildend ist, also eine Wärmehülle in der biologischen Sphäre bilden kann. Das alles steht im Zusammenhang mit der Entwicklung der menschlichen Seele als ein Entwicklungsstrom, der auf keinen Fall unterkühlt sein darf, der in der lebendigen Entwicklungslinie ein Evolutionsprinzip ist, und das ist eben der Wärmekeim, aus dem das Leben stammt.

M.R.: Ja, dann danke ich recht herzlich für das Gespräch.

J. Beuys: Ich bedanke mich sehr bei den Menschen, die sich dort versammelt haben. Ich bedanke mich recht herzlich. Auf Wiedersehen, Michael.

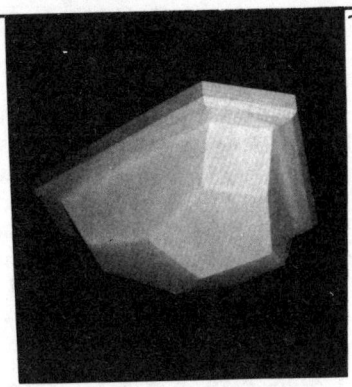

14. September 1987 - documenta 8 in Kassel:
OMNIBUS FÜR DIREKTE DEMOKRATIE IN DEUTSCHLAND

Daß wir die Aktion OMNIBUS FÜR DIREKTE DEMOKRATIE IN DEUTSCHLAND auf der documenta 8 in Kassel vor dem Museum Fridericianum neben der ersten und der letzten Eiche der Skultpur "7.000 Eichen" von Joseph Beuys eröffnen, soll ein Zeichen sein. Wir schließen damit an die große Aktion an, die Joseph Beuys auf der Grundlage des "Erweiterten Kunstbegriffs" eingeleitet und nicht zuletzt mit der Kasseler documenta eng verknüpft hat. An ihre wichtigsten Etappen soll hier noch einmal erinnert werden:

21. Juni 1967 - Gründung der DEUTSCHEN STUDENTENPARTEI in der Staatlichen Kunstakademie Düsseldorf.

2. März 1970 - Gründung der ORGANISATION DER NICHTWÄHLER in Düsseldorf.

1. Juni 1971 - Gründung der ORGANISATION FÜR DIREKTE DEMOKRATIE DURCH VOLKSABSTIMMUNG und Einrichtung eines öffentlichen Informations- und Organisationsbüros in Düsseldorf, Andreasstraße 25.

30. Juni bis 8. Oktober 1972 - documenta 5 in Kassel: Installation des Büros der ORGANISATION FÜR DIREKTE DEMOKRATIE DURCH VOLKSABSTIM-MUNG im Museum Fridericianum und 100-Tage-Präsenz von Joseph Beuys in diesem Büro.

24. Juni bis 2. Oktober 1977 - documenta 6 in Kassel: "Honigpumpe am Arbeitsplatz" und 100-Tage-Seminar der FREE INTERNATIONAL UNIVERSITY (FIU) im Museum Fridericianum unter der Leitung von Joseph Beuys.

23. Dezember 1978 - Joseph Beuys: "Aufruf zur Alternative", Veröffentlichung in der Frankfurter Rundschau.

1. November 1980 - Eröffnung der Geschäftsstelle der FREIEN INTERNATIONA-LEN UNIVERSITÄT (FIU) im Atelier von Joseph Beuys, "Raum 3", Staatliche Kunstakademie Düsseldorf.

1982 bis 1987 - documenta 7 bis documenta 8 in Kassel: Joseph Beuys "7.000 Eichen".

1983 bis 1984 - Vorbereitung und Projektbeschreibung der Aktion "Gesamtkunstwerk 'Freie und Hansestadt Hamburg'", Ausführung abgelehnt vom Hamburger Senat.

Der OMNIBUS FÜR DIREKTE DEMOKRATIE IN DEUTSCHLAND wird mit dazu beitragen, daß die Arbeit von Joseph Beuys fortgesetzt wird, und daß sich immer mehr Menschen als freie, gleichberechtigte Mitgestalter des Gesellschaftsganzen zu einer "Sozialen Skulptur" begreifen.   Johannes Stüttgen, Düsseldorf - 9. September 1987

(Text der Freien Internationalen Universität zur Eröffnung der Aktion)

Omnibus auf der documenta 8 vor der letzten Eiche

Der

OMNIBUS FÜR DIREKTE DEMOKRATIE IN DEUTSCHLAND
ist ein Kunstwerk:

1. Es ist in seiner Art einzigartig und neu!
Wenn Kunst nicht nur dazu geschaffen ist, über's Sofa gehängt zu werden, was ja heute allgemein anerkannt ist, und auch nicht nur mehr in Museen hin- und hergetragen, auf- und abgehängt wird, was heute auch als allgemein anerkannt zu sehen ist, dann ist es nur natürlich, daß ein Kunstwerk selbst auf Rädern durch die Landschaft rollt. Es wird also nicht dadurch zum "Nicht-Kunstwerk", weil es nicht über'm Sofa oder im Museum hängt.
Hier handelt es sich um ein Kunstwerk, das aufgebaut ist auf dem Prinzip eines Automobils, d.h. eines "Selbstfahrers". In einer Zeit der großen Beschleunigung ist das Auto zum Bewegungsmittel für jedermann geworden. Das Besondere dieses Omnibusses ist nun, daß es ein Bewegungsmittel für alle ist. Ein sogenanntes öffentliches Verkehrsmittel. Wenn es nun als Kunstwerk durch die Gegend fährt, ist es also ein öffentliches Kunstwerk.

2. Jedes Kunstwerk, jede Gestaltung des Menschen, gründet sich auf einer Idee. Das ist ein hervorstechendes Merkmal des Kunstwerks. Und jede einzelne Idee entwickelt als Kunstwerk ihre eigene Form. Die Idee der "Sozialen Skulptur", in der sich die Menschen als freie, gleichberechtigte Gestalter der Gesellschaft betätigen, hat hier nun in diesem Omnibus für direkte Demokratie durch Volksabstimmung eine besondere Form gefunden. Ohne diese Form konnte man das Kunstwerk also nur in einem komplizierten Denkvorgang wahrnehmen. Dies gilt besonders für Menschen, die nicht im besonderen geschult sind bei der Wahrnehmung schwieriger und komplizierter Gestaltungs- und Ideenvorgänge.
In dieser Form des Kunstwerks ist es jedoch gelungen, durch eine "Popularisierung" oder auf eine volkstümliche Art eine sonst nur im Grundgesetz der Bundesrepublik Deutschland erwähnte Möglichkeit als Bild und als Erlebnisvorgang erscheinen zu lassen.
Diese Möglichkeit der augenscheinlichen Wahrnehmung ist Kunst. Ebenso ist auch die Verwandlung (Gestaltung) dieses öffentlichen Verkehrsmittels in den Träger einer die demokratische Öffentlichkeit betreffenden Idee eben Kunst.

3. Es wird also mit diesem Projekt "OMNIBUS FÜR DIREKTE DEMOKRATIE IN DEUTSCHLAND" nicht nur im herkömmlichen Sinne eine wichtige kulturelle Aufgabe demonstriert, die darin besteht, alle Menschen unterschiedlich ihren Auffassungen und Lebensweisen friedlich zusammenzuführen, um die sie betreffenden Lebensfragen (= Gestaltungsfragen) zu diskutieren, sondern im besonderen der künstlerische Gestaltungsvorgang selbst vor jedermanns Augen vorgeführt!
Dieses Projekt stellt ein öffentliches Lehrangebot dar, das Kunst auf Straßen und Plätzen vermittelt und ausstellt, ist also auch ein Kunstausstellungsprojekt.

Felix Droese, Künstler,
Vertreter der Bundesrepublik Deutschland auf der Biennale in Venedig 1988

Der OMNIBUS FÜR DIREKTE DEMOKRATIE IN DEUTSCHLAND wurde als eine fahrende Skulptur der FREIEN INTERNATIONALEN UNIVERSITÄT als erste gemeinschaftliche Arbeit nach dem Tod von Joseph Beuys ins Leben gerufen. Seit dem Start auf der documenta 8 im Herbst 1987 war der OMNIBUS auf Einladung in über 1.450 Orten. Im Mittelpunkt der Arbeit steht der *Prozeß* zur Verwirklichung der direkten Demokratie durch Volksentscheid in Deutschland.

Der OMNIBUS fährt auf Einladung überall hin. Einladungskosten: 500,- DM pro Tag. Interessenten wenden sich bitte an unser Koordinationsbüro:

Omnibus für direkte Demokratie gemn. GmbH, Friedrich-Ebert-Str. 175, D-3500 Kassel, Telefon: 0561 / 1 84 20 (mo.-fr. 16.00 bis 20.00 Uhr)

Finanziert wird das Unternehmen ausschließlich durch Einladungsgelder, Spenden und Fördermitgliedschaften. Die 500 DM-Aktionsbeiträge decken etwa nur ein Drittel bis zur Hälfte der Kosten. Wir benötigen die finanzielle Hilfe vieler Demokratie-Freunde, die bereit sind, regelmäßig Förderbeiträge monatlich zu überweisen. Anvisiertes Ziel 1989: möglichst 750 Förderer für das Omnibus-Projekt zu finden, die monatlich mindestens 10 DM regelmäßig überweisen. Wer die Weiterfahrt des Omnibusses unterstützen will, der überweise bitte eine Spende auf das Konto: Omnibus für direkte Demokratie gemn. GmbH, Stadtsparkasse Kassel (BLZ 520 501 51), Konto-Nr. 999 29.

Fördermitgliedskarten können bei unserem Büro in Kassel angefordert werden. Für alle Spenden und Beiträge können steuerabzugsfähige Spendenquittungen ausgestellt werden.

22 Millionen Stimmen

INTERVIEW MIT BRIGITTE KRENKERS
von Birgit Diebel
geführt am 30.08.1988 im "Omnibus für direkte Demokratie"

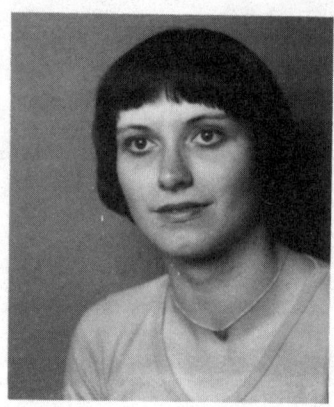

Brigitte Krenkers: *geb. 19.03.1956, wohnt in Düsseldorf. 1983 Mitbegründerin der "Aktion Volksentscheid". Drei Jahre aktiv bei den GRÜNEN. Seit 1983 Mitarbeiterin der FIU (Freie Internationale Universität) und Schülerin von Johannes Stüttgen.*

Mitinitiatorin der Aktion "Omnibus für direkte Demokratie in Deutschland" und seit Juni 1988 Geschäftsführerin des Unternehmens "Omnibus für Direkte Demokratie gemn. GmbH"

Birgit Diebel: Euer Bus trägt die Aufschrift "Omnibus für direkte Demokratie in Deutschland". Wer ist auf die Idee gekommen, mit einem Bus durch die Lande zu ziehen, um für direkte Demokratie zu werben? Wer steckt hinter dieser Initiative?

Brigitte Krenkers: Wir haben uns mit Leuten aus Zusammenhängen der Freien Internationalen Universität (FIU) und Achberger Zusammenhängen zusammengesetzt und überlegt, wie wir der Bevölkerung die Idee der direkten Demokratie näher bringen können. Daraus ist dann der Bus entstanden. Wir sind eine gemeinnützige GmbH mit fünf Gesellschaftern, eigentlich ein freies Forschungs- und Bildungsunternehmen für Kunst und Demokratie. Den Bus haben wir dann schließlich im September 1987 gestartet.

B.D.: Wie bringst Du die Begriffe Kunst und Demokratie in einen Zusammenhang?

B. Krenkers: Das ist auf Joseph Beuys zurückzuführen, der gesagt hat: "Jeder Mensch ist ein Künstler". Das heißt nichts weiter, als daß jeder Mensch die Fähigkeit besitzt, gestalterisch tätig zu werden. Jeder Mensch gestaltet seine eigene Biographie, seine Umwelt und die Erde als Ganzes. Ich glaube nicht, daß es sogenannte weise Menschen gibt, die für alle entscheiden können, sondern das "Kunstwerk Welt" kann nur dann entstehen, wenn jeder Mensch auf seine Weise mitgestaltet. Nur so können alle möglichen Aspekte berücksichtigt werden und in das Kunstwerk einfließen. Und schon sind wir bei der Volksabstimmung. Wir brauchen eine Struktur, in der sich das Gestaltungspotential der Menschen ausdrücken kann. Das kann man im Grunde an einem ganz einfachen Beispiel erklären: Wenn wir heute ein Haus bauen wollen, dann ist fast alles vorgeschrieben. Wir haben kaum noch Möglichkeiten, kreativ zu werden. Gäbe es weniger Vorschriften, dann würde der einzelne Bauherr die Möglichkeit haben, sein Haus kreativer zu gestalten. Genauso kann man das auf die Gesamtgesellschaft beziehen. Wir brauchen neue kreative Gesetze für die ökologische und soziale Krise. Solche kreativen Gesetze können zur Zeit nicht entstehen, weil die Politiker in Parteisachzwänge eingebunden sind.

Kunst und Demokratie

B.D.: Es würde mich interessieren, was Du persönlich unter Kunst verstehst.

B. Krenkers: Ja, das ist wirklich die Frage: Was ist Kunst? Wenn man unter Kunst nur das Bildermalen usw. versteht, dann ist das ein sehr enger Kunstbegriff. Kunst bezieht sich immer auf die Entwicklung des Freiheitsimpulses im Menschen. Den Freiheitsimpuls kann man beim Künstler noch am ehesten spüren, denn der Künstler kann machen, was er will. Leider hat sich die Kunst dahin entwickelt, daß sie keine Aussage für das Gesamtgesellschaftliche macht, sie bleibt in ihrem Bereich. Joseph Beuys hat das erkannt. Die Kunst hat sich so isoliert, daß sie Luxus geworden ist. Wenn Kunst Luxus wird, d.h. daß ich mir Kunst nur dann leisten kann, wenn ich Zeit und Geld habe, dann geht dem Menschen eine wichtige Fähigkeit verloren, nämlich die Kreativität. In unserer heutigen Gesellschaft brauchen wir den kreativen Menschen.

B.D.: Euer oberstes Ziel ist erst einmal, das Volksabstimmungsgesetz durchzusetzen?

B. Krenkers: Ja, zunächst einmal soll das Volksabstimmungsgesetz durchgesetzt werden und dann würden auf dieser Basis weitere Gesetze entstehen können.

B.D.: Wie lange gibt es die Aktion Volksentscheid schon?

B. Krenkers: Seit 1983, ich gehöre mit zu den Begründern. Ich habe die Aktion Volksentscheid in Achberg 1983 kennengelernt. Etwa zur gleichen Zeit habe ich Johannes Stüttgen in der Freien Internationalen Universität in Düsseldorf kennengelernt. Ich bin beiden Impulsen - Kunst und Demokratie - gleichzeitig begegnet.

B.D.: Seit wann seid Ihr mit dem Bus unterwegs?

B. Krenkers: Wir haben den Bus am 14. September 1987 auf der documenta 8 in Kassel vorgestellt. Die 7.000 Eichen-Aktion war damals beendet. Wir haben dann mit dem Bus einen neuen Impuls gesetzt. Damit wollten wir dokumentieren, daß die Arbeit an dem von Joseph Beuys entwickelten erweiterten Kunstbegriff weitergeht. Unser Ziel ist jetzt nicht, eine Stadt qualitativ zu verändern, indem Bäume gepflanzt werden, sondern wir wollen die Demokratie qualitativ verändern, indem ein neues Gesetz aufgenommen wird.

B.D.: Kannst Du kurz die 7.000 Eichen-Aktion erklären?

B. Krenkers: Der Start für die 7.000 Eichen-Aktion war die documenta 7. Joseph Beuys hatte sich vorgenommen, innerhalb von fünf Jahren, also von einer documenta bis zur nächsten, 7.000 Eichen in Kassel zu pflanzen. Zu jeder Eiche gehörte eine Basalt-Säule. Am Anfang lagen 7.000 Basalt-Säulen in einer keilförmigen Skulptur auf dem Platz vor dem Museum Fridericianum. Mit jeder Eiche, die gepflanzt wurde, wurde eine Basaltsäule weggenommen und neben die neugepflanzte Eiche gestellt. So konnte man an der Basalt-Säulen-Skulptur immer sehen, wie weit die Aktion fortgeschritten war. Die letzte Eiche wurde auf der documenta 8 gepflanzt. Für diese 7.000 Eichen-Aktion wurde ein Baumbüro gegründet. Unsere Koordinationsstelle für den Bus ist von Leuten aus dem Baumbüro und der FIU übernommen worden.

B.D.: Was hat Eure Initiative vor dem 14. September 1987, bevor Ihr mit dem Bus gestartet seid, getan, um das Bundesabstimmungsgesetz durchzusetzen?

B. Krenkers: Einige von uns haben bei den GRÜNEN mitgearbeitet, was dazu führte, daß die GRÜNEN den von uns erarbeiteten Vorschlag für ein Abstimmungsgesetz in ihr Programm aufnahmen und 1985 ein "Manifest für Direkte Demokratie" verabschiedeten. Wir haben den Verein "Aktion Volksentscheid" ausgebaut, es sind viele Ortsgruppen entstanden. Wir haben uns an die Parteien und Politiker gewandt, haben Info-Stände gemacht usw. Ich war nach Tschernobyl in einer Gruppe, die sich "Volksentscheid gegen Atomanlagen" nannte. Diese Gruppe war der Meinung, daß die Frage der Atomanlagen keine parteipolitische Frage ist, sondern eine Frage, die alle Menschen angeht und die alle entscheiden müssen. Es gab einen Unterstützerkreis von 50 Organisationen, die sich der Gruppe "Volksentscheid gegen Atomanlagen" angeschlossen haben. Wir haben rund 600.000 Unterschriften gesammelt und dem Bundestag übergeben, der es abgelehnt hat, diese Unterschriften überhaupt anzunehmen. Aus all diesen Initiativen - "Volksentscheid gegen Atomanlagen", Freie Internationale Universität und Aktion Volksentscheid - ist letztendlich der Bus entstanden.

B.D.: Was unterscheidet den Bus von den anderen Initiativen?

B. Krenkers: Wir sind in erster Linie an dem interessiert, was der Bürger will. Mich interessiert weniger, was die Parteien und Parteipolitiker wollen oder entscheiden. Ich will wissen, wie der Bürger zum Bundesabstimmungsgesetz denkt. Deshalb strebe ich eine Volksabstimmung über die Volksabstimmung an. Ich glaube, daß das der richtige Ansatz ist. Jeder Bürger soll darüber nachdenken, ob er diesem Vorschlag - dem Bundesabstimmungsgesetz - zustimmt oder ob er ihn ablehnt.

Der 23. Mai 1989 - "Wir fahren weiter"

B.D.: Ihr wollt jetzt bis zum 23. Mai 1989 mit dem Bus durch die Bundesrepublik ziehen?

B. Krenkers: Nein, wir werden noch viel länger mit dem Bus fahren. Ich habe mir einen Fünfjahres-Zeitraum gesetzt. Die documenten sind alle fünf Jahre. Wir werden bis zur nächsten documenta fahren. In fünf Jahren ist es auch gelungen, die 7.000 Eichen zu pflanzen, genauso habe ich mir den Zeitraum von fünf Jahren gesteckt. Wenn wir es bis dahin nicht geschafft haben, das Bundesabstimmungsgesetz durchzusetzen, kann es sein, daß wir dann noch weiterfahren. Ich glaube aber schon, daß wir unser Ziel erreichen werden.

B.D.: Warum habt Ihr als Stichtag den 23. Mai 1989 gesetzt?

B. Krenkers: Das Grundgesetz wurde am 23. Mai 1949 verabschiedet. Im Grundgesetz steht, daß der Bürger ein Recht auf Wahlen und Abstimmungen hat. Das Wahlrecht wird ihm zuerkannt, das Abstimmungsrecht bisher noch nicht. Seit 40 Jahren wird das Abstimmungsrecht von den Regierungen und Parteien blockiert. Wenn dann die Politiker am 23. Mai ihre Festreden halten und die parlamentarische Demokratie hochloben, dann wollen wir darauf hinweisen, daß das zweite Bein - das Abstimmungsrecht des Bürgers - fehlt.

B.D.: Wie finanziert Ihr diese fünf Jahre im Bus?

B. Krenkers: Wir haben uns als GmbH gegründet, weil wir das Unternehmen des Busses unternehmerisch führen wollen. Wir haben absichtlich keinen Verein gegründet. Der Bus ist ein Wirtschaftsunternehmen, das erst einmal von einzelnen Leuten vorfinanziert wurde. Wir haben dafür einen Kredit aufgenommen. Wir finanzieren uns aber auch über Fördermitglieder, Spenden und Aktionsbeiträge. Wenn wir mit unserem Bus an einen Ort fahren, muß es immer jemanden geben, der uns einlädt.

B.D.: Von wem seid Ihr hier in Flensburg eingeladen worden?

B. Krenkers: Hier am Ort gibt es eine Volksentscheidgruppe, die uns eingeladen hat.

B.D.: Wenn es nun keine solche Initiative am Ort gibt, wie erfährt man von Euch?

B. Krenkers: Zur Zeit funktioniert das meiste über Mundpropaganda. Langsam kommen wir aber auch in die Zeitungen hinein. Die Tierversuchsgegner haben zum Beispiel einen bundesweiten Rundbrief, in dem ein Bericht über den Bus stand. Auch die Friedensbewegung hat Rundbriefe, so daß wir über gewisse Organisationen bekannt werden. Wir sind bis Ende November 1988 ausgebucht und haben auch schon Anfragen für das kommende Jahr. Hier in Flensburg sind wir zum Beispiel von Urlaubern aus Hagen angesprochen worden, die gesagt haben, sie wollen es organisieren, daß der Bus nach Hagen kommen kann.

B.D.: Dann fahrt Ihr kreuz und quer durch Deutschland?

B. Krenkers: Wir versuchen es zu vermeiden, kreuz und quer zu fahren. Im Oktober und November 1988 haben wir nur Termine in Süddeutschland. Aber das Fahren ist sehr wichtig. Dann wird der Bus gesehen und es steht ja in großen Buchstaben darauf, wofür wir werben wollen.

B.D.: Werdet Ihr von der Presse wahrgenommen?

B. Krenkers: Wir waren die letzten Monate in Süddeutschland. Dort wurden wir sehr gut wahrgenommen. In jedem Ort, in dem wir waren, hat die regionale Presse einen Artikel - meistens mit Foto - abgedruckt. Es steht dann auch immer unsere Kontaktadresse dabei, so daß wir auf diesem Weg auch Anfragen erhalten. Dadurch, daß wir von Ort zu Ort ziehen, entstehen immer mehr Ortsgruppen. Meistens fängt einer an, bringt die 500 DM zusammen, organisiert einen Standplatz und informiert die Presse. Daraus entstehen dann größere Ortsgruppen. Wir versuchen dann natürlich auch im Bus, weitere Mitarbeiter für eine solche Ortsgruppe zu gewinnen. Das gelingt oft, so daß die Arbeit, wenn der Bus wieder weiterfährt, an dem Ort weiterlaufen kann.

Alle Rechtsfragen sind abstimmbar

B.D.: Sollen durch die Volksabstimmung alle Rechtsfragen abstimmbar werden?

B. Krenkers: Wenn man Demokratie ernstnimmt, heißt das Selbstbestimmung des Volkes. Das bedeutet, daß auch die Grundrechte abstimmbar sind, denn es sind die Grundvereinbarungen, nach denen wir leben wollen. Es gibt natürlich Dinge, die sind nicht abstimmbar, zum Beispiel, daß $2 + 2 = 4$ sind. Es geht nicht, daß sich ein Gremium bildet, das immer entscheidet, ob eine Frage abstimmbar ist oder nicht. Wir sind daher zu dem Schluß gekommen, daß, wenn sich eine Million Menschen gefunden haben, die eine bestimmte Frage für abstimmbar halten, daß diese Frage dann abgestimmt werden sollte. Wenn eine Million Menschen zu einer bestimmten Frage ihre Unterschrift geben, dann ist diese Frage auf jeden Fall fragwürdig. Dann muß neu diskutiert und abgestimmt werden.

B.D.: Wie siehst Du es mit solchen brisanten Themen wie zum Beispiel der Todesstrafe?

B. Krenkers: Das ist auch eine Rechtsfrage, die Frage, wie gehen wir mit straffällig gewordenen Menschen um? Zur Zeit sehe ich aber in der Bundesrepublik die Gefahr der Todesstrafe nicht. Wenn sich aber eine Initiative bilden würde, die sich dafür einsetzte, daß die Todesstrafe eingeführt wird, dann müßte sie begründen, warum sie es für sinnvoll hielte. Und schließlich müßte eine solche Initiative auch noch die Mehrheit der Bevölkerung davon überzeugen. Es würden sich aber mit Sicherheit sehr viele Initiativen gegen die Todesstrafe aussprechen.

B.D.: Nehmen wir mal ein anderes Gebiet: zum Beispiel die Gentechnologie. Das ist doch ein sehr unüberschaubares Gebiet, über das viele Menschen nicht oder nur wenig Bescheid wissen. Wie können wir zum Beispiel über Fragen, die die Anwendung der Gentechnologie betreffen, entscheiden?

B. Krenkers: Zur Zeit geschieht gerade im Bereich der Gentechnologie sehr viel hinter verschlossenen Türen. Wir alle sind dafür mitverantwortlich, was dort hinter verschlossenen Türen geschieht. Wir können uns der Verantwortung nicht entziehen mit der Entschuldigung "Wir haben davon nichts gewußt", oder: "Wir konnten ja nichts machen". - Ich selbst weiß zur Zeit auch nicht sehr viel darüber. Ich weiß aber, daß es Initiativen, Gruppen und Wissenschaftler gibt, die sich schon seit langem mit diesem Thema intensiv und kritisch auseinandersetzen. Sollte eine Volksabstimmung zu diesem Thema anstehen, so müßten diese Leute ihre Arbeitsergebnisse und Vorschläge in den Medien unzensiert und authentisch vorstellen können; natürlich auch die Gegenseite. Auf Grundlage dieser Informationen würde ich dann sicherlich in der Lage sein, eine Entscheidung zu treffen.

Ich bin davon überzeugt, daß es vielen eher gelingt, sich über eine konkrete uns alle betreffende Frage zu informieren und ein Urteil zu bilden, als über die Pakete von Parteiprogrammen gemischt mit Personenlisten. Mit der Volksgesetzgebung wären wir in der Lage, uns endlich von der Parteipolitik zu befreien. Die Frage der Gen-Technologie, die Frage nach anderen Wirtschafts- und Schulgesetzen sind Lebensfragen - Gestaltungs- fragen - und lassen sich nicht in das Korsett einer Partei-Ideologie zwängen.

B.D.: Ich möchte jetzt einmal ganz konkret auf den Bus zu sprechen kommen. Wie läuft so ein Tag wie der heutige ab?

B. Krenkers: Heute morgen hier in Flensburg haben wir gleich sehr großen Zuspruch erhalten. Wir hatten noch nicht einmal unseren Info-Stand aufgebaut, da waren schon Leute im Bus. In Flensburg haben wir eine große Resonanz erfahren. Der Bus ist ja auch sehr auffällig. Es ist ein doppelstöckiger Bus aus Berlin mit einem Kupferring rundher- um. Dann steht ganz groß darauf: Omnibus für direkte Demokratie in Deutschland. Das erzeugt Fragen. Zur Zeit sind nicht einmal Wahlen, so werden die Leute natürlich neugierig. Viele fragen aber auch: Warum haben wir von Euch noch nichts gehört? Es gibt jedoch auch Städte, da ist die Bevölkerung, aus welchen Gründen auch immer, sehr viel zurückhaltender.

B.D.: Es kommen also nicht nur Leute, die Euch sowieso schon kennen?

B. Krenkers: Nein. Es kommen wirklich der Mann und die Frau von der Straße zu uns.

B.D.: Welche Fragen begegnen Euch am häufigsten?

B. Krenkers: Es gibt drei Typen: "Welche Partei seid Ihr?" Demokratie ist bei uns besetzt von den Parteien. Demokratie heißt bei uns nicht Selbstbestimmung des Volkes, sondern Bestimmung durch die Parteien. Die nächste Frage ist dann: "Worüber soll abgestimmt werden?" Dann antworten wir erst einmal: "Wir haben ja noch gar keine Volksabstimmung." Es kommt dann sofort ein: "Ach ja, wir können ja gar nicht abstimmen." Die dritte häufige Frage ist: "Wer seid Ihr, warum hört man nichts von Euch?"

B.D.: Werdet Ihr nur freundlich aufgenommen, oder werdet Ihr auch beschimpft?

B. Krenkers: Die Beschimpfungen kann man wirklich zählen. Die Reaktionen sind überwiegend positiv, die meisten freuen sich, daß es uns gibt. Es gibt zum Beispiel Leute, die sagen: "Ich habe mir schon so oft überlegt, daß bei uns irgendetwas verkehrt läuft, und nun gibt es Euch. Das ist eigentlich genau das, was ich mir schon öfter überlegt habe, und nun seid Ihr schon soweit." 99 Prozent der Menschen, mit denen wir sprechen, sind mit der Parteipolitik unzufrieden. Die Krisen nehmen immer mehr zu und viele Menschen haben das Gefühl, daß ihnen ihre Lebensgrundlage genommen wird. Die Parteien bieten zu vielen lebenswichtigen Fragen keine richtigen Lösungen an. Von Parteien und Politik will ein Großteil der Bevölkerung nichts mehr hören. Aber über Sachfragen wollen sich viele noch auseinandersetzen und wollen da auch mitentscheiden. Und an dieser Stelle setzt das Abstimmungsrecht ein. Wir bekommen sehr oft von den Menschen hier am Bus zu hören, daß sie auch nicht mehr zur Wahl gehen, weil sie einfach an der Parteipolitik kein Interesse mehr haben. Sie haben das Gefühl, daß die Politiker sowieso machen, was sie wollen, daß wir nur ohnmächtig sind und Zuschauer bleiben.

B.D.: Welche Altersgruppe spricht Euch am ehesten an?

B. Krenkers: Es ist die Altersgruppe zwischen 30 und 50 Jahren, die am ehesten zu uns kommt und mit uns spricht.

B.D.: Worüber sprecht Ihr mit den Menschen, die zu Euch kommen?

B. Krenkers: In erster Linie versuchen wir, den Demokratiebegriff richtigzustellen, und begründen, warum das Abstimmungsgesetz notwendig dazugehört. Wir betonen immer wieder, daß es um das Selbstbestimmungsrecht des Menschen geht. Wenn dann noch die Frage kommt, worüber denn abgestimmt werden soll, dann bringen wir natürlich Themen ins Gespräch. Wir schneiden dann zum Beispiel die Frage neuer Unternehmensgesetze an, auch freie Schulen sind ein möglicher Diskussionspunkt. Das sind Fragen, die unserer Meinung nach wichtig und abstimmbar sind.

"Mit dem Bus Impulse geben"

B.D.: Wie würdest Du die Ziele formulieren, die Du mit dem Bus verfolgst?

B. Krenkers: Ich möchte mit dem Bus Impulse geben. Das Abstimmungsgesetz soll ins Gespräch kommen, wobei es auch nur ein Vorschlag ist, der von der Bevölkerung weiterentwickelt werden kann. Ich glaube, daß - wenn man so etwas öfter mal ins Gespräch bringt - die Menschen kreativ genug sind, so ein Gesetz weiterzuentwickeln. Es ist dem einzelnen überlassen, wie er die Sache weiter unterstützen will. Es ist notwendig, Informationen an die Bevölkerung heranzubringen. In erster Linie würde ich es so betrachten, daß die Erkenntnisfähigkeit der Menschen immer weiter zunimmt, und daß diese Tatsache ihren Ausdruck in unseren Entscheidungsstrukturen finden muß. Es gilt, eine Form zu entwickeln, die es ermöglicht, daß jeder in der Frage der Gestaltung der Zukunft als freier gleichberechtigter Mitgestalter wirken und sich entwickeln kann. Es handelt sich hier also um die Frage nach der Kunst. Kunst hier verstanden als eine Frage nach der Gestalt und den Gestaltungskräften überhaupt.

B.D.: Es ist nach wie vor so, daß wir alle vier Jahre an der Wahlurne unsere Stimme im wahrsten Sinne des Wortes abgeben. Das ist einerseits sehr beklagenswert, weil wir, nachdem wir unsere Stimme abgegeben haben, keinen Einfluß mehr auf die Politik haben, andererseits ist es doch aber auch sehr bequem. Glaubst Du, daß die Menschen bereit sind, öfter als bisher zur Wahlurne zu gehen und abzustimmen?

B. Krenkers: Bestimmt. Die Möglichkeit eines Abstimmungsgesetzes wird von den meisten Menschen noch nicht in Betracht gezogen. Das merken wir in den Gesprächen am Bus. Eigentlich ist der Mensch ein Wesen mit einem großen Freiheitsimpuls und dieser soll und kann sich auch in der Politik ausdrücken.

Es soll ja nicht so sein, daß es keine Parlamente mehr gibt, und daß alle Menschen immer alles durch eine Abstimmung entscheiden müssen. Parlamente wird es nach wie vor geben, es sollen Volksvertretungen gewählt werden, die ihren Teil der Arbeit übernehmen. Solange sie diese Arbeit richtig und gut machen, braucht es auch keine Abstimmungen zu geben. Nur dann, wenn das Volk es für notwendig hält, wird es

Abstimmungen geben. Wenn zum Beispiel die Volksvertreter etwas anders entscheiden, als es das Volk entscheiden würde, dann muß es die Möglichkeit der Volksabstimmung geben.

Das Verfahren der Volksgesetzgebung

B.D.: Volksabstimmungen sollen immer vom Volke initiiert werden. Warum nicht vom Parlament?

B. Krenkers: Die Parteien und Politiker haben durch die Wahl die Verantwortung übertragen bekommen, ihre Arbeit ordentlich im Sinne der Bürger zu machen. Wenn das Volk der Meinung ist, daß es die Verantwortung zu sich zurückziehen muß, dann soll es das tun. Die verantwortlichen Politiker können sich nicht aus der Verantwortung ziehen, indem sie sagen, diese Frage ist uns zu brisant, das soll das Volk entscheiden. Sie sollen in ihrer Verantwortung stehen und entscheiden. Nur wenn ein Konflikt entsteht zwischen der Entscheidung des Parlaments und dem Bewußtsein des Volkes, dann muß das Volk die Möglichkeit haben, diese Frage wieder an sich zu ziehen und zu entscheiden.

Wir haben ein dreistufiges Verfahren der Volksgesetzgebung ausgearbeitet. Der Freiheitspunkt liegt im ersten Schritt. Aus meinen Fähigkeiten heraus kann ich einen Gesetzentwurf entwickeln. Dann muß ich sehen, ob es mein Spezialinteresse ist oder ob noch mehr Leute daran Interesse haben. Wenn ich 50.000 Unterschriften gesammelt habe, dann ist das schon eine relevante Größe, und der Bundestag muß dies zumindest zur Kenntnis nehmen. Innerhalb eines halben Jahres muß der Bundestag zu diesem Gesetzentwurf Stellung nehmen. Wenn der Bundestag den Gesetzentwurf ablehnt, habe ich die Möglichkeit zu sagen, die Bevölkerung soll dazu Stellung nehmen, und ich stelle meinen Gesetzentwurf zur Diskussion. Dann folgt das Volksbegehren. Jetzt wird der Gesetzentwurf in allen Ämtern ausgelegt. Es werden dazu Listen bereitgestellt, und es können Unterschriften gesammelt werden. Wenn dann eine Million Unterschriften zusammen sind, kann eine Volksabstimmung eingeleitet werden. Dann folgt ein halbes Jahr Information in den Medien. Ich habe das Recht, in den Medien Informationen zu meinem Gesetzentwurf zu geben. Diese freie Information muß gewährleistet werden, Pro und Contra müssen gleichberechtigt nebeneinander stehen können.

B.D.: Diese eine Million Unterschriften, die gesammelt werden müssen, besagen also nicht, daß jeder, der unterschreibt, für den Gesetzentwurf der Initiatve ist, sondern nur, daß der Unterschreibende die Frage für abstimmungsreif hält?

B. Krenkers: Ja, so kann man das sagen. Ich muß als Initiative auch akzeptieren, wenn mein Gesetzentwurf abgelehnt wird. Dann ist das geltendes Recht, was durch die Abstimmung beschlossen wird.

B.D.: Was plant Ihr für die nächste Zeit, um Euer Anliegen noch populärer zu machen?

B. Krenkers: Für das nächste Jahr ist zum Beispiel geplant, daß wir an Initiativen und auch Wissenschaftler herantreten, die Gesetzentwürfe ausarbeiten sollen, die sie für fragwürdig, diskussionswürdig oder entscheidungswürdig halten. Es gibt im Grunde so viel vorbereitetes Material, das irgendwo brach in den Schubladen liegt, weil es partei-politisch nicht verwendet wird. Dieses Material müßte aufgearbeitet und zu Gesetzent-würfen verarbeitet werden. Dann hätten wir die Möglichkeit, auf die Frage: "Worüber wollt Ihr denn Abstimmungen machen?", ganz konkret zu antworten und konkrete Vorschläge zu machen.

B.D.: Wie hoch ist der Rücklauf Eurer Stimmbriefe?

B. Krenkers: Das ist so eine Sache. Darauf kann ich keine Antwort geben, weil viele Ortsgruppen die Stimmbriefe erst einmal bei sich behalten, um festzustellen, wieviele Stimmbriefe sie sammeln können in den 500 Tagen. Es sind bisher eine Million Stimmbriefe verteilt.

B.D.: Was geschieht nach dem 23. Mai 1989? Hört dann die Stimmbrief-Aktion zum Abstimmungsgesetz auf?

B. Krenkers: Nein, wir fahren so lange weiter und wollen auch so lange weiter abstimmen, bis das Abstimmungsgesetz durch ist. Unser Ziel ist es, das Abstimmungs-gesetz durchzusetzen. Spätestens dann, wenn wir 22 Millionen Stimmen für das Abstim-mungsgesetz haben, stellen wir uns vor, daß der Bundestag sagt: "Ja, das müssen wir zur Kenntnis nehmen und beschließen." Wir haben uns zum Ziel gesetzt, alle wahlberechtig-ten Bürger zu erreichen. Das ist eine ungeheure Aufgabe.

Jumbo
MIT DEM OMNIBUS FÜR DIREKTE DEMOKRATIE DURCH SCHLESWIG-HOLSTEIN
Kurt Thede

Der Bus sollte am 26. August 1988 seine Fahrt durch Schleswig-Holstein beginnen, und ich hatte das Glück, mitfahren zu dürfen. Schon anläßlich eines früheren Besuches im April d.J. in Hamburg und Pinneberg hatte ich Brigitte Krenkers und Herbert Schliffka (die beiden Mitorganisatoren des Busses) kennengelernt und dabei am Bus mitgearbeitet. Nun also wurde es ernst.

Sie kamen von Wilhelmshaven und überquerten die Elbe mit der Fähre bei Glückstadt, wo ich diesseits auf einem Parkplatz um die Mittagszeit dazustieg.

Am 30. August 1988 in Flensburg

Es ist ein erhebendes Gefühl, wenn der große Doppeldecker - in dunkelblau mit weißer Aufschrift sowie seinem Kupferband - im Blickfeld erscheint. Immerhin ist das Gefährt 10 m lang, 4 m hoch, 2,5 m breit und wiegt 11 Tonnen. Es ist ein "selbstverwaltetes, kulturelles Non-Profit-Unternehmen" und als gemeinnützige GmbH im Handelsregister Düsseldorf eingetragen. Als Geschäftszweck gilt laut Gesellschaftsvertrag: "Die Gesellschaft will dazu beitragen, daß sich die im Grundgesetz der Bundesrepublik Deutschland verankerten Mitentscheidungsrechte - Wahlen und Abstimmungen - zu einer voll ausgestalteten Kultur weiterentwickeln. Sie verfolgt durch die Förderung von demokratischer Kultur und sozialer Kunst im Sinne des erweiterten Kunstbegriffs von Joseph Beuys ausschließlich und unmittelbar gemeinnützige Zwecke."

Nach einer herzlichen Begrüßung der Freunde, auch mit Dieter Stoltenberg, unserem Fahrer, ging es also weiter über Brunsbüttel, Heide und Husum nach Niebüll. Vorher machten wir noch einen Abstecher nach Brokdorf, um den Bus vor das Atomkraftwerk zu stellen und einige Aufnahmen zu machen. Die Bewacher am Haupttor ließen uns sogar rückwärts in die Einfahrt hineinrollen, um das Gefährt zu drehen, so daß Brigitte die gewünschten Aufnahmen machen konnte. Vielleicht wird die Atomwirtschaft eines Tages der direkten Demokratie zum Opfer fallen? - Unterwegs gab es darüber Gespräche mit Dieter, der auch schon bei den Brokdorf-Demonstrationen dabei war.

Bevor wir in Niebüll auf den Zug verladen wurden, hatten wir noch etwas Zeit. Brigitte säuberte das Kupferband, Herbert machte Wagenwäsche und ich holte Wasser aus einer kleinen Gaststätte, die von zwei Frauen bewirtschaftet wurde. Dort fiel mir ein Schild ins Auge: "Männer und Frauen wurden von Gott gleichberechtigt erschaffen, dann haben sich die Frauen weiterentwickelt" - ja sowas! Plötzlich tauchte Claudine Nierd auf, die für die drei Tage auf Sylt alles organisiert hatte - Einladungen, Plakate, Standgenehmigungen und auch die Finanzen. Claudine hatte eine Videokamera mitgebracht und war überhaupt in "kreativer Stimmung".

Das Verladen war dann eine sehr kitzlige Angelegenheit und man hatte das Gefühl, es ginge auf jeder Seite nur um Millimeter. Tatsächlich hatten wir auf jeder Seite einen Spielraum von 5 bis 10 cm. Dieter schwitzte ganz schön, war aber, wie er hinterher betonte, die Ruhe selber!

Während der Überfahrt saßen wir oben und schauten von dort auf die herrliche Landschaft, die der Mensch durch Landgewinnung immer wieder verändert. Ob wir wohl da im Einklang mit der Natur handeln? - Die Abfahrt vom Zug ging wieder gut und Claudine lotste uns in Westerland vor das Tagungshaus, in dem am Abend eine Veranstaltung aufgrund einer Einladung der Grünen stattfinden sollte.

Auch Johannes Stüttgen, einer der Mitgestalter des Busses, war da. Er hatte eine Fahne entworfen, die eine Robbe und darüber einen Menschen zeigte sowie das Wort VOLKS-ABSTIMMUNG, so daß hier die Verbindung zwischen Tier und Mensch und dem tragischen Geschehen an der Nordsee signalisiert wurde. Diese Fahne wurde zu Beginn der Abendveranstaltung aufgehängt und sollte uns in den nächsten Tagen noch bewegen.

Gegen 20.00 Uhr waren etwa 35 bis 40 Menschen anwesend. Nach der Begrüßung durch die örtliche Sprecherin der Grünen gaben Johannes, Brigitte und Herbert kurze Einführungen mit Bezug auf den Bus, die Entwicklung der Aktion Volksentscheid und berichteten, wie sie mit ihr in Verbindung gekommen waren. Johannes sprach über Beuys, den erweiterten Kunstbegriff und schilderte, wie sich damals unter anderem die von ihm gegründete "Studentenpartei für direkte Demokratie" entwickelt hatte. Brigitte sprach über ihr Engagement in der Bewegung "Volksentscheid gegen Atomanlagen" und Herbert über Dreigliederung und die rechtliche Ebene der "Aktion Volksentscheid". Es gab eine sehr lebhafte Diskussion über alle Fragen im Zusammenhang mit dem Volksentscheid.

Am Sonnabend gegen 10.00 Uhr standen wir in Westerland auf dem Markt. Es fand gleichzeitig auch ein Flohmarkt statt, so daß viele Menschen unterwegs waren, mit denen wir dann auch ins Gespräch kamen. Man merkte, daß die Menschen "gelöst" und in Urlaubsstimmung waren. - Ein älteres Ehepaar, das auch den vorangegangenen Abend miterlebt hatte, kam zu uns in den Bus, und nach einem längeren Gespräch spendeten sie spontan einen Dauerüberweisungsauftrag von DM 100,- monatlich, was uns natürlich sehr erfreute.

Der Mann hatte Wirtschaftswissenschaft studiert und war mit seinen 85 Jahren ein überaus lebendiger Geist. Er kannte die Dreigliederung und stimmte mit dem Schmundtschen Geldbegriff überein. Er freute sich sehr, endlich einmal Menschen zu finden, mit denen er über diese Fragen sprechen konnte.

Am Nachmittag begann es zu regnen, und gegen 17.00 Uhr bauten wir unseren Stand ab. Die Informationstafeln mit Stimmbrief, Bild und Presseberichten und auch Dieters Mofa (mit dem man Schnellbesorgungen erledigen konnte) wurden verstaut und wir fuhren nach Hörnum, um unseren Standplatz des nächsten Morgens anzusehen. Vorher machten wir noch drei Runden durch Westerland, um die Reaktion der Menschen zu beobachten. Wenn sie den Bus sahen: Erstaunen, und wenn sie dann die Beschriftung gelesen hatten: Schmunzeln. So war es überall, wohin wir kamen.

Gegen 19.30 Uhr trafen wir im Witthüs in Wenningstedt ein, wo das traditionelle Rundfunkgespräch stattfinden sollte. Es war ein kleiner Kreis anwesend, darunter aber auch Menschen, die sich zum Teil schon seit 30 Jahren kannten und sich mit der Dreigliederungsbewegung verbunden fühlten, u.a. Ulle Weber, Traute Nierd - wie ich selbst auch. Wir kennen uns schon seit den fünfziger Jahren, als Peter Schilinski mit der Dreigliederungsarbeit auf Sylt begann. Ich kannte Peter noch aus seiner Schleswiger Zeit, wo er bald nach Kriegsende begonnen hatte, die "Kernpunkte" von Steiner und auch esoterische Schriften zu studieren. Wichtig war uns aber auch immer die praktische Arbeit, d.h. Flugblätter zu aktuellen Anlässen entwerfen und verteilen, auch Straßengespräche führen.

Vor kurzem fand ich in einem alten Buch einen Handzettel aus der Zeit der Wiederbewaffnung (1955/56), der hier im Original abgelichtet werden soll, weil er auch schon damals die Forderung nach Volksabstimmung erhob.

Aber es wurden zum Beispiel auch Schriften über die Forderung nach Freien Schulen gefertigt und verteilt. Peter siedelte bald von Schleswig nach Sylt über und begann mit der Herausgabe seiner Zeitung "Das mitteleuropäische Deutschland". Er zóg durch die Lande, um die Menschen mit der Idee der Dreigliederung zu konfrontieren und Arbeitskreise darüber anzuregen. Er versuchte insbesondere auch Anthroposophen zu finden, die diese Arbeit mittragen würden. Es war fast aussichtslos. Jeder war mit sich beschäftigt und die Anthroposophische Gesellschaft konnte oder wollte dieses wichtige Gebiet des gesellschaftlichen Lebens nicht bearbeiten.

Rückblickend kann man feststellen, daß Peter durch seine unermüdliche Arbeit, durch das Schaffen von Menschenbegegnungen auf dem Felde der Anthroposophie, besonders der Dreigliederung, einer großen Anzahl von Menschen den Zugang zur Geisteswissenschaft ermöglicht hat.

In den sechziger Jahren wurde damit begonnen, auch in Hamburg einen "Witthüs-Ableger" zu schaffen, zunächst durch ein Lokal in der Nähe des Hauptbahnhofs, Brandsende 4, in dessen Keller während der 68er-Zeit heiße Diskussionen bis spät in die Nacht stattfanden. Nachdem dieses Haus verkauft und abgerissen werden sollte, konnte die Gruppe ein neues Domizil im Hirschpark bei Blankenese, ein malerisches strohgedecktes, weißes Haus pachten und als einen Witthüs-Ableger betreiben, der lange Jahre auch die Tradition der Witthüsgespräche auf Sylt fortsetzte, in dem auch Treffen von Dreigliederern aus Norddeutschland und Seminare mit geisteswissenschaftlichen Themen veranstaltet wurden.

Die Studentenbewegung, von Berlin ausgehend, brachte die Witthüs-Gruppe auch mit deren Exponenten, wie Rudi Dutschke, in Verbindung. Als der Prager Frühling 1968 zum Durchbruch kam (Dubcek: "Die Gesellschaft mit dem Antlitz des Menschen") waren Peter und einige Freunde, zum Beispiel Wilfried Heidt, in Prag, um Gespräche zu führen und Kontakte zu knüpfen, die dann unter anderem später dazu führten, das INTERNATIONALE KULTURZENTRUM (INKA) in Achberg zu begründen. Dieses veranstaltete dann die erste internationale Sommertagung vom 9. bis zum 19. August 1973 mit dem Thema "An der Schwelle einer neuen Gesellschaft, Prager Frühling '68", an der viele Wissenschaftler aus dem In- und Ausland, besonders aus der CSSR, und viele junge Menschen teilnahmen. Die Begründung der "Aktion Dritter Weg" sowie des Unternehmensverbandes gehören zu den Entwicklungen, die von Achberg ausgingen.

Das Achberger Institut für Sozialforschung, der vorgenannte Unternehmensverband sowie die Arbeitsgemeinschaft Demokratie und Recht e.V. und der Kreis um Wilfried Heidt hatten in den Jahren 1982/83 durch umfangreiche Nachforschungen herausgefunden, daß das Grundgesetz der Bundesrepublik entgegen der herrschenden wissenschaftlichen Lehre nicht antiplebiszitär ist. Dieses Forschungsergebnis wurde bundesweit, zum Beispiel durch ganzseitige Anzeigen in der Wochenzeitung "Die Zeit" und durch Ausgabe einer eigenen Zeitschrift "Die Demokratie", bekanntgemacht. Diese grundlegende Forschungsarbeit, deren Ergebnis nicht hoch genug veranschlagt werden kann, wird erst in der Zukunft für unser politisches demokratisches Leben auf allen Ebenen reife Früchte tragen.

Trotz Ablehnung der durch unsere Initiative dem deutschen Bundestag vorgelegten, wissenschaftlich begründeten Petitionen, wird sich das plebiszitäre Element unserer Verfassung als geistige "Sprengkraft" erweisen. Auch der Omnibus für direkte Demokratie in Deutschland ist ein (starkes) Glied in der Kette, die heute schon - ein Jahr nach dem

Start im September 1987 auf der documenta 8 in Kassel - viele Tausende von Mitstreitern und Gruppen in der Bundesrepublik umspannt.

Ich hoffe, daß mir die Leser diesen kleinen "historischen Schlenker" verzeihen, so daß ich jetzt wieder zu unserem Abend im Witthüs auf Sylt zurückkehren kann.

Wieder wurde der Abend durch die anwesenden Freunde eingeleitet, so daß wir sehr bald bei dem Thema der direkten Demokratie waren. Ein anwesender Naturwissenschaftler von der Uni in Hamburg stellte die - wie er sagte - ketzerische Frage nach dem "mündigen Bürger" in unserer Gesellschaft, von dem er meinte, er sei noch nicht da. Andererseits wäre es doch bereits fünf Minuten vor 12. Ähnliche Argumente begegneten uns bei den Gesprächen ja häufiger. Solche Gesprächsteilnehmer sind der Meinung, das Volk sei unmündig, sich selbst halten sie aber kraft ihrer "wissenschaftlichen Qualifikation" für mündig. Ich habe dem energisch widersprochen, mit dem Hinweis darauf, daß doch gerade die materialistische naturwissenschaftliche Denkungsweise (technische Gigantonomie) unsere heutige Misere mitzuverantworten habe. - Es gab weiter eine gute Diskussion, die mit einem Schlußwort des Dr. L. über seinen Vorschlag an die Bundesregierung endete, über eine zweite Geldebene 100 Milliarden DM auf mehrere Jahre verteilt durch eine zweifache Mehrwertsteuer einzunehmen und sie für die Gesundung und Reinhaltung der Nordsee einzusetzen.

Wir kamen erst um 24 Uhr ins Bett und hatten die Freude, dank Claudines Organisationstalent, ein richtiges Bett und am nächsten Morgen einen reich gedeckten Frühstückstisch genießen zu können.

Am Sonntagmorgen ging es dann nach Hörnum. Von Keitum aus fuhren wir wieder durch Westerland, die Sonne schien und es teilte sich auch uns etwas von der Ferienstimmung der Insel mit. In Hörnum fanden wir unseren Standplatz am Hafen, wieder am Rande eines Flohmarktes. Während der Fahrt bereiteten wir die Bus-Infoblätter vor, die zusammen mit den Stimmbriefen verteilt werden sollten. Als wir unsere Stände aufgebaut hatten, kamen viele Menschen, auch um den Bus zu besichtigen, Gespräche zu führen und jeder erhielt einen Stimmbrief sowie die Businformation. Nie habe ich beobachtet, daß Menschen das Material achtlos fortgeworfen hätten. Wir hatten alle Hände voll zu tun, und auch Johannes und Ulrike kamen, um mitzuhelfen. Ich ging auch zu den Menschen von den Flohmarktständen, um ihnen unsere Infos in die Hand zu drücken und einige kamen danach auch an den Bus.

Am Nachmittag fuhren Dieter und Ulrike ins Witthüs, wo Ulle Weber für Jung und Alt die Geschichte "Der kleine Hobbit" erzählte. Sie kamen begeistert zurück. Auch kulturelle Bedürfnisse müssen mal ihre Befriedigung finden. Wir blieben bis 17.30 Uhr und waren alle in einer lockeren Stimmung. Es war ein schöner, erfolgreicher Tag. - Anschließend fuhren wir nach List, um unsere Fahne dort zu hissen und uns den morgigen Standplatz anzusehen. Leider klappte es mit der Fahne nicht, weil der zuständige Mensch nicht da war. Als wir nach Wenningstedt zurückkehrten, hatten wir ein nettes Erlebnis. Ein ehemaliger Berliner Busfahrer, der auf Sylt Urlaub machte, kam hocherfreut zu uns in den Bus und erzählte, daß er 25 Jahre mit so einem Exemplar (sie nannten ihn "JUMBO") gefahren war. Nun, unser Dieter hatte natürlich sofort einige Fragen auf Lager, die nur so ein alter Experte beantworten konnte. Er kam am nächsten Tag noch einmal, diesmal mit Freunden und seiner ganzen Familie.

Am Abend hatte uns Claudine zum Essen eingeladen und wir saßen zu acht um den Tisch. Auch Ulle Weber war gekommen, um mit uns den Abend zu verbringen. Ulle schilderte die Dreigliederungsarbeit in den Jahren, als sie zusammen mit Peter Schilinski und einer wechselnden Gruppe von Menschen auf Sylt lebten und arbeiteten. Das hieß zunächst harte Arbeit im Wirtschaftsbetrieb des Witthüs, sodann die Entwicklung der wöchentlichen Witthüsgespräche. Durch letztere wurden während der Saison viele Urlauber aus der ganzen Bundesrepublik, ja auch aus dem Ausland, mit geisteswissenschaftlichen Themen konfrontiert. Hinzu kam die Herausgabe der schon erwähnten Zeitung "Das mitteleuropäische Deutschland" mit dem jetzigen Titel "Jedermensch". Aktivitäten führten dann zur Gründung weiterer Projekte, die einerseits eine wirtschaftliche Grundlage schaffen und andererseits auch verstärkt Dreigliederungsarbeit betreiben sollten, so das "Modell Wasserburg" in 8992 Wasserburg, das "INKA" in 8991 Achberg und das Humboldt-Kolleg in 7988 Wangen. Die Zeit verging im Fluge und um 2 Uhr lagen wir erst im Bett.

Dieter Stoltenburg und Kurt Thede (links) vor den Witthüs-Teestuben auf Sylt

Am nächsten Morgen (Montag) fuhren wir nach List und konnten nach einiger Mühe unseren Standplatz einnehmen. Bis man so ein "Ungetüm" von Bus an der richtigen Stelle stehen hat, kann es schon einiges Kopfzerbrechen bereiten. Unser Dieter schaffte es aber immer wieder, den "richtigen", d.h. vom jeweiligen Amt genehmigten Standplatz zu finden. Wir hatten schönes Wetter und einen guten Platz. Auch der zuständige Hafenbeamte war sehr freundlich und wir versorgten ihn auch mit dem notwendigen Infomaterial über uns. Außerdem erhielten wir die Erlaubnis, unsere Fahne zu hissen, so daß über der "nördlichsten Fischbude" der Republik die Robbe, durch den Wind bewegt, auf die Volksabstimmung verwies. Viele Menschen kamen im Laufe des Tages mit den Fähren, so daß unser Stimmbriefe-Vorrat zusammenschrumpfte. In den Gesprächen waren die Menschen aufgeschlossen und brachten auch ihre Parteienmüdigkeit zum Ausdruck. Wir wurden auch immer wieder gefragt, wer denn den Bus finanziere. Die Menschen wollten wissen, "wer dahinter steckt". Viele sahen sich auch den Bus von innen an, mit seinen Plätzen für Gespräche, der kleinen Küche sowie im oberen Stock dem Seminarraum nebst Schlafplatz.

Gegen 14.00 Uhr fuhren Herbert, Johannes und Ulrike nach Düsseldorf zurück. Herbert mußte seinen Busführerschein machen, so daß wir für Flensburg, Kiel und Lübeck nur zu dritt sein würden. Ich war gespannt, wie das gehen würde.

Am frühen Abend fuhren wir noch einmal ins Witthüs zu einem kleinen Imbiß, um gegen 19 Uhr zur Verladung in Westerland zu sein. Es klappte alles gut und wir waren froh, als Dieter es geschafft hatte, den Bus wieder auf den Eisenbahnwaggon Richtung Festland zu laden. Gegen 22.00 Uhr trafen wir in Flensburg ein, wo wir am nächsten Morgen gegen 10.00 Uhr auf dem Südermarkt stehen sollten.

Wir hatten wieder Glück mit dem Wetter und am Südermarkt einen idealen Standplatz. Bald waren auch Henning und die Herausgeber der FLENSBURGER HEFTE, Wolfgang und Mitarbeiter, zur Stelle. Wir konnten die Verstärkung aber auch dringend gebrauchen. Wir hatten den Eindruck, daß die Flensburger für direkte Demokratie sehr aufgeschlossen sind, was wir uns auch durch die geographische Lage als Grenzstadt erklärten.

Um 11.00 Uhr sollte das Gespräch mit der örtlichen Presse stattfinden. Plötzlich erschienen auch zwei Oberstufenklassen der Waldorfschule, etwa 50 Jugendliche mit ihren Lehrern, die wir dann in den oberen "Salon" des Busses bitten mußten. Mir fiel die Aufgabe zu, erstmalig mit so einer Situation konfrontiert, als "Lehrer" das Thema "Direkte Demokratie in Deutschland" abzuhandeln. Ich begann mit einem geschichtlichen Rückblick:

Im Jahr 1989 feiern wir nicht nur 40 Jahre Grundgesetz der Bundesrepublik, sondern auch 200 Jahre seit Beginn der Französischen Revolution 1789, die mit den Begriffen "Freiheit, Gleichheit und Brüderlichkeit" verbunden ist. Von dort spannt sich ein großer Bogen über:

1832 Hambacher Fest, wo sich 30.000 Menschen in Süddeutschland mit der Forderung nach Volkssouveränität versammeln;
1848/49 Paulskirche, 1. deutsche Nationalversammlung;
1869 Eisenacher Parteiprogramm der SPD mit der Forderung der Volksgesetzgebung;
1918 Gründung der Weimarer Republik mit Volksgesetzgebung in den Artikeln 75 ff.; bis hin zum Jahre
1949 (23. Mai) Verkündung des Grundgesetzes mit dem Art. 20 Abs. 2, dessen Verwirklichung von uns angemahnt wird.

Wir alle sind aufgerufen, das Volk in seiner Gesamtheit ("alle Staatsgewalt geht vom Volke aus") handlungsfähig zu machen. Auch über die Entwicklung der Initiative Volksentscheid von ihren Anfängen bis zu dem Unternehmen "Omnibus für direkte Demokratie in Deutschland" berichtete ich, immer durch Fragen unterbrochen. Am Ende gab es ein lebhaftes Gespräch, welches aber auch zeigte, daß nur ein kleiner Teil der

Gruppe sich äußerte, obgleich ich auch versuchte, gerade die Mädchen für die notwendige Arbeit an gesellschaftlichen Fragen anzusprechen. Man kann nur hoffen, daß die Schule solche Fragen vertieft, damit die kommende Generation sich im stärkeren Maße einschaltet.

Wir hatten den ganzen Tag alle Hände voll zu tun und kamen nicht mal zu einer Mittagspause. Das Flensburger Tageblatt brachte am 31. August einen längeren Artikel mit Bild, unter der Überschift: "Joseph Beuys läßt grüßen, Bus für direkte Demokratie - Station auf dem Südermarkt, Ziel: Volksabstimmung". Nun, auch diese örtlichen Presseberichte transportieren die Idee der direkten Demokratie zu den Bürgern, vorausgesetzt, daß sachlich informiert wird. Und das haben wir eigentlich immer erlebt.

Am Abend, nach einem kleinen Imbiß mit Flensburger Freunden, bei dem wir auch den Tagesablauf noch einmal überdachten, fuhren wir nach Schleswig, um dort Freunde zu besuchen. Wir fanden einen schönen lauschigen Parkplatz direkt an der Schlei, mit Blick auf den gegenüberliegenden Schleswiger Dom. Mir kam der Gedanke, daß von hier aus - vor etwa 40 Jahren - alles seinen Anfang genommen hatte.

Nach einem gemütlichen Abend bei den Töpferfreunden Buck im Mühlenhof in Fahrdorf machten wir uns am anderen Morgen auf den Weg nach Kiel. Vor der Stadt nahmen wir noch einen Anhalter mit, der angeblich wußte, wie wir auf unseren Standplatz kommen sollten. Leider war das ein Irrtum.

Diesen fanden wir dann nach einigem Suchen am Alten Markt/Ecke Holstenstraße, direkt neben Karstadt und vor einer Kirche. Sofort erschien der Küster und erklärte, daß wir vor dem Eingang der Kirche nicht stehen könnten. Wir beruhigten ihn aber, denn wir mußten warten, bis ein Lieferwagen mit Möbeln für Karstadt verschwand, um dessen Platz einzunehmen. Wir empfanden den Platz zuerst nicht so günstig, zumal bei Karstadt umgebaut wurde, aber als wir unsere Stände aufgebaut hatten, kamen auch die Menschen. Von den Kieler Freunden hatte Horst Dieter Lietzau die Standgenehmigung besorgt und auch ein Infopapier vorbereitet, das neben dem Hinweis auf unseren Standplatz auch vermerkte, daß am nächsten Tag, dem 1. September, um 20.00 Uhr in der "Pumpe" mit uns eine Informationsveranstaltung stattfinden sollte. Das war natürlich eine Überraschung für uns, weil das programmgemäß nicht vorgesehen war. Wenn man nämlich den ganzen Tag in Aktion ist und mit den Menschen gesprochen hat, tritt auch ein "Bedürfnis nach Ruhe" ein. Nun, wir wollten uns überraschen lassen.

Die Kieler Nachrichten hatten eine kurze Notiz über unser Kommen veröffentlicht und etliche Menschen erzählten uns, daß sie aufgrund dieser Ankündigung gekommen seien.

Es kamen auch wieder viele Schüler von einer Fachhochschule, die auch Stimmbriefe mitnahmen, um sie in der Schule zu verteilen. Ich hatte das Glück, nacheinander an drei Juristen zu geraten, was für mich immer einen besonderen "Leckerbissen" darstellt. Alle drei behaupteten, daß unsere Demokratie eine repräsentative sei und nur Artikel 29 GG auf das Plebiszitäre unserer Verfassung verweise. Sie vertreten die sogenannte "herrschende Meinung", wie sie in Schulen und Universitäten bisher gelehrt wurde. Auch in den gängigen Grundgesetzkommentaren findet man diese Ansicht zementiert. Hiermit muß gründlich aufgeräumt werden! Die Achberger Untersuchungen der Protokolle des

Parlamentarischen Rates, wie sie erstmalig 1984 in der Zeitschrift "Die Demokratie" veröffentlicht wurden, zeigen eindeutig:

Der Artikel 20 Abs. 2 GG stellt eine Fundamentalnorm unserer Verfassung dar, die durch Artikel 79 GG besonders geschützt ist und nicht geändert werden darf, während der Artikel 29 GG diesen Schutz nicht genießt. Von daher gesehen - und auch im Hinblick auf die historische Entwicklung des Grundgesetzes (wie und warum Artikel 20 Abs. 2 in das Grundgesetz hineingekommen ist) - ergaben die umfangreichen Achberger Untersuchungen eindeutig, daß bisher eine falsche Rechtsposition aufgebaut wurde.

Die Aktion Volksentscheid hat dieses Forschungsergebnis in ihrem an den Petitions-auschuß und alle Abgeordneten gerichteten Antrag umfassend begründet. Jeder, der grundlegend seine Kenntnisse vertiefen möchte, sollte diese Petition gelesen haben. (*Bezug über das Bundesabstimmungsbüro, Achberg, siehe Adressenverzeichnis*; Red.)

Alle drei Juristen haben die Petition und weiteres Material mitgenommen und bei zweien hatte ich den Eindruck, daß unsere Argumente auf fruchtbaren Boden fielen, während der dritte, der auch am nächsten Tag noch einmal wiederkam, unbelehrbar schien. Bei längerem Nachdenken über alle Zusammenhänge wird auch er sich den Tatsachen nicht verschließen können.

Es kam auch eine Reporterin von den Kieler Nachrichten, mit der wir ein längeres Gespräch führten. Danach ging sie mit auf die Straße, um bei einem Gespräch mit den Bürgern dabei zu sein und auch selbst Fragen zu stellen. Sie machte auch Aufnahmen von den Beteiligten, nachdem diese ihr Einverständnis erteilt hatten.

Am zweiten Tag erschien auch ein Polizist in Zivil(!), der sich auswies und die Standgenehmigung einsehen wollte. Wir fanden das merkwürdig und wollten wissen, wie ein Bürger sehen könne, daß er Ordnungshüter und im Dienst sei. Er könne sich jederzeit ausweisen und betonte, daß er immer im Einsatz sei. Als ich ihm sagte, er hätte sich doch durch einen Telefonanruf bei seinem Kollegen vom Ordnungsamt davon überzeugen können, daß wir eine Standgenehmigung hätten, sah er treuherzig auf die Uhr, die fünf Minuten nach halb vier zeigte und meinte: "Da ist schon Feierabend". Er verschwand dann aber auch sofort, und ich konnte ihm nur noch schnell einen Stimmbrief in die Hand drücken. Wir fanden die Geschichte sehr merkwürdig.

Am Abend fand um 20.00 Uhr in der "Pumpe" eine abschließende Veranstaltung statt, die von Brigitte mit einleitenden Worten eröffnet wurde. Dieter erzählte über sein Engagement in Gorleben - er stammt aus dem Wendland - und auch über den weiteren Kampf gegen die Wiederaufbereitungsanlage in Wackersdorf, wo er kräftig dabei war. Ich schilderte meine Zusammenarbeit mit Achberg und verwies insbesondere darauf, daß der schleswig-holsteinische Landtag eine Enquete-Kommission "Verfassungs- und Parlamentsreform" berufen habe. Man könne nur hoffen, daß sie die Rechte der Bürger im Sinne von Volksentscheiden - wie von uns vorgeschlagen - stärken würde. Es sollten sich daher möglichst viele Bürger mit entsprechenden Forderungen und Eingaben an den Landtag wenden. Ich habe der Kommission auch entsprechendes Informationsmaterial übersandt. (*Siehe dazu auch die in diesem Heft abgedruckte Petition*; Red.). Mal sehen, ob die Landespolitiker mehr Gespür für die Zeichen der Zeit haben als unsere Bundestagsabgeordneten. Schleswig-Holstein ist das einzige Bundesland, das in der Verfassung den Volksentscheid nicht kennt.

Durch weitere Fragen und eine lebhafte Diskussion wurden die Themen vertieft und gegen 22.00 Uhr brachen wir auf, um mit dem Bus in Richtung Lübeck zu fahren, damit wir am nächsten Tag mindestens dort in der Nähe sein würden.

Dieter kurvte mit größter Geschwindigkeit (ca. 80 km/h) durch die Holsteinische Schweiz. Bis 24.00 Uhr kamen wir nach Scharbeutz und landeten dann aber gegen 1.00 Uhr in Lübeck-Travemünde, und zwar im Transithafen neben der Fähre nach Schweden. Wir waren natürlich alle hundemüde und krochen in die Schlafsäcke. Um 06.00 Uhr waren wir schon wieder munter, zwangsläufig, da die Fähre einen fürchterlichen Krach machte. Immerhin fanden wir im Hafen eine Waschgelegenheit und nach einem kleinen Frühstück brachen wir auf. - Wir sollten gegen 10.00 Uhr in Lübeck "Auf dem Schrangen" sein, was uns auch einigermaßen glückte, obwohl wir noch Zeit dadurch verloren, daß wir wegen der Höhe des Busses nicht durch ein Tor kamen und also umdrehen mußten.

Wir fanden unseren Platz wiederum an einer Fußgängerzone neben Karstadt(!) und bekamen als erstes gleich Ärger mit dem zuständigen Geschäftsführer, weil er meinte, wenn der Bus vor den Schaufenstern stünde, seien die Käufer behindert. Unsere Standgenehmigung mußte wieder in Aktion treten und ihn beruhigen.

Die Lübecker Freunde stellten sich alsbald ein und es zeigte sich, daß dort eine sehr aktive Gruppe wirkt. Die Gruppe trifft sich jeden zweiten und vierten Dienstag im Monat in der Mengstr. 35, Kontaktadresse: Ulrich Geyer. Auch sie hatten Handzettel vorbereitet und vor allem auch ein großes Spruchband "Macht mit beim Volksentscheid über den Volksentscheid". Das hatten wir nach einigen Schwierigkeiten bald aufgehängt. Wir hatten in Lübeck einen großen Zuspruch und konnten viele Stimmbriefe verteilen.

Am Abend hatten wir noch ein kleines, nettes Erlebnis. Ulli sagte plötzlich: "Sieh mal, da geht unser Bürgermeister." Er verschwand in einem Geschäft und ich stellte mich davor, um ihm einen Stimmzettel in die Hand zu drücken. Als er wieder herauskam und ich ihn auf unsere Aktion hinwies, meinte er: "Ach, das ist doch die Initiative, an der auch Beuys beteiligt *war?*" Ich antwortete: "Ja richtig, er *ist* daran beteiligt." Er stutzte, nickte mit dem Kopf und entschwand.

Am Abend fand in der Freien Waldorfschule Lübeck eine Veranstaltung unter dem Motto "Volkentscheid als neue Form der Politik - Vortrag und Gespräch mit dem Bus-Team" statt. Die Veranstaltung war gut besucht. Mir war die Aufgabe zugefallen, das Gespräch einzuleiten. Nach einem kurzen geschichtlichen Rückblick über die Entstehung unserer Initiative Volksentscheid bin ich auf die Dreigliederungsarbeit in Schleswig-Holstein eingegangen, wie sie sich nach dem Krieg entwickelt hat und daß daraus die verschiedensten Projekte entstanden. Auch das Entstehen der Bürgerinitiativen in den siebziger Jahren kann man im weitesten Sinne dazurechnen. Aus der gesamten politischen Kultur der beiden letzten Jahrzehnte ist zu ersehen, daß die direkte Demokratie seit langem eine überfällige Forderung ist. Auch der Gedanke der Freien Schule, der seinen Niederschlag in den zahlreichen Waldorfschulen und Kindergärten des Landes gefunden hat, ist ein Hinweis darauf, daß die Menschen aktiv geworden sind und ihr Schicksal selbst in die Hand nehmen wollen. Das bezieht sich auch auf die Abholgemeinschaften von Demeter- und Bio-Höfen, aus denen ersichtlich ist, daß die Verbraucher mit der bisherigen Entwicklung nicht zufrieden sind. Daraus entwickelte sich ein gutes Gespräch, und einige jüngere Teilnehmer wollten dann speziell noch etwas Grundlegendes über die Dreigliederung erfahren, wie sie von Rudolf Steiner in den "Kernpunkten" 1919 entwickelt wurde.

Wir hatten am Ausgang des Saales auch einen kleinen Infostand aufgebaut, an dem wir noch weiteres Material, Broschüren, Aufkleber etc. verkaufen konnten, so daß wir insgesamt einen anstrengenden und erfolgreichen Tag hinter uns gebracht hatten.

Der nächste Tag fand uns wieder gegen 10.00 Uhr am Arbeitsplatz "Auf den Schrangen". Diesmal war es wieder ein besonders lohnender Tag, weil der verkaufsoffene Sonnabend viele Menschen in die Fußgängerzone und damit auch an den Bus brachte. Es war ein buntes Treiben, aufgelockert durch etliche Musikkünstler und Gruppen, die die Fußgängerzone bevölkerten. Die Lübecker Freunde halfen uns den ganzen Tag, ja sie brachten uns sogar Kuchen und Essen, so daß wir, von kleinen Pausen abgesehen, uns der Gespräche und dem Verteilen der Stimmbriefe widmen konnten. Am Abend fand noch mal um 19.00 Uhr ein öffentliches Gespräch im Forum, Mengstr.35, statt, das diesmal von Dieter eingeleitet wurde. Auch sein engagiertes Eintreten im Kampf gegen die Atomanlagen in Brokdorf, Gorleben und Wackersdorf habe ihm gezeigt, daß durch das Instrument des Volksentscheides endlich eine Möglichkeit für alle mündigen Bürger dieser demokratischen Gesellschaft zu entwickeln sei, mit den Mitteln des Rechts einen praktikablen Weg zu schaffen. Wichtig sei aber auch, das, was man erkannt und eingesehen habe, dann auch zu tun, und die Arbeit mit dem Bus sei sein Beitrag, direkte Demokratie auf allen Ebenen auf den Weg zu bringen. Von der Deutschen Friedens-Union (DFU) wurden im Raum Flugblätter gegen den Jäger 90 verteilt. Wir konnten im Gespräch darauf hinweisen, daß unsere Initiative auch bei diesen und vielen anderen Problemen den Weg ebnen würde, um selbst zu entscheiden, so wie es auch schon in der Schweiz und in anderen europäischen Ländern geschieht. Ich verwies dazu auf die Beilage zur Wochenzeitung "Das Parlament - Aus Politik und Zeitgeschehen" vom 17.10.1987, in der unter dem Titel "Mehr direkte Demokratie? - Volksbegehren und Volksentscheid im internationalen Vergleich" dargelegt wurde, daß nur die Bundesrepublik Deutschland und Holland das Instrument des Volksentscheides nicht praktizieren. Wir sind also in dieser Hinsicht sozusagen "Entwicklungsland".

Um 21.30 Uhr mußten wir leider aufbrechen, da wir noch einen langen Rückweg bis Hamburg und Brigitte und Dieter bis Niedersachsen bewältigen mußten. Die Freunde der Lübecker Gruppe fuhren noch mit uns, um uns den Weg auf die Autobahn zu weisen. Es wurde ein herzlicher Abschied genommen und unter langem Winken entschwanden sie unserem Blickfeld. Damit war der eigentliche Auftrag der Reise erfüllt.

Vom 26. August bis zum 3. September 1988, das waren neun schöne, aber auch anstrengende Tage in einer Gruppe von Menschen, die sich aufgemacht haben, das, was sie erkannt haben, auch praktisch und lebensnah an die Menschen in unserer Gesellschaft heranzubringen. Diese Arbeit geht weiter.

Adressen

Bundesabstimmungsbüro, "Arbeitsgemeinschaft Demokratie und Recht"
Wilfried Heidt, Hohbuchweg, D-8991 Achberg, Telefon: 08380/ 5 00

IDEE - Initiative Demokratie Entwickeln e.V.
Colmantstraße 18, D-5300 Bonn 1, Telefon: 0228/ 69 33 51
Hier ist auch die vor kurzem gegründete **Zeitschrift "Einblick in die Volksentscheidbewegung"** zu beziehen.

Konto der IDEE:
Sparda-Bank Köln e.G., BLZ 37060590, Kto.-Nr. 818020
Mitgliedsbeitrag IDEE e.V.: DM 120,- jährlich
Studenten, Rentner und Erwerbslose DM 60,-

Gerald Häfner, MdB, Bundeshaus, D-5300 Bonn, Telefon: 0228/ 16 91 77

Omnibus für direkte Demokratie gemn. GmbH
Friedrich-Ebert-Str. 175, D-3500 Kassel, Telefon: 0561/ 1 84 20

"Bürgerinitiative Volksgesetzgebung"
c/o Kurt Thede, Theodor-Storm-Straße 13, D-2080 Pinneberg, Telefon: 04101/ 6 83 83

IDEE Schleswig-Holstein
c/o Henning Kullak-Ublik, Zur Anhöhe 23, D-2397 Handewitt, Telefon: 04608/ 14 95

 Neu!

Bücherschau

"POLITIK IST NICHTS FÜR KINDER UND JUGENDLICHE!" - ODER DOCH?

Großen Ärger handelte sich die couragierte Ministerin Rita Süßmuth noch kurz vor ihrem Wechsel ins Bundestagspräsidium ein, als sie die Verleihung des Deutschen Jugendliteraturpreises für das Buch *"Die Wolke"* an Gudrun Pausewang gegen alle Kritik durchsetzte. Wieso kann die Entscheidung einer Jugenbuch-Jury zu einem solchen Politikum werden? Wird durch das preisgekrönte Buch unsere Jugend verdorben?

Warum gab es nicht den gleichen Wirbel, als vor einigen Jahren Leonie Ossowski für den, wie ich meine, ebenso brisanten Jugendroman *"Stern ohne Himmel"* den Preis erhielt? Womöglich deshalb, weil es sich bei dem "Stern" um den "Judenstern", bei dem Inhalt um unsere Nazi-Vergangenheit handelt, um ein Kapitel also, das - so sagen jedenfalls Politiker aus Süßmuths Partei - "abgeschlossen" und deshalb keine "Gefahr" für die Jugend mehr sei?

Demgegenüber beschreibe "Die Wolke" eine Realität, die uns alle zunehmend bedroht, die Handeln erfordert: daß wir uns nämlich endlich aufraffen, die Nutzung der Kernenergie mit ihren unkalkulierbaren Risiken aufzugeben. Ist es das?

Ich wollte es genauer wissen und habe deshalb "Die Wolke" gelesen. Um es kurz zu beschreiben: Es geht in dem Buch darum, wie Kinder und Jugendliche ihre Ängste und das Verhalten der Erwachsenen nach einem GAU (Immerhin braucht man dieses Kürzel heute niemanden mehr zu erklären!) im Kernkraftwerk Grafenrheinfeld erleben - Janna-Berta (14 Jahre) und ihr kleiner Bruder Uli (7 oder 8 Jahre). Es wird geschildert, wie die beiden - auf sich allein gestellt, weil ihre Eltern beide in der dem Kraftwerk benachbarten Großstadt Schweinfurt unerreichbar sind (und später ums Leben kommen) - die Flucht der Erwachsenen aus dem kleinen Ort Schlitz erleben; deren Egoismus und die Rücksichtslosigkeit des "Rette sich, wer kann", der auch Uli zum Opfer fällt. Es gibt aber auch ermutigende Ausnahmen: Erwachsene, die unter eigener Lebensbedrohung der zurückgebliebenen Janna-Berta weiterhelfen.

Es wird sorgsam geschildert: der innere Prozeß des Erkennens der mit der Kernenergie verbundenen Verlogenheit (für mich richtungsweisend ist hier immer noch das kleine Büchlein von Stefan Leber; vgl. Verzeichnis am Ende dieser Besprechung) und der Wichtigtuerei von Politikern und Experten und schließlich die Auswirkungen, die die unterschiedliche Krisenbewältigung durch die Erwachsenen auf diesen Erkenntnisprozeß hat. Diese Krisenbewältigung besteht bei den nicht direkt Betroffenen in dem möglichst schnellen und - immer wieder versuchten - perfekten Zurückkehren in die Normalität, was nur um den Preis der Verleugnung und Verdrängung der tatsächlichen Ereignisse möglich ist. Janna-Berta erfährt erst nach Monaten von der einzig ehrlichen Verwandten, daß ihre Eltern vermutlich mit Waffengewalt daran gehindert wurden, den Katastrophenort zu verlassen, und dort ohne nennenswerte Hilfe von außen mit all den anderen eingeschlossenen Menschen zugrunde gingen (eine Tatsache, die man in jedem wissenschaftlich fundierten Szenario eines GAU bzw. einer Atombombenexplosion als notwendige Schutzmaßnahme für die weniger betroffenen Menschen nachlesen kann).

Dieser Verdrängungsmechanismus drückt sich auch im nachfolgenden Gespräch zwischen Janna-Berta und ihrer Tante Helga, die sie in Hamburg bei sich aufgenommen hat, aus (Janna-Berta hatte infolge der Strahlenbelastung sämtliche Haare verloren!):

»Am Abend kam Helga zu ihr ins Zimmer. "Du hast bald Geburtstag", sagte sie. "Und ich finde, den sollten wir trotz allem ein bißchen feiern. Wir laden die Verwandten ein, soweit sie in der näheren Umgebung wohnen -"
"-noch leben", sagte Janna-Berta.
Helga überhörte den Einwurf. "Onkel Fred und Tante Käthe aus Harburg werden mit Margret und Mia kommen", sagte Helga. "Sie haben schon zugesagt. Und aus Oldenburg kommen Werner, Max und Thea. Die Schorrmanns aus Bielefeld -"
"Ich will keinen Besuch", sagte Janna-Berta.
"Sie kommen, weil du wissen sollst, daß du nicht allein bist", sagte Helga mit betonter Ruhe. "Nur um eins möchte ich dich bitten: daß du wenigstens an diesem Tag eine Perücke trägst."
"Glaubst du, die sind in diesen Wochen noch keinen Kahlköpfen begegnet?" fragte Janna-Berta.
"Gewiß", antwortete Helga. "Aber die waren nicht mit ihnen verwandt. Das ist ein großer Unterschied."
"Du meinst, die Nichtverwandten gehen einen nichts an?" fragte Janna-Berta.
"Du bist heute gereizt", sagte Helga. "Wir werden ein andermal darüber sprechen."
Damit verließ sie das Zimmer.« (S.100 f.)

Aber Janna-Berta begegnet auch anderen: Erwachsene, die versuchen, nun endlich die Konsequenzen zu ziehen. Die von der Katastrophe Betroffenen - Opfer und Menschen, die nun endlich Konsequenzen ziehen - solidarisieren sich. Und das scheint auch notwendig: Während nun in der Bundesrepublik - zumindest für eine gewisse Schamfrist - alle KKWs abgeschaltet sind, wird gleich hinter der Grenze in Frankreich munter weiter Atomstrom produziert...

In der Schlußszene scheint Janna-Berta sich angepaßt zu haben: Bei der Rückkehr streift sie schnell eine Mütze über, als sie den - von der Verwandtschaft bewußt ahnungslos gehaltenen - Großeltern begegnet, die das verwaiste Elternhaus mitbewohnen. Beim Nachmittagskaffee auf dem heimatlichen Balkon wird das Unglück "verarbeitet". Vor den Leseproben muß man noch wissen, daß die Großeltern während der Katastrophe Urlaub auf Mallorca gemacht haben und dort auf Anraten und finanziell unterstützt von Tante Helga abgewartet haben, bis sie wieder in ihre Wohnung zurückkehren durften. Sie kennen den Hergang nur aus der am Urlaubsort erhältlichen Presse.

»(Die Oma:)"Hat man denn auch ahnen können, daß diese Atommeiler so gefährlich sind?"
Opa Hans-Georg wollte etwas sagen, aber Janna-Berta konnte nicht warten.
"Haben es euch Mutti und Vati nicht oft genug gesagt?" fragte sie und beugte sich vor, gespannt auf Oma Bertas Antwort.

"Ich bin der Meinung -", begann Opa Hans-Georg und hob die Hand zu einer großen Geste.

"Nein, Hans-Georg", unterbrach ihn Oma Berta, "laß uns erst Kaffee trinken. Danach kannst du politisieren."

Politisieren. Janna-Berta erinnerte sich gut an dieses Wort. Oma Berta hatte es oft gebraucht. Ein bißchen abwertend, als ob es sich dabei um ein besonders nutzloses Hobby handle, wie Fußball, Briefmarken sammeln oder Kreuzworträtsel lösen. Das Wort hatte die Eltern immer wütend gemacht.

Auch Oma Berta hatte sich nun niedergelassen. Der Tisch war liebevoll gedeckt. Ein Streuselkuchen duftete köstlich. Es fehlte an nichts - nicht einmal an Schlagsahne: Köstlichkeiten aus der guten alten Zeit. Bei Helga und Almut gab es weder Schlagsahne noch Streuselkuchen, und den Kaffee hellten sie mit Milchpulver auf.« (S.154)

Das Gespräch wird jetzt über den bei der Flucht vergessenen Wellensittich der Großeltern geführt und der Vorwurf ausgesprochen, die Kinder hätten ihn doch wenigstens freilassen sollen.

»"Wir haben ihn vergessen, Opa", sagte Janna-Berta.

"Vergessen?" riefen Oma und Opa wie aus einem Mund und starrten Janna-Berta bestürzt an.

"Ich habe geweint, als ich ihn fand", seufzte Oma Berta.

Janna-Berta blieb stumm.

"Nun ja", sagte Opa Hans-Georg versöhnlich, "wir wollen uns diesen schönen Nach-mittag nicht mit Vorwürfen verderben. Schwamm drüber."

Eine Pause entstand. Janna-Berta starrte auf die Blümchen der Kaffeedecke und dachte an Uli. Leise klingelten die Kaffeelöffel in den feinen Porzellantassen. Eine Wespe kreiste über dem Kuchen.

"Nimm doch die Mütze ab Kind", sagte Opa Hans-Georg.

Janna-Berta schüttelte den Kopf. Sie langte nach einem Stück Kuchen. Sie hatte an diesem Tag noch nichts gegessen, nicht einmal gefrühstückt. Sie stopfte. Ein Stück gute alte Zeit, garantiert verseucht. Sie versuchte, gar nicht daran zu denken.

"Die Mütze, Jannchen, die Mütze", erinnerte sie Opa Hans-Georg. "Du hast sie noch immer auf dem Kopf." ...« (S.155)

Oma und Opa setzen sich nun über die Mütze auseinander. Oma weist auf die überstan-denen Aufregungen hin. Opa spricht von "Deutscher Hysterie", verweist auf den gekonnten Umgang der Russen mit der Katastrophe von Tschernobyl. Oma setzt ein bißchen Zeitungs-wissen dagegen:

»"Sie schreiben, es waren achtzehntausend (Tote)", sagte Oma Berta.

Opa Hans-Georg winkte ärgerlich ab. "Ich will euch sagen, worauf es ankommt", dozierte er wie vor einer vielköpfigen Zuhörerschaft. "Es kommt darauf an, daß solche Zwischenfälle vor der Presse abgeschottet werden. Dann käme so eine Hysterie gar nicht erst auf, und man wäre vor diesem An-die-große-Glocke-Hängen und vor jeder Übertreibung sicher. Heutzutage wird viel zuviel aufgeklärt. Wozu muß Lieschen Müller über das Innere des Reaktors Bescheid wissen, über Rem und Becquerel? Am

Ende versteht sie ja doch nichts. Wozu muß alle Welt die Anzahl unserer Toten erfahren? Durch dieses Großkatastrophenmärchen wird unser Ansehen im Ausland unnötig geschädigt. Ich sage nur so viel: Es hat in diesem Land Politiker gegeben, die hätten die ganze Sache so diskret gehandhabt, daß schon hier in Schlitz dieser Zwischenfall gar nicht bemerkt worden wäre. Und kein Pressemensch hätte es gewagt, in der Sache herumzuschnüffeln."

Oma Berta nickte zustimmend.

Da zog Janna-Berta die Mütze vom Kopf und begann zu sprechen.« (S.157)

Nach der Lektüre des Buches wird der Untertitel deutlich: "Jetzt werden wir nicht mehr sagen können, wir hätten von nichts gewußt", wobei - das ist in Erinnerung zu rufen! - dieser Untertitel ein Zitat ist. Ein Zitat aus einer Anzeige, in der eine Reihe von bedeutenden Persönlichkeiten vier Wochen nach Tschernobyl (am 23. Mai 1986 in der ZEIT) ihre Betroffenheit zum Ausdruck brachte. Dort wird der Text fortgesetzt:

»... Wir können nicht fliehen und emigrieren.
Die Welt wird immer mehr zu unserem eigenen Gefängnis.
Zum Gefängnis des atomaren Fortschritts.

Wenn wir heute nichts dagegen unternehmen,
werden sie sich morgen bedanken
für unser Stillhalten und unsere "Vernunft".
Jeder muß überlegen, was er tun kann.
Jeder an seiner Stelle.
Dieses Mal vergessen wir's nicht.«

Das ist nun drei Jahre her ... (Der vollständige Text ist am Beginn des Buches "Die Wolke" abgedruckt.) Das trifft den Nerv - wohl deshalb gab's die heiße politische Diskussion um einen "unpolitischen" Jugendliteraturpreis.

Ein früheres Buch von Gudrun Pausewang *"Die letzten Kinder von Schewenborn"* gibt aus der Sicht des zwölfjährigen Roland die Ereignisse in einem hessischen Dorf nach einer Atombombenexplosion über Fulda wieder. Sorgsam ist aufgezeichnet, wie die zivilisierten Verhaltensweisen der Menschen sich allmählich in der außergewöhnlichen Situation auflösen - mich hat dieses Buch an Schilderungen aus dem Dreißigjährigen Krieg erinnert. Schritt für Schritt wird der Leser in dieses gespenstische, aber realistische Szenario nach dem "Atomschlag" eingeführt, bis der absolute Nullpunkt der bisher üblichen Moral erreicht ist, aus dem heraus sich dann neues moralisches Verhalten aufbaut (wenigstens *in dem Buch* ist es so). In einem Nachwort gibt Gudrun Pausewang als ihr Motiv an: "Vielleicht kann meine Erzählung dazu beitragen, daß wir uns gegen die Gefahr eines atomaren Holocaust zu wehren beginnen. Vielleicht ist es dafür noch nicht zu spät!"

Wer ist diese Frau, die Jugendbücher mit derartigen Anliegen schreibt? Gudrun Pausewang ist - das geht aus den spärlichen biographischen Angaben in den Büchern hervor - heute 60 Jahre alt, in Böhmen geboren. Sie war längere Zeit Lehrerin an deutschen Schulen in Chile, Venezuela und Kolumbien. Heute unterrichtet sie an einer Grundschule im Hessischen. Ihr Aufenthalt in Südamerika hat auch zu einer Reihe von Büchern geführt, die - das möchte ich behaupten, nachdem ich fast alle gelesen habe - sehr zu empfehlen sind:

1976 - *Karneval und Karfreitag* (Roman für Erwachsene, in dem die Lebensgeschichte einer Frau, die gern "reich" werden möchte, geschildert wird.)

1976 - *Die Not der Familie Caldera* (Jugendbuch über eine Familie, die vom Land in die Stadt zieht und auch in der Verelendung ihre moralische Grundeinstellung behalten will.)

1984 - *Kinderbesuch* (ein skuriler Roman für Erwachsene, in dem die Erlebnisse deutscher Bürger beim Besuch ihrer Tochter in einem südamerikanischen Land geschildert werden, die dort in die reiche Oberschicht eingeheiratet hat.)

In den drei Büchern werden die Verhältnisse so geschildert, wie sie auf betroffene Menschen wirken. Die beiden Erwachsenen-Romane - ich denke, Jugendliche ab 16 Jahren lesen sie auch mit Gewinn - schaffen in der Schilderung eine brisante Verbindung aus katastrophalen Inhalten, humorvollem Sarkasmus und freundlicher Ironie. Ich habe sie - nahezu ohne Unterbrechung - in mehreren Stunden "verschlungen", so sehr hat mich die Lektüre gefesselt.

Denn im Gegensatz zu "Sachbüchern" über die Verhältnisse in Ländern der "Dritten Welt" ermöglicht Gudrun Pausewangs Schreibstil eine starke emotionale Betroffenheit, die an die Stelle der sonst bei mir oft erfolgenden Abwendung und Verdrängung getreten ist. Einzelne Sätze und in mir erwachte Bilder klingen seit Wochen nach. Man ist moralisch gestärkt, ohne dem "erhobenen Zeigefinger" begegnet zu sein - das macht meines Erachtens diese Bücher gerade auch für uns Erwachsene wertvoll.

Dafür ein letztes Beispiel aus Gudrun Pausewangs Werk: Statt eines Vorworts ist dem Buch *"Auf einem langen Weg - Was die Adamek-Kinder erlebten, als der Krieg zu Ende ging"* folgender kurzer Text vorangestellt:

"Was in diesem Buch erzählt wird, ist im letzten großen Krieg geschehen, hier in Deutschland. Viele Erwachsene erinnern sich noch genau an diese schlimme Zeit. Die meisten von ihnen waren damals selber noch Kinder.

In allen Kriegen sind immer die Kinder am schlechtesten dran."

Ich wünschte mir sehr, daß es viel mehr Bücher mit derartiger Klarheit und Eindeutigkeit gäbe - auch in anthroposophischen Verlagen!

Ekkehard Krüger

Die aufgeführten Titel:

Gudrun Pausewang:
Karneval und Karfreitag (Roman, dva, Stuttgart 1976)
Die Not der Familie Caldera (Jugendbuch, Otto Maier Verlag, Ravensburg 1976)
Auf einem langen Weg (Jugendbuch, Ravensburg 1978)
Die letzten Kinder von Schewenborn (Erzählung, Ravensburg 1983)
Kinderbesuch (Roman, Arche-Verlag, Zürich 1984)
Die Wolke (Jugendbuch, Ravensburg 1987)
Leonie Ossowski:
Stern ohne Himmel (Jugendbuch, Beltz-Verlag, Weinheim 1978)

Stefan Leber:
Atomtechnik und Anthroposophie. Die Energiekrise als Prüfstein moralischer Verantwortlichkeit. (Verlag Freies Geistesleben, Stuttgart 1982)
Und noch eine Empfehlung für Menschen, die es wirklich wissen wollen:
Holger Strohm:
Friedlich in die Katastrophe - Eine Dokumentation über Atomkraftwerke. (1981 und neuere Auflage bei Verlag 2001 in Frankfurt)

V. Harlan/R. Rappmann/P. Schata: Soziale Plastik
Materialien zu Joseph Beuys

Achberger Verlag, Achberg 1976. 3. erweiterte und ergänzte Auflage 1984, 220 Seiten, 76 Abb., DM 29,-

Joseph Beuys kann man mit dem Begriff "Künstler" im herkömmlichen Sinne nicht gerecht werden. Schon allein die Aussage des 1921 geborenen Avantgardisten: "Ich bin kein Künstler, es sei denn, jeder Mensch ist ein Künstler", macht das unmöglich. Was hier zunächst wie ein Wortspiel erscheinen mag, hat seinen tieferen Sinn. Joseph Beuys erweitert den Begriff des Künstlers zum Begriff des Menschen schlechthin. Mit dem erweiterten Kunstbegriff beschreibt er den Menschen als ein mit Fähigkeiten ausgestattetes schöpferisches Wesen, das alle Lebenszusammenhänge wie ein Kunstwerk gestalten kann. Der Begriff des Menschen, der ja letztendlich der Mensch selbst in seiner wahren Gestalt ist, wäre unvollständig ohne einen Begriff, ohne ein Bild von der menschlichen Gesellschaft. Ein Bild, das den Menschen unmittelbar zum Tätigsein aufruft. Deshalb rückte das Plastizieren am sozialen Organismus immer mehr in den Mittelpunkt des Schaffens des Düsseldorfer Bildhauers. Den dreigliedrigen sozialen Organismus als ein Kunstwerk zu gestalten, sieht er als die wichtigste Aufgabe der Gegenwart an. Da der Grundstein hierzu im Bewußtsein der Menschen gelegt werden muß, ist die "Revolution der Begriffe" Ausgangs- und Kernpunkt der sozialen Plastik. So vertritt Joseph Beuys seit Jahren in der Öffentlichkeit einen gewandelten Kapital- und Geldbegriff, der die Voraussetzung dafür bildet, daß jeder Mensch seine Fähigkeiten im maximalen Umfang entwickeln und zum Wohle der Gemeinschaft einsetzen kann. Jedes Eisenwalzwerk, so Beuys, muß zu gleicher Zeit eine Universität sein, das heißt, das freie Geistesleben muß sich bis hin zur Selbstbestimmung der Menschen an ihren Arbeitsplätzen vollziehen.

Als derzeit beste Einführung in das Werk von Joseph Beuys gilt mit Recht das Buch "Soziale Plastik, Materialien zu Joseph Beuys" von Volker Harlan, Rainer Rappmann und Peter Schata. Drei Autoren, die einen individuellen Zugang zu dem Beuys'schen Werk gefunden haben, machen es von seinen Grundlagen her verständlich und entwerfen ein plastisches Bild davon, indem sie es aus drei verschiedenen Richtungen beleuchten. (Rainer Rappmann: Der soziale Organismus - ein Kunstwerk; Peter Schata: Das Oeuvre des Joseph Beuys, Ein individueller Ansatz zu universeller Neugestaltung; Volker Harlan: Neue Kunst eröffnet sich auf neuen Wahrnehmungsfeldern).

Inzwischen sind die "Materialien zu Joseph Beuys" mit wertvollen Ergänzungen und Erweiterungen versehen in ihrer dritten Auflage erschienen. Das Buch stellt mit seinen zahlreichen Fotos von Zeichnungen, Plastiken und Aktionen, mit ausführlichen Zitaten sowie einigen Texten von Joseph Beuys eine gute, auf das Wesentliche konzentrierte Dokumentation des gesamten Schaffens von Joseph Beuys dar. Besonders wertvoll ist der in der dritten Auflage neu hinzugekommene, bereits im Dezember 1978 in der Frankfurter Rundschau veröffentlichte "Aufruf zur Alternative", denn hier werden Überlegungen darüber zur Diskussion gestellt, wie mittels einer "gewaltfreien Transformation" die Gesundung des sozialen Organismus herbeigeführt werden und der "Durchbruch in eine neue soziale Zukunft" auch in großen Dimensionen gelingen könnte. Eine Frage, die heute sicher in jedem wach am Zeitgeschehen teilnehmenden Menschen lebt.

Frank Meyer

JOSEPH BEUYS: "7.000 EICHEN" FÜR KASSEL
Der letzte Baum ist gepflanzt - oder
Abschluß der ersten Proportionsverschiebung

B. Blume/J. Beuys/R. Rappmann: Zwei Gespräche über Bäume.
Freie Volkshochschule Argental, Wangen 1987. Zu beziehen über den FIU-Versand, Engetsweilerstr. 24, D-7988 Wangen 4, Telefon: 07528/77 34, oder über den Buchhandel. 60 Seiten, 20 Abb., DM 17,80

Joseph Beuys konnte die Installation seines Werkes *"7.000 Eichen"* (Kassel, 1982 bis 1987) nicht mehr erleben. Er starb eineinhalb Jahre vor der Pflanzung des letzten der 7.000 Bäume. Damit hat ihn bereits die erste von drei monumentalen, je sich erweiternden *Proportionsverschiebungen*, die existentiell mit der Aktion verbunden sind, überdauert. Seine Installation ist "das erste Werk der Kunstgeschichte, das sich ohne seinen Schöpfer ... vollendet. Es geht als *Zeitskulptur* über die Person des Künstlers selbst hinaus."[1]
Die erste Proportionsverschiebung
war mit der Pflanzung des letzten Baumes vollzogen. Am Anfang (1982) dominierte der Steinhaufen vor dem Fridericianum in Kassel. Bäume traten noch nicht in Erscheinung. Jedesmal aber, wenn im Laufe der letzten fünf Jahre auf dem Stadtgebiet von Kassel eine Eiche gepflanzt wurde, setzte man neben sie auch eine Basaltstele, so daß der mineralisch-tote Teil der Skulptur zugunsten des lebend-organischen Teiles mehr und mehr dahinschmolz. Mit jeder Pflanzung begann jedoch gleichzeitig schon
die zweite Proportionsverschiebung.
Schaut man die Verbindung Baum - Stein an, so erkennt man unschwer, daß die Basaltstele noch deutlich das Bild gegenüber dem jungen Bäumchen beherrscht. Die Bäume aber werden - so es die Umweltverhältnisse zulassen - unaufhörlich wachsen und damit die Steine neben sich immer belangloser erscheinen lassen. Dieser Teil der Aktion wird sich in der

Zukunft, in den kommenden Jahrzehnten und Jahrhunderten, vollziehen. Kaum einer unserer Zeitgenossen wird mehr als den Beginn einer solchen Entwicklung beobachten, mit Sicherheit aber keiner der jetzt Lebenden ihre Vollendung erleben, insofern man überhaupt von einer solchen sprechen kann.

Die dritte Proportionsverschiebung

Parallel zu den beiden ersten Phasen verläuft eine dritte gewaltige Veränderung: die Ablösung einer materialistisch gesinnten und mechanistisch organisierten, lebenzerstörenden Gesellschaftskultur durch die allmähliche Errichtung der *Sozialen Skulptur*, in der jeder Mensch zum Künstler, zum Gestalter der Verhältnisse aufgerufen ist. Im Leben von Joseph Beuys war dieser Impuls einer gesellschaftlichen Wandlung immer deutlicher mit all seinen physisch-sinnlichen Werken untrennbar verbunden. Alle Versuche (die in letzter Zeit verstärkt unternommen werden), seine sozialen Ideen und sein gesellschaftliches Handeln vom sogenannten "künstlerischen Tun" zu trennen, gehen an seiner Lebensleistung vorbei. Wohlgemerkt: Die Exponate *sind* nicht (auch nicht die "7000 Eichen") die Soziale Skulptur, sondern sie deuten darauf hin.[2] Sie markieren "Bodenstationen" und "Ankerungsplätze" *für* diese Zukunftsaufgabe; denn Beuys war klar, "daß jetzt eigentlich nur ein Anfang gesetzt wird: Da wird ein Baum gepflanzt, da steht ein Stein daneben, der markiert, ... daß zu dieser Zeit sich also Menschen aufgemacht haben und einmal die Richtung umgedreht haben, um also wieder mit einem ganz einfachen, primitiven Beginn ... alle damit zusammenhängenden Theorien, Philosophien usw. in die Diskussion zu bringen."[3] Denn "ich sage: Der Baum ist auch ein Zeichen für die Wandlung der Gesellschaft, ein Zeichen dafür, daß die Gesellschaft nun auch nach organischen Gesichtspunkten ideologiefrei und vor allen Dingen jenseits von Kommunismus und Kapitalismus auf eine neue dritte Ebene gehoben werden muß."[4] Damit deutet Beuys die dritte große Proportionsverschiebung an, die mit den beiden erstgenannten Teilen einhergeht. Ihre Verwirklichung dringt nun weit über seine und auch unsere Lebenszeit hinaus und ist in einer nicht näher zu bestimmenden Zukunft angesiedelt. Aber immerhin: Sie beginnt schon heute immer dann, wenn sich Menschen auf den Weg machen. Jedenfalls war auch Beuys klar, daß "Kulturrevolution ... keine Hauruckmethode (ist). Die alten Bäume sterben ab und neue wachsen nach. Sie sind die Zukunft. Der neue Kunstbegriff kann nur evolutionär Wirklichkeit werden."[5] Sein Wachsen hängt - wie auch dasjenige der Eichen - von uns allen als Verantwortliche für diese Erde ab.

Vergangenheit - Zeit - Zukunft - Mensch

Die Zusammenhänge der "7000 Eichen" weisen nicht nur in die Zukunft, sondern reichen auch weit in die Vergangenheit zurück, denn der Basalt entstand in den Erdzeitaltern des *Tertiär* und *Quartär*. Die Erde war im Tertiär insbesondere von Blütenpflanzen und -bäumen wie (man höre!) der *Eiche* oder der Kastanie bewachsen. Im Quartär tauchten, wenn man den Forschungen glauben darf, die ersten Menschen auf.

Der Mensch rückt unter einem weiteren Blickwinkel bei der angesprochenen Beuys-Aktion in den Mittelpunkt der Betrachtung. Es sei daran erinnert, daß die alten Alchemisten der Eiche das Metall Eisen zugeordnet haben, und weiter, daß das Eisen dasjenige Metall im menschlichen Organismus ist, welches in Substanzform im menschlichen Organismus vorkommt, wo es vor allem an die roten Blutkörperchen gebunden ist.

Zusammenfassend kann man sagen, daß die Eichen-Basalt-Aktion von Joseph Beuys die gesamte Menschheitsentwicklung von ihren Anfängen bis weit in die Zukunft hinein umspannt. Insofern darf dieses Werk als die radikalste Umsetzung des "Erweiterten Kunstbegriffes" bezeichnet werden. Als Plastik entspricht es exakt den Kriterien, die Joseph Beuys in seiner letzten öffentlichen Rede anläßlich der Verleihung des Wilhelm-Lehmbruck-Preises in Duisburg für eine Weiterentwicklung aufgestellt hat: "Ich will sagen, es kommt nach den Prinzipien, die Wilhelm Lehmbruck auf den allerhöchsten Gipfel der Entwicklung der Plastik in der Moderne getrieben hat, eine Zeit, in der der Zeit- und Wärmebegriff den Raumbegriff erweitert."[6]

Aus Anlaß der Pflanzung des letzten der 7.000 Bäume publizierte die Freie Volkshochschule Argental *"Zwei Gespräche über Bäume"*, die Joseph Beuys 1982, in der Anfangsphase dieser Aktion, mit verschiedenen Gesprächspartnern geführt hat.

Das erste Gespräch fand am 24. April 1982 anläßlich einer Ausstellungseröffnung von Bernhard Blume und des zehnjährigen Bestehens der Galerie Magers in Bonn vor 150 Besuchern statt. Es folgt ein Interview, das der Verfasser dieser Zeilen mit Joseph Beuys am 26. August 1982 in einem kleinen Dorf bei Kempten führen konnte, als der Bildhauer für einen Tag ins Allgäu gekommen war, um Petra Kelly (DIE GRÜNEN) im bayerischen Landtagswahlkampf zu unterstützen.

Die vorliegende Publikation zeugt nicht nur von der Tiefe und Tragweite der 7.000 Eichen-Aktion, sondern reicht auch weit in das gesellschaftspolitische Wirken von Beuys bis hin zu seinem Engagement bei den GRÜNEN. Obwohl er selbst sowie die von ihm mitinitiierten Organisationen "Aktion Dritter Weg" und "Freie Internationale Universität" zu den Gründern dieser damals noch jungen Partei gehörten, wuchs doch im Laufe der letzten Jahre seines Lebens eine zunehmende Distanz zu den GRÜNEN, die übrigens auf Gegenseitigkeit beruhte. Er hat solche Initiativen immer als Experiment gehandhabt, nie als Selbstzweck, und es bedeutete für ihn, der Politik als Kunst, d.h. als Gestaltungskraft eines jeden Menschen verstand, eine große Enttäuschung, als sich DIE GRÜNEN schon bald im Machtspektrum Links - Rechts etablierten und zu einer üblichen Partei des Machterwerbs wurden. Das kommt (schon damals, 1982) in dem ersten Gespräch zum Ausdruck, wo er davon spricht, daß sich derartige Bewegungen im Laufe der Zeit sicher wieder andere Organisationsformen und Namen geben werden.

Die Freie Hochschule Argental setzt mit dieser Veröffentlichung die Reihe ihrer Publikationen mit Original-Beuys-Texten fort.

Rainer Rappmann

Anmerkungen:
1) Rhea Thönges-Stringaris in dem Vortrag: "Der umgekehrte Prometheus - oder die Revolution in der Kunst durch Joseph Beuys", Vortragsmanuskript, S.8.
2) Joseph Beuys äußerte sich im Gespräch mit Michael Ende am 8. Februar 1985 in Wangen auf die Frage, ob alles, was er an sogenannter "Kunst" produziere, darauf abziele, die Kapitalfrage in Angriff zu nehmen, wie folgt: "Ja, daß das die Kapitalfrage in Angriff nimmt und die Frage des Ansatzes von der Kunst her klar macht... Im Grunde handelt es sich um nichts anderes als um einen Kunstbegriff, der die Kapitalfrage lösen kann. Aus! Damit ist

alles gesagt. Und daß die Anordnungen so getroffen werden müssen, daß die Kapitalfrage dann auch gelöst wird, ganz einfach. D.h. die Anordnungen der Formen müssen so getroffen werden, daß die auslösenden Prozesse, ob in der Diskussion, ob in der Streiterei um dieses, auf jeden Fall es erreicht wird, daß der Kapitalbegriff getroffen wird und daß verstanden wird, daß es für den Menschen gar keine andere Möglichkeit gibt, die Frage des Menschen zu lösen, als durch die Kunst. So einfach ist das!" (nicht publiziert)

3) Interview mit Rainer Rappmann am 26. August 1982, in: "Zwei Gespräche über Bäume", Wangen 1987.

4) Podiumsgespräch am 27. Januar 1983 in der Hochschule für angewandte Kunst, Wien; veröffentlicht im Katalog "Beuys zu Ehren", München 1986, S.89.

5) Auszug eines Spruches von Joseph Beuys, niedergeschrieben auf einer Bildtafel. Quelle: "Joseph Beuys: Jeder Mensch ist ein Künstler", ein Film von Werner Krüger, Edmund Schmidt-Produktion, Köln 1979.

6) Aus der Rede "Dank an Wilhelm Lehmbruck" von Joseph Beuys, u.a. publiziert in "Reden zur Verleihung des Wilhelm-Lehmbruck-Preises der Stadt Duisburg 1986 an Joseph Beuys", herausgegeben vom Wilhelm-Lehmbruck-Museum der Stadt Duisburg, Februar 1986.

Johannes Stüttgen: Zeitstau
Im Kraftfeld des erweiterten Kunstbegriffs von Joseph Beuys
Verlag Urachhaus, Stuttgart 1988. 192 Seiten, 75 Abb., 54 Figuren, kart., DM 48,-

Joseph Beuys, seine Skulpturen und seine Aktionen waren mir bisher ein Rätsel. Vieles hatte ich über politische Aktivitäten, Baumpflanzaktionen, Fettecken, den Umgang des Reinigungspersonals mit Fettecken und über einen goldenen Hasen mit Sonne gehört; einiges hatte ich in Ausstellungen gesehen. Aber es fehlte mir der Zugang, der "rote Faden", der diese Einzelheiten zu dem Lebenswerk eines Menschen verknüpft hätte.

In dieser Situation las ich "Zeitstau", sieben Vorträge, die Johannes Stüttgen, Meisterschüler von Beuys, in dessen Todesjahr gehalten hat. Beim Lesen erlebte ich einen Zeitstau in einem Kraftfeld. Einerseits ist das Buch so spannend, daß man es gar nicht wieder aus der Hand legen mag, andererseits vollzieht Stüttgen ungewohnte Denkbewegungen, die ich zunächst nur langsam erfassen konnte, die dann aber zu Erlebnissen führten, die nicht zeitgebunden sind. "Der Erscheinungsort dieser Idee 'Plastik' ist der Mensch - ich sollte hier genauer sagen: das Denken. Diese Idee erscheint im Denken. Das Denken ist der Ursprungsort des Erweiterten Kunstbegriffs." (S.41 f.)

Wer von diesem Buch eine eingängige Interpretation Beuys'scher Werke erwartet, wird sicherlich enttäuscht. Stüttgen interpretiert nicht, sondern geht von der Wahrnehmung Beuys'scher Werke und ihres Kontextes aus und beschreibt ihre Wirkung auf den Betrachter bzw. Zuschauer.

"Sind wir jetzt im Bann der Dinge? In gewisser Weise ja. Zugleich aber sind wir auch im Bann der Frage nach der Idee ihrer Kraft. Wir sind also in einem doppelten Bann. Und die Frage nach der Idee der Kraft ist, eine Schicht tiefer, die Frage nach der Idee - die, weil sie nicht beantwortet wird, selbst zur Kraft wird. - In gewisser Weise kommen wir hier nicht weiter. Und das ist sehr wichtig, daß wir nicht weiterkommen. Es kommt zu einem Stau in uns selbst." (S.50)

Die Frage nach der Idee wird also nicht unmittelbar beantwortet, sondern es werden Erlebnismöglichkeiten geschaffen, um auf Ideen aufmerksam zu werden. Das Werk von Joseph Beuys kann man nicht konsumieren; der Betrachter muß sich der Beunruhigung stellen, die von diesem Werk ausgeht. Die Vorträge Stüttgens laden dazu ein und geben Ansatzpunkte und Hilfen, das erlebte Kraftfeld in Worte fassen zu können.

Nach der Auseinandersetzung mit diesem Buch sind Fettecken, Wahlplakate, Hase und Whiskywerbung zum Lebenswerk eines Menschen zusammengefügt: als Strategie zur Verwirklichung der Sozialen Skulptur.

Annegret Kühl

EIN ARBEITS- UND STUDIENANGEBOT IN KASSEL

Wer sich einmal eine Zeitlang intensiv praktisch und theoretisch mit der lebenden Gestalt, mit Wachstums- und Handhabungsphänomenen in einer naturgerechten Umgebung beschäftigen möchte, findet dazu auf einem biologisch-dynamischen Gärtnerhof in Kassel geeignete Möglichkeiten. Zunächst ein Blick auf den Rahmen der Sache:

Aus der Arbeit der Freien Waldorfschule in Kassel und der Pädagogischen Forschungsstelle beim Bund der Freien Waldorfschulen sind dort folgende im "Bildungswerk Beruf und Umwelt e.V." zusammengefaßte Einrichtungen hervorgegangen:

- Ein Seminar zur Ausbildung von Oberstufenlehrern in wissenschaftlichen Fächern;
- ein berufsbegleitendes Seminar zur Vorbereitung einer Lehrertätigkeit an Waldorfschulen;
- ein "Ergänzungsstudium" während der Sommersemesterferien für Studenten verschiedener Fachrichtungen wie zum Beispiel Physik, Chemie, Germanistik und Kunstgeschichte;
- eine Berufsausbildung in ländlicher Hauswirtschaft im Rahmen der differenzierten Oberstufe der Freien Waldorfschule Kassel
- und der "WALDHOF", ein Ausbildungs- und Studiengarten auf biologisch-dynamischer Grundlage.

Im Zusammenhang damit werden Entwicklungs- und Forschungsarbeiten zu den Unterrichtsinhalten der Waldorfpädagogik, insbesondere auf naturwissenschaftlichem Felde betrieben, desgleichen Fach- und Allgemeintagungen der Pädagogischen Forschungsstelle sowie deren Verlags- und Lehrmittelabteilung.

All diese Unternehmungen und Bildungsgänge bieten vielfältige Gelegenheiten, an Kursen vor allem mit naturwissenschaftlichen, künstlerischen oder spezifisch anthroposophischen Themen teilzunehmen. Auf dem Waldhof selbst bedürfen 1/2 ha Gartenland, 3/4 ha freie Schafweide, 2 ha Obstwiesen und 3/4 ha Busch- und Baumland der Gestaltung durch Menschen. Hier sind die Hauptarbeitsgebiete Gemüseanbau und -vermehrung, Obstbau mit Weiterverarbeitung, damit verbunden Rodungsarbeiten und Holzgewinnung; ferner Milchschafzucht, Imkerei und schließlich Haltung von Hühnern, Gänsen und Enten.

Wie schon in den drei in den vergangenen Jahren durchgeführten "Arbeits- und Studienjahren" gilt das Prinzip "Belehrung gegen Mitarbeit": Die Kosten für Unterricht und Anleitung werden durch die Arbeitsleistung auf dem Betrieb abgegolten. Indem also notwendige Arbeiten passend ausgeführt werden, entstehen keinerlei gegenseitige finanzielle Verpflichtungen. Alle Aufenthaltskosten (außer denen für das Mittagessen) sind Sache der Teilnehmer. Einige Mittel werden noch für Bücher, Mal- und Zeichenmaterial und für Exkursionen aufgebracht werden müssen.

Naturwissenschaftliche Kenntnisse oder gärtnerische Erfahrung sind keine Voraussetzung, eine gute seelische und körperliche Gesundheit ist jedoch notwendig. Wünschenswert ist ein Bildungsstand vergleichbar einem breit gefächerten Abitur oder einer Fachhochschulreife.

Interessenten für dieses neuartige Bildungsangebot sollten sich mit kurzem Lebenslauf, Lichtbild und Schilderung der persönlichen Gründe und Absichten, die zu der Bewerbung führen, an das *Bildungswerk, Brabanterstr. 43, D-3500 Kassel-Wilhelmshöhe*, wenden. Sie erhalten dann einen Terminvorschlag für einen Besuch, bei dem Näheres geklärt werden kann.

DIE PATIENTEN ORGANISIEREN SICH AUF EG-EBENE

Am 9. Februar 1989 trafen sich die Vertreter der einzelnen EG-Länder zu ihrem dritten Beratungsgespräch in Frankfurt. Unter dem Namen
European Federation of Natural Medicine Users (EFNMU)
ist inzwischen in England ein Verein gegründet worden, der sich zur Zeit aus Mitgliedern der Länder Belgien, Deutschland, Frankreich, Großbritannien und Holland zusammensetzt. Gespräche mit entsprechenden Institutionen in Dänemark, Irland und Italien sind im Gange. Im EFNMU verbinden sich die Verbrauchervereinigungen der einzelnen Länder, um die berechtigten Interessen einer breiten Patientenbewegung - insbesondere hinsichtlich der besonderen Therapierichtungen, wie zum Beispiel Anthroposophische Medizin, Biochemie, Homöopathie und Phytotherapie - zu vertreten. Eine enge Zusammenarbeit wird auch mit der offiziellen Verbrauchervertretung (BEUC) in Brüssel angestrebt. Die ersten Kontakte wurden hergestellt.

Es geht primär darum, schon heute sowohl auf nationaler als auch auf EG-Ebene die Vorbereitungen zu treffen, um ab 01.01.1993 der Naturheilkunde im ganzen EG-Bereich den ihr zustehenden Rechtsstatus zu sichern. Das ist ein langer und sicher dornenvoller Weg. Wir meinen aber, daß gerade seitens der Patienten hier gute Möglichkeiten bestehen, die vitalen Interessen nicht nur anzumelden, sondern auch durchzusetzen.

In Frankfurt wurde das neue Executiv-Komitee gewählt:

Vorsitzender Ekkehard von Blücher (Verein für erweitertes Heilwesen e.V., D); Schriftführer Penny Viner (The Natural Medicines Society, GB); Schatzmeister Jaap Insinger (Landelijke Patientenvereniging, NL). Weitere Vorstandsmitglieder: Rainer Burkhardt (D), Dr. med. Michael Evans (GB), Hans-Georg Forker (D), Patrick Sirdey (F).

Die nächste Zusammenkunft findet am 8. Juni 1989 in Holland statt.

Ekkehard von Blücher

ANTHROPOSOPHISCHE GESELLSCHAFT IN DEUTSCHLAND
in Verbindung mit der
SOZIALWISSENSCHAFTLICHEN FORSCHUNGSGESELLSCHAFT
E.V. STUTTGART - Initiative für die Dreigliederung des sozialen Organismus

ANTHROPOSOPHIE UND SOZIALE ZUKUNFTSGESTALTUNG AUF DEM WEG VON DER FRANZÖSISCHEN REVOLUTION INS DRITTE JAHRTAUSEND

Tagung, Stuttgart, Mittwoch, 22., bis Samstag, 25. November 1989
Freie Waldorfschule Uhlandshöhe, Rudolf Steiner Haus Stuttgart

1989 jährt sich nicht nur zum 200. Male der Ausbruch der Französischen Revolution, die die drei Ideale "Freiheit, Gleichheit und Brüderlichkeit" auf ihre Fahnen schrieb. Zum 70. Male jährt sich auch der Beginn der 1919 initiierten Volksbewegung für die Dreigliederung des sozialen Organismus und die Gründung der ersten Freien Waldorfschule in Stuttgart. Der damalige Versuch einer grundlegenden sozialen Neugestaltung drang nicht durch. Einzelne Errungenschaften der Bewegung wie die Waldorfschule mit ihrer Selbstverwaltung erwiesen sich jedoch als entwicklungsfähig.

Über Mitteleuropa senkte sich 1933 die Nacht des Nationalsozialismus. Der von Deutschland provozierte Krieg führte seit 1945 zur Spaltung Europas in Ost und West, die sich heute aufzulockern beginnt. Die Verwirklichung der sozialen Grundwerte "Freiheit, Gleichheit und Brüderlichkeit" ist bis heute eine weitgehend erst noch zu lösende Aufgabe geblieben.

Wo stehen wir auf dem Weg von der Französischen Revolution ins dritte Jahrtausend? Welche Aufgaben sind zu lösen, welche Schritte auf verschiedenen Arbeitsfeldern können gegangen werden? Diese Frage wird auf der Stuttgarter Tagung im Mittelpunkt stehen.

Geplanter zeitlicher Ablauf der Tagung:
Beginn Mittwoch, 22.11., 09.30 Uhr, Ende Samstag, 25.11, abends.
Tagesablauf:

09.00 - 10.30:	Vorträge (Dr. Heinz Zimmermann, Dr. Christoph Strawe u.a.);
11.00 - 12.30:	Gesprächsgruppen; Samstag: Künstlerisches Programm;
16.00 - 18.30:	Gesprächsgruppen; Freitag: Podiumsdiskussion;
20.00 Uhr:	Vorträge (Manfred Schmidt-Brabant, Jörgen Smit, Stefan Leber; Freitag: Künstlerisches Programm).

Themen der Vorträge und Gesprächsgruppen werden unter anderem sein: Die Französische Revolution in der Geschichte, Geistige Hintergründe der Französischen Revolution, Mitteleuropäische Reaktionen auf die Französische Revolution (Schiller, Goethe, Humboldt), Dreigliederung und Schulbewegung, Dreigliederung als Übungsweg, Umbruch in Osteuropa und europäische Zukunft, Aufgaben sozialer Gestaltung vor der Jahrtausendwende.

Die ausführlichen Veranstaltungsprogramme können ab April von der *Sozialwissen-schaftlichen Forschungsgesellschaft e.V. Stuttgart, Zelgmadenstraße 5, D-7000 Stuttgart 75, Telefon: 0711/ 47 92 52,* bezogen werden.

Christoph Strawe

BETRIEBS-EURYTHMIE

Bei der diesjährigen Tagung für Betriebs-Eurythmie am 17./18. Februar 1989 in der Firma Weleda trafen sich zum dritten Mal Unternehmer verschiedener Branchen und Betriebs-Eurythmisten.

Die Fragen, die diese Gruppe bewegen, sind auf der einen Seite die Bedürfnisse der Betriebe, die sich wie folgt zusammenfassen lassen:
1. Wie können durch immer mehr Technisierung und Spezialisierung bedingte Vereinseitigung und Bewegungsarmut des Menschen mit künstlerisch-therapeutischen Übungen aufgefangen werden?
2. Wie können Flexibilität im zwischenmenschlichen Bereich und Gemeinschaftsbildung durch eurythmisch-künstlerische Betätigung gefördert werden?
3. Kann die Eurythmie Menschen zu eigener Initiative und Kreativität motivieren?

Auf der anderen Seite sind die Fragen der Eurythmisten:
1. Welche Voraussetzungen sind notwendig, um den verschiedenen Aufgabestellungen an die Betriebs-Eurythmie gerecht zu werden? Solche Aufgaben sind zum Beispiel Seminarbegleitung, Konferenzbegleitung und zur Rehabilitation, sowie Eurythmie in Produktions- oder Dienstleistungsbetrieben. Und dabei ist zu berücksichtigen, daß Produktions- und Dienstleistungsbetriebe selbst sehr unterschiedlich geprägt sind.
2. Wie könnte ein Ausbildungsweg für Eurythmisten, die in Betriebe gehen möchten, aussehen?

In Gesprächen sowie in eurythmisch-künstlerischem Üben wurde versucht, diesen Fragen näher zu kommen. Es ist geplant, auch im nächsten Jahr wieder eine solche Zusammenkunft zwischen Unternehmern und Betriebs-Eurythmisten durchzuführen.
Weitere Informationen:
Weleda AG, z. Hdn. Diana Runckel, Möhlerstr. 3-5, D-7070 Schwäbisch Gmünd.

Für den Tagungskreis
Diana Runckel, Dr. Olaf Tietze

CARL-UNGER-PREIS 1989

Mit dem 200jährigen Jubiläum der Französischen Revolution werden wir an die durch sie proklamierten Ideale von Freiheit, Gleichheit und Brüderlichkeit als große Ziele der Menschheitsentwicklung erinnert, gleichzeitig aber auch an die Pervertierung dieser Ideale im Laufe der Revolution. Indem die Ideale in die Wirklichkeit drängen, laufen sie offenbar Gefahr, ihre menschliche Gestalt zu verlieren. In dem Moment der Auflösung althergebrachter oder gesetzlich normierter Moralbegriffe steht der Mensch in einer Schwellensituation, in der die Divergenz zwischen intellektuellem Fortschritt und moralischer Entwicklung sichtbar wird. Die höchsten Ideale können bei dem Versuch ihrer Realisierung am Problem der moralischen Entwicklung scheitern. Diese Diskrepanz hat im 20. Jahrhundert zu immer brennender werdenden gesellschaftlichen Problemen geführt. Aber auch in der individuellen Entwicklung, bei jeder geistigen Schulung stellt sich die Frage, wie die Fortschritte, die im Geistigen erzielt werden, im Moralischen ihre Entsprechung finden, denn "jede Erkenntnis wandelt den Erkennenden" (Carl Unger).

Der Verlag Freies Geistesleben und die Redaktion der Zeitschrift "Die Drei" fordern daher mit der Ausschreibung des "Carl-Unger-Preises" dazu auf, einen Essay zu verfassen zu dem Thema:

"Über den Umgang mit Idealen".

Ein das Erkenntnisstreben förderndes Element liegt im freien Gespräch und Wettstreit denkender Menschen. So sei der Versuch gewagt, diesen Wettstreit durch die genannte Themenstellung anzuregen, deren beste Bearbeitung mit dem "Carl-Unger-Preis" 1989 ausgezeichnet werden soll. Der Preis in Höhe von DM 5.000,- wird vom Verlag Freies Geistesleben gestiftet.

Es war ein besonderes Anliegen Carl Ungers (1878-1929), die philosophisch-anthroposophische Arbeit zu fördern, für die er durch sein eigenes schriftstellerisches Werk ein eindrucksvolles Beispiel gegeben hat. In seinem Aufruf zur Bildung einer philosophischen Arbeitsgemeinschaft (1926, Schriften Bd. II) stellte er unter anderem die Aufgabe, die treibenden Bewußtseinskräfte der Gegenwart herauszuarbeiten und damit eine positive Zeitkritik zu pflegen. An dieses Anliegen knüpft die Stiftung des "Carl-Unger-Preises" an.

Die Ausschreibung des "Carl-Unger-Preises" soll etwa alle zwei Jahre erfolgen und dazu beitragen, philosophisch-anthroposophische Essays zu fördern und bekannt zu machen. Die jeweils preisgekrönte Schrift wird in der Reihe "Studien und Versuche" des Verlages veröffentlicht und in der "Drei" vorgestellt. Über die Vergabe des Preises entscheidet eine Jury, die von der Redaktion der "Drei" und dem Lektorat des Verlages berufen wird.

Die genaueren Bedingungen der Preisvergabe können beim *Verlag Freies Geistesleben, Postfach 13 11 22, D-7000 Stuttgart 1*, angefordert werden.

Für den Verlag Freies Geistesleben   Für "Die Drei"
Jean-Claude Lin, Andreas Neider   Dietrich Rapp

ORKESTERSEMINARETS INITIATIVTAKERE
HAGAVIK / NORWEGEN

Unsere Initiative versteht sich als ein im Augenblick noch sehr informeller Zusammenschluß von Instrumentallehrern aus Norwegen, Dänemark, Finnland und der Bundesrepublik Deutschland. Unmittelbarer Auslöser zur Bildung der Initiative waren wachsende Zweifel darüber, wie im Instrumental- und Orchesterunterricht von einem bestimmten Niveau an den steigenden Anforderungen und Erwartungen der Schüler an Literatur und Lehrer sachgemäß begegnet werden kann. Es scheint eine prinzipielle Schwierigkeit darin zu liegen, diesen Anforderungen mit der einfachen Vorverlegung des Musikgruppenunterrichtes zu entsprechen, um auf diese Weise dem Schüler beim Eintritt ins dritte Lebensjahrsiebt eine breitere instrumententechnische und geistig-musikalische Grundlage für das Verständnis gegeben zu haben, die eine Fuge von Bach, ein Konzert von Mozart, eine Symphonie von Beethoven oder ein Lied von Schubert erfordern. (Die Nennung dieser Komponisten und Gattungen ist willkürlich und steht stellvertretend für die Werke, die nun in Reichweite des Schülers liegen.)

Einer der Kollegen, die mit uns zusammenarbeiten, formulierte aus seinen Erfahrungen heraus die Gefahr, daß das, was als Erleben des Intervalles und Lauschen auf den spezifischen Klang des Instrumentes konzipiert sei, zu einem mechanischen Nachahmen der vom Lehrer vorgegebenen Technik werde, wenn man sich nicht die Zeit nehmen könne, auf den geistigen Entwicklungsstand des einzelnen Schülers einzugehen und die Auswahl des Instrumentes dem Charakter des Schülers anzupassen. Allein bei den tieferen Streichinstrumenten hätten jeweils eine Tenorchrotta, ein Tenorstreichpsalter und ein Violoncello eine völlig eigene Klanglichkeit, die auf den Schüler auch völlig verschieden wirke. Von einem solchen Idealzustand könne aber, gerade außerhalb der Bundesrepublik Deutschland, nicht an jeder Schule ausgegangen werden.

Wenn andererseits Jürgen Schriefer 1986 in einem Vortrag in Bergen/Norwegen die 9. Symphonie von Beethoven für derzeit unaufführbar erklärt, weil weder die geistigen Voraussetzungen bei den Dirigenten noch die musikalischen bei den Orchestermitgliedern gegeben seien, muß uns das ein sehr ernstes Warnzeichen sein. Denn denkt man diese Aussage konsequent zu Ende, wäre die Überlieferung dieser Komposition heute nur durch Partiturlesen möglich. Nur den allerwenigsten Menschen dürfte es jedoch gegeben sein, ein derart komplexes Notenbild in sich tönen zu lassen. Daher muß auch weiterhin eher mit dem Schüler gerechnet werden, der auf der Suche nach einem tieferen Verständnis für die Musik ist, als mit dem perfekten Partiturleser.

Wir wollen versuchen, Anregungen aus der neueren Literatur für den Instrumentalunterricht (Kaiser, Friedenreich, Oberkogler und andere) aufzugreifen und für unsere Arbeit unmittelbar nutzbar zu machen. Gedacht als Impuls für den Orchesterunterricht an den Waldorfschulen, zunächst in Nord- und Mitteleuropa, haben wir uns vorgenommen, einmal im Jahr ein internationales Seminar zu veranstalten, an dem alle Schüler mit einem bestimmten technischen Niveau teilnehmen können. Wir glauben, daß sich die Schüler durch ihre verschiedenartige Musikalität und Ausbildung gegenseitig inspirieren können und im Laufe eines solchen Seminars Verständnis füreinander und Freundschaft zueinander entwickeln können.

Ausdrücklich sei hier gesagt, daß wir nicht (nur) den besonders begabten Schüler ansprechen wollen, sondern vor allem den, der spürt, daß es intensiverer Anstrengungen über die
allwöchentlichen Schulproben hinaus bedarf, um zu einem Zugang zu den Meisterwerken
der Musik zu kommen. Wir versuchen daher besonders, durch eine ausgeweitete Stimmpro-
benarbeit den Schüler zu einem intensiven Erlauschen der Tonqualitäten, der Intervalle und
der Ausdrucksmöglichkeiten seines Instrumentes zu verhelfen. Dadurch hoffen wir, dem
Schüler Anregungen für die weitere Arbeit mit dem Instrument zu geben, die ihm seinen
eigenen Weg zur Musik leichter machen könnten. Es ist nur selbstverständlich, daß wir sehr
gerne mit anderen Kollegen in Kontakt kommen möchten, die ihre Erfahrungen einbringen
und unsere gemeinsame Arbeit weiterbringen können, sei es in Form von brieflichen
Anregungen oder durch die Mitarbeit an den Seminaren.

Wir haben mit Unterstützung von Freunden und Schulen 1987 in Bergen mit Haydns
Symphonie Nr. 104, Griegs "Abend im Hochgebirge" und Bachs 3. Brandenburgischem
Konzert begonnen und wagten 1988 in Helsinki den Sprung zur Kunst der Fuge. Die Pläne
für 1989 sind noch nicht ganz fertig; wir arbeiten an einem Seminar in Deutschland oder
Norwegen, im Spätsommer oder Winter. In einem solchen Fall wird dem nächsten FLENS-
BURGER HEFT ein Teilnehmerbogen beigelegt; dieser kann auch unter Beilage eines inter-
nationalen Antwortscheines direkt von uns angefordert werden:

Orkesterseminaret v/ K.H. Oelmann, Storum, N-5220 Hagavik/Norwegen,
Telefon: 00475/30 58 67 (von Deutschland).

Vielleicht fühlen sich auch Kollegen angesprochen, die sich eine Gastgeberrolle ihrer
Schule für ein solches Seminar denken können? Wir sind für jede Rückmeldung dankbar.

Klaus Henning Oelmann

ZUSATZSTUDIUM FÜR INSTRUMENTAL-MUSIKLEHRER AN WALDORFSCHULEN

Im August dieses Jahres werden in Stuttgart im Zusammenhang mit dem Seminar für
Waldorfpädagogik zwei einjährige Kurse für Instrumental-Musiklehrer eingerichtet. Es hat
sich in den vergangenen Jahren deutlich gezeigt, daß es immer nötiger wird, Instrumental-
Musiklehrer, die an unseren Waldorfschulen den Einzelunterricht erteilen, frühzeitig auf den
besonderen pädagogischen Ansatz vorzubereiten. Angesprochen werden sollen tätige Instrumental-Musiklehrer ebenso wie Studenten, die als Berufsziel eine Lehrtätigkeit im Zusammenhang mit einer Waldorfschule anstreben.

Da in diesem Bereich nicht genügend Studienmöglichkeiten angeboten werden, ist aus
Gesprächen des Musikkollegiums der Freien Waldorfschule Uhlandshöhe, dem Seminar für
Waldorfpädagogik Stuttgart und den tätigen Instrumental-Musiklehrern ein Plan erarbeitet
worden, der ein Zusatzstudium mit Schwerpunkten der spezifischen Musikdidaktik, einfüh-
renden künstlerischen Kursen sowie Grundlagen der Menschenkunde Rudolf Steiners

anbietet. Außer Fragen zum Einzelunterricht werden auch die Themenkreise von Schul- und Klassenorchestern behandelt, da dies auch zu dem Aufgabenfeld eines Instrumental-Musiklehrers gehören kann.

Es hat sich jedoch bei den Bewerbungsgesprächen herausgestellt, daß für viele Interessenten, die bereits im Berufsleben stehen, eine andere Kursform eingerichtet werden muß, da die heutigen Lebensbedingungen andere Studienmöglichkeiten verlangen.

Um den Bedürfnissen der Teilnehmer differenzierter entsprechen zu können, werden in diesem Jahr *zwei* Kurse angeboten.

Kurs A richtet sich an Musiklehrer mit abgeschlossenem Instrumental-Musikstudium.

Kurs B ist für Instrumental-Musiklehrer gedacht, die schon im Beruf stehen und Erfahrungen gesammelt haben.

Interessenten wenden sich bis Ende Mai 1989 an das *Seminar für Waldorfpädagogik, z. Hdn. Herrn F. Blume, Haußmannstr. 44 A, D-7000 Stuttgart 1.*

FLENSBURGER HEFTE

ISSN 0932-5859

AUS UNSEREM VERLAGSPROGRAMM

Sonderheft Nr. 1 - PARTNERSCHAFT UND EHE
3. Auflage (14. - 30.Tausend), 174 Seiten, kart., DM 12,80

Gesetzmäßigkeiten einer Lebensgemeinschaft. Menschenkunde der Geschlechter. Mann und Frau in der Partnerschaft. Liebe und Ehe sind erlernbar: Das Soziale schaffen anstelle von Kampf und Flucht! Krisen und Brüche im 27. Lebensjahr. Notwendige Ich-Entwicklung der Frau. Sexualität und Liebe. Ehe-Idee, Ehe-Vorbereitung, Ehe-Pflege und Ehe-Alltag. Praktische Tips und Beispiele aus der Ehe-Beratung. Ein zeitgemäßer Ratgeber für die Gestaltung von Partnerschaft und Ehe.

Interviews mit Wolfgang Gädeke und Klaus Thoma. Vorträge von Klaus Fischer und Wolfgang Gädeke. Weitere Artikel und zahlreiche Abbildungen.   ISBN 3-926841-04-4

Sonderheft Nr. 2 - DAS GEHEIMNIS DER EAP
212 Seiten, kart., DM 12,80

Eine kenntnisreiche Hintergrundanalyse der Europäischen Arbeiterpartei - eine politische Gruppierung, die unter verschiedenen Tarnnamen Schlagzeilen macht. Die EAP: Idee, Geschichte, Programm, Praxis, Hintergrund. / "Ich hätte einem Monster zur Geburt verholfen" - Erstmalige Enthüllungen eines ehemaligen EAP-Mitgliedes. Wenn die EAP an die Macht käme... / Helga und Lyndon LaRouche. / Der Weg von der ersten Kontaktaufnahme zum selbständigen Kader. - So etwas haben sie noch nie gelesen!

Text von Wolfgang Weirauch; Interview mit Herbert Knoblauch. Zahlreiche Abbildungen.
ISBN 3-926841-05-2

Sonderheft Nr. 3 - COMPUTER, MEDIEN
144 Seiten , kart., DM 14,80

Spider in the web - die Vernetzung der Welt. / Faszination der Medien, die Angst vor dem Computer. / Welcome to the machine. / Mythos und Wirklichkeit - Was ist ein Computer? Entstehung, Funktion, Anwendungsmöglichkeiten und Gefahren, Auswüchse der Forschung. / Kann ein Computer denken? Menschliches Denken und Verantwortung. / Hacker - Datendemokratie oder technischer Terror? Reisen mit trojanischen Pferden - das Tor zur Welt. / Computerviren - der Tod der Systeme?! / Computerkinder - Mechanisierung der Kindheit. / Die Faszination der Bilder - die Droge im Wohnzimmer. / Medien im Dienst der Lüge.

Interviews mit Prof. Dr. Klas Diederich, Prof. Dr. Claus Eurich, Dr. Rainer Patzlaff, Steffen Wernéry, Prof. Joseph Weizenbaum; weitere Artikel, u. a. von Prof. Dr. Heinz Buddemeier und Prof. Dr. Helmut Göttsche, und Abbildungen.   ISBN 3-926841-12-5

Sonderheft 4 - PARTNERSCHAFT UND EHE II - BRIEFE
80 Seiten, kart., DM 9,80

47 Briefe von Leserinnen und Lesern zu den Themen Partnerschaft, Ehe und Sexualität. - Zerstört Sexualität die Liebe? / Männlicher Chauvinismus. / Aha und Oha. / Zumutungen der Eifersucht. / Wie Schuppen von den Augen... / Anstoß zur zweiten Halbzeit. / Archaische Leidenschaft. / Brutal ernüchtert. / An der Seite eines Mannes. / Ich bin Ich. / Reifere Frau und jüngerer Mann. / Allein leben - keine Partnerschaft? / Eine wirkliche Hilfe : zur Idee erheben. / Die Liebe bullert. / Vertrauen. / Eine natürliche Verhütungsmethode. / Mit Konflikten leben. / Vom Stuhl gerissen.   ISBN 3-926841-14-1

Sonderheft Nr. 5 - DIE GRUNDFRAGE DER DEMOKRATIE
Wie kann die Rechtsgemeinschaft ihre Souveränität praktizieren?
Forschungsergebnisse aus dem Achberger Institut für Dreigliederungsentwicklung
Ca. 200 Seiten, kart., ca. DM 14,80 (Sommer 1989)

In allen heutigen Gesellschaften - westlichen wie östlichen - gibt es ein gemeinsames Grundproblem: die Rechtsgemeinschaft, das "Volk", ist von der konkreten Bestimmung der gesetzlichen Fundamente des sozialen Lebens ausgeschlossen. Alle speziellen gesellschaftlichen Krankheitssymptome sind Folge dieser Ursache. Auf diese Diagnose antwortet das Achberger Institut seit 1984 mit Vorschlägen zur Therapie. Politische Initiativen auf Bundes- und Länderebene und im europäischen Ausland haben diese Vorschläge aufgegriffen und kämpfen dafür, sie durchzusetzen. Der Band dokumentiert die Erkenntnisgrundlagen und den Stand der Entwicklung der Initiativen.   ISBN 3-926841-18-4

Heft 11 - ÜBER TOD UND STERBEN
2. erweiterte Auflage, 268 Seiten, kart., DM 19,80

Vom Jenseits: Berichte von Menschen, die über die Schwelle des Todes geschritten sind; Christus führt die Verstorbenen vor ihr gesamtes Lebenspanorama. / Sterben im Leben und Leben nach dem Tod. Allgemeinmenschliche Sterbeübungen. Die Sterbesakramente in der Christengemeinschaft. Ist die Aufbahrung sinnvoll? Begleitung der Toten. Was wollen die Toten für uns tun? / Durchleuchtete Erde. Wie der Tod in die Welt kam. Gilgamesch; Isis und Osiris. Die Bedeutung der Pyramidenanlage für die Menschen in ihrer Beziehung zum Tod. Das Schattenreich und das Licht der Mysterien. Der Tod des Sokrates. Das Mysterium von Golgatha - Auferstehung im Denken. / Todeswissen, Todesglauben und Todesbräuche in alten Mythen und Kulturen. / Das Für und Wider von aktiver und passiver Sterbehilfe. Der Sterbeprozeß als Chance für die Menschheit. Freiheit zwischen Selbstbestimmung über den eigenen Tod und der planetarischen Solidarität aller Lebenden. Der Sinn des Leides. / Deutsche Gesellschaft für Humanes Sterben: Keine Menschlichkeit ohne Selbstbestimmung über den eigenen Tod; Freitod. Patientenverfügungen. Die Machtfrage und die Terrorisierung aller Sterbenden. / Das Recht von Arzt und Patient. Der Arzt an der Schwelle des Todes: Erfahrungen während eines Todeskampfes. / Seelsorge mit Sterbenden. Der Tod von Ehepartnern. Ein Sterbender hört alles. Wenn Kinder sterben. Arzt und Priester am Krankenbett. / Der Bestatter und die Hinterbliebenen. Arbeitsgänge des Bestatters. Anonyme Bestattung. Rechtliche Verbindlichkeit der Bestattungsvorsorge. / Altenpflege. Vom Altwerden. Die Aufgaben des Menschen im Alter. Die Alten sind unsere Zukunft. / Begegnungen in Äthiopien. / Die "Totentanzbilder" von H. Holbein d. J. / Jim Jones - Der Weg ins Nichts. / Selbstmord.

Interviews mit Hans-Henning Atrott (DGHS), Irmgard Bauer, Peter Berg (Bestattungsunternehmer), Wolfgang Gädeke, Giesela Gaumnitz, Dr. Jörg Jungermann, Dr. Raymond Moody, Dr. Conrad Schachenmann, Prof. Dr. Philipp Schmitz (SJ), Frank Teichmann. Zahlreiche Abbildungen.

ISBN 3-926841-11-7

Heft 13 - HEXEN, NEW AGE, OKKULTISMUS
2. erweiterte Auflage, 204 Seiten, kart., DM 14,80

"Der schwarze Pfad" / Satanslyrik. / Dämonenaustreibung / "Ich war besessen" / Über Mediumismus und Spiritismus. Die Entstehung des Spiritismus. / Was steckt hinter den Aussagen von Medien? - Eine Skizze zum anthroposophischen Weiterstudium. / "Die feine Art zu töten" / Schwarze Messen, spiritistische Sitzungen - der neue Trend vieler Jugendlicher. / New Age, das Zeitalter des Wassermanns - die Sehnsucht nach dem Geist und die Verwirrung der Begriffe. / Berichte vom Kongreß "Geist und Natur". / Feuerläufe. / Neokeltismus und Neoschamanismus. / Heilige Pilze. / Die Glasrückerin. / "Ich werde absolut geführt" / Das "Geist- und Heilzentrum Saint-Germains".

Interviews mit Schwarzmagierin Ulla von Bernus, Carola Cutomo, Hexe Petra Singh, Gesundbeterin Edith Heldt und Herbert Wimbauer sowie weitere Artikel.

ISBN 3-926841-08-7

Heft 14 - ERNEUERUNG DER RELIGION
DIE CHRISTENGEMEINSCHAFT
3. erweiterte Auflage, 186 Seiten, kart., DM 12,80

Die Hierarchie in der Christengemeinschaft. Gemeindebildung. Ist die Sprache der Christengemeinschaft noch zeitgemäß? Anthroposophische Erkenntnisvertiefung des religiösen Lebens. / Die Sakramente im Wandel der Zeiten. Die ersten Gottesdienste. / Die Wandlung im Kultus der Christengemeinschaft. Der Phantomleib des Christus. Engel, Verstorbene, Elementarwesen, Dämonen. / Das evangelische und das katholische Sakramentsverständnis. / Ein Brief aus Leipzig zur Situation der Christengemeinschaft in der DDR. / Friedrich Rittelmeyer. / Das Dogma der Unfehlbarkeit. Gibt es eine katholische Anthroposophie?

Interviews mit Ekbert Lasch, Johannes Lenz, Andreas Rüß, Arnold Suckau und Prof. Dr. Franz Georg Untergaßmair; weitere Artikel.

ISBN 3-926841-07-9

Heft 15 - WALDORFSCHULE UND ANTHROPOSOPHIE
3. Auflage, ca. 115 Seiten, kart., DM 9,80

Wie sollte, kann oder darf die Anthroposophie in der Waldorfschule leben? In welchem Verhältnis stehen der Waldorflehrer und die Waldorfschule zur Anthroposophie und zur Anthroposophischen Gesellschaft? / Die spirituellen Grundlagen der Waldorfpädagogik und die inneren Aufgaben des Lehrers. / "Zusammenklang im Gesamt" - Die Waldorfschule im Beziehungsgefüge der sozialen Wirklichkeit. Zur Sozialgestalt der Waldorfschule. / "Lebendige Quellkräfte" - Zur Esoterik des Waldorflehrerberufes. Die Freie Hochschule für Geisteswissenschaft und ihre Gliederung in Sektionen. / "Kritik, wo ist dein Stachel?" - Kritiker und Gegner der Waldorfpädagogik. Der Vorwurf der Dogmatik.
Interviews mit Johannes Kiersch, Stefan Leber und Jörgen Smit sowie weitere Artikel.
ISBN 3-926841-00-1

Heft 16 - KULTURVERGIFTUNG: RAUSCHGIFT, SUCHT UND THERAPIE
182 Seiten, kart., DM 7,80

"Das vergiftete Jahrhundert" - Neue Impulse durch die Jugend. Verschüttete Ideale. Der karikierte Himmel. / "Auf fremden Pfaden" - Über die Wirkung verschiedener Drogen. / "Der Kampf mit der Hydra" - aus der Arbeit des Rauschgiftdezernats Hamburg. / Aus der Praxis der anthroposophisch orientierten Drogentherapie - "Hilfe zur Selbstentwicklung" - "Kulturtherapie!"
Interviews mit Ron Dunselman und Jaap van der Haar, Dr. Olaf Koob, Kurt Burghard und Peter Fischer (Heilstätte Sieben Zwerge), Elliot Hiller (Lebensstudien-Gemeinschaft Melchiorsgrund), Aalt van den Berg (Stichting Arta), Bodo Franz und Hans Bergmann; weitere Artikel und zahlreiche Abbildungen.
ISBN 3-926841-01-X

Heft 17 - KULTURVERGIFTUNG: ALKOHOL
168 Seiten, kart., DM 7,80

"Der mürbe Becher" - Die historische Mission des Alkohols. / Über die physischen, seelischen und geistigen Wirkungen des Alkohols. Alkohol und Meditation. / "Seele im Schatten" - Gespräch mit Anonymen Alkoholikern. / "Alfred" - Selbsterfahrungsbericht. / "Wer zahlt die Zeche?" - Therapie im sozialen Verbund. / "Im Schatten des Räderwerks" - Alkohol in der Arbeitswelt.
Interviews mit Günter Mazur, Rita Rußland (IG Metall), Dr. Olaf Titze und Dr. Heinz Hartmut Vogel; weitere Artikel und zahlreiche Abbildungen. ISBN 3-926841-02-8

Heft 18 - BIOLOGISCH-DYNAMISCHE LANDWIRTSCHAFT, ÖKOLOGIE, ERNÄHRUNG
220 Seiten, kart., DM 12,80

Die Grundlage und die Methoden der biologisch-dynamischen Landwirtschaft. Beispiele aus Praxis, Erkenntnisbemühung und Forschung. / Saatgut und Pflanzenveredelung. / Der landwirtschaftliche Hof als Organismus, Individualität und Kulturstätte. / Konflikte oder Ergänzung zwischen Landwirtschaft und Naturschutz. / Degenerierte und vollwertige Ernährung. / Zusammenhänge zwischen Radioaktivität und AIDS? Interviews mit Hellmut Finsterlin, Prof. Dr. Berndt Heydemann, Dr. Manfred Klett, Prof. Dr. Herbert H. Koepf, Dr. Udo Renzenbrink und Georg W. Schmidt, weitere Artikel und zahlreiche Abbildungen. ISBN 3-926841-03-6

Heft 19 - MUSIK
2. Auflage, ca. 200 Seiten, kart., DM 14,80

Entwicklung der Musik; Musik der Gegenwart. / "musica humana" - Was ist Musik? Die Verständnisschwierigkeiten für den Laien. Anthroposophie und Musik. / "Wo Dir der liebe Gott den Bleistift hält" - Durch Musik zum Selbst. Musik und Meditation. / "Jazz - Ausdruck des Zeitgeistes oder Magie?" / "Höre, so lebt Deine Seele jetzt!" - Wege zu einem neuen Hören. / "Ich kann mich verpuppen, sooft ich will" - Kosmische Klänge und Wiedergeburt. / "Wo Musik lebendig ist..." - Karlheinz Stockhausen. / "Schräge Töne" - Impressionen außereuropäischer Musik. / "Urmusikalisches" - Die Bedeutung des Zahlenhintergrundes der Musik im Wandel der Musikepochen. / Arvo Pärt. / Bob Dylan. / Terje Rypdal. / Frank Zappa. / "Natas - Satan" - Rückwärts gesprochene Texte auf Rock-Platten. Gespräche und Interviews mit Pär Ahlbom, Prof. Joachim Ernst Berendt, Peter Michael Hamel, Diether Rudloff, Dr. Ingo Schultz und Karlheinz Stockhausen; weitere Artikel, u. a. von Prof. Dr. Hermann Pfrogner, und zahlreiche Abbildungen. ISBN 3-926841-06-0

Heft 20 - SEXUALITÄT, AIDS, PROSTITUTION
2. Auflage, ca. 180 Seiten, kart., DM 14,80

Anthroposophische Grundlagen der Sexualität. Instinkt, Trieb, Begierde. Der Unterschied von weiblicher und männlicher Sexualität. Die Paradoxie der Sexualität in sich selber. Perversionen der Liebe. / Geschlechtserziehung. AIDS in der Schule. / AIDS-Aufklärungskampagnen des Sozialministeriums von Schleswig-Holstein. Ein Besuch in den AIDS-Kliniken San Franciscos. / Gesprächsrunde mit einem HIV-Positiven über die Arbeit in Beratungsstellen. / "Die Lady mit der Peitsche" - Gespräch mit einer Domina über Prostitution und sadomasochistische Praktiken. / Gespräche mit einer minderjährigen Prostituierten, Mitarbeiterinnen des Café Sperrgebiet (Beratungsstelle für minderjährige Prostituierte) sowie Mitarbeiterinnen der Kaffee-Klappe (Treffpunkt für Frauen in St. Pauli). / Sexuelle Gewalt in der Familie. Interviews mit Sozialministerin Gräfin Ursula von Brockdorff, Christina, Martina Funke, Wolfgang Gädeke, Marianne Kipp, Stefan Leber, Hilde Müller, Liliane von Rönn; weitere Artikel. ISBN 3-926841-09-5

Heft 21 - AIDS
164 Seiten, kart., DM 14,80

HIV-Infektion und Immunschwäche - Verwechslung von Ursache und Wirkung. Schwächung des Immunsystems durch radioaktive Niedrigstrahlung und andere Umweltbelastungen. Der Petkau-Effekt. / AIDS - Krise des Männlichen? / "Die Rache des Kongo" / AIDS-Bekämpfung. Ist AIDS ein Problem Homosexueller? Epidemiologisches. / Was ist ein Virus? Wie funktioniert das Immunsystem? Die stofflichen Grundlagen der HIV-Infektion und des AIDS. / Naturwissenschaftliche Grundlagen der HIV-Infektion. AIDS-Forschung. Gibt es Hoffnung auf einen Impfstoff?
Interviews mit Michael Debus, Dr. med. Ruth Jensen, Prof. Dr. Meinrad Koch, Dr. Michael G. Koch, Prof. Dr. Jens Scheer, Prof. Dr. Wolfgang Stille.   ISBN 3-926841-10-9

Heft 22 - ERKENNTNIS UND RELIGION
Zum Verhältnis von Anthroposophischer Gesellschaft und Christengemeinschaft
132 Seiten, kart., DM 14,80

Der Erkenntnisakt. Der anthroposophische Schulungsweg. Der menschenkundliche Ansatz der Erkenntnis und der Religion. Der Lebens- und Willensaspekt der Religion. Kultus als Bindemittel für das soziale Ganze. Anthroposophie will keine Religion sein! Die sieben Kultusformen. Religion im Lebensgang Rudolf Steiners. Die Christengemeinschaft kam in letzter Sekunde. Der Vortrag vom 30.12.1922. Das Verhältnis von Anthroposophischer Gesellschaft und Christengemeinschaft zueinander und das des einzelnen Menschen zu beiden Bewegungen. Sakramente. Die Bestattungsfrage.
Interview mit Rudolf und Wolfgang Gädeke.   ISBN 3-926841-13-3

Heft 23 - ENGEL
192 Seiten, 8 farbige Abb., kart., DM 16,80

Die Wesenheit des Engels. Schutzengel und ihre Mitgestaltung im menschlichen Schicksal. Die nächtliche Begegnung mit dem Engel. Wenn die Verbindung zu dem Engel abreißt. Das Mitwirken der Engel im Kultus, beim Gebet und der Meditation. Höhere Engel und ihre Verbindung mit Menschengemeinschaften. Der Mensch als Partner des Engels. / Schicksalsbejahung. / Engel und Kinder. Engel als Vorbild in der Selbsterziehung. / Zur Engellehre des Scotus Eriugena und des Thomas von Aquin. Die wechselseitige Beziehung von Mensch und Engel im Denken. / Geflügelte Wesen in der Kultur der Menschheit. / Entwicklung der Engellehre vom AT bis heute in der jüdischen und christlichen Tradition. Entwicklung der Engeldarstellung in der christlichen Kunst. / Auszug aus dem ersten Treatment Wim Wenders zu seinem Film "Der Himmel über Berlin".
Interviews mit G. u. E. Fischer, Dr. Dr. W.-U. Klünker, H.v. Kügelgen, H.-W. Schroeder.
ISBN 3-926841-15-X

Heft 24 - DIREKTE DEMOKRATIE
1789-1989 - 200 JAHRE FRANZÖSISCHE REVOLUTION
Umfang siehe vorliegendes Heft, kart., DM 14,80

Möglichkeiten der direkten Volksgesetzgebung in der BRD und Schleswig-Holstein. Repräsentative und direkte Demokratie. / Die Französische Revolution als ruckartige Nachholung einer verhinderten Entwicklung. Menschenrechte. Die Ideale Freiheit, Gleichheit, Brüderlichkeit. Tugend und Terror. Robespierre und Rousseau. "Während der Französischen Revolution sprachen zum ersten Mal Menschen als Menschen." Vormärz und die deutsche Revolution von 1848. Der preußische Nationalgedanke als Todeskeim für Mitteleuropa. / Als Anthroposoph im Bundestag. Die sinnlose und festgelegte Zeremonie der Bundestagsdebatten. Das Gewissen der Abgeordneten. Arbeitsüberlastung in den Ausschüssen. Politisches Engagement. Die Gestaltung einer neuen Rechtsordnung aus dem Zusammenleben der Menschen. Die Rechtssphäre als vergessene Schicht. Direkte Demokratie. Gibt es ein Unabstimmbares? / "Die Erweiterung des Ozonlochs ist nur durch die Erweiterung des Kunstbegriffs zu stoppen!" - Soziale Skulptur und erweiterter Kunstbegriff. Politik als Gestaltungsaufgabe. Falsche Einweihungsdampfer und freies Geistesleben. Das Beispiel der Waldorfschulen. Der Hase und die Sonne. / "Beuyme" - ein Telefongespräch mit Joseph Beuys / Jumbo - Omnibus für Direkte Demokratie / Die Petition an die Enquete-Kommission des schleswig-holsteinischen Landtags.
Interviews mit Joseph Beuys, Hans Peter Bull (SPD, Innenminister des Landes Schleswig-Holstein), Gerald Häfner (MdB, DIE GRÜNEN), Heiko Hoffmann (CDU, Oppositionsführer im schleswig-holsteinischen Landtag), Brigitte Krenkers, Prof. Dr. Renate Riemeck, Johannes Stüttgen sowie weitere Artikel. ISBN 3-926841-16-8

Heft 25 - "ALLE STAATSGEWALT GEHT VOM VOLKE AUS"
Die direkte Volksgesetzgebung als soziale Meditation
Ca. 200 Seiten, kart., ca. DM 14,80 (Juni 1989)

Direkte Volksgesetzgebung, plebiszitäre Elemente in der historischen Entwicklung. Volksgesetzgebung in der Weimarer Verfassung und der Gründungsverfassung der DDR. Volksbegehren in den Besatzungszonen. Der Parlamentarische Rat und die Entwicklung des Grundgesetzes. Die Verankerung der direkten Volksgesetzgebung im Grundgesetz. Rechtslogik im Grundgesetz. Vorgehensweise der Aktion Volksentscheid. Unterschiedliche Standpunkte und Kritik am Volksentscheid. Der Souverän des Geisteslebens, des Rechtslebens und des Wirtschaftslebens. Der Demokratiebegriff. Die Sphäre der Rechtsideen. Recht und Gewissen. Soziale Meditation. Der Rechtsfindungsprozeß in Gruppen. Der Politikbegriff. Anthroposophie, Anthroposophen und Politik. Von Rudolf Steiners Dreigliederungsidee zur direkten Volksgesetzgebung. Das Walten der Erzengel in den Prozessen des Rechtslebens.
Interviews mit Wilfried Heidt (Aktion Volksentscheid, Achberg) u.a. sowie weitere Artikel. ISBN 3-926841-17-6